南京大学"985"三期建设

江苏高校优势学科建设工程

南京大学人文地理丛书

农业政策改革、要素市场发育与农户土地利用行为研究

◎黄贤金　钟太洋　陈志刚　等著

南京大学出版社

图书在版编目(CIP)数据

农业政策改革、要素市场发育与农户土地利用行为研究 / 黄贤金,钟太洋,陈志刚等著. —南京:南京大学出版社,2013.12

(南京大学人文地理丛书/黄贤金,张捷,张京祥主编)

ISBN 978-7-305-12519-5

Ⅰ. ①农… Ⅱ. ①黄…②钟…③陈… Ⅲ. ①农村—土地利用—研究—中国 Ⅳ.①F321.1

中国版本图书馆 CIP 数据核字(2013)第 281360 号

出版发行　南京大学出版社

社　　址　南京市汉口路 22 号　　　　邮　编 210093

网　　址　http://www.NjupCo.com

出 版 人　左　健

丛 书 名　南京大学人文地理丛书

书　　名　**农业政策改革、要素市场发育与农户土地利用行为研究**

著　　者　黄贤金　钟太洋　陈志刚　等

责任编辑　陈　露　荣卫红　　　编辑热线　025 - 83592409

照　　排　南京紫藤制版印务中心

印　　刷　江苏凤凰通达印刷有限公司

开　　本　787×960　1/16　印张 22.25　字数 351 千

版　　次　2013 年 12 月第 1 版　2013 年 12 月第 1 次印刷

ISBN　978 - 7 - 305 - 12519 - 5

定　　价　45.00 元

发行热线　025 - 83594756　83686452

电子邮箱　Press@NjupCo.com
　　　　　Sales@NjupCo.com(市场部)

南京大学人文地理丛书

编 委 会

总　序[1]

曾尊固　崔功豪　黄贤金　张　捷　张京祥

　　自 1921 年竺可桢先生创立地学系以来,南京大学地理学已走过了 91 年发展路程;若追溯到南京高等师范学校 1919 年设立的文史地部,南京大学地理学科的历史则已有 93 年之久。九十多年的历史见证了南京大学人文地理学科发展的历程与辉煌,彰显了南京大学人文地理学科对中国当代人文地理学发展的突出贡献。

　　南京大学是近代中国人文地理学科发展的奠基者。从最初设立的文史地部,到后来的地学系,再到 1930 年建立地理系,一直引领着中国近代地理学科建设与发展;介绍"新地学",讲授欧美的"人地学原理"、"人生地理",以及区域地理、世界地理、政治地理、历史地理、边疆地理和建设地理等,创建了中国近代人文地理学学科体系;南京大学的人文地理一贯重视田野调查,1931 年九一八事变前组织的东北地理考察团,随后又开展的云南、两淮盐垦区考察以及内蒙古、青藏高原等地理考察,还有西北五省铁路旅游、京滇公路六省周览等考察,均开近代中国地理考察风气之先;1934 年,竺可桢、胡焕庸、张其昀、黄国璋等先生发起成立中国地理学会的活动,创办了《地理学报》,以弘扬地理科学、普及地理知识为宗旨,使南京大学成为当时全国地理学术活动的组织核心。人文地理学先驱和奠基人胡焕庸、张其昀、李旭旦、任美锷、吴传钧、宋家泰、张同铸等先生都先后在南京大学人文地

　　〔1〕 感谢任美锷、吴传钧、张同铸、宋家泰等先生在《南京大学地理学系建系八十周年纪念》的文章以及胡焕庸、李旭旦先生为南京大学地理系建系 65 周年作的纪念文章,为本序内容提供了宝贵的借鉴和难得的资料。感谢南京大学地理与海洋科学学院院长、长江学者特聘教授高抒教授对于丛书出版的关心与支持。感谢南京大学地理与海洋科学学院党委书记、长江学者特聘教授鹿化煜教授,为完善序言内容提出了修改意见。

理学科学习或教学、研究。早在 1935 年,任美锷先生、李旭旦先生就翻译、出版了《人地学原理》一书,介绍了法国人地学派;1940 年设立中央大学研究院地理学部培养硕士研究生,开展城市地理与土地利用研究;20 世纪 40 年代,任美锷先生在国内首先引介了韦伯工业区位论,并撰写了《建设地理学》,产生了巨大影响;胡焕庸先生提出了划分我国东南半壁和西北半壁地理环境的"胡焕庸线"——瑷珲—腾冲的人口分布线,至今仍然为各界公认。张其昀、沙学浚先生分别著有《人生地理学》、《中国区域志》及《中国历史地理》、《城市与似城聚落》等著作,推进了台湾人文地理学科研究和教育的发展。竺可桢先生倡导的"求是"学风、胡焕庸先生倡导的"学业并重"学风,一直引领着南京大学人文地理学科的建设与发展。

南京大学积极推进当代中国人文地理教育,于 1954 年在全国最早设立了经济地理专业;1977 年招收城市规划方向,1979 年吴友仁发表《关于中国社会主义城市化问题》,引起了学界对于中国城市化问题的关注,也推动了城市规划专业教育事业发展;1983 年兴办了经济地理与城乡区域规划专业(后为城市规划专业),成为综合性高校最早培养理科背景的城市规划人才的单位之一;1982 年与国家计划委员会、中国科学院自然资源综合考察委员会合作创办了自然资源专业(后为自然资源管理专业、资源环境与城乡规划管理专业);1991 年又设立了旅游规划与管理专业(现为旅游管理专业)。这不仅为培养我国人文地理学人才提供了多元、多领域的支撑,而且也为南京大学城市地理、区域地理、旅游地理、土地利用、区域规划等人文地理学科的建设与发展提供了有力的支撑。

南京大学不仅在人文地理专业教育与人才培养方面起引导作用,而且在人文地理学科建设方面也走在全国前列,当代人文地理学教学与研究中名家辈出。张同铸先生的非洲地理研究、宋家泰先生的城市地理研究、曾尊固先生的农业地理研究、崔功豪先生的区域规划研究、雍万里先生的旅游地理研究、包浩生先生的自然资源与国土整治研究、彭补拙先生的土地利用研究、林炳耀先生的计量地理研究等,都对我国人文地理学科建设与发展产生了深远的影响,在全国人文地理学科发展历程中占据着重要的地位。同时,南京大学人文地理学科瞄准国际学科发展前沿和国家发展需求,积极探索农户行为地理、社会地理、信息地理、企业地理、文化地理、女性地理、交通地理等新的研究领域,保持着人文地理学学科前沿研究和教学创新的活力。

　　南京大学当代人文地理学科建设与发展,以经济地理、城市地理、非洲地理、旅游地理、区域土地利用为主流学科,理论人文地理学和应用人文地理学并重发展,人文地理学的学科渗透力和服务社会能力得到持续增强,研究机构建设也得到了积极推进。充分利用南京大学综合性院校多学科的优势,突出人文地理学研究国际化合作,整合学科资源,成立了一系列重要的人文地理研究机构,主要有:南京大学非洲研究所、区域发展研究所、旅游研究所、城市科学院等;同时,还与法国巴黎第十二大学建立了中法城市·区域·规划科学研究中心。按照服务国家战略、服务区域发展以及协同创新的目标,与江苏省土地勘测规划院共建国土资源部海岸带国土开发与重建重点实验室,与江苏省国土资源厅合建了南京大学—江苏省国土资源厅国土资源研究中心。此外,还积极推进人文地理学科实验室以及工程中心建设,业已建立了南京大学—澳大利亚西悉尼大学虚拟城市与区域开发实验室,以及南京大学城市与区域公共安全实验室、旅游景观环境评价实验室、江苏省土地开发整理技术工程中心等。

　　南京大学当代人文地理教育培养了大量优秀人才,在国内外人文地理教学、研究及区域管理中发挥了中坚作用。如,中国农业区划理论主要奠基人——中国科学院地理与资源研究所邓静中研究员;组建了中国第一个国家级旅游地理研究科学组织,曾任中国区域科学协会副会长,中国科学院地理与资源科学研究所的郭来喜研究员;中国科学院南京分院原院长、中国科学院东南资源环境综合研究中心主任、著名农业地理学家佘之祥研究员;中国区域科学协会副会长、中国科学院地理与资源科学研究所著名区域地理学家毛汉英研究员;我国人文地理学培养的第一位博士和第一位人文地理学国家杰出青年基金获得者——中国地理学会原副理事长、清华大学建筑学院顾朝林教授;教育部人文社会科学重点研究基地、河南大学黄河文明与可持续发展研究中心主任、黄河学者苗长虹教授;中国城市规划学会副理事长石楠教授级高级城市规划师;中国城市规划设计研究院副院长杨保军教授级高级城市规划师;英国伦敦大学学院城市地理学家吴缚龙教授等,都曾在南京大学学习过。曾任南京大学思源教授的美国马里兰大学沈清教授、南京大学国家杰出青年基金(海外)获得者、美国犹他大学魏也华教授也都在人文地理学科工作过,对推进该学科国际合作起到了积极作用。

南京大学当代人文地理学科建设与发展之所以有如此成就,是遵循了任美锷先生提出的"大人文地理学"学科发展思想的结果,现今业已形成了以地理学、城乡规划学为基础学科,以建筑学、经济学、历史学、社会学、公共管理等学科为交融的新"大人文地理科学"学科体系。南京大学正以此为基础,在弘扬人文地理学科传统优势的同时,通过"融入前沿、综合交叉、服务应用"的大人文地理学科发展理念,积极建设和发展"南京大学人文地理研究中心"(www. hugeo. nju. edu. cn)。

新人文地理学科体系建设,更加体现了时代背景,更加体现了学科融合的特点,更加体现了人文地理学方法的探索性,更加体现了新兴学科发展以及国家战略实施的要求。为此,南京大学人文地理学科组织出版了《南京大学人文地理丛书》,这不仅是南京大学人文地理学科发展脉络的延续,更体现了学科前沿、交叉、融合、方法创新等,同时,也是对我国人文地理学科建设与发展新要求、新趋势的体现。

《南京大学人文地理丛书》将秉承南京大学人文地理学科建设与发展的"求是"学风,"学业并重",积极探索人文地理学科新兴领域,不断深化发展人文地理学理论,努力发展应用人文地理学研究,从而为我国人文地理学科建设添砖加瓦,为国内外人文地理学科人才培养提供支持。

我们衷心希望《南京大学人文地理丛书》能更加体现地理学科的包容性理念,不仅反映南京大学在职教师、研究生的研究成果,还反映南京大学校友的优秀研究成果,形成体现南大精神、反映南大文化、传承南大事业的新人文地理学科体系。衷心希望《南京大学人文地理丛书》的出版,不仅能展现南京大学人文地理学的最新研究成果,而且能够成为南京大学人文地理学科发展新的里程碑。

前　言

　　土地利用问题涉及管理学、社会学、地理学、经济学等学科领域长期关注的重要问题,人类的绝大多数活动都是在土地资源或空间上开展的,因此,土地利用活动集中体现了多种利益主体的相互作用过程和关系。农户是土地利用中的重要主体之一,在我国农户也是数量最多的土地利用主体,其土地利用受到多种因素的影响,不仅受到政策制度和经济环境的影响,以及政府、集体、企业等行为主体的影响,还受到农户自身条件的影响。对于农户的生产而言,土地是最重要的生产资料之一;对于农户的生活而言,土地是重要的环境组分之一。因此,从农户层次理解土地利用问题、分析农户土地利用行为有助于更好地理解土地利用问题。

　　本书密切结合一段时期以来中国农业政策改革、要素市场发育的脉络,着重研究不同区域背景下的农户土地利用行为特征,试图从农户层次理解农户土地利用的影响因素及其区域差异,从而也为分析农业改革绩效,完善要素市场机制,引导农户土地可持续利用管理提供决策参考。

　　为了使得研究成果有更可靠的基础,研究成果主要结合典型区域,组织研究生开展农户问卷调查的手段收集相关数据,2002 年至 2012 年期间,围绕农户土地利用这一主题,多次开展了农户调查工作,先后在江西、江苏、上海、浙江、安徽、新疆等地开展了农户问卷调查、获得了大量的农户调查数据。利用农户问卷调查获得的数据,在阐述农户土地利用行为机理的基础上,结合定量分析方法,对农户土地利用行为的影响因素加以探究,分析不同因素对农户土地利用的影响程度;在对农户土地利用行为进行研究的过程中,也注重分析农户土地利用行为的区域差异、不同因素对农户土地利用行为影响的区域差异以及区域差异背后的原因。

　　20 世纪 90 年代以来,我们南京大学研究团队一直关注农户土地利用方面的研究,并得到了多项国家自然科学基金的支持。先后开展了"区域农业市场化改革的农户行为响应与水土保持效果分析(国家自然科学基金,40101007,2002—2004)"、"长江三角洲地区微观经济主体农地流转行为及其土地利用变化响应与管理研究(国家自然科学基金,70373029,2004—2006)"、"区域农产品市场发展的农户土地利用变化响应研究:以长江三角洲典型村庄及农户调查为例(国家自然科学基金,40971104,2009—2012)"、"农业补贴政策的农户行为响应与土地利用变化研究(国家自然科学基金,41101160,2012—2014)"以及"非农就业对土地利用变化的影响研究(国家自然科学基金,40801063,2009—2011)"等项目研究。在这些项目的支持下,研究团队集中在江西、安徽、江苏、上海等地开展了较为深入的村庄及农户调研工作,基于此,分别从农业政策改革、土地市场、农产品市场、劳动力市场等几个方面入手对农户土地利用行为加以了研究。这些成果部分业已发表在 *Land Use Policy*、《中国农村经济》、《自然资源学报》、《水土保持通报》、《中国土地科学》、《长江流域资源与环境》等刊物。本书就是对近十年来我们研究团队在上述基金项目支持下所获得研究成果的一个初步总结。

本书主要分成四大部分:第一部分是农户土地利用行为研究进展综述,第二部分是农户水土保持行为研究,第三部分是农户土地利用变化研究,第四部分是农户土地流转研究。第一部分包括第一章,主要对农户水土保持行为、农户土地利用变化、农户土地流转等方面的研究进展加以梳理;第二部分包括第二章至第六章,主要分析了农户保持的行为机理、政策、产权和市场对农户水土保持的影响;第三部分包括第七章至第九章,主要分析了土地市场、劳动力市场以及政策对农户土地利用变化的影响;第四部分包括第十章至十三章,分析了农户土地流转行为的主要影响因素以及土地流转对农户的影响等。各章节的编写分工如下:第一章第一节(翟文侠)、第二节(钟太洋、黄贤金)、第三节(张丽君、赵成胜)、第四节(吴晓洁);第二章第一节(邬震、黄贤金、章波等)、第二节(马鹏红、黄贤金、于术桐等)、第三节(于术桐、黄贤金、邬震等);第三章第一节(王鹏、黄贤金、张兆干等)、第二节(翟文侠);第四章第一节(孙会首、黄贤金、钟太洋等)、第二节(钟太洋、黄贤金)、第三节(钟太洋、黄贤金、马其芳);第五章(钟太洋、黄贤金);第六章(王仕菊、黄贤金);第七章第一节至第三节(杜文星)、第四节(马育军、黄贤金、许妙苗)、

第五节(张丽君、黄贤金、钟太洋等);第八章(钟太洋、黄贤金);第九章第一节和第二节(李璐璐、陈志刚、黄贤金)、第三节(钟太洋、黄贤金、翟文侠等);第十章第一节(方鹏、黄贤金、曲福田等)、第二节(杜文星、黄贤金);第十一章(赵成胜);第十二章第一节(谭丹、黄贤金)、第二节(黄意、黄贤金)、第三节(钟太洋、黄贤金);第十三章第一节(张丽君)、第二节(胡初枝、黄贤金、张力军)。

本书由黄贤金、钟太洋、陈志刚提出编写提纲,并由钟太洋、黄贤金统稿。

目　录

第三篇　农户土地利用变化

第四篇　农户土地流转

第一篇
农户土地利用行为研究综述

第一章 农户土地利用行为研究进展

第一节 农户水土保持行为研究综述

农户水土保持行为是农户行为体系中的一种,要充分研究农户水土保持行为产生和发展的影响因素、变化机制、行为特点,有必要对国内外农户行为研究进展进行探讨。

农户水土保持行为作为农户行为系统中的一种子系统,其形成和发展有着独特的规律,同时还受到来自外界非系统的干扰,具有一定的不稳定性。农户的水土保持行为是农户在追求生产效率和经济效益的过程中产生的,具有明显的经济行为特征,是一种农户经济行为。但农户水土保持行为不能等同于经济行为,这主要是因为目前中国的农户,特别是中西部地区的农户家庭收入比较低,水土保持治理的产业化还没有充分实现,农户在分散经营的模式下难以单独完成水土流失治理,因此现阶段仍然是政府主导,农户投劳或少量投资为主。农户水土保持行为也具有独立性,其与政府行为相互联系:一方面,在生态环境的变化影响到其进行农业生产时,农户为了满足自身物质(农业生产)而采取水土保持措施;另一方面,在政府行为的影响下(政策约束),为了社会目标也会进行水土保持投入行为,从这个角度来看,农户水土保持就具有了非经济倾向,因此,农户水土保持行为既具有经济行为的特点,又具有非经济行为的特点。

一、国外研究进展

国外农户水土保持行为研究始于 20 世纪 70 年代末、80 年代初,在这之前对其研究较少。[1,2]Brotherton 认为农户水土保持行为与农村环境治理有着密切的关系,研究农户水土保持行为对于理解农户参加或不参加水土治理是极其重要的。[3,4,5,6]

Lemon 和 Park[7]认为农户水土保持行为除了决定于环境因素外,还决定于经济条件。Potter[8]认为农户水土保持行为受环境政策、地方咨询机构和农户自身的影响。Newby 认为单从农户家庭规模来说,并不足以说明大规模农户比其他农户更会积极地进行水土保持,或者说更具商业性。Gasson[9]认为经济效益对于农户水土保持行为具有较大的影响,给予农户补偿会强化农户的水土保持行为。

Beedell[10]就农户对水土保持行为的认识进行了研究,并对 TPB(Theory of Planned Behaviour)进行了应用和验证,前提是农户行为是理性行为,认为 TPB 能在一定范围内(农户行为态度、主观标准、感知行为控制)解释农户行为产生的原因和过程,农户认为水土保持收益具有较大的实现可能性,从价值观上面对社会压力进行水土保持的农户自认为在层次上高于其他农户,具有满足感。

Zainab Mbaga-Semgalawe[11]认为农户水土保持行为主要受到三方面的影响:水土流失状况的认知、使用保持措施决定和投资或投劳的水平。通过问卷调查和泊松回归模型(Poisson regression model)分析水土保持投入,认为有奖励的水土保持项目的实施对农户水土保持行为有影响,水土流失程度是水土保持行为产生的首要问题,参与投劳水土保持治理和非农收入影响到农户水土保持行为的自觉性。也就是说,政府行为(政策)使得农户水土保持行为具有了一定的非经济特性,但经济效益依然是农户的核心追求。

从实践来看,退耕是重要的水土保持措施。世界上进行退耕还林(还草)的国家主要有美国、中国和欧洲的英国、法国、德国等国家。政府与农户水土保持行为在目标上存在差异性,经济利益是焦点问题,政府需要从这个问题着手推进农户的水土保持行为,增加其经济性和主动性。西方发达国家在农业现代化条件下进行退耕还林还草的主要目的:一是为了遏制农产品过剩、价格下跌、农场主利益受损;二是为了防止大面积的开垦或弃耕而造成的生态环境破坏。而欧洲则主要是由于农产品过剩导致出现大面积的弃耕农田,为了防止其长期荒芜破坏生态环境,因而进行退耕还林还草的。[12]美国实施西部开发战略使得全国森林面积由 1600 年的 4.1 亿 hm^2 下降到 1920 年的 2.9 亿 hm^2,经济一时发展导致了各种恶劣气候和地质灾害,一定程度上制约了美国经济的发展,以政府政策为主导实施退耕还林,也是拉动内需、促进地方经济发展的需要。[13]在进行水土保持的过程中需要注重水保效益与土地所有者的效益相结合。

从国外退耕还林(还草)与农户水土保持行为发展实践来看,退耕还林(还草)是宏观性政府行为,政府通过"计划"等进行引导,政府处于主导地位,如美国政府制定了一系列旨在保护耕地等资源环境的法规和长期计划来实行退耕还林(还草)。但从生态环境和公益性角度实施退耕还林(还草)必然会对农场的经营行为产生影响,欧美的西方发达国家的土地归私人所有,退耕还林(还草)也是以"一家一户",即以农场主为单位。国家为调动广大农场主退耕还林(还草)积极性,通过各种手段鼓励承包者将所得利润用于更大面积的治理,形成土地资源持续利用与农户水土保持的良性循环。如对于土地所有权与使用权,退耕还林(还草)土地实行个体承包,保护原承包经营主体不变,承包者具有土地使用、转让和经营管理权。再如对退耕还林还草的补助政策是落实到户,如澳大利亚、英国的补助金以退耕地的收益为基础,连续补助年限30年。可见,政府与农户水土保持行为在目标上存在差异性,经济利益是农户关心的首要问题,政府正是利用这一点推进农户的水土保持行为,增加其经济性和主动性的。

从国外的理论和实践研究来看,农户水土保持行为与农村生态环境治理有着密切的关系,其发展变化有着独特的特点。农户水土保持行为目标是经济效益最大化,行为产生既有内在因素:家庭结构、教育水平、家庭收入、经营规模等,又有外在因素:政策、自然条件、社会服务机构等条件制约。农户水土保持行为有着与农户经济行为相似的特点和发展机制,但又与经济行为不同,由于受到政府行为的干扰,更多地表现了非经济倾向性,与生态环境的变化关系更为密切。

二、国内研究进展

目前国内对农户水土保持的研究在很大程度上仍以政府为主导的方式进行,对农户的水土保持行为研究较少,农户水土保持处于一种被动地位,只是单方面在政府政策激励下进行水土保持治理的投劳。[14—17]在我国退耕还林政策的实施过程中,也重视其对农户经济行为和水土保持行为的影响。[18—22]农户对还林还牧的态度与人均耕地面积以及农民是否在非农产业中得到稳定的职业有关,人均耕地面积越少,劳动力从农业生产中转移出去的越少,退耕还林就越困难。[23]根据"谁退耕,谁造林种草、谁经营、谁收益"的政策,退耕后还林还草的林木草场经营权可继承和转让,退耕还林还草的土地可延长土地承包期限,核减粮食定购任务,免征农业税、减收提留款,减征、免征、延缓征收特产税,以此来调动农户退耕还林的积极性,进而争取实现从宏观(政府)到微观(农户)角度水土保持行为的有机结合。

农户农业投入行为具有逐利性、自我积累性(小农分散经营)、责任性等特征。[24]农户经济行为是在特定的社会环境中,为实现自身利益而对外部经济信号作出的反应,受利益动机、自主决策权和信息度制约。经济激励对农户水土保持行为最具有有效性,在保证国家粮食安全的前提下,对于一个农民个体而言,在生态环境脆弱、水土流失等自然灾害频发地区的粮食产量低而不稳的陡坡耕地上实施退耕还林的收益远远高于农民种粮带来的收益,即退耕还林使该土地资源在其生产用途中能够获得的最高收入[25]。农户是退耕还林的主体和直接参与者,退耕工程的实施与他们的利益有着直接的关系,退耕还林是动态过程,农户水土保持行为会随着退耕后土地产生的经济效益和生态效益的逐渐显现而采用时宜的方式。[26]

在水土保持的四类主体(农户、专业队、股份合作组织和厂矿企业)中,农户已经是水土保持生力军。在市场化机制下,经济利益分享是农户水土保持行为变化的主要原因,政府行为也有一定的影响。[27]对农户水土保持行为采用股份制、租赁、承包和拍卖"四荒"使用权的形式积极引导大户、专业户开发水土资源,激发农户水土保持行为,兴国县有3.7万水土保持治理开发户。[28]

从实践来看,对农户水土保持行为在一定程度上进行关注,采用激励机制来调动农户退耕还林的积极性,进而争取实现从宏观(国家)到微观(农户)角度水土保持行为的有机结合。退耕还林最重要的是给农民补偿,能否让退耕还林农户有所收益是项目成败的关键。[29]

从农户角度来看,土地用途的转移是土地经营者追求效用最大化的结果,即通过土地的最优利用达到最大获利。这种从经济学上解释土地经营者个体行为的理论被称作土地利用的基本竞争模型。[30]在土地利用效益发生变化,尤其是经济效益发生变化的时候,土地利用就会在农户行为的影响下发生变化。而政府政策的变化对于农户的土地利用方式、农户行为变化有着密切的关系。退耕还林政策也不例外,其实施过程直接对农户土地利用、生产经营和就业等方面产生影响,在多重性为目标的行为动机下,农户水土保持行为会对退耕还林政策的实施产生不同的响应特征。因此,国内外在开始退耕还林之初就考虑到退耕还林对农户行为的影响,对如何解决退耕后农户经济利益损失和今后农户劳动力转移、生活问题等方面十分重视,政府通过对退耕的土地进行补贴,使土地在恢复和保持一定生产力的情况下农户的经济收益不至损失过大,实现农户自身经济目标和政府社会目标的"双赢"调控。

从退耕还林实施的实践来看,由于我国与西方发达国家的农村和农业处于不同的发展阶段,对于退耕还林的目的存在一定的差异。西方发达国家以实现农业现代化条件下的退耕还林还草为主要目的,一是为了遏制农产品过剩、价格下跌、农场主利益受损;二是为了防止大面积的开垦或弃耕造成的生态环境破坏。而欧洲则主要是由于农产品过剩导致出现大面积的弃耕农田,为了防止其长期荒芜破坏生态环境而进行退耕还林还草的。[31]不仅如此,我国的农户与西方发达国家的农户也存在差别。西方发达国家的农户可以称之为农业资本家或是农场主,是农业产业化实现以后进行具有规模的农业生产的农户;中国农户仍处于小农阶段,虽然在区域上实现了现代化,但在经营形式上还是一家一户的家庭式土地经营,缺乏农业生产的规模效益,农户土地数量分散。

从以上分析可以看出,现阶段国内农户水土保持行为主要受社会经济状况和农户家庭收入的影响,水土流失等环境因素对农户经营大户行为的影响较大,对分散经营的小户影响较小。农户水土保持行为动机仍然是以经济效益为基础的,在外在政策因素,特别是中西部地区农户的水土保持行为以投劳为主的政策(或不愿投劳的按当地劳动力价格进行以资代劳,这类农户较少)的影响下,农户在进行水土保持的过程中经济收益较少,农户水土保持行为主要表现为非经济特性。

第二节　农户土地利用变化研究综述

对于土地利用变化驱动力的研究,不同的研究人员和研究项目从不同分析角度采取了多种研究手段。概括而言,从驱动力施加主体来划分,对土地利用变化驱动力的分析主要有宏观和微观两个角度,宏观角度的分析主要从区域乃至全球的尺度,将社会经济统计资料与区域土地利用变化信息联系起来,从区域层次上分析社会经济活动和人口等因素对土地利用变化的影响;农户层面的研究作为微观角度研究的重要内容之一,主要从农户这一土地利用者的微观经济主体行为入手,观测其土地利用行为以及相关经济活动,分析农户活动对土地利用变化的影响。近年来,农户层面的土地利用变化分析得到了越来越多的关注。

一、农户层面土地利用变化研究视角

从研究视角来看,就研究对象而言,可以分为单一层次视角和多层次视角,前者主要是从土地利用决策者行为入手分析土地利用变化。农户作为农业土地利用的重要主体,从农户角度入手分析影响其转换土地利用决策的主要因素成为最主要的研究视角。与基于遥感手段的分析相比较,基于农户的研究有其不可替代的优越性,例如,有研究认为,从分类的需要来看,由于受制于遥感图像成像和可解译精度,基于卫星图像数据对土地利用的分类能力要比基于通过农户调查所获得数据的分类能力低[32];而且,由于人文经济信息像元化的困难,基于农户的土地利用变化研究在人文经济信息获取方面具有独特优势。多层次主体的研究视角也为部分研究所采用,例如,有研究建立了从田块层次(field level)到村庄层次

(village level)的土地利用模型来分析土地利用变化[33]。与单层次研究视角相比较,由于多层次主体的研究增加了分析层次,从而能够获得土地利用变化驱动的多层次信息,但将不同层次主体与其行为联系起来是一项颇具挑战性的工作。从所研究的驱动因素类型来看,有的研究关注微观环境和经济因素等对微观经济主体土地利用转换的影响[34,35],有的研究则重视宏观经济因素对微观经济主体土地利用转换的影响[36]。比较而言,在农户层面关注微观环境和经济因素驱动的土地利用变化的研究要比关注宏观经济因素驱动的土地利用变化的研究多得多。另外,从研究所采用数据的时间特征来看,大致可分为动态视角和相对静态视角,前者如在亚马逊东部有关农户土地利用动态模型的研究。由于动态视角的研究需要对微观经济主体的相关经济活动等进行持续调查观测,以致有关微观经济主体数据的连续性难以保证,使得长时间序列的数据十分难得,因此采用序列数据对土地利用变化微观驱动机理的分析甚为少见。

二、农户层面土地利用变化研究内容

从研究内容上来说,在农户层面开展的土地利用变化研究主要分成两大类,即对土地用途变更和土地利用集约程度变化的研究。具体来说,目前已有的研究主要关注以下几个方面。① 分析影响农户砍伐林木和毁林开荒的主要因素,例如,有不少研究对亚马逊河谷伐林造地从事种植业的生产活动给予了关注[37];这些研究大多注意到人口和生计压力的影响,认为面对人口压力,当地住户毁林开荒进行种植是保障粮食安全的策略之一[38];另外,还分析薪材消耗[39]、非农就业以及非农收入[40,41]等因素对毁林的影响。② 分析影响弃耕、造林与森林恢复的主要驱动因素。与毁林开荒相反的一个现象是造林与再造林[42],有研究表明,收入因素[43]、经济补偿[44]、非农就业[45,46]和市场接近程度[47]等因素对于森林恢复有重要影响;但对欧洲自发性的森林恢复[48,49]有不同解释:有研究认为自发性的森林恢复与非农就业机会的增加有关[50];而另有研究认为非农收入导致边际农地收入的相对下降才是真正的驱动因素[51]。③ 分析农业用地(这里农业是大农业的概念,农业用地包括耕地、林地和草地等)变更为非农用地的驱动因素。从区域角度看,人口增加、交通发展和城市扩展,尤其是城市扩展吞噬了大量的农业用地[52,53];但基于微观经济主体行为的农地变更为非农用地的分析很少,且未受到足够重视。有研究发现,农地市场发育不仅对农业内部的土地利用有影响,还对农业用地转变为非农业用地有影响[54,55]。④ 分析景观破碎的主要影响因素,如有研究认为,在中国土地均分是导致土地细碎化的主要原因,而土地租赁市场发育与非农就业及其相互作用则有相反作用[56],在南亚、中欧和亚马逊等的研究均表明人口增长和非农就业对土地细碎化有直接和重要的影响[57—59]。⑤分析土地集约利用/利用强度变化的主要驱动。土地利用变化不仅包括土地用途转移或者用途变更，还包括土地集约利用程度的变化。[60]这方面的研究如对土耳其农业土地利用集约利用程度变化的分析[61]，再如有研究将法国比利牛斯山国家公园周边区域自20世纪80年代以来的农业土地利用再集约化归因于农业基础设施改善[62]，但该项研究未很好地解释从"集约利用到粗放利用再到集约利用"这样一个动态过程，而这很可能与劳动力转移和农业基础设施建设的交互作用有关。有不少研究注意到劳动力转移对于土地集约利用变化的重要性[63—65]，当然，其他因素也影响土地集约利用，比如农业生产市场化[66]、信贷约束和土地产权稳定性差[67,68]以及农业政策[69]等；集约利用可能受制于农户资金状况，而劳动力转移到非农领域可能缓解这种约束，因此，也有随着农户非农劳动参与程度提高，土地集约利用程度提高的现象[70—72]；此外，土地集约利用程度的影响，如劳动投入[73]、有机肥的使用[74]等还有明显的空间差异特征。有关研究内容的概括与比较具体见表1-1。

表1-1　农户层面土地利用变化研究的主要内容

研究内容	主要驱动因素	案例	主要观点
农户砍伐林木和毁林开荒的驱动因素	人口压力、生计压力	亚马逊河谷伐林造地	毁林开荒种植利用保障食物安全
	国家（区域）宏观经济状况	在喀麦隆的农户土地转换研究	
	薪材消耗	在尼泊尔对薪材消耗与森林砍伐	薪材消耗与森林砍伐之间有内在必然联系
	非农雇佣/非农就业	在洪都拉斯、菲律宾的研究	非农就业机会缺乏导致砍伐林木，非农收入具有减少砍伐作用
弃耕、造林与森林恢复的主要驱动	植树带来经济收入	埃塞俄比亚农户在废弃地上种植桉树	经济因素是主要因素
	经济补偿	中国农户退耕还林	补偿对退耕有重要影响
	非农就业/非农收入	中国退耕还林、哥斯达黎加农民植树造林	非农就业与收入对森林恢复有重要影响
	市场接近差异	巴拿马土著与移民的植树造林	市场接近差异而非文化差异导致

研究内容	主要驱动因素	案例	主要观点
农业用地变更为非农用地的驱动因素	土地市场发育	在中国长江三角洲农户土地利用变化的研究	农地市场发育对农业用地转变为非农业用地产生一定影响
影响景观破碎的主要因素	人口增长、土地租赁市场发育与非农就业	对中国土地细碎化的研究,在南亚、中欧、亚马逊的研究	人口压力、非农就业机会缺乏和失业是土地细碎化的主要驱动
土地集约利用/利用强度变化的主要驱动	人口增加的压力	土耳其农业土地利用集约程度	农村人口增加是重要驱动力
	农业基础设施的改善	法国比利牛斯山国家公园周边区域农业土地利用再集约化	农业基础设施的改善是主要因素
	劳动力转移到非农部门	塞内加尔、坦桑尼亚乞力马扎罗山区、丹麦日德兰半岛不同类型农户集约利用程度	劳动力转移和兼业化降低了土地集约度
	农业生产市场化	尼泊尔土地集约利用程度提高	农业生产市场化导向所致
	信贷约束和土地产权稳定性、农业政策	孟加拉共和国土地利用集约度变化驱动	信贷约束可能限制土地投入、土地产权稳定性差也可能限制土地集约利用
	非农收入	在尼泊尔和肯尼亚的研究	非农收入有助于土地集约利用技术和品种的采用以及增加土地投入

三、农户层面土地利用变化研究方法和手段

从研究手段和方法来说,有研究认为目前对土地利用变化的研究主要有地理学和社会经济学两大领域。前者采用社会像元化(pixelising the social)思路,后者则采用像元社会化(socialising the pixel)思路;前者将社会经济数据整合到地理信息系统进行分析,而后者则将空间信息整合到社会经济数据中进行分析。[75]因此,从研究所立足的学科领域来划分可以分为基于地理学的研究、基于社会经济学的研究以及地理学与社会经济学相结合的研究三大类型。从农户层面对土地利用变化进行研究的方法和手段主要有统计分析和计量经济分析手段、基于 GIS

的计量分析手段、系统模拟的方法和手段以及其他方法和手段。

1. 统计分析和计量经济分析手段

利用统计分析方法和计量经济分析手段,从农户的社会经济行为与特征来理解土地利用变化较为多见。例如用描述统计方法分析印尼小规模橡胶生产户的土地清理行为[76],有关尼日利亚 Sudano-Sahel 地区森林砍伐和森林再造的研究[77],对浙江农村劳动力流动影响土地利用[78]、安徽霍山县与山东省牟平县劳动力外出状况的农户土地利用模式选择的差异[79]、山东苍山县有关农户种植业结构调整[80]等的研究也采用描述统计的分析手段;此外,采用统计分析方法时经常结合对比分析方法,如乌干达有关非农就业对森林保护影响的研究[81]。计量经济分析手段的运用较为普遍,对瑞士土地弃耕的研究便采用了这种手段[82],将解释变量与土地利用变化联系起来。尽管采用这种方法所得到的结果的空间解释能力有限,但是利用这种方法仍然能够将区位信息引进模型进行分析。在应用计量经济方法进行研究时,使用的计量模型主要有线性回归模型(通常用普通最小二乘法,OLS)[83]、Probit 模型[84,85]、Logit 模型[86-88]、嵌套 Logit 模型[89]以及 Tobit 模型等;有研究考虑到生产的非线性关系,采用了非线性模型,如对伊金霍洛旗农牧交错带农牧户土地利用选择机制的研究即采用柯布-道格拉斯生产函数进行分析[90];另外,面板数据的一些模型也用于土地利用变化的研究,例如,在密西西比河上游宏观尺度景观变化的微观行为响应的研究[91]等都运用面板数据分析模型和技术;在这些模型中,二次项甚至更复杂的关系式也会引入到计量模型中。比较而言,面板数据建模在消除某些时间效应方面具有独特优势;单纯使用统计分析方法的研究比较少见,而将统计分析方法和计量经济分析手段相结合则是主导方式。

2. 基于 GIS 的计量分析手段

利用"3S"技术将土地利用的空间信息和微观经济主体的社会经济行为与特征联系起来,采用计量分析手段分析土地利用变化及其驱动。由于这类方法使用了地图信息以及地理信息系统,从而增强了空间分析和解释能力。这类研究中也运用了统计分析的一些手段,如方差分析方法;同样,在计量模型运用方面,也有OLS、Probit 模型、Logit 模型[92]、多项 Logit 模型[93]等,广义线性混合模型法(generalized linear mixed models,GLMMs)也被有些研究采用。因为将农户社会经济等变量与空间特征联系起来了,因此,空间分析的一些模型常常用于这些数据的分析,例如,有研究利用空间自回归模型(spatial autoregressive models)和随机效应模型(random effects models)分析农户的农业资源管理行为[94];有研究考虑到数据的多层次性,还使用了多层次空间模型(multilevel spatial model),认为使用这种模型能较好地控制空间自相关的影响[95]。还有研究将遥感数据和农户调查数据分别建模,综合两者结果进行分析,如在墨西哥的一项研究即采用了这种方法对南部 Yucatán 半岛热带森林砍伐以及土地集约利用问题进行了分析[96]。事实上,这项研究只是将两种数据的分析结果相互印证,并没有将地块空间信息和农户社会经济变量联结起来,但这种处理方法在数据获取上更为方便灵活,并可节约数据获取成本。

3. 系统模拟的方法和手段

将微观经济主体的社会经济行为及其对应的土地利用空间信息整合,并利用系统动力学和系统模拟的方法建立土地利用决策系统,通过模拟现实土地利用系统的手段分析相关参数的变化对土地利用变化的可能影响。根据系统复杂程度可以划分为单方程系统和多方程系统,前者如 Angelsen 有关森林砍伐的研究,利用多个单方程模型分析了人口、市场和产权制度与森林砍伐之间的关系[97];后者如基于 GIS 平台建立基于主体的模型(agent - based models,ABMs)来分析土地利用变化动态[98],利用系统模型模拟农户有关农业土地利用的空间分配决策[99],建立农户地块土地覆被变化的动态决策系统,以及使用神经网络模拟土地经营者的土地利用决策并分析土地利用变化以及预测土地利用变化的可能方向[100]等。问卷调查在这类研究的参数确定中起重要作用[101]。除了上述几种主要的分析方法之外,线性规划和非线性规划的方法也被加以运用,如在坦桑尼亚的一项研究中运用线性规划方法在农户层次上分析了人口增长与农业用地扩张、森林砍伐之间的关系。[102]

不同方法各有其优缺点,从数据获取角度来看,第一种方法的数据获取难度小、成本低;第二和第三类方法由于要将土地利用主体和地块联系起来,这使得数据获取工作量大为增加。从分析和预测能力来看,第一类方法能够深入分析微观经济主体的社会经济特征对土地利用类型变化以及土地集约利用程度变化的影响,并能清晰解释某个特征变化对土地利用变化强度的影响,但至多能做到将地块的相对距离引进分析模型,因此,在土地利用变化的空间效应方面的解释能力非常有限;第二类方法由于在数据采集时考虑了地块的空间信息,并利用地理信息系统平台和分析技术,其空间分析能力大为增强;第三类研究方法由于建立了模拟系统,在预测方面要比前两个方法更为便利,但系统参数设定的准确程度不仅决定模型运行结果的准确性,还影响预测精度;系统模拟的方法需要研究人员具备一定的建模能力,这限制了其运用范围。

4. 其他方法和手段

还需要提及的是博弈论在土地利用变化分析中的运用,即将博弈论运用到具有竞争性土地利用情景中,分析不同主体之间的策略均衡对土地利用变化的影响。例如,有研究运用该理论分析了印度尼西亚和巴西两国政府与地方社区之间有关林地利用的博弈问题[103],博弈理论使得人们能够从策略角度分析具有不同成本效益函数的微观经济主体对于土地利用所采取和可能采取的策略以及由此导致的土地利用变化,使得研究人员可以从一个与计量分析不同的视角来分析土地利用变化问题,但该理论和方法对运用者有数学功底的要求,这使得其在土地利用变化的研究中扩散缓慢。在社会学领域,还有采用案例分析的方法,如对北京山区有关农村劳动力转移与土地利用之间关系的分析[104]。需要说明的是,前面提到的几个研究方法和手段都是针对实证研究而言的,除了实证研究之外还有一个重要的方面,即纯粹从理论上对土地利用变化微观驱动的解释,这类研究在一定的假设条件下建立数理模型,通过数理推导阐明某些因素对土地利用变化的影响。如有研究将风险厌恶与边际农业土地利用结合起来,通过数学模型的推演解释土地用途变更[105];再如基于农户模型对土地集约利用、农户弃耕地等进行了理论解析[106]。尽管实证研究要比纯粹的理论推导和解释的文献数量多,但纯粹的理论分析同样重要;有不少实证研究在计量分析之前阐明理论分析模型,并以此为指导选择计量模型的解释变量,如一项对江苏和浙江农户农业结构调整的研究即是如此。[107]

四、农户层面土地利用变化研究的数据获取

从数据获取手段来看,主要是社会调查(social survey)、遥感手段、将社会调查和遥感信息结合起来的手段。从社会调查所采用的方式来看,又分为农户问卷调查和参与式农村评估方法(PRA)。PRA 方法主要是采用半结构访谈的方式,与被采访者交流,让被采访者讲述经验和回忆过去的事情[108],乃至地块(field)多年的土地利用信息[109],为获得土地利用的空间信息,通常将地图等资料与 PRA 配合使用,让被访者对照实地或者凭借记忆在地图上辨认与标注[110]。在问卷调查与 PRA 方法这两种方式中,PRA 方法能获得较长时期的土地利用以及微观经济主体的社会经济信息,利用 PRA 方法获得的数据有利于较长时间跨度的土地利用变化的趋势性分析。尽管该方法被认为对于所得土地利用及其变化信息的准确性能够得到保证,但还没有文献对此方法获得农户经济特征信息的准确性,尤其是历史信息表示充分的信心;而利用问卷调查获得的数据则利于分析微观经济主体社会经济特征变化对土地利用变化的贡献。

按照调查所跨越的时间阶段来看,可以分为一次性调查和多次调查两种类型,前一种调查获得截面数据,后一种调查获得面板数据,在印尼和斯里兰卡有关橡胶树种植户土地利用的研究[111]及在印度有关农户化肥投入和粪肥投入的研究[112]即采用一次性调查获得截面数据进行分析。多次调查可以分为连续性调查和间隔性调查,后者又可分为等间隔调查和非等间隔调查;非等间隔调查比较少见,较多研究采用等间隔调查,即间隔相同时间重复调查一次,如前面提到的有关密西西比河上游宏观尺度景观变化的微观行为响应研究便从 1982 年到 1997 年每隔 5 年调查一次。与一次性调查相比,多次调查实施难度更大、成本更高,尤其是在较长时间跨度内的跟踪调查。此外,有研究注意到 PRA 方法和问卷调查各自的优缺点,因此在调查时将 PRA 方法和问卷调查方法结合起来使用,如在 Burkina Faso 的一项研究中,运用 PRA 方法获得趋势性认识,然后使用农户问卷调查获得农户有关土地利用等的详细数据。[113]一般来说,将 PRA 方法和问卷调查结合起来使用能够更为灵活地获得土地利用有关的数据并提高数据的精确程度。

根据空间信息数据和微观经济主体社会经济数据联系形式可以将社会调查和遥感信息(或地图)结合的数据获取手段分为复合方式和联接方式两种类型,复合方式就是分别收集空间数据和社会经济数据,并对这两类数据分别进行分析,如对中国新疆农牧区农户土地决策与土地覆被变化的研究即采用了半结构访谈和地图相互配合的方法[114];联接方式则是通过一定方式将空间信息转化为与微观经济主体相关的空间属性,通常是利用全球定位系统获得有关变量的空间属性信息,在进行农户调查时利用手持式 GPS 定位仪获得农户相关变量的经纬度和高程等信息[115],还有一种方式就是利用地图,通过与农户访谈(可以是 PRA 方式或者问卷调查方式)将地块与土地利用主体对应起来[116]。但从已掌握的文献来看,大多只是获得农户住处的空间信息并将其引入模型进行分析,而地块的位置信息则没有完全收集,这在很大程度上限制了这些模型的空间解释能力。采用联接方式在小范围内进行研究具有可行性,但研究范围较大时,难以采用这种方法进行数据收集。

五、农户层面土地利用变化研究的主要特点与启示

相对宏观角度的研究,从农户层面对于土地利用变化的研究要少得多,在我国有关这方面的研究则更为少见。从已有的文献来看,从农户层面对土地利用变化的分析主要有以下特点:① 研究较为关注热点地区,例如有不少研究对热带林区的土地利用变化问题进行了分析,尤为关注亚马逊地区人口增长、农业扩张和林地损失之间的关系,并且对于林地损失尤为关注;② 多将农户层面土地利用变化的驱动力归因于人口增长所导致的生计压力以及与之相关的农业扩张,注意到保证食物安全动机对林地损失的影响;③ 对农户层面土地利用变化的研究逐步从单纯关注土地用途变更转向对土地用途变更和土地集约利用程度变化并重,并越来越注意到面对压力更为常见的土地利用响应是土地利用集约化和多样化[117];④ 从农户层面对土地利用变化的研究在手段和方法上趋于多样化并越来越趋向于综合使用多种方法,越来越多的研究将计量经济分析手段与基于GIS的空间分析技术结合应用;⑤ 土地利用主体决策行为对土地利用变化的影响越来越受重视;⑥ 在分析数据的获取上,问卷调查成为主导方式,但越来越多的研究开始尝试将问卷调查和"3S"技术相结合,力求将社会调查的信息与利用遥感等获得的信息联接起来,但这种方法在运用中仍然受到很大限制。

土地利用变化管理宏观目标的实现需要得当的宏观调控措施,同样需要能将宏观调控目标和宏观调控措施落实到各经济活动单位之上的、能够影响微观经济主体土地利用行为的微观规制手段和微观诱致手段。但是,国家或者区域角度的土地利用变化驱动分析往往缺乏过程和人文行为的细致解析[118],而这正好是从微观角度进行土地利用变化驱动分析的优势所在,也是农户层次土地利用变化越来越得到重视的原因之一。与区域(国家)层面的土地利用变化研究相比较,农户层次的土地利用变化还尤为缺乏,尽管当前的研究取得了一定的成绩,获得了对农户土地利用变化的一些理解,但是,这方面的已有研究还存在一定局限:① 除了农户之外,还有不少微观经济主体对土地利用变化有重要影响,显然,农户角度的研究不能简单移植到其他主体上;② 农户层次土地利用变化的研究往往只是考虑农户的经济特征与行为的影响,在分析模型中很少考虑不同层次数据之间的联系;③ 在数据获取上,将空间信息数据和微观经济主体社会经济数据联接起来的研究非常少见,如何改进这种方法以减少该种方法的成本是值得思考的问题;④ 因为数据限制,很少有研究将农户行为的空间特征与土地利用变化的空间特征联系起来进行分析。因此,今后在以下几个方面还值得进一步深入:① 在研究视角上,需要更为重视多层次的研究,注意不同层次之间的联系;② 在方法应用上,加强博弈论在土地利用变化分析中的运用可能会得到一些新的认识,在模型应用方面,多层线性模型可能有助于解决农户土地利用决策分析中的数据嵌套问题;③ 在数据获取方面,如何将问卷调查和GIS技术联系起来依然是一个值得继续探讨的问题,另外,建立固定观察点对农户进行连续观测也可能获得更为精确的数据,从而提高研究的精准程度;④ 在研究内容上,需要更加重视农户行为的空间特征差异对于土地利用变化的影响。

第三节　农户土地流转行为

　　农户是农业生产的主体,他们的决策行为往往从微观尺度上深刻地影响着农村土地制度。因此有不少研究关注农户的土地流转行为,并从定性、定量成两者相结合的角度出发,以期从分析结果中得出推进农地流转的政策建议等。本节根据近年来国内外的大量研究成果,首先分析总结了当前农地流转的研究内容与研究尺度进展,而后进一步总结了农户土地流转行为响应的研究进展。

一、农地流转研究进展

1. 研究内容

　　国内对农地流转的研究比较常见,且对其的研究主要集中在五个方面:农地流转制度研究;农地流转影响因素研究;农地流转模式研究;农地流转的影响效应研究;农地流转与农地产权研究。

　　我国学者对农地流转制度的研究主要集中在农地流转制度的产生动力研究、农地流转制度的影响效应以及农地流转制度存在的问题等方面。侯微[119]概括农地流转制度产生的动力包括家庭联产承包经营制度自身变革的需求是农地内部流转制度产生的原动力,农地多元附属功能在市场经济体制变革中的逐渐退化是农地流转制度产生的基本动力,城市化与工业化协调发展战略的实施是农地得以顺利流转的重要推动力,市场经济体制下的农业生产比较利益低下是农地流转制度产生的关键动力。而农地流转制度又能够促进现代农业的发展[120],为农业产业集群的产生提供了重要的市场基础,为农业集群产生提供了农业企业家要素以及劳动力要素。对农地流转制度存在的问题研究比较多,大致包括两个方面:一是制度不完善;二是制度供给严重不足。同时,非正式制度的存在[121]、无偿流转[122]等问题也是农地流转制度问题的一方面。

　　国内对农地流转的影响因素比较多,谢瑾岚[123]等人从农地流转的驱动机制入手,研究推动农地流转的因素;杨昊[124]通过数学模型研究农地流转的制约因素,并提出政策建议促进农地流转,其本质与农地流转的驱动机制研究类似,可以将两者归为农地流转影响因素的研究。目前看来,对农地流转影响因素的研究思路主要是基于一定的定性分析,以及一些设定和假设,然后通过实际调研所获数据进行相关变量的回归分析,通过研究回归分析的结果和检验结果,检验前面的定性分析观点以及一些假设,从而得出经过筛选的影响因素。在对农地流转的影响因素研究结果中,农户特征包括年龄、文化程度、社会地位等,农业劳动力转移,非农就业,农业比较收益低下,农地的社会保障能力,农户收入特征,农地空间特征,区域经济发展水平特征等因素经常被学者作为影响农地流转的因素。

　　国内不少学者对农地流转模式进行了研究,学者们从农地流转的模式入手,进行不同模式的比较研究,分析各自效益,比较优劣。从目前的研究成果中看,农地流转模式主要有有偿转包[125]、出租、反租倒包、代耕代种[126]、转让、置换[127]、土地入股及土地股份合作[128]、抵押[129](法律禁止)等。

　　有偿转包是比较普遍的流转模式,在对其的研究中发现部分地区的这种流转多采取自愿协商或口头协议的方式,并未在县镇村相关部门办理手续,所以这样的流转不具备法律效力,也不受到法律保护,风险较大。出租也是比较普遍的流转方式,农户因某些原因,自己不能从事农业生产,将自己承包的农地有偿出租给集体内部其他农户或由亲朋好友无偿代耕。转包和出租这两种流转方式虽然普遍,但都不改变农地承包经营权。转让是一种比较规范的流转模式,转让后,原集体与农户的土地承包关系终止,承包期内原承包户的土地承包权和经营权全部或部分消逝,这种方式能够促进农业规模化经营,但是如果承包户转让后没有农业收入以外的稳定的经济来源,可能导致失去土地的原承包户失去生活来源,假设这种情况大量发生的话,那么将会形成数量巨大的无业游民,危及社会稳定。置换是一种比较新颖的流转方式,朱岩在对嘉兴市农地流转研究发现,农地置换流转置换的是社会保障,主要有两种保障方式:一是土地承包经营权置换流转费保障,即农民与农业专业户或农业企业签订期限二十年的土地流转合同,将承包经营权以每年每公顷一定的价格(流转费)转让给后者,同时流转费以一定的比率逐年递增;二是土地承包经营权置换城乡居民社会养老保障,即乡镇对土地全部流转,根据不同的年龄阶层,发放标准不同的生活补助,并提供养老补助,失地农民参加城乡居民社会养老保险等。可以看出,此种流转方式大大解决了单一的转让流转可能带来的不稳定因素,是一种比较改进的流转方式。反租倒包是指集体经济组织根据农民意愿,将已发包给农民的土地反租反包回集体,经过投资开发,改善生产条件后重新发包给本集体经济组织的农民或租赁给集体经济组织以外的人。这种形式的农地流转对促进土地经营权的适当集中,发展规模经营都有好处,但是另外一方面,此种形式具有比较强的行政色彩。根据农村土地所有权与经营权分离的原则,农地股份合作制是一种以农村土地集体所有为基础,将农户的农地经营权换算成股权,加入股份合作经济组织,从而将农户直接在承包土地上的经营模式转变为合作经济组织将集体土地进行统一的规模化经营模式,通过这一模式的流转,农村集体土地在法律上的权利就被分解为所有权、经营权和价值权(即股权),即具体经营土地的农业合作社或者其他经济组织只享有土地经营权,而集体经济组织享有所有权,农户享有价值权。农地股份合作制是一种比较新颖的农村土地产权制度设计,它进一步实现了土地所有权与使用权分离,达到了农地流转和市场化的目的。《中华人民共和国物权法》中的农村土地承包经营权是一种用益物权,因此农地承包经营权不具有抵押权,而在《中华人民共和国物权法》第一百八十四条禁止抵押的财产也明确列出了耕地、宅基地、自留地、自留山等集体所有的土地使用权,然而农地抵押现象也依然存在。

而在对农地流转的影响研究中,农户的收入消费水平,农地规模化经营,农户土地利用变化情况,农地市场化水平等经常被学者进行讨论。胡初枝等人[130]从农地流转影响效果入手,运用一定数学方法计算出农户每流入流出单位土地人均收入和消费的变化情况;张丽君等人[131]研究了农地流转与农村、农户土地利用变化包括用途、结构等之间的关系;钱忠好等人[132]研究探讨了其与农村土地市场化水平的关系;另外高海等人[133]研究认为农地流转对确立农地经营权和发展权,明晰农地产权也有一定的影响。张燕等人[134]从博弈的角度讨论了农地流转中涉及的三方即农户、集体、政府三者的利益异同,并提出均衡三方的建议,保障农民利益;苏永鹏等人从法律角度探讨了农地经营权、发展权等问题,提出要维护农地产权稳定、健全农地产权制度,促进农地流转。

美国、英国等发达国家,这些国家由于与我国土地所有制差异较大,并且较早地实行了市场经济体制,市场经济发达,重视产权的法律关系,明晰的产权关系就能够促进土地的自由买卖、租赁和抵押,所以在国外土地经济学和土地法学的研究中,对土地产权的研究比较多,而且在研究中较少使用土地流转这个词汇[135],更多的是使用"Land rent"或者"Land lease"。在英联邦的一些成员国中产生了"土地批租制度",并在一些国家成立了土地银行,国外的很多学者往往把土地和资本结合起来研究,也是国外研究土地流转制度的一个趋势。[136]法国是现代农业国家中农地流转成功的典型的国家之一,其农地流转制度的成功在于通过法律法规来保护土地,保障土地中等规模经营,促进土地的流转。[137]日本的农地制度经历了从自耕体制阶段到放宽农地流转阶段,再到鼓励流转阶段,再到突出强调农业多功能阶段,由于日本人多地少,小农经济模式导致农地细碎化严重[138],对农地流转制度的研究往往与农业规模经济以及如何加快农地流转结合在一起。

国外对农地流转影响因素的研究也比较多见,而且研究的比国内要早,不过外文文献中一般都称为"Land rent"或者"Land lease"。Klaus Deininger 等人以印度为研究对象,从土地租赁的政策制度入手研究了其对土地租赁的效率和积极的影响[139];J.Jäger 基于不同区域的经济基础发展水平研究土地地租理论,研究其对决策行为和地区发展方向的区域差异影响[140];Anna Burger 从土地的价值入手,以匈牙利在 20 世纪 60 年代到 80 年代土地产权以及相关政策制度的变迁为研究对象,认为自由的土地租赁市场能够使土地价值得到充分的体现[141];Stephen 等人对 20 世纪 90 年代在洪都拉斯和尼加拉瓜实行的自由的土地市场政策措施对土地租赁市场的影响进行了研究,认为所推崇的这些措施有助于促进土地租赁,同时也提高了农业生产效率[142];Tesfaye Teklu 等人对埃塞俄比亚的土地流转现象以及土地租赁市场做了深入的研究,认为非正式的土地交易或土地市场的出现是存在一定的合理性的,并且研究了不同特征的人群土地租赁行为的差异及其涉及劳动力、生产力水平以及政策等方面的影响因素,并提出应该尽快制定一定的政策措施减少土地流转交易过程中所带来的损害[143]。总的来看,国外对农地流转影响因素的研究主要集中在市场、制度以及产权方面的研究。

2. 研究尺度

尺度指经历时间的长短或在空间上涵盖范围的大小,尺度不同标志着对研究对象细节了解的程度不同,不同的研究尺度会导致不同的研究结果[144]。

从研究的空间尺度上来看,在研究农地制度及农地流转制度的时候,国内学者往往从宏观的角度[145]去研究这个问题,从整个国家[146]的尺度上探讨制度的发展及其影响[147];而在研究农地流转的影响因素和其响应研究时,往往比较多的是选择某一个或某几个区域[148]或城市[149]作为研究对象,主要是基于中观尺度,并且进行比较研究,并得出相关结论;在探讨农地流转模式的时候,往往在空间尺度很小的范围内的农地流转模式都存在一定的差异,因此对流转模式的研究往往是通过归纳一定大尺度范围内[150]的所有微观存在的模式,进行比较研究,分析其中的优缺点,并从宏观层面提出政策建议[151]。

从研究的时间尺度上来看,对农地制度的研究往往基于一个较长的时间段的变迁或者是当前我国农地制度的优劣,时间跨度有时比较大[152],有时往往又局限在某一时点;而对农地流转影响因素和响应效应的研究往往是基于一定的时间点,如同上面的空间上的横向比较研究,存在时间跨度的纵向研究比较少见,当然也存在。例如史清华[153]以内地山西和沿海浙江为研究对象,对 1986—2000 年两地农户间农地要素流动行为进行实证分析,认为农户家庭农地流转所遵循的原则依然是经济理性原则,提高农地利用效率是农户进行农地流转行为发生的根本动机;农地流转模式方面的研究也表现出了类似的特点。

国外对农地流转研究尺度与国内研究既类似又存在一定的差异,总的来看国外的研究有基于宏观层面的比较分析,也有基于微观层面的具体探讨。

从空间尺度上来看,对农地租赁市场机制、农地市场以及自由交易政策等方面的研究主要从宏观上进行分析,如 Stephen 等人对洪都拉斯和尼加拉瓜等南美地区的调查研究;David 等人对美国中北部的内布拉斯加州的农用地价值和房地产业发展关系进行了探讨,并构建了农地经营的合理规模[154]。对农地流转的影响和响应研究研究角度往往更加微观,如 Vikas Rawal 等人对孟加拉西部的 Panhar 和 Muidara 两个村庄 1977—1995 年期间的土地交易数据进行分析,研究发现通过土地市场获取土地的是比较穷困的人和无地的人,说明了农户的收入水平往往决定着农户的农业经营行为和农地交易行为[155];John L. Pender 和 JohnM. Kerr 根据印度两个村庄的调查分析指出限制农地交易将对农地投资、耕种抉择及农业贷款产生影响,并提出应当鼓励农地交易并且构建完善的农地交易体制[156];Sanzidur Rahman 以孟加拉国的 1977—2008 年的农业调查数据为基础,运用相关分析模型,研究分析了农地流出还有流入的影响因素,并提出政府在其中应该扮演的重要角色[157]。

从时间角度来看,由于土地制度方面的差异,很多发达国家的农地产权明晰,国外对农地制度的研究并不多见,而另一方面,国外学者对农地流转方面的研究更侧重于时间的纵向尺度上的分析。如上面提到的 Panhar、Muidara 和 Sanzidur Rahman 等人的研究;Liesbet Vranken 等人收集了 1992—1998 年匈牙利 1400 多户农户以及政府部门的统计数据,理论与实证分析相结合,研究分析了土地租赁市场的影响因素[158];Georgeta Vidican 在对罗马尼亚农地交易对农地利用布局带来的影响时,结合分析了 1993—2005 年整个国家的土地利用分布情况,并以此为参照进行对比研究[159];Zvil Lerman 等人研究了从苏联到俄罗斯的农地私有化、个人土地所有的过程中所发生的一系列改变,并且分析了法律框架动态进化,并分析了土地市场交易的发展,总结了现有的限制土地交易的因素并提出一些政策建议[160]。

二、农户土地流转行为响应研究进展

对农户土地流转行为的研究主要侧重于在利用全国农村固定观察点各省相关点的观测资料或选择典型代表区域深入农村进行实地农户调查的基础上,分析驱动农户产生农地流转行为的关键因素及农地流转行为导致的相应结果。而各学者研究取向和方法的不同又导致了不同的研究结论。

史清华和贾生华以中国东部农村经济相对较发达的苏鲁浙为例,对农地流转进行了广泛的实证研究,将影响农地流转的驱动因素分为内生因素和外生因素,认为农地流转行为的发生完全符合农户经济理性行为准则,即农地在家庭经营中配置的比较效率,用经济学的话说,相对比较优势的存在是农地在农户间流转的根源动因。[161]但也有学者并不完全赞同这种观点,对湖北、浙江两地农户行为分析的结果表明:经济利益最大化并不是农户在农地流转过程中的行为选择的唯一标准,农户是否参与农地流转以及选择怎样的路径实现流转,都是特定行为环境下所做出的主观抉择[162]。前述观点都是基于单纯的调查统计数据得出的结论,真正对农户农地流转的驱动因素进行完全量化分析的则是方鹏和黄贤金等,他们通过理论模型的建立和大量调研数据的分析构建了不同因素对农地流转影响的多重线性回归模型,从而得出各因素对农地流转的贡献大小,这是对农户土地流转行为研究的最为卓著的贡献。大多数学者认为,农地流转现象与经济发展因素有很大的关联性,因此选择的研究区域都在东部沿海,而张文秀等学者在西部开发区的成都平原展开调查,分析了农户非农收入、当前农地的功能、农地流转收益和农民受教育程度对农户土地流转行为的影响,以期为加快农地流转提供决策依据。[163]

农户流转土地产生的结果之一就是促进了土地合并,Wu 等用生产函数法对 227 户中国农户的相关数据进行分析,对"农业全面发展"(Comprehensive Agricultural Development, CAD)计划中的土地合并工程所产生的效应做出评价,研究表明,虽然这个项目并没有减少土地的细碎化,但从某种程度上改善了土地质量并有助于调整农业生产结构。[164]Michal R. 和 Yao 利用中国的面板数据(时间序列数据和截面数据相结合的数据)进行最大似然估计,发现无障碍的土地流转权可以使农户间的流转价格趋于均衡化,也有助于提高分配效率。[165]大量对土地市场的经验研究表明,土地流转的趋向是小农场主售出土地而大农场主购进土地,但是 Vikas Rawal 对孟加拉西部的 Panhar 和 Muidara 两个村庄 1977—1995 年期间的土地交易数据进行分析却发现,这个阶段通过土地市场获取土地的是比较穷困的人和无地的人。

第四节　征地制度与被征地农户维权行为

被征地农户维权问题实际上就是征地制度问题,对被征地农户维权行为的研究必须基于征地制度研究的基础上,从农户维权角度进行分析。因此,对被征地农户维权行为研究进展分析主要包括征地制度研究进展和农户维权行为研究进展两个方面。

一、关于征地制度的研究进展

1. 国外及港台地区研究

国外对征地制度研究和实践相对较早。19世纪末以来,政府基于公共利益的需要,对所有权形式做出了一定的限制,土地征收征用就是主要形式之一。历史上第一部《土地征用法》是拿破仑建议于1810年3月8日公布的。此后各国政府纷纷效仿,使土地征收征用制度不断完善。美国将土地征收征用权称之为"最高土地权(Eminent Domain)";英国称之为"强制收买(Compulsory Purchase)"或"强制取得(Compulsory Acquisition)";法国、德国及我国台湾称之为"土地征收(Land Expropriation)",我国香港地区称之为"官地收回"。尽管说法不尽相同,但是,这些市场经济成熟国家或地区的土地征收征用制度都具有下述特征:

一是政府取得土地必须是为了公共目的。为了防止滥用公共目的、公共利益的概念,各国对其范围都有明确界定;二是给土地权利人按公平的市价给以公正的补偿。公平的市价一般由中介机构评估,按照完全补偿原则,对土地权利人的补偿既包括其财产的直接损失、间接损害;三是补偿的方式以货币补偿为主,现物补偿为辅。补偿的方式以货币补偿为主,但考虑到有时无法维持其原有的生活水平,一些国家也相应规定了一些例外的现物补偿,如替代地补偿、迁移代办、债券补偿等;四是确保土地权利人充分的知情权和参与权。通过完善公告制度,为人们就征地合理性、合法性的质疑提供申诉或仲裁机会;五是征地纠纷申诉与仲裁制度较为完善。

西方学者对土地征收征用制度进行了较为详尽的研究。他们普遍认为,在土地征收征用中,被征用人经济上的损失并非基于违法行为,而是基于合法的行政上的原因引起的,土地补偿属于行政损失补偿的范畴。罗伯特·考特和托马斯·尤伦[166]从法经济学的角度探讨了征用权的行使问题,主要是从"私产的公用:政府占用经济学"分析方面,分析了政府占用的成本和收益,并认为政府管制的结果降低了私有财产的价值并不给予补偿,如果是为了激励如社会道德这样的非效率目标,亦情有可原。有学者总结了征用权行使所带来的五个方面的问题:(1)将财产用于公共用途的初始决定;(2)为此而委派一个适当的权力机构;(3)遵循所描述的程序;(4)公平补偿的确定;(5)财产的合法获取数量问题。[167]从我国台湾学者的研究来看,目前着重在于分析征收者的获取土地价值分配合理性。根据有关分析,强制征收的本意是为了矫正市场失灵,并改善资源配置为社会谋取更大的福利,稀少性地取得并不是主要目的。而事实上却是一块特别适用的土地,一且被征收,其全部利益即归政府。[168]

2. 国内研究

自 20 世纪 90 年代以来,随着我国社会经济的快速发展,征地问题日益突现,征地制度的研究也开始引起人们的关注。我国学者从法学、经济学、公共管理学、法经济学等不同角度对征地制度进行研究和探讨,力图解决征地中存在的问题,建立合理完善的征地制度。

从法学研究来看,学者们主要从征用目的、主体、责任、程序和救济等方面进行研究。征用涉及国家行政权与相对方财产权、强制与补偿、公益与私益、国家与社会等广阔相关领域,形象深刻地表现了对财产所有权保护与限制并重的思想。[169]当私有财产权与公共利益相矛盾时,由于私有财产权的行使负有促进公共利益的义务,为了保护社会公益,实现特定的福利目标,公民要作适当让步。[170]征用土地有两个限制要件:第一,必须基于公共利益的目的,缺乏公共利益的征用是违反宪法的,即使给付补偿,也不能治愈为符合宪法。[171]第二,必须给予合理补偿,其本意在于对于因公益之必要,经济上蒙受特别牺牲者,为调节之补偿,以实现正义公平之理想,而其法律生活之安定。[172]然而我国目前的征地法律制度并没有遵循这两个要件,存在何为“公共目的”尚无统一界定、行政征用权的行使主体过于分散、没有等价补偿原则的规定[173]等缺陷,并且征地制度在立法方面存在立法指导思想落后、立法原则与标准不统一、立法技术欠佳、“征用”条款不明、行政征用法律体系畸形发展等问题。[174]因此,应该尽快制定土地征收征用法[175],健全土地征收征用立法体系,借鉴国外土地征收征用的法律制度,进一步加强对土地法学的研究[176]。

从经济学研究来看,征地补偿和征地利益分配是征地问题的核心和关键。农地征用涉及方方面面的利益,城市建设征地和拆迁中政府与失地农民之间存在问题的根源是利益冲突。[177]征地制度安排是农村与城市、政府与农民、大资本与农民、现代人与未来人、本届政府与下届政府、中央政府与地方政府之间的“多方”博弈的结果。[178]政府与农民的利益分配关系是关键。而中国现行土地征用制度的典型特征是政府垄断:政府禁止土地所有权市场、垄断一级土地市场,短期内确保了政府土地征用获利者的利益,但相应地损害了农民的利益[179],使国家、集体与农民个人在土地征用法律制度及实践中均呈现出一种鲜明的利益差序格局[180]。有研究测算出我国集体土地征用—出让流转过程中,农民集体获得的收益仅仅为政府收益的 1/17.2~1/17.4[181],农地征用过程成为一场零和博弈[182]。从产权经济学角度来看,农民在征地中成为弱势群体的主要原因在于农用地存在巨大的正外部性和界定这些属性的产权存在困难或成本过高以及农村集体土地的所有权主体虚位。[183]征地过程中农民集体或个人没有谈判权,政府仅仅是按照农地产值对农村集体进行补偿,否认了集体将土地用于非农用途时的机会成本(即集体对土地由于改变用途带来的增值收益的索取权),从而使政府征地成本强制的外部化了。[184]从社会的角度来看,较低的征地成本降低了土地配置效率,延迟了土地开发时机,另外也带来了较高的交易费用和延迟成本。[185]因此,现阶段我国土地征用已呈现出一定的非均衡态势,必须采取一定改革措施实现土地征用由非均衡向均衡的转变。[186]

从公共管理学研究角度来看,学者们分析了我国现行征地制度存在缺陷,提出了不少改革建议,代表性的观点有:通过土地发展权补偿的方式,解决现行土地征用制度非公共利益性质所带来的问题;通过农村集体土地直接入市、公共用地按市场价征用入市、经营性用地按谈判价入市,彻底改革现行土地征用制度[187];让农民以土地权利参与工业化,屏蔽国家征地制度对农民权益的侵害,使农民能够分享工业化进程中的土地级差收益[188];界定清晰而有保障的农地转让权,寻找一组经济损失最小的政策来处理农地转用中遭遇的种种复杂问题[189];用土地整理的方式盘活集体建设用地[190],等等。

从法经济学研究角度来看,目前的研究成果不多,尚处于探索阶段。陈利根、陈会广运用经济学理论系统考察了现行土地征用制度存在的问题以及土地征用制度改革和创新的法律政策障碍,得出:在集体非农建设用地流转制度试点使农民面临制度选择的机会时,我们必须考虑土地征用(政府管理机制)和集体非农建设用地流转(市场机制)等各种社会格局的运行成本以及由现行土地征用制度转成一种新制度的成本,沿着既规范公权力又保护农民私权利的路径进行土地征用制度的创新。[191]张磊、付殿洪对军事征用补偿制度合理性进行了法经济学分析,并得出:军事征用补偿制度是降低社会管理成本所必需的,它有助于以较低的成本实现国家安全目标;军事征用补偿制度还可以遏制个人的投机行为,减少军事征用的阻力;同时军事征用补偿可以在一定程度上起到修正政府行为对公共目标偏离的作用[192]。张曙光通过对征地拆迁案例进行法律经济分析,探讨了征地拆迁案发生的原因,得出:无论是出于何种目的,征地拆迁都必须得到原所有者和使用者的完全同意,并给予足够的补偿和相应的安排,以保障其基本生存权利不受到侵害。[193]闵一峰等应用经济学理论与方法,以南京为例,结合南京市城市房屋拆迁补偿制度的变迁,以及现阶段南京市城市房屋拆迁面临的难点,对城市房屋拆迁利益主体行为、城市房屋拆迁补偿价格形成机理、城市房屋拆迁补偿制度运行成本进行研究,并对现有拆迁政策运行效率进行评价分析。[194]吴晓洁、黄贤金等在分析经济学理论与方法对于征地制度改革问题分析适用性的基础上,运用成本收益分析、均衡分析、博弈分析、供求分析等方法,着重从政府、企业、农村集体及农户等征地主体行为角度,分析了我国征地制度运行中各征地主体之间的相互关系,尤其是全面评价了征地制度运行的成本与收益,对于现行征地制度运行的外部性成本构成进行了较为系统的阐述。[195]

二、关于农户维权的研究进展

1. 国外研究

美国著名的农民研究专家詹姆斯·斯科特在《农民的道义经济学:东南亚的反抗与生存》中,从东南亚农民的反叛与起义问题入手,探究了市场资本主义的兴起对传统农业社会的冲击,用"生存伦理"(subsistence ethic)这一重要概念来强调生存规则的道德涵义,并提出了农民"日常抵抗"这一重要概念。[196]他认为,"贫困本身不是农民反叛的原因,只有当农民的生存道德和社会公正感受到侵犯时,他们才会奋起反抗,甚至铤而走险。而农民的社会公正感及其对剥削的认知和感受,植根于他们具体的生活境遇,同生存策略和生存权的维护密切相关。因此,如果不去仔细考察各种地方性的传统和文化特质,不去探寻那些看似琐碎的农民日常行为的丰富涵义,人们对农民问题的认识便会误入歧途,就可能将农民隐蔽的抵抗与积极的合作混为一谈,从中作出错误的政治、经济决策,诱发社会动乱"。为了具体描述农民的隐蔽的抵抗,斯科特还以自己在马来西亚农村的田野工作材料为基础,出版了《弱者的武器:农民反抗的日常形式》和《支配与反抗的艺术:隐藏的文本》这两部著作。[197,198]他指出,公开的、有组织的政治行动对于多数下层阶级来说是过于奢侈了,因为那即使不是自取灭亡,也是过于危险的。为了回避这些风险,农民更多的是采取日常形式的反抗,即农民与从他们那里索取超量的劳动、食物、税收、租金和利益的那些人之间平常的却持续不断的争斗。这些日常形式的反抗通常包括:偷懒、装糊涂、开小差、假装顺从、偷盗、装傻卖呆、诽谤、纵火、怠工,等等。这些被称为"弱者的武器(weapons of the weak)"的日常抵抗形式具有共同特点:它们几乎不需要事先的协调或计划,它们利用心照不宣的理解和非正式的网络,通常表现为一种个体的自助形式;避免直接地、象征性地对抗权威也是其重要特点。

2. 国内研究

我国学者大多从农民维权行为的解释框架、维权特征、维权方式、维权成本和维权角色分析等方面进行研究。从农民维权行为的解释框架来看,有"依法抗争"[199]和"以法抗争"[200]两种解释。"依法抗争"是抗争者诉诸"立法者"为主,直接挑战抗争对象为辅甚至避免直接挑战抗争对象;"以法抗争"则是抗争者以直接挑战抗争对象为主,诉诸"立法者"为辅。在"依法抗争"中,抗争者更多地以立法者为实现抗争目标的主体;在"以法抗争"中,抗争者更多地以自身为实现抗争目标的主体。

从农民维权特征来看,有研究认为农民集体行动具有三个特征:一是行动的承头人是正式组织内的成员(即"队长");二是组织者强调并坚持以合法的组织途径解决问题;三是国家的法律、党的政策成为整个行动的基本根据或行动规范,具有"遵纪守法"的性质[201]。于建嵘认为目前抗争精英的维权活动具有明确的组织性,其基本目标具有十分明确的政治性[202];贺雪峰认为当前中国农民的抗争具有非对抗性、针对乡村两级、区域特点和限于经济要求等特征,这些特征与当前中国经济发展状况和中央政策有密切关系。

从农民维权方式来看,有研究认为当代中国农民集体维权行动的基本方式主要有如下六种:通过本村或本乡的人大代表在县乡人大会上提出提案;依法或依政策集体上访;法律诉讼;制造社会骚乱,包括堵塞交通、在公共场所集体静坐等;聚众向党政机关施加压力,包括责问政府工作人员、扣押政府办公设备、毁坏政府办公场所等;横向连动,即联合若干村、若干乡甚至跨县的农民集体行动。以"以法抗争"作为有关农民维权活动的新的解释框架,首先是基于这样一个事实,即农民的维权活动在方式上发生了许多值得注意的演变,上访虽然仍是农民抗争的最重要形式之一,但它已具有了新的意义,更值得关注的是那些新型的更具有主动性的抗争方式和手段,如诉讼、逼退、静坐、示威等;农民对集体所有土地发展权的压抑将进行抗争,通常采取自发进行集体建设用地流转、千方百计地提高征地补偿标准和个别或者集体上访等方式。[203]

从农民维权成本来看,有研究从经济视角对上访行为进行分析,认为群众采取上访的途径是因为上访成本一般低于其他途径,群访、越级上访的存在说明了上访强度的增大能够增加问题解决的可能性,并且上访的边际强度成本是递减的。[204]

从维权角色分析来看,有研究运用过程事件分析法生动展示了集体上访中农民与政府之间的权益博弈[205];有研究对集体上访事件中普通村民、村干部、乡镇干部三层利益主体的行为选择进行分析[206];有研究对征地过程中失地农民维权行为的发生机理、基本方式、行为选择和影响因素等进行较为系统的阐述[207]。

第二篇
农户水土保持行为研究

第二章　红壤区农户水土保持行为研究

本章主要是在农户调查的基础上,分别以江西省兴国县、余江县和上饶县为例,对农户水土保持行为进行分析,探讨红壤区农户水土保持行为机理。

第一节　兴国县农户水土保持行为机理与实证模型研究

水土流失成为制约农业可持续发展的重要因素之一。虽然水土流失的发生是自然环境变化和人类经济、社会活动共同作用的结果,但是,对于水土流失问题大多是从其自然环境机理方面进行研究,较少从人类行为机理,尤其是在农户层次通过建立数量经济模型来分析人类行为与水土流失的内在关联。为此,本节从农户行为机理方面来探讨农户水土保持的行为机理,并运用模型进行实证分析。已有研究结果表明,在市场化条件下农户生产决策行为及其在水土保持上的投资积极性对土地利用及水土保持效果有着强烈的影响。[208—210]因此,作为农业生产微观主体的农户是否采取符合生态友好的行为方式,是生态脆弱区农业能否持续稳定发展的关键之一。

一、农户水土保持行为及其驱动因素分析

1. 农户水土保持行为响应分析

农户的水土保持投入是农户生产性投资的一个重要方面,其行为可以理解为在各种市场政策信息的影响下,作为行为主体的农民所表现出来的农业生产性投资反应。农户投资行为和企业投资行为一样,也表现出追求利润最大化。但是农户水土保持行为作为一种特殊的农业投资,是一系列农户经济活动综合作用的结果,有着自身的运行机制(如图 2-1):择业行为可能导致轻农思想以及劳动力不足的问题影响水土保持行为,不同的种植结构对水土保持行为的方式及要求也不

一样,区域因素如经济发展水平以及水土流失状况也是一个重要影响因素,其他的如农户的消费投资观念、受教育水平、可持续发展观念等不同农户家庭因素也有着间接影响。

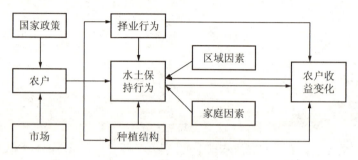

图 2-1 农户水土保持行为运行机制

2. 农户水土保持行为驱动因素的指标体系

根据农户水土保持投入行为的特点及对问卷调查数据的分析,本节把影响农户水土保持行为的因素分为五大类:区位与经济发展水平、农户的兼业经济行为、劳动力状况、农业经营规模、水土流失现状。为了进一步研究各相关因素对农户

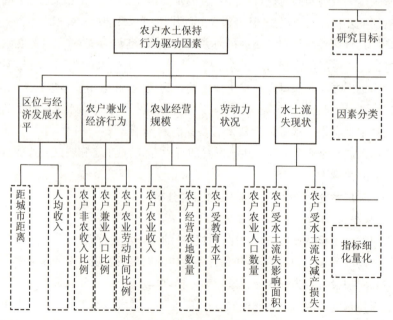

图 2-2 农户水土保持行为驱动因素指标体系框图

水土保持行为的影响机制,这里对驱动因素建立细化量化的评价指标(如图 2 - 2)。区位与经济发展水平影响农业效益,决定农户农业投入的积极性,农户的兼业经济行为反映了农户家庭的劳动力配置状况,也可以间接反映劳动力的机会成本或者农业与非农产业的比较效益,从而对水土保持投入发生影响。农业经营规模对农业效益产生很大影响,农户经营的耕地面积越大,越有利于农户对农业进行投入。劳动力素质和数量反映了农户对水土保持投入的可能性,因为兼业经济行为导致劳动力不足,已经成为农业投入的一个重要制约因素。水土流失状况对农业效益的冲击在水土流失严重区域已经引起了农户的重视。农户普遍采取在坡田上修筑梯田、种树种草护坡、修渠开垄沟、休耕等水土保持措施,增产效果明显。

二、研究区域及实证分析

本节以水土流失很严重的花岗岩红壤区——江西省赣州市兴国县为例。该区域位于赣江上游,江西南部,地处中亚热带南缘,气候温和湿润,年降雨量 1568 mm,年平均气温 18.8℃,属典型的亚热带湿润季风气候。地貌以丘陵山地为主,山林地占 77.3%[211],植被全年生长良好,但因为花岗岩上发育的红壤抗蚀能力低、降雨量集中以及人类的不恰当利用,水土流失严重。

表 2-1　兴国县样本村社会经济基本情况及水土流失状况

基本情况	江背镇		潋江镇
	郑塘	来源	联群
调查户数(户)	35	35	29
离县城距离(公里)	6	21	5
经营农地面积(公顷)	8.25	8.78	5.90
农业人均产值(元)	696.06	663.39	890.24
非农业人均产值(元)	1066.54	1371.22	1378.88
农地水土流失面积(公顷)	1.16	1.40	1.40
水土流失面积比例(%)	14.06	15.96	23.69
主要农业生产类型	水稻、蔬菜	水稻、蔬菜、渔业	水稻、蔬菜、渔业、经济作物

根据兴国县的资源状况、土地利用方式、生产条件与经营规模、生产种植结构、生产经济发展水平等指标,选取了具有一定典型性的江背、潋江 2 镇 3 村 99 户农户作为调查对象。调查农户按随机抽取和典型样本相结合的原则在样本村

进行调查,调查中采用问卷访谈方法对户主进行调查,包括农户基本情况、农户拥有土地类型及农业经营情况、农户经营土地的水土流失情况、近年采取的水土保持措施及实施效果、水土流失的土地面积变化、水土流失对农户家庭收入及农业产业结构的影响等。三个样本村中联群村经济作物种植面积大,农业产值也相对较高,同时因为自然环境的因素,水土流失比较严重。

根据调查分析,获得研究区域农户水土保持指标的基本情况(如表2-2)。

表2-2 兴国县影响农户水土保持行为的因素

变量的符号与定义	郑塘	来源	联群	总样本
样本个数	35	35	29	99
M 家庭总人口(人)	4.77	5.74	4.72	5.10
Mj 兼业人口(人)	0.89	1.83	1.24	1.32
Ma 从事农业生产人口(人)	1.97	1.89	1.79	1.89
S 人均收入(元)	1762.60	2034.61	2269.12	2007.14
Ds 农户水土流失损失(元)	107.38	129.60	156.04	129.49
Dm 农户受水土流失威胁面积(亩)	0.50	0.60	0.72	0.60
Ls 农户经营土地面积(亩)	3.53	3.76	3.05	3.47
As 家庭农业收入总额(元)	3321.19	3809.77	4205.57	3748.36
Pa 非农收入比例(%)	60.51	67.39	60.77	63.38
Pc 种植业占收入比例(%)	21.96	21.32	19.68	21.06
Pm 纯农业人口占劳动力比例(%)	66.86	51.76	61.95	60.08
Pe 受教育人口占家庭人口比例(%)	74.43	71.66	71.25	72.52
I 农户水土保持投入(元)	59.57	60.69	33.50	52.45

为了进一步揭示研究变量之间的密切程度,对研究变量进行了相关分析。用SPSS软件的Correlate命令调用Bivariate过程,多次进行单因变量(农户的水土保持投入)的二元变量相关分析。同时,因为农户的水土保持投入决策是多个因素综合作用的结果,上述分析会因为自变量之间的相互交叉对分析结果带来误差,为了克服这种缺陷,对于存在紧密线性相关的各自变量(农户水土保持投入影响因素)调用Partial程序进行偏相关检测。各影响因素对水土保持投入行为相关显著性如表2-3所示。

表2-3　兴国县农户水土保持行为与影响因素相关度分析与检验

影响因素指标	检测方法	相关系数	Sig. (2tail)	相关检鉴
距城市距离	Pearson	0.299*	0.002	较显著
人均收入	Pearson	−0.252	0.112	偏相关表明兼业行为影响相关系数
农户兼业人口比例	Pearson	−0.364*	0.001	显著
农户非农收入比例	Pearson	0.562**	0.000	显著
农业劳动时间比例	Pearson	0.673**	0.000	显著
农户农业收入	Pearson	0.481**	0.001	显著
经营农地数量	Pearson	0.462**	0.001	显著
农户受教育水平	Pearson	0.025	0.738	不明显
农户农业人口数量	Pearson	0.373*	0.001	较显著
水土流失面积	Pearson	0.186	0.065	较显著
水土流失减产损失	Pearson	0.192	0.061	较显著

根据相关性检验的结果,影响农户水土保持投入行为的主要因素有:

(1) 农户的兼业经济行为对农户的水土保持投入影响很大,较高程度的兼业化,使农户非农收入成为其主要收入来源,这类农户土地仅是作为一种"退路",对其收入的依赖逐步减弱,而且也不会为保持土地资源的长期生产能力而进行必要的投入。农业兼业人口比例、农户非农收入比例等指标的显著性水平均在0.001以下,表明农户家庭中从事非农劳动的人越多,非农收入在家庭收入中占的比例越高,农户对农业进行生产性投资、水土保持投入的可能性和规模就越小。

(2) 农户家庭耕地的适度规模经营有利于农户进行水土保持投入。土地细碎化经营会提高经营成本,从而降低土地经营的投资收益率,使农户缺乏对土地经营追加投资的意愿,使水土保持工作难以有效开展。上述相关分析也表明农户经营农地数量和农业收入两项指标其显著性均为0.001,系数均为正值,表明加快农地产权流转,促进农地集中经营,可以提高农民的生产性投资和水土保持投入的积极性。

(3) 农户农业劳动时间和农户家庭的劳动力状况也是影响农户进行水土保持投入的一个重要因素。农户家庭农业劳动力状况常常成为水土保持项目能否顺利实施的制约因素。这是因为水土保持措施通常需要较多的劳动力,特别是工程措施及生物措施,劳动力需求量更大。问卷调查中,有36%的农户认为劳动力不足是制约其水土保持投入的因素之一。农户农业劳动时间与农户水土保持行为的密切关系也证明了这一点。

（4）区位因素对于农户的水土保持行为也有影响。调查的三个村离县城的距离分别为5公里、6公里、21公里，其土地利用方式存在着显著差异。距城镇距离远，农户对农业的依赖性强，农户也重视土地的经营，对水土保持投入积极性也较高；而距离城镇近，由于在从业方式、农业生产方式等方面有着更多的选择机会，从而不够重视对水土保持的投入。

三、农户水土保持投资行为决策模型的构建与分析

农户水土保持投入是农户在一定的市场、政策的引导下，作为行为主体的农民对农业生产投资的反应，也是农户进行农业投资的一个决策过程。本节试图建立农户水土保持投入决策的模型，分析农户水土保持决策行为。

基于对影响农户水土保持投资决策行为相关因素的分析，剔除指标之间的相关干扰，选取下列指标作为回归方程自变量：人均收入（S）、非农收入比例（P_a）、经营土地面积（L_s）、家庭从事农业人口数量（M_a）、水土流失减产损失（D_s）。运用多元线性回归分析方法，得到农户水土保持投资行为决策模型。

郑塘村：$I=-0.012 * S+1.251 * P_a+1.423 * L_s+0.753 * M_a+0.473 * D_s-70.915(R^2=0.734, F=46.616)$

来源村：$I=0.003 * S-0.836 * P_a+10.867 * L_s+5.437 * M_a-0.281 * D_s+42.368(R^2=0.698, F=31.634)$

联群村：$I=-0.058 * S+1.643 * P_a+0.782 * L_s+10.653 * M_a+0.116 * D_s+20.563(R^2=0.649, F=42.636)$

总样本：$I=-0.002 * S+0.177 * P_a+0.922 * L_s+1.044 * M_a+0.268 * D_s+6.462(R^2=0.776, F=33.823)$

对回归方程进行拟合优度检验（R^2检验）及总体线性显著性检验（F检验），可以得出回归方程拟合度良好。

虽然上述五个因素对农户水土保持投资决策行为存在影响，但在不同的区域这种影响的程度是不一样的：

（1）距离城镇越近，农户从事非农业生产的可能与机会越大，农户对水土保持投入的激励就越小。例如，虽然距离县城只有6 km的郑塘村样本农户的人均农业和非农业收入均低于距离县城21 km的来源村，但是，与距离县城只有5 km的联群村样本农户一样，仍然缺乏对水土保持的积极性。

（2）虽然经营土地面积越多，农户越愿意进行水土保持的投入，但是，距离城镇越远，农户对水土保持投资的激励就越大。联群村离城镇最近，其农户从增加

经营土地面积中所获得的水土保持投资激励也最小;来源村离城镇最远,其农户从增加经营土地面积中所获得的水土保持投资激励也最大;而郑塘村居中。

(3) 由于水土保持是一种劳动密集型活动,农户家庭从事农业人口数量越多,农户越愿意进行水土保持投资,但是,就增加同样数量的农业劳动力,在不同水土流失的区域,对农户的水土保持投资激励是不一样的。水土流失问题越严重,农户所获得的水土保持投资激励就越大。在 3 个样本村中,郑塘村水土流失面积所占比例最小,为 14.06%,增加农业劳动力,所获得的水土保持投资激励也最小;联群村最大,为 23.69%,则其所获得的水土保持激励也最大;来源村为15.96%,其所获得的水土保持投资激励也居中。

(4) 一般而言,水土流失越严重,农户越重视对水土保持的投入,但就不同区域而言,其影响程度也不一样,反映在农业产业结构上,种植业占收入比重越高,水土流失减产损失也越受到农户的重视,从而提高农户进行水土保持投入的积极性。郑塘村种植业占收入比重最高(21.96%),其因为水土流失减产而获得的水土保持投资激励也最高,联群村最小(19.68%),来源村居中(21.32%)。

四、结论与建议

农户水土保持投资决策行为受到农户家庭人均收入、非农收入比例、农业经营土地面积、家庭从事农业人口数量以及水土流失减产损失等因素的影响。而不同因素对于农户水土保持投资决策行为的影响是不一样的。距离城镇近的农村,从事非农业生产的机会多,因此,对于以农业为主要目标的水土保持投资的兴趣不大;家庭农业人口数量多的农户,由于受到食物需求的压力,其受到的水土保持投资激励也大;同时,种植业收入比例高的村庄,其从事水土保持的积极性更高。

因此,在水土流失较严重的地区,要提高农户水土保持的积极性,相关政策的制定必须从以下几个方面着手:

(1) 借助农业劳动力转移的契机,积极引导和鼓励农户进行土地承包权的转让、调整,尽可能把农户家庭内分散的土地集中起来,提高农地经营规模,从而增强农户进行水土保持投资的兴趣。

(2) 积极探索建立专业化治理水土流失队伍的道路,成立村级水土保持互助合作组织,把零散的家庭投入转变成专业化的集中治理,这种"合作组织＋农户"的方式,一方面能提高水土保持效果,解决缺乏技术指导的问题;另一方面也能使得兼业家庭劳动力不足的问题得到解决。

(3) 积极吸引农业企业集团发展规模化、产业化农业,从而通过"公司＋农户"的方式,为区域水土保持投资积累资金,并提高农业生产效率,致富农民。

第二节　上饶县农户水土保持投资行为机理
与实证模型研究

水土流失的发生不仅仅是自然环境因素作用的结果,还是自然环境变化和人类活动共同作用的结果,尤其是在自然环境背景条件确定的条件下,人类行为对于水土流失的产生起到了决定性的作用。本节以江西上饶县为例,通过建立数量经济模型来分析农户水土保持投资行为的内在机制,揭示作为农业生产微观主体——农户在水土保持中所起的作用,并提出相应的建议。

一、农户水土保持投资行为机理及驱动因素分析

1. 农户水土保持投资行为机理分析

农户水土保持投入是农户生产投资中很重要的一方面,有学者认为农户的该行为是在各种市场政策信息以及区域环境等各种因素的交错影响下所表现出来的农业生产性投资反应。[212] 其实农户投资行为和企业投资行为在本质上是一致的,即追求利润最大化,有所不同的是农户承受风险的能力,无论是心理还是实力都相当薄弱,因此其更注重规避风险。[213—215] 在调查中当问到农民会否因为打工而放弃土地时,很多农民都回答说不愿意,因为他们认为土地乃是生存之本。因此,我们不能只简单地以分析企业投资的思路来分析农户的投资行为。所以我们认为作为特殊的农业投资的农户水土保持行为,应该是一系列农户观念及经济活动综合作用的结果。根据我们的问卷调查,农户总是在平衡利润最大化和风险最小化的情况下作出水土保持决策的,其运行机制如图2-3。

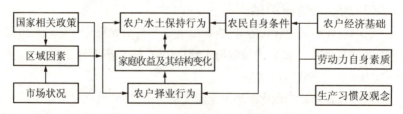

图2-3　农户水土保持投资行为驱动因素指标体系

2. 农户水土保持行为影响因素

进一步分析农户水土保持行为的作用机制,必须对影响农户水土保持行为的

因素进行归类,考察它们之间的作用机制。根据农户水土保持投入行为的特点及对问卷调查数据的分析,本节把影响农户水土保持行为的因素分为四大类:区域经济发展水平、农户的兼业经济行为、劳动力状况、农业经营规模。为了进一步研究各相关因素对农户水土保持行为的影响机制,需要对影响因素指标进行进一步细化量化(如表2-4)。

表2-4　农户水土保持行为影响因素

研究目的	因素分类	指标量化
农户水土保持行为影响因素	区域经济发展水平	距城市距离
		人均收入
	农户兼业经济行为	农户兼业人口比例
		农户非农收入比例
		农户农业劳动时间比例
	农业劳动力状况	农户受教育水平
		农户农业人口数量
	农业经营规模	农户农业收入
		农户经营土地数量

　　区域经济发展水平与农业效益决定了农户农业投入的积极性,农户的兼业经济行为反映了农户家庭的劳动力配置状况,也可以间接反映劳动力的机会成本或者农业与非农产业的比较效益,从而对水土保持投入产生影响。农业经营规模对农业效益产生很大影响,农户经营的耕地面积越大,越有利于农户对农业进行投入。劳动力素质和数量反映了农户对水土保持投入的可能性,因为兼业行为导致出现劳动力不足,已经成为农业劳动投入的一个重要制约因素。水土流失状况造成的对农业效益的冲击在水土流失严重区域已经引起了农户的重视,经过投入产出比较,农户普遍采用在坡田上修筑梯田、种树种草护坡、修渠开垄沟、休耕等水土保持措施,增产效果明显。

二、研究区域及实证分析

1. 研究区域概况

　　上饶县始建于东汉建安初年,以"山郁珍奇,上等富饶"而得名,位于江西省东北部,信江上游,地处117°41′E至118°14′E,27°58′N至28°50′N之间,全县土地总面积2240平方公里。境内气候温和,雨量充沛,属亚热带湿润气候。

2. 研究资料来源

2002 年 4 月—5 月在上饶县开展了农户问卷调查,以农户调查数据为基础,从农户基本情况、农户拥有土地类型及农业经营情况、农户经营的土地的水土流失情况、近年采取的水土保持措施及实施效果情况、水土流失的土地面积演变情况、水土流失对农户家庭收入的影响情况等几方面进行问卷调查。根据上饶县的资源状况、土地利用方式、生产条件与经营规模、生产种植结构、生产经济发展水平等指标,选取了具有一定典型性的旭日、大地、董团 3 个镇 4 个村作为调查对象

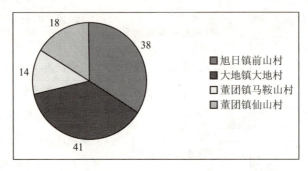

图 2-4 样本分布图

(如图 2-4)。调查共得到合格调查表格 111 份,调查农户是按随机抽取和典型样本相结合的原则在样本村内抽取,调查中采用问卷访谈调查办法对户主进行调查。

3. 影响因素指标量化

为了进一步考察各影响因素指标对农户水土保持投入行为的影响大小,必须对各影响因素和农户水土保持投入水平进行量化。量化过程一方面尊重原始数据,另一方面结合当地的实际情况和经济发展水平,对一些数据进行了计算处理,如劳动力价格按照 20 元/个进行计算。研究区域状况如表 2-5。

表 2-5 农户水土保持行为影响因素指标定义及平均值

变量的符号与定义	平均值
样本个数	111
M 家庭总人口(人)	4.9369
M_j 兼业人口(人)	1.45
M_b 兼业人口比例(%)	29.37
M_a 从事农业生产人口(人)	1.68

变量的符号与定义	平均值
S 人均收入（元）	2151.259
L_s 农户经营耕地面积（亩）	3.100
A_s 家庭农业收入总额（元）	2682.538
P_a 非农收入比例（%）	70.823
P_m 农业从业时间占总从业时间的比例（%）	13.89
P_e 受教育人口占家庭人口比例（%）	72.628
I 农户水土保持投入（元）	64.32

4. 水土保持行为影响因素相关度分析

进一步揭示研究自变量与变量之间的密切程度，需要对研究变量进行了相关分析。用 SPSS 软件的 Correlate 命令调用 Bivariate 过程，多次进行单因变量（农户的水土保持投入）的二元变量相关分析。各影响因素对水土保持投入行为相关显著性如表 2 - 6 所示。

表 2 - 6　农户水土保持行为与影响因素相关度检验表

影响因素指标	检测方法	相关系数	Sig. (2tail)	相关检测结论
距城市距离	Pearson	0.192*	0.03	较显著
人均收入	Pearson	0.123*	0.124	不明显
农户兼业人口比例	Pearson	−0.355*	0.001	显著
农户非农收入比例	Pearson	0.342*	0.021	较显著
农业劳动时间比例	Pearson	0.673**	0.002	显著
农户农业收入	Pearson	0.481**	0.07	较显著
经营农地数量	Pearson	0.455**	0.004	显著
受教育人口比例	Pearson	0.033	0.678	不明显
从事农业人口数量	Pearson	0.373*	0.000	显著

注：* 表示在 0.01 水平上显著，** 表示在 0.05 水平上显著

根据相关性检测的结果，影响农户水土保持投入的行为主要有以下几点：

第一，距城市距离对农户的水土保持投入有一定的显著影响，从结果中我们可以发现交通越便利的地区，非农就业机会就越多，劳动力向非农产业转移的机会越高，从而农户对土地的依赖性越低，对土地的投资也就越少。在调查中选择

了 4 个村离县城的距离分别为前山 5 公里、马鞍山与仙山 15 公里、大地 23 公里，其土地利用方式存在着显著差异。距城市距离越远，农户对农业的依赖性越强，农户也越重视土地的经营，对水土保持投入的积极性也越高。

第二，农户的兼业经济行为对农户的水土保持投入影响很大，较高程度的兼业化，使农户非农收入成为其主要收入来源，这类农户土地仅是作为一种最低生活保障，对其增加收入的功能并不看重，也不会注重其长期生产力的保持。农业兼业人口比例、农户非农收入比例、农业劳动时间比例三项指标均显示为显著，表明农户家庭中从事非农劳动的人越多，非农收入在家庭收入中占的比例越高，农户对农业进行生产性投资、水土保持投入的可能性和规模就越小。农业比较效益低，农业劳动力向其他行业的转移，小规模农户家庭经营的运作模式，是农业粗放型经营的重要原因。

第三，农户家庭耕地的适度规模经营有利于农户进行水土保持投入。土地细碎化经营会提高土地经营成本，从而降低土地经营的投资收益率，使农户缺乏对土地经营追加投资的意愿，导致水土保持工作难以有效开展。上述相关分析也表明农户经营农地数量指标显著，系数为正值，表明加快农地产权流转，提高农业经营规模，可以提高农民的生产性投资和水土保持投入的积极性，提高农业经营的集约程度。

第四，农户家庭的劳动力状况也是影响农户进行水土保持投入的一个重要因素，农户劳动力状况常常成为水土保持项目顺利实施的制约因素。这是因为水土保持措施通常需要较多的劳动力，特别是涉及工程措施及生物措施，劳动力需求量更大。问卷调查中，有近一半的农户认为劳动力不足是制约其水土保持投入的因素之一。

三、农户水土保持投入多元线性回归模型

1. 回归模型的构建

农户水土保持投入是农户在一定的市场、政策信息的引导下，作为行为主体的农民所表现出来的农业生产投资性反应，从这个意义上说，也是农户进行农业投资的一个决策过程。本节试图建立农户水土保持投入的回归模型，通过数学运算模拟出农户水土保持投入结果，预测影响农户水土保持投入因素改变的情况下农户水土保持投入积极性的变化，因而可以通过模型运算来指导相关政策调整，从而引导农户自觉进行水土保持投入，实现从微观到宏观的农业可持续发展局面。

基于前面各影响因素对农户水土保持投入行为的相关度大小的分析，剔除

指标之间的相关干扰,选取以下指标作为回归方程自变量:农户兼业人口比例(M_b)、农业劳动时间比例(P_m)、经营农地面积(L_s)、家庭从事农业人口数量(M_a)。

水土保持投入 I＝F(农户兼业人口比例、农户劳动时间比例、经营农地数量、从事农业人口数量)(其中 F 是以百分比为单位的以 1 为单位)。

运用多元线性回归分析方法,按照农户兼业人口比例、农业劳动时间、经营农地面积、家庭从事农业人口数量的顺序,逐步引入变量,得到的回归方程为:

$$I = -0.421 * M_b + 0711 * P_m + 3.112 * L_s + 5.043 * M_a + 15.62$$

对回归方程进行显著性检验,R^2＝0.657,F＝32.485,回归方程拟合较好。

2. 模型分析

结合前文各影响因素与农户水土保持投入行为相关性大小的比较,对模型进一步分析,通过系数比较,发现经营土地面积与家庭从事农业人口数量是影响农户进行水土保持工作的主要因素。目前以农户为单位的水土保持工作主要以劳动力投入为主,而在该研究区域,随着农户兼业经济行为的普遍化,从事农业的人口数量减少,劳动力不足已经成为制约农户进行水土保持投入的重要限制因子,要实现农业可持续发展,在农业比较效益低的现状下,解决兼业家庭劳动力不足的问题行之有效的方法是建立村级组织专业化的水土保持队伍。同时,农户经营土地面积过小以及承包地分散,水土保持效果不佳,应该积极引导鼓励农户进行土地转包和调换。

四、结论与建议

农民是农业生产的主体,农户是最基本、最主要的农业生产经营的组织单位和决策单位,是土地直接利用者,要实现农业的可持续发展,就必须引导农民自发自觉地进行水土保持工作。因此政府要制定符合区域实际的能够实现区域土地可持续利用的水土保持政策,必须先分析农户土地水土保持投入行为的决策过程,分析影响农户进行水土保持投入的因素,探索实现"政府＋农户"的水土保持投入模式。

影响农户进行水土保持投入的因素很多,区域经济发展水平、农户兼业经济行为、农业经营规模、劳动力状况是影响农户进行水土保持工作的主要因素,其中农户的兼业经济行为、农业经营规模和家庭劳动力状况是最显著的影响因素。

农地的细碎化经营会提高农户的水土保持经营成本,水土保持效果甚微,降低水土保持的投资收益率,使农户缺乏自发进行水土保持投入的积极性。同时水土保持要有一定的规模才能形成效益,农户田块规模越小,收益外部性越强,农户越不愿投资于水土保持。我国目前农户承包的土地被分割成多块,分散狭小的地块严重影响了劳动力和劳动工具的利用效率,也不利于投资报酬的独享,最终会影响农户水土保持活动开展。

上述研究表明,农户对水土保持投入的积极性不高原因主要来自于农地经营规模小,缺乏规模效益;农业比较效益较低,外出打工可以获得更多收益;很多青壮年劳动力外出打工,造成劳动力不足,致使有心无力。针对上述问题,提出如下建议:

(1)进一步完善农村土地承包制度,稳定土地产权,鼓励和引导农户进行土地承包权的流转,建立农村土地流转中介机构,降低土地流转交易成本,促进农地集中和规模经营,提高农户水土保持投入的积极性。

(2)改变政府直接进行水土流失治理的传统模式,通过对专业水土流失治理队伍的资金扶持、农产品价格补贴等方式,引导农户自觉进行产业结构调整,提高农户水土保持投入的积极性。

(3)积极探索建立专业化治理水土流失队伍的道路,成立村级组织的农户水土保持投入互助合作组织,把零散的家庭投入转变成专业化的集中治理,一方面能使得兼业家庭劳动力不足的问题得到解决,另一方面也能提高水土保持效果,解决缺乏技术指导的问题[216]。

(4)促进非农经济发展,推动农村城市化进程,从而实现农村剩余劳动力的有效转移和农村土地的合并,实现土地的规模化、集约化经营。

第三节　余江县农户水土保持投资行为及实证研究

水土资源是人类赖以生存和发展的基础,搞好水土保持是促进环境、经济、社会同步协调的基础。全国第二次水土流失遥感调查的结果显示,我国 960 万 km² 的陆地国土中,有三分之一(356 万 km²)属于水土流失区域,水土流失已成为制约农业可持续发展的重要因素。《中国水利百科全书》第 1829 页中水土流失的定义是:在水力、重力、风力等外营力作用下,水土资源和土地生产力的破坏和损失,包括土地表层侵蚀及水的损失,亦称水土损失。水土流失在国外叫土壤侵蚀,美国土壤保持学会关于土壤侵蚀的解释是:水、风、冰或重力等营力对陆地表面的磨损,或者造成土壤、岩屑的分散与移动。英国学者对土壤侵蚀的定义是:就其本质而言,土壤侵蚀是一种夷平过程,使土壤和岩石颗粒在重力的作用下发生转运、滚动或流失。风和水是使颗粒变松和破坏的主要营力。[①] 由此可见,国内外对水土流失产生的原因都偏向于自然环境的变迁,在治理上,也都偏重于技术手段,而事实上水土流失的产生机理不只是自然环境因素,而是自然环境变化和人类行为共同作用的结果,尤其是在自然环境背景条件确定的前提下,人类行为对水土流失的产生起到了决定性的作用。

作为土地利用投资主体的农户,其行为目标不仅在于实现利益的最大化,由于其承担风险的能力弱小,因此还追求经营风险的最小化。基于这一前提,农户对于水土保持的投资行为也将是一个十分复杂的过程,即为了实现利益最大化和风险最小化的目标,其行为可能会偏离土地持续利用的政府既定的政策目标。同时,水土保持实施过程本身需要农民投入大量的劳动,那么农户愿不愿意参与以及愿意以何种方式参与水土保持,决定着水土保持的成败与否。由于对农户水土保持投资行为的相对研究还不够,水土流失治理的各项技术措施在实际应用中不能发挥其应有的效果。有关研究表明,在市场化条件下,农户生产决策行为及对水土保持的投资积极性对土地利用及水土保持效果有着强烈的影响。可见,作为农业生产微观主体——农户,其是否具有符合生态友好的行为方式,是生态脆弱区农业能否可持续发展的关键。尤其是在经过政府投资进行了大面积的水土流失治理工作之后,在水土流失治理成果的维护方面,必然依赖于农户行为的规范化。据此,为了进一步揭示农户水土保持投资行为的特点,这里以水土流失严重的江西省余江县为例,在农户问卷调查的基础上,通过建立数量经济模型来分析农户水土保持投资行为的内在机制。

一、农户水土保持投资行为机理及驱动因素分析

1. 农户水土保持投资行为机理分析

农户水土保持投入是农户生产性投资的一个重要方面,其行为可以理解为在各种市场政策信息的影响下,作为行为主体的农民所表现出来的农业生产性投资反应。有学者认为,农户投资行为和企业投资行为一样,也表现追求利润最大化,但是农户水土保持行为作为一种特殊的农业投资,是一系列农户经济活动综合作用的结果。根据我们的问卷调查,农户总是在平衡利润最大化和风险最小化的情况下作出水土保持决策,其运行机制如图 2-5。

[①]　资料来源:楚雄州环境保护局网站,http://www.cxhb.net/hbzs1.htm,2003.

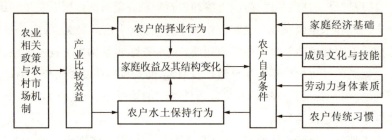

图 2-5　农户水土保持行为机理分析示意图

2. 农户水土保持投资行为驱动因素指标体系

由于农户水土保持投资行为与农户的生产经营活动交织在一起,根据农户水土保持投资行为的特点及对问卷调查数据的分析,把影响农户水土保持行为的因素分为七大类:农户兼业行为、传统生产习惯、农业经营规模、农业劳动力状况、水土流失现状、家庭经济条件和区位条件。为了进一步研究各相关因素对农户水土保持投资行为的影响机制,这里对驱动因素建立细化量化的评价指标(如表 2-7)。家庭经济条件与农业效益决定了农户农业投入的能力与积极性,水土保持需要作为土地占有者和使用者的农户具有一定的资金基础,同时,农户行为也具有追求利润最大化的特征,由于农业收益相对较低,经济相对发达地区人们往往有轻农思想,进而影响农户的水土保持投资行为。农户兼业行为反映了农户家庭的劳动力配置状况,也可以间接反映劳动力的机会成本或者农业与非农产业的比较效益,一方面,它将部分劳动力和劳动时间配置在非农产业上,导致农业投入不足;另一方面,兼业化有利于增加农民资本进行农业生产的投入,而且在土地流转制度健全的地方,还会促进农业的规模经营,增强农业竞争力,增加农业投入。正反两方面的作用在不同阶段强弱不同,从而对水土保持投资产生影响。农业经营规模对农业效益产生很大影响,农户经营的耕地面积越大,越有利于农户对农业进行投入。劳动力素质和数量反映了农户对水土保持投入的可能性,因为兼业经济行为导致劳动力不足,已经成为农业投入的一个重要制约因素。沿袭了家族勤劳传统的农户,在农业上精耕细作,相同土地面积上劳动时间较长,有利于水土保持的投入。在水土流失严重的地区,水土流失造成的对农业效益的降低可以引起农户的重视,经过投入产出比较,农民普遍增加了水土保持投入。

表 2-7　农户水土保持投资行为驱动因素指标体系

研究目的	因素分类	指标量化
农户水土保持投资行为驱动因素	农户兼业经济行为	农户兼业人口比例
		非农收入比例
	传统生产习惯	从事农业生产的时间
		农户经营土地面积
	农业经营规模	农业劳动时间比例
		家庭农业收入
	农业劳动力状况	从事农业生产的人口
		最高受教育水平
	家庭规模及经济条件	农户人均收入
		家庭总人口
	水土流失现状	农户水土流失影响面积
		农户水土流失减产损失
	区位条件	与城市的距离

二、研究区域及实证分析

1. 研究区域概况

江西省余江县位于江西省东北部,属信江、白塔河中下游,县境西至116°41′E,东至117°09′E,南至28°04′N,北至28°37′N,距省会南昌市120 km左右,离华东交通枢纽的鹰潭市29 km,土地总面积937 km²。余江属亚热带湿润季风气候。

余江县是易侵蚀的红壤丘陵地带,含沙质多,粘性质差,易板结,在降雨和径流作用下极易受到侵蚀,水土流失面积大,侵蚀程度严重。据1997年江西省遥感调查资料显示,全县水土流失面积达232.53 km²(34.88万亩),水土流失面积占土地总面积的24.82%,侵蚀程度高出全省平均水平3.72个百分点。各类流失面积分别是轻度80.8 km²,中度61.27 km²,强度70.27 km²,极强度0.2 km²,人为流失20 km²。[217]

经过政府的投资治理,相关研究表明:余江县从1979年到1988年至1996年,侵蚀土壤(包括强度侵蚀,中度侵蚀和轻度侵蚀土壤)的面积在逐渐减少,侵蚀面积分别为53.4%、26.2%和24.5%,强度侵蚀土壤面积减少比例尤其明显。[218]1998年至2003年共完成治理面积为176.75km²,大面积的水土流失基本得到控制,目前该区水土保持的关键是作为农村生产经营活动主体的农户的维护与护理行为及其水土保持投资力度,因此选择本区作为研究对象。

2. 问卷调查区域概况

农户水土保持投资行为的影响因素涉及自然、社会、经济等多方面,在初步分析农户水土保持投资行为影响因素的基础上,依据各个乡镇地理区位、水土流失及社会经济发展状况,问卷选取了具有一定典型性的洪湖、平定、杨溪三乡共四个村庄的农户作为调查对象。样本中刘家村和洪桥村农地面积最多,人均农业产值最高;官方村离城市最远,虽然水土流失最严重,但各种投入多,单位土地面积产值较高;而大塘村水土流失较轻,虽然其离城市较近,容易获得兼业机会,对土地的投入与管理相对较少,但农业单产并不低,而且拥有较高的非农收入(如表2-8)。调查农户按随机抽取和典型样本相结合的原则在样本村内抽取,调查中采用问卷访谈调查办法对户主进行调查,得到105份有效问卷。调查内容主要包括:农户基本情况;农户拥有土地类型及农业经营情况;农户经营的土地的水土流失情况;近年采取的水土保持措施及实施效果;水土流失的土地面积演变情况;水土流失对农户家庭收入及农业产业结构的影响情况等方面的内容。

表2-8 余江县样本乡村社会经济基本情况及水土流失现状

基本情况	洪湖乡官方村	平定乡刘家村和洪桥村	杨溪乡大塘村
调查户数(户)	35	36	34
离城市距离(km)	20	7	5
经营农地面积(hm²)	9.217	30.007	12.543
农业人均产值(元)	655.12	1587.6	992.05
非农业人均产值(元)	1133.15	687.5	1310.27
农地水土流失面积(hm²)	2.46	2.16	0.787
水土流失面积比例(%)	34.68	20.06	15.09
人均收入(元)	2103.01	2285.28	2325.45

注:平定乡刘家村和洪桥村的调查是在两村的结合部开展的,具有相似性,这里将两村合并在一起进行分析。

3. 农户水土保持投资行为影响因素相关度检验

为得到自变量与农户水土保持投资之间相关性程度,并且消除自变量之间相关干扰,用SPSS软件的Correlate命令调用Partial过程,进行相关性检验,结果如表2-9。

表2-9　余江县农户水土保持投资行为与影响因素相关度检验

影响因素指标	检测方法	相关系数	*Sig.*（2tail）	相关检测结论
从事农业生产的时间	Pearson	0.6613	0.000	显著
农业劳动时间比例	Pearson	0.2827	0.004	显著
农户兼业人口比例	Pearson	−0.2018	0.040	较显著
从事农业生产的人口	Pearson	0.3146	0.001	显著
最高受教育水平	Pearson	−0.218	0.025	显著
家庭总人口	Pearson	0.2942	0.002	显著
与城市的距离	Pearson	0.258	0.008	显著
农户经营土地面积	Pearson	0.5126	0.000	显著
家庭农业收入	Pearson	0.427	0.000	显著
非农收入比例	Pearson	−0.4932	0.000	显著
农户人均收入	Pearson	−0.027	0.392	与兼业行为存在相关性
农户水土流失影响面积	Pearson	0.4569	0.000	显著
农户水土流失减产损失	Pearson	0.2698	0.006	显著

根据上表检验结果,影响农户水土保持投资行为的因素主要如下所述。

（1）农户农业经营规模与从事农业劳动时间:调查中发现,农民普遍认为土地零碎,地块过多给经营管理带来很多麻烦,从而增加了农业劳动时间和投入成本,因此,农民不愿在零散的地块上进行过多的投入。而一些种田大户对水土保持表现出极大的积极性。另外,农户从事农业生产的时间越多,水土保持的投资也越多。经营土地面积与从事农业生产的时间对水土保持投资都表现出很强的正相关。

（2）农户兼业行为:由于农业收益相对较低和农民非农生产经营活动收入的增加降低了其对土地的依赖性,兼业化水平高的农户种田只是为了满足家庭的食物需求,劳动力过度向非农部门转移,导致农业劳动力不足,而且向非农部门转移的劳动力大多为青壮年,而水土保持工作正需要大量体力劳动,高度的兼业化使水土保持投入急剧减少。相关性分析也表明农户的非农收入比例与兼业人口比例对水土保持投资呈较强的负相关。

（3）水土流失现状:水土流失越严重的地区,农作物减产给农户带来的影响越大,农户对水土流失危害的认识就越深刻,收益上的差异刺激了农户水土保持投资的热情。

(4) 交通条件：交通越便利的地区，非农就业机会就越多，劳动力向非农产业转移的机会越高，从而农户对土地的依赖性越低。大塘村离城市最近，水土保持的投资也越少。相关性检验中距中心城市距离与农户水土保持投资正相关。

三、农户水土保持投资行为模型的构建与运行结果分析

农户水土保持投资决策行为是多因素共同作用的结果，为定量评价不同因素对农户水土保持投资行为的影响，以及这些因素在不同区域作用的差异性，这里构建了数量经济分析模型。模型的因变量确定为农户水土保持投入额 I。根据相关性分析结论，选取回归方程自变量：非农收入占总收入的比重 N_r；一年内从事农业生产的时间 F_t；农户经营的土地面积 S_a；家庭从事农业生产的人口 F_q；水土流失引起的减产损失 R_l；人均收入 A_i；与城市的距离 D。得到以下回归方程。

洪湖镇：$I = 64.519 - 46.506 * N_r + 6.120 * F_t + 6.397 * F_q + 2.536 * S_a + 0.295 * R_l - 0.0029 * A_i (R^2 = 0.689, F = 10.318)$

平定镇：$I = 34.282 - 27.547 * N_r + 7.690 * F_t + 2.923 * F_q + 2.461 * S_a + 0.393 * R_l - 0.00395 * A_i (R^2 = 0.867, F = 31.470)$

杨溪镇：$I = 29.019 - 26.622 * N_r + 5.889 * F_t + 3.965 * F_q + 0.280 * S_a + 0.510 * R_l - 0.00251 * A_i (R^2 = 0.843, F = 24.104)$

余江总样本：

$I = 5.996 - 38.761 * N_r + 6.916 * F_t + 5.789 * F_q + 2.362 * S_a + 0.364 * R_l - 0.00255 * A_i + 2.592 * D (R^2 = 0.818, F = 62.443)$

以上回归方程拟合优度检验 R^2，总体线性显著性检验 F 以及回归系数 t 检验都表明方程的拟合度较好。

(1) 四个模型中农户的非农收入比重 N_r 都与水土保持投入 I 呈负相关关系，而且回归方程系数绝对值很大，说明农户非农收入比重的增长会引起农户水土保持投资的急剧衰减，其间存在某种放大效应。

(2) 农户经营土地面积与从事农业生产时间都与 I 呈正相关关系，平定乡土地面积最多，农业生产的投入也越多。但是，三个地区中洪湖乡官方村土地面积最少，但由于其离城市最远，较少的兼业机会使他们对土地的依赖性较强，因而他们单位土地上的劳动投入最多，水土保持投资相应增加。

(3) 家庭从事农业生产的人口越多，对农业的依赖性就越强，平定乡刘家村和洪桥村农业人口最多，对水土流失的刺激反映较强烈，他们也有足够的劳动力进行保持投入。模型中家庭从事农业生产的人口 F_q 与 I 呈正相关关系。

（4）水土流失引起的减产损失越高的地区，农户越重视对水土保持的投入。由于直接受水土流失影响的主要是种植业，因而家庭种植业收入比重高的地区，水土流失减产损失也越高，水土保持的投入就越多。样本中平定乡刘家村和洪桥村种植业收入比重最高，为61.21%，他们对水土保持的积极性也较高。

（5）现阶段，农民收入水平的增加，主要用于子女教育费用和生活开支，而用于投入到农业生产中的相对较少，在一定程度上妨碍了农户进行扩大农业生产规模的投资。另外，较高的人均收入往往是农民从事非农生产活动的结果，因此，较高的人均收入不仅没有提高水土保持投资，反而可能会促进农业生产投资向非农业生产投资的转移。

四、小结与建议

通过以上分析可以看出，农户水土保持投资决策行为的影响是多方面的，根据分析主要涉及农户非农收入比例、从事农业生产的时间、农业土地经营面积、家庭从事农业生产的人口数量、水土流失引起的减产损失、人均收入和与城市距离。农户非农收入的小幅增加也能导致农民对水土保持投资积极性大幅度的衰减。另外，问卷的农户人均收入还不能完全具有衡量农户生产性投入中水土保持投资的能力，还需进一步研究农户储蓄行为的特点。据此，为提高农户水土保持行为的积极性，需要注意以下几个方面：

（1）促进非农经济发展，推动农村城市化进程，从而实现农村剩余劳动力的有效转移和农村土地的合并，实现土地的规模化、集约化经营。

（2）进一步完善农村土地承包制度，稳定土地产权，鼓励和引导农户进行土地承包权的流转，建立农村土地流转中介机构，降低土地流转交易成本，促进农地集中和规模经营，提高农户水土保持投入的积极性。

（3）适当延长土地使用期。土地的承包期过短，经常调整，增加了土地资源的外部性，影响农户治理的积极性。调查中当问及更长的土地使用期是否会促进他们对水土保持的投入时，57.3%的农户完全同意，14.8%的农户不完全同意，8.7%的农户认为没影响，1.0%的农户不完全否认，完全否认的农户只有10.7%，另有3.9%的农户回答不知道。

（4）加快推进农业产业化的步伐。积极发展"公司＋农户"的水土保持发展模式，推进农业生产的规模化、产业化、专门化发展。同时，水土保持工作需要有一定的资金和技术条件，而该种运行模式，将使得农业企业更有能力集中进行区域水土保持工作，并提高农业生产效率。

第三章 政策对农户水土保持行为的影响

本章从政策角度入手,对农户的水土保持行为加以分析,主要以农业产业政策改革以及"退耕还林"政策为例,分析农户对相关政策及其实施的行为响应以及对农户水土保持行为的影响。

第一节 农业产业政策改革的农户行为响应与水土保持效果

20 世纪 80 年代以来,许多国家进行了农业市场化政策改革,如国际贸易自由化、价格补贴的废止以及汇率政策的改革等,这些改革都对生态环境产生了重大的影响[219,220],但是,对于政策改革是促进生态环境改善还是加剧生态环境恶化这一问题,人们的认识还存在巨大差异。就政策实施和政策制定而言,政策实施的效果往往会与政策预期产生一定程度的偏差。从 20 世纪 80 年代以来,中国各级政府在农业领域进行了不少政策变革的尝试,其中农业市场政策改革一直是中国政府农业政策改革的一项重要内容。在生态脆弱地区,这些政策改革会对生态环境尤其是水土流失问题产生何种影响呢? 在农业政策不断变化的情况下,农户水土保持方式和行为会产生什么样的变化,其效果有如何呢? 本节的分析基于这样的逻辑,即农业产业政策改革对农户行为有着直接影响(如图 3-1)。这里,以江西省红壤区为例,探讨区域农业市场化政策改革背景下的农户经济行为运行机理及其对水土保持的影响,在江西省上饶县,通过选择典型村庄进行农户调查,建立数量经济模型,分析在生态脆弱的红壤山丘地区政策改革对农业土地利用变化尤其是生态环境(水土流失)问题产生的影响。

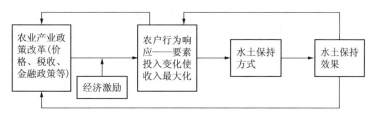

图 3-1　农业产业政策改革的农户行为响应

一、研究区域概况

上饶县位于江西省东北部,信江上游,地处 117°41′40″E～118°14′20″E,27°58′5″N～28°50′36″N,周边与上饶市、德兴市和玉山、广丰、横峰等县接壤,总面积2239.82 km²。县内中山、低山、丘陵与河谷平原从南北向中部呈阶梯状递减,并大致平行于信江对称分布,明显构成南北高、中部低的马鞍状地势,山地丘陵比重占其总面积的 61.3％;属于亚热带湿润季风气候区,年均气温 17℃,年均降雨量为 1702.5 mm,60％ 左右集中在 4—6 月,而且在地形和季风的影响下,降雨丰沛,降雨强度大,多暴雨。这里的土壤主要是发育在花岗岩,第三纪红色砂页岩,第四纪红土基础上的红、黄壤,和发育在紫色岩基础上的紫色土以及发育在石灰岩基础上的红色石灰岩土(上饶县土地志编纂委员会,1993)。[221]这些土壤的共同特征是保水性差、抗蚀能力低,加上降水丰沛,强度大,多暴雨,以及山地丘陵比重大,当地表失去保护时,在流水的加速作用下极易发生水土流失。虽然该区气候温暖湿润,植被全年生长良好,但由于社会经济的发展,人类不合理的土地利用活动的影响,上饶县仍是江西省乃至长江流域上中游水土流失比较严重的县份之一,据统计,1999 年,境内仅楮溪小流域范围内水土流失面积达 94.8 km²,占流域土地总面积的53.3％(上饶县水利电力勘测设计室,1999),水土流失较严重;其中,轻度流失2465 hm²,占流失面积 26％;中度流失 2664 hm²,占流失面积28.1％;强度流失3337 hm²,占流失面积 35.2％;极强度流失 7.6％,占流失面积7.6％;剧烈流失294 hm²,占流失面积的 3.1％(上饶县水利电力勘测设计室,1999),属生态环境脆弱的亚热带山地丘陵红壤区。由于农业产业结构的调整以及工业化和农村小城镇化的迅速发展,该区域土地利用发生了较大的变化,对于考察生态环境脆弱的亚热带山地丘陵红壤区农户水土保持效果而言,具有典型和代表性。

二、数据来源

以农户家庭为调查单位,调查时间范围为 2001 年 1 月至 2002 年 12 月,调查的主要内容为:家庭就业结构、受教育水平;现有土地的类型及其比例;2001 年农业生产类型、产量及产值;2001 年农业经营成本;2001 年收入状况;农户经营土地水土流失情况及主要采取的水土保持措施与实施效果;存在水土流失威胁或正在产生水土流失的土地利用要素对农户家庭收入变化及农业产业结构的影响;农户水土保持和农业生产投入倾向;农户对土地产权现状的观点;农户对导致家庭收入变化的风险观点等。

　　根据农业区位理论,本次调查选择离上饶县城区远近不同、土地利用方式与经济发展水平有差异的三个区域,即上饶县前山村、大地村以及仙山与马鞍山村,它们分别离上饶县城区大约 5 公里、15 公里和 25 公里(如图 3-2)。

图 3-2　研究区域及调查村庄地理区位示意图

　　在调查前,根据调查内容制定调查问卷,并按照调查问卷对参与调查的人员进行调查内容与技能培训;然后,根据调查区域的划分,在各区域内选取一至两个村为调查点;在到达调查点后,听取农村管理职能部门对当地基本情况以及农村产业结构调整整体情况的介绍;之后,根据情况介绍选取 1~2 个村为具体调查点;然后进入调查点,先对其总体土地利用情况进行具体问卷,再随机选取农户家庭,并对在调查时间范围内发生过土地利用变化(水土流失)的农户家庭进行问卷调查;同时根据选取农户家庭数与问卷调查家庭数计算当地的发生土地利用变化的家庭比例。具体进行调查的时间为 2002 年 4 月到 5 月,共随机选取农户家庭问卷调查 111 户,农户经营土地水土流失的家庭 83 户,水土流失的家庭比例为74.77%。具体调查地点及相关样本数据见表 3-1。

表 3-1　上饶县农户土地利用变化调查区域及样本村抽样样本数据

调查区域	距县城区约 5 km	距县城区约 15 km		距县城区约 25 km	合计
具体调查点	旭日镇	董团乡		大地乡	合计
	前山村	仙山村	马鞍山村	大地村	
随机问卷调查家庭数	38	18	14	41	111
		32			
水土流失的家庭数	24	18	11	29	83
		29			
水土流失家庭比例(%)	63.16	100	78.57	70.73	74.77
		90.63			

三、样本村社会经济发展水平及农地水土流失状况

3 个样本村非农业人均产值以及农地水土流失面积比例等各项指标随着经济格局的分布而存在差异(如图 3-3)。这种差异并非与经济发展水平呈正相关关系,与此两项指标的值从高到低的顺序恰好相反,从前山村、仙山与马鞍山村、到大地村,非农业人均产值分别是 1959 元、1305 元、1264 元;农地水土流失面积比例分别为 9.70%、13.82%、21.98%(如表 3-2)。

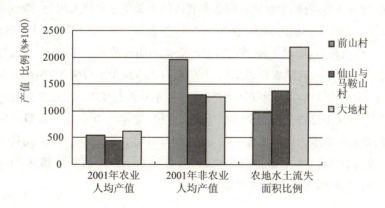

图 3-3　各村庄 2001 年农业、非农业人均产值及农地水土流失面积比例

表 3-2 样本村基本情况对照表

具体调查点	旭日镇	董团乡	大地乡
	前山村	仙山与马鞍山村	大地村
随机问卷调查家庭数(户)	38	32	41
问卷调查家庭总人口	195	159	194
农地面积(公顷)	8.87	6.51	11.33
2001 年农业人均产值(元)	545.11	444.29	618.78
2001 年非农业人均产值(元)	1959.49	1305.16	1264.38
2001—2002 年农地水土流失面积(公顷)	0.86	0.90	2.49
农地水土流失面积比例(%)	9.70	13.82	21.98
农业生产类型	水稻、蔬菜、瓜果及渔业	水稻、蔬菜及经济作物	水稻、蔬菜及渔业

导致此现象的主要原因之一可能是经济相对发达的地区因为更多的农业劳动力的有效转移,使农业经营规模扩大,提高了"留守"农户的农业生产效率和农业生产收入,农户参与水土保持工作的积极性较高,因此发生水土流失的农地面积比例较少。前山村距县城较近,交通便利,第二、三产业较发达,能为本地农户提供非农就业机会,农户非农就业比例达 92.11%(如表 3-3),大多数农民农闲时在县城或上饶市区打工。一方面,有利于"留守"的农民对土地实行适度规模经营,提高农业生产效率,促进农业产值增加,激发农户对土地资源进行保护性投入的兴趣;另一方面,近地非农就业和非农收入的增加使这种投入成为可能,因而前山村农地水土流失面积比例少,仅为 9.7%(如表 3-2)。大地村离城区较前山、仙山与马鞍山村远,交通不便,第二、三产业也不如前两者发达,农户出去打工赚钱的机会不是很多,此地农户思想仍较保守,打工人员少于前两者,存在兼业的家庭 80.49%(如表 3-3),许多农户到外乡甚至本县外打工,一年内难有时间再进行农业生产,又不愿将土地完全撂荒却交农业税、费等,一定程度上妨碍了农业生产发展,造成从事水土保持工作劳动力的减少,影响水土保持工作,因此其非农产值在三者当中最低,水土保持效果也最差,农地水土流失面积比例达 21.98%。仙山与马鞍山村情况介于前两者之间。

表3-3　2001年调查村庄农户兼业行为相关数据

调查村庄	兼业家庭比(%)	兼业率≥50%家庭比(%)	非农就业100%家庭比(%)	人均总产值(元)	样本数(户)
前山村	92.11	86.84	2.63	2508.59	38
仙山与马鞍山村	84.38	84.38	3.13	1749.45	32
大地村	80.49	70.05	0	1432.00	41
平　均	85.66	80.09	1.92	1896.30	111

四、农业产业政策改革的农户行为响应与水土保持决策计量分析

从前面的分析可以看出,在生态环境脆弱的江西红壤山丘区,农业产业政策(价格、税/费等)改革引起的农地水土流失现象十分明显,这里用经济计量方法建立农户水土保持决策模型,着重分析水土保持效果的农户行为机理。

1. 模型构建及变量选择与作用机理分析

为分析不同因素对农户水土保持效果的影响,结合研究区农户土地利用的实际情况,选用 Cobb-Douglas 生产函数研究区域农户水土保持决策规律。

$$\ln Y = b \ln X + \varepsilon$$

式中,Y 表示 n 阶因变量观测值向量,即 $Y = \{y_1, y_2, y_3, \cdots, y_n\}$;$X$ 表示 $n \times (k+1)$ 阶解释变量观测值矩阵;即 $X = \{1, x_{11}, x_{12}, \cdots, x_{1n}; 1, x_{21}, x_{22}, \cdots, x_{2n}; \cdots; 1, x_{k1}, x_{k2}, \cdots, x_{kn}\}$;$\varepsilon$ 表示 n 阶随机项向量,即 $\varepsilon = \{\varepsilon_1, \varepsilon_2, \varepsilon_3, \cdots, \varepsilon_n\}$;$b$ 表示 $(k+1)$ 阶总体回归参数向量,即 $b = \{b_0, b_1, b_2, \cdots, b_k\}$。

模型的因变量确定为农户收入(I_c)。自变量的选择考虑土地、资本、劳动力、农户非农就业水平、水土保持与农业投资倾向、土地产权等方面因素对农户家庭经营总收入进而对水土保持效果的影响(如表3-4)。

表3-4　农户水土保持决策模型(回归方程)自变量选取

代码	自变量名称	简要说明
A_t	土地面积	农户从事农业生产必需的生产资料,面积多寡影响农户的土地经营规模和集约化程度,影响农户的农业收入和水土保持决策
T_a	农业从业时间	农业劳动投入的多少,直接影响农户对土地经营和管理的程度,影响农户收入和水土保持效果
E	家庭最高受教育水平	受教育水平高低,影响农户掌握农业与非农业技术的多寡与程度,影响农户水土保持决策行为

代码	自变量名称	简要说明
T_n	全家非农打工时间	农户土地利用、非农收入和水土保持决策的重要影响因素
I_p	生产投资	直接影响到农户的农业收入,影响农地水土保持效果
R_i	农业与非农业工资比	单位时间农业劳动相对于单位时间非农业劳动的收入愈高,农户愈愿意将时间投到农业生产上,增加农业收入;相反,农户则愿将时间用到非农业生产活动中,影响农户总收入和水土保持效果
T_s	水土保持与农业投资倾向	影响到土地利用的方式和对土地管理措施的选择及土地的持续利用,最终影响到农户的收益和水土保持效果

表 3-4 中,绝大部分自变量都是可以直接量化的,而 T_s 及 E 难以直接度量其大小。为了在模型中反映这些属性因素对因变量的影响,提高模型精度,需将其量化,因此将它们设为虚拟变量。根据虚拟变量设置的原则:如果有 m 种互斥的属性类型,在模型中引入 $m-1$ 个虚拟变量。T_s(水土保持与农业投资倾向)定义为假如给定一定数量的资金(1000 元),农户愿意在水土保持与农业生产投资方面投入资金的比例,根据对农户的调查取值;E 的定义值:$E_d=4$(高中以上);E_g $=3$(高中);$E_c=2$(初中);E_x(小学)$=1$;文盲不取值。

根据上述自变量的筛选分析,可确定 I_c 的多重线性总体回归模型 $\ln Y = b\ln X + \varepsilon$ 的样本回归方程为:

$$\ln I_c = b_0 + b_1\ln A_c + b_2\ln T_a + b_3\ln E + b_4\ln T_n + b_5\ln I_p + b_6\ln R_i + b_7\ln T_s + \varepsilon$$

2. 农户水土保持决策模型的运行及统计检验

采用 SPSS 软件对各村庄进行模型计算,根据回归结果作如下统计检验:(1)拟合优度检验,用方程拟合优度判定系数 R^2 校正值;(2)总体线性显著性检验(F 检验),用方程 F 检验值与在 5% 显著水平下的 F 检验值对比,判定方程是否通过回归总体线性的显著性检验(F 检验);(3)参数显著性检验(t 检验),用所有自变量 t 检验值与 t 检验值($t_{0.025}$)对比,判定方程中的自变量是否通过了参数显著性检验(t 检验)。

根据以上模型的计算与统计检验,最终获得以下 4 个农户决策模型样本回归方程。

前山村:

$$\ln I_c = 8.006 + 0.481\ln A_t + 0.313\ln T_n - 0.2\ln R_i \qquad (1)$$

仙山与马鞍山村：

$$\ln I_c = 5.362 + 0.508\ln\dot{E} + 0.328\ln T_n + 0.428\ln I_p - 0.173\ln R_i \qquad (2)$$

大地村：

$$\ln I_c = 4.951 + 0.376\ln T_n + 0.517\ln I_p - 0.302\ln R_i \qquad (3)$$

调查地区总体：

$$\ln I_c = 6.732 + 0.262\ln T_n + 0.453\ln I_p - 0.162\ln R_i - 0.187\ln T_s \qquad (4)$$

3. 决策模型运行结果评价

表3-5 不同村庄模型运行结果比较

自变量	$\ln I_c$ 与自变量的相关关系及参数值			
	前山	仙山与马鞍山	大地	总体
$\ln A_t$	+0.481	*	*	*
$\ln T_a$	*	*	*	*
$\ln\dot{E}$	*	+0.508	*	*
$\ln T_n$	+0.313	+0.328	+0.376	+0.262
$\ln I_p$	*	+0.428	+0.517	+0.453
$\ln R_i$	−0.200	−0.173	−0.302	−0.162
$\ln T_s$	*	*	*	−0.187

*表示自变量对 $\ln I_c$ 的影响不重要。

根据上述4个样本回归方程归纳的表3-5,对3个调查村庄农户水土保持决策模型进行对比,对农户经营土地水土流失情况进行分析评价,发现有以下特点:

(1) 三个地区 $\ln T_n$(非农打工时间)都与 $\ln I_c$(家庭收入)呈正相关关系,这说明家庭中非农打工时间多,农户收入增加。从模型参数的绝对值来看,农户非农打工时间的自然对数值每增加1%时,前山、仙山与马鞍山、大地三地农户的家庭收入自然对数值分别增长了0.313%、0.328%和0.376%,表明经济相对落后的大地村非农打工时间对家庭收入的影响程度比其他两个村大。为此,在水土保持决策时,大地村农户更注重外出打工或非农从业,较易忽视对农业生产的保护性投入和水土保持工作,这与前述大地村农地水土流失面积比例在三地中最高的事实一致(如表3-2)。这主要与当前农业生产成本高、农业相对非农产业的收益低下有关,也与农业产业结构调整的政策引导有关。

(2) 三地的 $\ln R_i$(农业与非农业工资比)都与 $\ln I_c$ 呈负相关关系,在家庭总收入中,三地都以非农收入为主(如表3-2),农业收入主要是种植业收入,农业产值有限。表明经济越是落后的山丘区，农户越不重视农业生产，土地粗放经营，更易造成生态脆弱的红壤山丘区的水土流失、土地退化。

（3）$\ln A_c$（土地面积）只在前山村对 $\ln I_c$ 表现出正相关作用，而且影响程度较大（模型参数值为 0.481），但在以农业为主的仙山与马鞍山村及大地村则不存在重要影响。因为前山村离县城区最近，市场信息灵通，农业生产围绕城区居民以种植瓜果等经济作物为主，农业收入相对较高，因而土地面积对农户家庭收入影响程度较大，为此，农户在水土保持决策中，更重视对土地资源利用的保护性投入和水土保持工作。

（4）$\ln I_p$（农业生产投资）在大地村、仙山与马鞍山村与 $\ln I_c$ 呈现正相关，且影响程度较大，而在前山村影响程度小以至未在方程式中出现。从回归方程（2）和（3）可知，当农业生产投资的自然对数值增加了 1% 时，仙山与马鞍山、大地二地农户家庭收入的自然对数值分别增加了 0.328% 和 0.517%，可见，在离县城相对最远、经济落后的大地村相对于前山和仙山与马鞍山而言，农户家庭收入的增长更大程度上依赖于农业生产投资。因此，在水土保持决策时，越是贫穷地区，特别是贫困山丘区，农户越不重视农业生产投资，更谈不上农业生产保护性投入和水土保持工作。

（5）$\ln E$（受教育水平）只在仙山与马鞍山村对 $\ln I_c$ 表现出正相关作用，且影响程度较大（$\ln E$ 的参数值为 0.508），但在大地与前山两地表现出的影响不重要，以至未能在方程中出现。据调查，农户家庭的最高受教育水平在初中以上的家庭比例在三地中，仙山村与马鞍山村最低，仅为 59.38%，而前山与大地两地分别为 79.95% 和 82.93%。仙山与马鞍山村农户教育文化水平相对较低明显制约着家庭农业收入，这与前述有关人均农业收入中，仙山与马鞍山村在三地中最低一致（如表 3-3）。

（6）$\ln T_s$ 与 $\ln I_c$ 成负相关，说明水土保持与农业基本建设投资增加不利于当前农户家庭收入增多。因此在水土保持决策中，农户为追求眼前利益，往往对能增加或保持土地长期生产力的水土保持与农业基本建设投资不感兴趣。

五、结论与建议

上述建模实证分析可得出如下结论：

（1）当前江西红壤区农业产业结构调整过程中的农地水土流失状况是受到农户行为直接影响的，农业劳动力的转移状况、农户土地规模经营的程度、农业生产资料价格以及农户受教育水平等对农地水土流失产生重要的影响。

（2）一般经济相对落后地区的农户更注重外出打工或非农从业，农户土地利用往往粗放经营,"重用轻养",水土保持效果差。

(3) 在生态环境脆弱的红壤山丘区,土地面积(农地)对农户水土保持决策的影响因其区域位置的不同而有差异,一般离城区较近的土地对农户收入影响程度较大,农户更重视对土地的保护性投入和水土保持工作,水土保持效果较好,水土流失面积比例相对较少,而离城区较远的则不存在重要影响。

(4) 农业生产中种子、化肥、农药等生产要素对贫穷地区的农户水土保持决策有较大影响,而且越是贫穷的地区,其影响程度越大,农户农业生产保护性投入和水土保持工作越差。

(5) 受教育水平高的农户容易掌握农业生产技术,更注重科学种地和提高土地生产率,从而有利于增加农业收入和土地资源的可持续利用与农业的可持续发展。

据此,为促进本区土地资源的可持续利用和农业的可持续发展,特提出以下几点政策建议:

(1) 积极促进农村工业化和小城镇化的健康、迅速发展,合理转移农业剩余劳动力,提高农业生产效率,保护农业土地利用;

(2) 在市场杠杆作用的基础上,政府应充分发挥税收杠杆及农业产业化政策的引导作用,科学合理地调整农业产业结构布局,发展规模农业,提高土地利用效率和利用效益,合理用地,促进土地生态系统的良性循环,以减轻土地利用后果中负面的不确定性;

(3) 加大经济刺激力度,增加农户农业投资获利能力,促进其加大土地长期投入;

(4) 优化农户土地长期投入所需要的外部环境,减少长期投资的风险性和不确定性。

第二节　退耕还林政策实施的农户水土保持行为响应

2000 年 9 月 10 日,国务院发布了《国务院关于进一步做好退耕还林还草试点工作的若干意见》(国发[2000]24 号),从而确定了退耕还林还草试点的基本政策,并将其作为西部大开发的根本和切入点。2002 年 12 月 6 日,国务院第 66 次常务会议通过了《退耕还林条例》,并于 2003 年 1 月 20 日实施,从而确定了退耕还林(还草)的基本政策。在《退耕还林条例》出台之前,中国就已开展了退耕还林的工作,自 1999 年到 2002 年 11 月月底,中国累计完成退耕还林 646.67 万 hm^2,其中退耕地造林 322 万 hm^2,宜林荒山荒地造林 324.67 万 hm^2。这项工程涵盖了中西部地区 25 个省、区、市和新疆生产建设兵团,1000 多个县(区、旗),涉及 1330 万农户、5300 多万农民。[222]退耕还林涉及范围广、牵涉人员多,退耕还林政策实施面临改善农村生态环境、调整农业生产结构和增加农民收入等多项目标,其实施过程是政府和农户水土保持行为共同作用的过程,因此,农户水土保持行为关系到退耕还林的水土治理效果的实现程度,需要对对退耕还林政策实施的农户水土保持行为响应加以分析。

一、退耕还林政策实施与农户水土保持行为关系

"适宜制度",即能达到这样一种均衡状态:在该制度下个人的最大化行为既与他的预期吻合,又同整个社会的资源有效配置并行不悖,这种制度相对于其他制度而言更优。[223]在该制度下,农民的理性经济行为最优,最明显的表现就是可加大农民的供给行为。退耕还林政策是否是适宜制度关键看其对农户水土保持行为和农户收入的作用。因此,退耕还林政策实施与农户水土保持行为的关系主要从退耕还林政策本身、政策实施过程和实施政策的部门干部和人员素质等来分析二者的关系以及农户水土保持行为响应,其中对农户水土保持行为影响最大的政策的实施过程。

从退耕还林政策本身来看,国家退耕还林的优惠政策,主要是从农民的实际利益出发,优惠政策既是对退耕农户经济利益的补偿,同时也是保护和调动农民积极性的措施和手段。农户是参与退耕还林工程的主体,只有农户退耕比较收益大于退耕损失时,农户退耕才有积极性,因此退耕还林政策实施需要保证农户经济利益和经营风险。另外,还有消除农户后顾之忧,农户在退耕后除了依靠政府补贴以外,剩余劳动力转移、生产生活的依靠都要具体进行安排,否则又会出现农户"退林还耕"的反弹局面。

在退耕还林实施过程中,退耕还林工程是一项艰巨而复杂的系统工程,涉及千家万户和农民的切身利益。要使这项工程取得预期成效,必须把工程要求同调整产业结构、增加农民收入结合起来。特别是在工程的规划中尊重农民的意愿。积极探索在退耕还林工程区推广应用郊区林业的参与式方法。[224]对于退耕还林的方式,若不考虑地块、地势、土质等自然状况,全部栽种一个品种,或者是本应栽种经济林的而硬性规定栽生态林。这种脱离实际的做法不仅影响到造林质量,而且也影响到造林的经济效益、生态效益和社会效益。

而基层在执行过程中仍存在不能按时足额兑现的问题。由于政策落实存在

问题,使农民对政府的信任度降低,不仅挫伤了农民退耕还林的积极性,还使基层干群矛盾加剧,从而影响退耕还林工作进程。退耕还林工程需要中央政府的投资,也需要地方政府的配合与实施。退耕还林后的地块产权归属问题,责、权、利相结合的约束机制和激励机制都与地方政府及其干部相关,农户在退耕还林是否得到实惠和实惠程度决定农户的短期化行为、土地粗放经营和山林的乱砍滥伐行为变化。

退耕还林政策是否是对农户水土保持行为激励和约束的有效制度,要对政策收益和交易费用进行观察,要从以下两个方面进行分析:(1)从国民经济的角度的全社会的净收益。可以通过影子价格分析制度收益和交易费用;(2)政府与农户双方的净收益。把政府和农户作为理性主体来看,二者都会是制度净收益大于零,当退耕还林政策的实施会不会使得农户的净收益小于零呢?从政府角度退耕还林政策安排的"净收益"主要为:(1)收入增加和稳定。在现行土地使用制度情况下,推广水土流失治理的大户经营,使农地得到一定程度的集中而形成规模经济,同时更多的劳动力从农业中释放出来而从事非农产业经营,形成打工经济;(2)家庭经营风险减小。退耕还林工程可以改善农业经营环境,防范水土流失导致的农业经营风险,退耕补偿使得农户在退耕地上具有了"旱涝保收"的稳定性;(3)市场和服务体系克服非理性行为。如产业结构调整,区域非农产业的发展,农产品价格和生产资料价格信息,等等。可见由政府命令和法律引入和实行的退耕还林政策是否应该进行变迁,是诱导性变迁还是强制性变迁,取决于水土流失治理的效果和农户水土保持行为的变化和农户收入的变化。

二、退耕还林实施的农户水土保持行为响应类型

英国前 NCC(自然保护委员会,Nature Conservancy Council)把农户分为两类[225]:一是农户角度,为防止水土流失以及农村生态环境恶化所采取的政策措施,而农户是治理水土流失的微观主体。从两者之间的相互关系,尤其是国家政策对于农户水土保持行为的影响来看,农户主要有可持续的土地利用行为和不可持续的土地利用行为两种类型,而从农户水土保持行为产生内在机制和外在因素来看,则退耕还林政策实施的农户水土保持行为响应主要有 5 种类型:

(1)效益引导型。即农户行为的经济效益最大化,该类型是在政府各种补偿机制引导下,农户能够从退耕还林政策的实施过程中获得经济效益,这种制度效益可以从经济上激励农户进行开展水土保持工作,增加农户水土保持行为的自觉性。

(2)环境压迫型。该类型是指农户在土地经营过程中由于水土流失等生态环境原因(如泥石流、山体滑坡等),造成农户经营土地被毁,使得农户进行再生产条件区域恶化,农户出于对家庭生计和家庭经营风险最小化的考虑,不得不进行必要的水土保持治理投入。这种水土保持行为主要是利己行为的体现,水土保持行为发生在农户自己经营的土地上。

(3)行政推进型。该类型是指政府通过行政手段组织农户进行水土流失治理,使农户水土保持行为具有了非经济倾向特点,农户在短期内获得的制度效益不明显,甚至是负效益。例如,要求农户出一定数量的义务工(或交纳一定费用的方式)参与到水土保持工作中来。这种类型的水土保持行为不一定发生农户自己经营的土地,具有"利他性"特点。

(4)法规约束型。采取规范明确农户这一土地利用者的法律责任,来推进水土保持治理工作,同时也包含一些非正规制度。例如我国《水土保持法》、《退耕还林条例》等的实施都具有较强的法规约束力,地方政府制定的地方性规则等。这种类型与行政推进型有一定的相似性,不同的是这种类型即使没有行政干预,农户也要依据法律法规进行水土流失治理,对于行政推进型有一定的加强作用。

(5)自我管制型。农户具有一定的理性观念,在生存环境不断恶化的压迫下,自我约束生产经济行为。例如,在山区,农户将村庄所在地的山称之为"龙山",村民不能在该山上进行砍伐树木等破坏生态环境的行为,这不仅有效地进行了水土保持,更重要的是保护了村庄本身。这种类型具有一定的环境压迫型的特点,不同的是这种类型农户水土保持行为不一定发生在农户自己经营的土地上,具有"利己性"和"利他性"两种可能。

三、退耕还林实施的农户水土保持行为响应机理

农户作为农村土地经营,特别是耕地经营的主体,旨在通过土地的最优利用达到最大获利。这被称作土地利用的基本竞争模型。在土地利用效益发生变化,尤其是经济效益发生变化的时,土地利用方式就会在农户行为的作用下发生变化。相关政策实施,可能会对农户土地利用中的成本和收益等产生影响,进而影响到农户土地利用的净效益。"退耕还林"政策的实施,可能对农户水土保持行为的成本和收益产生影响,这就使得农户需要重新计算采取水土保持措施的效益,并基于这一计算决定水土保持行为。"退耕还林"政策实施对于农户水土保持的影响机制可以用图3-4来表达。

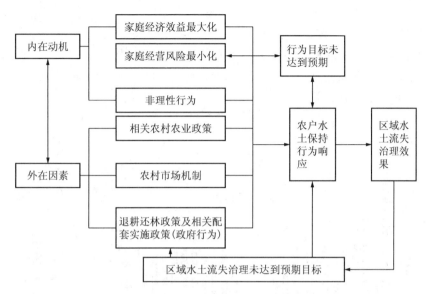

图 3 - 4　退耕还林政策实施的农户水土保持行为响应变化机理

四、实证研究区域和数据

1. 实证研究区域概况

本节的实证研究选取我国中部地区水土流失较为严重、实施了退耕还林政策的江西省丰城市,该市位于江西省中部。2002 年丰城市国土面积为 2845 km², 其中耕地面积 83604 hm², 占农业用地面积 85800 hm² 的 97.44%, 耕地中水田面积 70460 hm², 占耕地面积的 84.28%, 旱地 13144 hm², 占耕地面积的 15.72%; 林业用地 101333.33 hm², 占国土面积的 36.6%。[①]

总体上,丰城市水土流失较为严重,土地生态环境退化明显。其原因是森林日益遭到破坏,水土流失随之加剧,全市水土流失面积较大,水土流失大部分是水侵蚀,分布面广,遍及全市。丰城市土壤养分的总趋势是中量偏低,或者极少,由于自然成土因素各地不一,人类活动强弱差异明显,从而造成土壤养分,特别是有机质和氮、磷、钾含量的不同。[②] 在自然成土条件的基础上,人为活动,特别是乱砍滥伐,以及不合理的开垦,使原有的生态系统遭到破坏造成剧烈的水土流失,土壤有机质含量明显降低。为了从客观上分析问卷调查区域的 6 个村庄的水土流

---

① 资料来源:丰城市统计局编,江西省丰城市统计年鉴(2002),宜春资料印务有限公司,2003.

② 资料来源:丰城县土壤普查办公室,江西省丰城县土壤,1983;江西省丰城市人民政府,丰城市土地利用总体规划,2000.

失情况,采用实地进行网点式土壤样本采样①,共获得 37 个样本土壤层分布土壤样本,除了一个样本的土壤分析失效以外,其他样本土壤分析均为有效。在 36 个样本中(11 块耕地和 25 块非耕地):在非耕地地块样本中只有一块样本显示堆积,其他均为侵蚀,而且侵蚀强度较高;在耕地地块样本中均为强度侵蚀,且年均侵蚀厚度较大(如图 3-5)。

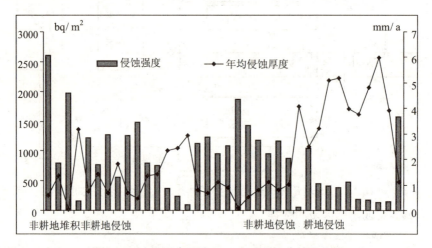

图 3-5 农户调查区域 2002 年水土流失情况分析

2. 实证研究区域退耕还林情况

2002 年全市退耕还林总面积 2000 hm²,其中坡耕地造林 100.67 hm²,荒山造林999.33 hm²。树种主要为生态林为 1931.8 hm²,少量经济林为 68.2 hm²,布局以丰高公路、昌樟高速公路、京九铁路、丰乐公路沿线及赣江流域一带,其中梅林镇337.47 hm²,尚庄镇 402.93 hm²,湖塘乡 329.47 hm²,占总面积的 53.49%(如表 3-6)。

表 3-6 2002 年丰城市各乡镇退耕还林基本情况(单位:hm²)

乡镇名称	隍城镇	湖塘镇	梅林镇	尚庄镇	泉港镇	同田乡	铁路镇	桥东镇	丽村镇	石滩镇	市园艺场	株山林场	荣塘镇
退耕面积	131	329	335	403	294	11.8	31.7	258	24.8	31.6	36.8	71.3	39.5

资料来源:江西省丰城市林业局,2002.

---

① 土壤采样及采样土壤分析均由濮励杰老师指导下,由金平华等具体实施完成。

3. 数据获取

问卷调查区域的选择主要是依据两个方面:① 根据 2002 年丰城市各乡镇退耕还林基本情况。以退耕还林农户较为集中,退耕还林面积分布较广的乡镇,并选取代表性的村庄集中调查;② 区域社会经济发展水平要具有代表性,选择不同社会经济发展水平的区域和农户收入区域(如图 3-6)。在上述两种标准的条件下,在尚庄镇 14 个村委会、2 个居委会(尚庄、兰丰)中选取尚庄、马塘两村;在梅林镇 16 个村委会、居委会中选取洪石、杭桥两村;在湖塘乡 16 个村委会中选取湖塘、杨庄两村。各村庄在区域分布上与中心城镇的距离从 5~17.5 km 不等,具有明显的区域分异特点,能够满足农户空间行为分析的区域差异要求。而且这些地区也是退耕还林较为集中的区域,退耕还林政策实施过程与农户行为变化的关系较为密切,农户水土保持行为响应具有一定的代表性。

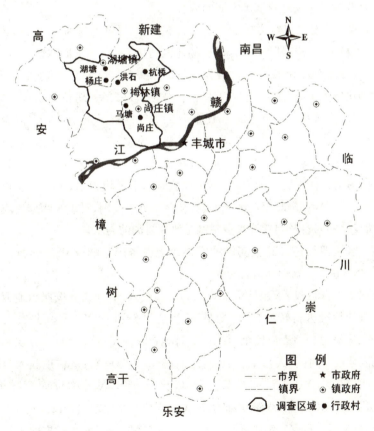

图 3-6　丰城市农户问卷实施调查区域分布示意图

实证研究所采用的数据以问卷调查方式和 PRA（Participatory Rural Appraisal)方法进行农户访谈获得,通过深入农村住户家中无组织访谈的方式进行农户匿名访谈,以避免敏感问题回答不真实的情况,同时避免单纯的问卷方式不灵活、回收率低和观察资料不详尽的缺点,实施过程中主要坚持以下原则方法:① 全面性原则:把关系农户水土保持行为的各个方面都在问卷中充分体现,并使样本在区域分布上具有广泛性;② 适宜性原则:问卷中的问题及其选择性答案为研究目的所必需的,按照一定的秩序进行排列,即农户基本情况、农户拥有土地类型及农业经营情况、农户经营土地退耕还林情况的调查、2002 年主要采取的退耕还林措施及实施效果、退耕还林产权流转引起的耕地面积增减变化情况,在进行农户访谈时易于实施。这些调查情况包括了农户家庭人口素质状况、农产品生产成本和农产品价格、土地投入产出、农户收入、投资意向,以及退耕还林政策实施对农户经营和规避风险程度等方面的内容。

6 个村庄的农户问卷共有 185 份:尚庄镇尚庄、马塘两村为 58 户;梅林镇的杭桥、洪石两村为 69 户;湖塘乡的湖塘、杨庄两村为 58 户。在梅林镇 69 户总人口为 296 人,劳动力人口 212 人,比重为 71.62%;务农人口为 126 人,占42.57%;劳动力性别比例为 108∶100;受教育水平平均为 43.92%。胡塘乡 58 户农户总人口为 244 人,劳动力人口为 152 人,比重为 62.3%;务农人口为 74 人,占 30.33%;劳动力性别比例为 103∶100;受教育水平平均为 42.21%。尚庄镇 58 户农户总人口为 247 人,劳动力人口为 169 人,比重为 68.42%;务农人口为 73 人,占29.55%;劳动力性别比例为 122∶100;受教育水平平均为 53.85%。从以上农户结构的情况来看,农户既存在区域差别,又存在个体差别,对于实际分析农户行为过程,所设计的问卷及问卷调查资料满足研究目的的需求。

五、区域退耕还林政策实施的农户水土保持行为响应 PSR 分析

1. 分乡镇多元回归结果与分析

选取水土保持投入(包括资金投入和劳动投入,劳动投入按照当地劳工社会平均工资的标准进行转换)为因变量 Y,自变量分别为:X_1:家庭务农人口比重(%);X_2:家庭劳动力人口比重(%);X_3:种植业收入比重(%);X_4:务农和兼业人口人均农业经营时间(天);X_5:人均耕地面积(m²/ 人);X_6:退耕地收入与退耕还林后补偿比重(¥);X_7:初中以上人口比重(%);X_8:单位面积粮食产量(kg/km²);X_9:退耕还林政策实施力度;X_{10}:距中心城镇距离(km);X_{11}:退耕补偿年限(年);X_{12}:农户家庭纯收入(¥);X_{13}:打工区域。为了缩小数据的不规则和突变,在模型运算过程中对 Y、X_5、X_6、X_8、X_9、X_{10}、X_{11} 进行自然对数处理。

梅林镇农户水土保持行为 13 指标响应模型：

$$LnY = -21.781 - 0.00935 * X_1 + 0.01633 * X_2 + 0.0005135 * X_3$$
$$+ 0.05586 * X_4 - 0.0004854 * LnX_5 + 0.125 * LnX_6 - 0.000629 * X_7$$
$$+ 0.535 * LnX_8 + 0.906 * LnX_9$$
$$+ 5.567 * LnX_{10} - 0.591 * LnX_{11} - 0.0000361 X_{12} - 0.00327 X_{13}$$

$$(R^2 = 0.74, T = 25.987, F = 12.028, Sig. = 0.000)$$

从模型的 T、F 检验来看，模型具有较高可信性（$R = 0.86$）。根据模型运行结果可以得出与农户行为呈现正相关 7 个指标的相关性程度依次为：距中心城镇距离＞退耕还林政策实施力度＞单位面积粮食产量＞退耕地收入与退耕还林后补偿比重＞务农和兼业人口人均农业经营时间＞家庭务农人口比重＞种植业收入比重；与其他 6 个指标呈负相关，相关性依次为：退耕补偿年限＞家庭务农人口比重＞打工区域＞初中以上人口比重＞人均耕地面积＞农户家庭纯收入。其中与农户行为相关性最强的依次是：距中心城镇距离、退耕还林实施力度、退耕补偿年限、单位面积粮食产量、退耕地收入与退耕还林后补偿比重。

在梅林镇多元回归模型运行的基础上，采用评价农户水土保持行为的 13 个指标体系构建湖塘乡农户水土保持行为响应模型：

$$LnY = -3.063 - 0.00581 * X_1 - 0.0115 * X_2 - 0.00211 * X_3$$
$$+ 0.03791 * X_4 + 0.287 * LnX_5 + 0.08263 * LnX_6 - 0.00631 * X_7$$
$$+ 0.687 * LnX_8 + 1.099 * LnX_9 - 0.938 * LnX_{10} + 0.151 * LnX_{11}$$
$$+ 0.000005114 * X_{12} - 0.000323 * X_{13}$$

$$(R^2 = 0.81, T = 18.949, F = 14.411, Sig. = 0.000)$$

湖塘乡线性模型检验可信度较高（$R = 0.9$），可以对湖塘乡退耕还林实施的农户水土保持行为响应进行评价。与农户水土保持行为呈现正相关 7 个指标按影响程度依次为：退耕还林政策实施力度＞单位面积粮食产量＞人均耕地面积＞退耕补偿年限＞退耕补偿与退耕地块收入比重＞从事农业时间＞农户家庭纯收入。与农户水土保持行为呈现负相关 6 个指标按影响程度依次为：距中心城镇距离＞劳动力人口比重＞受教育水平＞务农人口比重＞种植业收入比重＞打工区域。对农户水土保持行为影响较强的因素依次为：人均耕地面积、政策实施力度、城乡距离、务农时间、劳动力人口比重、补偿年限。

尚庄镇建立 13 指标体系农户水土保持行为响应模型：

$$LnY = -8.133 - 0.0112 * X_1 - 0.00559 * X_2 + 0.008857 * X_3$$
$$- 0.000991 * X_4 + 1.774 * LnX_5 - 0.0265 * LnX_6 + 0.001514 * X_7 +$$

$$0.305 * LnX_8 - 0.352 * LnX_9 + 0.37 * LnX_{10} - 0.446 * LnX_{11} +$$
$$0.00001319 * X_{12} - 0.0034 * X_{13}$$

$$(R^2 = 0.797, T = 38.302, F = 13.31, Sig. = 0.000)$$

从模型的检验结果可以看出该模型的可信度较高($R = 0.893$),可以用于农户水土保持行为响应分析。从模型的运行结果来看,与农户水土保持行为呈正相关 6 个指标按相关程度依次为:人均耕地面积>距中心城镇距离>单位面积粮食产量>农户家庭纯收入>种植业收入比重>受教育水平;呈负相关的 7 个指标依次为:退耕补偿年限>退耕还林政策实施力度>补偿与退耕地收入比重>家庭务农比重>家庭劳动力比重>打工区域>从事农业时间。与农户水土保持行为呈负相关的是劳动力人口比重。与农户水土保持行为决策较强的因素依次为:人均耕地面积、补偿年限、城乡距离、政策实施力度、单位面积粮食产量。

2. 区域多元线性回归模型实证运行结果分析

从总体上,各乡镇虽然存在一定的内在差别,但是从更广的范围来看,可以把三个乡镇作为一个区域,分析丰城市退耕还林政策实施的农户水土保持行为响应,采用 13 个指标体系建立梅林镇、湖塘乡、尚庄镇综合模型:

$$LnY = - 3.375 - 0.0079 * X_1 + 0.001139 * X_2 - 0.00187 * X_3 +$$
$$0.04068 * X_4 + 0.429 * LnX_5 + 0.09296 * LnX_6 - 0.00459 * X_7 +$$
$$0.08882 * LnX_8 + 1.089 * LnX_9 + 0.109 * LnX_{10} + 0.335 * LnX_{11} +$$
$$0.03252 * X_{12} - 0.000926 * X_{13}$$

$$(R^2 = 0.717, T = 30.343, F = 33.322, Sig. = 0.000)$$

从检验结果来看,采用以上 13 各指标体系下建立的区域农户水土保持行为响应模型居有较高的可信度($R = 0.847$)。与农户水土保持行为呈正相关的 9 个指标按影响程度排序依次为:退耕还林政策实施力度、补偿年限、城乡距离、补偿退耕地块收入比重、粮食产量、人均从事农业时间、人均耕地面积、劳力比重、户纯收入;与农户水土保持行为呈负相关的 4 个指标按程度依次为:务农比重、受教育水平、种植业收入比重、打工区域。其中与农户水土保持行为相关较强的为:政策实施力度、人均从事农业时间、补偿年限、人均耕地面积、城乡距离。

但区域模型各指标与农户水土保持行为的相关性与 3 个乡镇模型存在一定的差别。根据模型的运行结果来看,从综合模型的运行结果来补偿期限以外在其他条件不变的情况下,185 户农户中有 69.73%(129 户)的农户会增加对水土治理投入,可见农户的水土保持行为呈现弱化趋势不是很明显。

四、区域退耕还林政策实施的农户水土保持行为响应 DEA 分析

1. 各乡镇数据包络分析模型 M_1 运行结果

运用数据包络分析模型中,选取退耕还林政策体系,将退耕还林政策实施力度(v_1)、退耕补偿占退耕地块收入的比重(v_2)和补偿年限(v_3)称为决策单元 DMU(Decision Making Units),为"输入"[226];实施退耕还林与解决农民收入增长是相辅相成的,退耕还林政策实施过程中调整农业产业结构,转变经济模式,解决农民收入长期稳定增长问题是巩固和推进退耕还林的关键。因此,将农户家庭纯收入(u_1)、农户水土保持投入(u_2)和务农人口比重(u_3)称为"输出",利用 MATLAB 软件进行编程分析[227],得出梅林镇、湖塘乡和尚庄镇的 DEA 有效性,为了便于区域对比,各乡镇农户数均取 58 户。在 174 户农户中,有效农户 45 户,占 25.86%(如表 3-7)。

表 3-7　各乡镇 DEA 模型 M_1 运行结果

梅林镇 M_1 运行结果				湖塘乡 M_1 运行结果				尚庄镇 M_1 运行结果			
农户编号	相对效率值	农户编号	相对效率值	农户编号	相对效率值	农户编号	相对效率值	农户编号	相对效率值	农户编号	相对效率值
1	1	30	0.58033	1	1	30	0.78571	1	1	30	1
2	1	31	0.58033	2	0.56497	31	0.65631	2	0.19255	31	0.44444
3	0.8565	32	0.93096	3	0.73781	32	0.75192	3	1	32	1
4	0.25848	33	1	4	0.73781	33	0.41801	4	0.54634	33	0.55463
5	1	34	0.61111	5	0.42	34	0.5	5	1	34	0.84142
6	0.44813	35	0.80616	6	0.69506	35	0.61669	6	1	35	0.36616
7	0.67406	36	0.61111	7	0.2	36	1	7	0.72652	36	0.99444
8	0.52485	37	0.44589	8	0.64	37	0.78571	8	0.54913	37	0.31227
9	0.42335	38	0.352	9	0.80698	38	1	9	0.41229	38	0.25176
10	0.88	39	1	10	0.47673	39	1	10	0.69848	39	1
11	1	40	0.64385	11	0.64	40	1	11	0.51535	40	0.29604
12	1	41	0.64385	12	0.62419	41	0.4472	12	0.22222	41	1
13	0.48727	42	1	13	1	42	0.61708	13	0.66795	42	1
14	0.32508	43	0.9035	14	0.54637	43	0.79047	14	0.99782	43	0.77987
15	0.66009	44	0.54325	15	0.69551	44	0.9449	15	1	44	0.96882
16	0.2718	45	0.46699	16	0.96	45	0.62149	16	1	45	0.59579

梅林镇 M_1 运行结果				湖塘乡 M_1 运行结果				尚庄镇 M_1 运行结果			
农户编号	相对效率值	农户编号	相对效率值	农户编号	相对效率值	农户编号	相对效率值	农户编号	相对效率值	农户编号	相对效率值
17	0.52556	46	0.7606	17	1	46	1	17	1	46	0.70456
18	1	47	0.264	18	0.64289	47	0.58885	18	0.38744	47	1
19	0.95239	48	0.59959	19	0.3718	48	1	19	0.54903	48	0.77721
20	0.43075	49	0.67544	20	1	49	0.47245	20	0.57206	49	0.22796
21	0.89182	50	1	21	1	50	0.63796	21	0.76414	50	0.3707
22	0.3978	51	0.51146	22	1	51	0.3	22	0.49501	51	1
23	0.21609	52	0.31555	23	0.31209	52	0.99528	23	0.29413	52	0.21194
24	0.37037	53	1	24	0.47047	53	0.40177	24	0.63449	53	0.42629
25	0.74674	54	0.54259	25	1	54	0.6557	25	1	54	0.51438
26	1	55	0.55	26	0.72	55	1	26	0.76541	55	0.5
27	0.4171	56	0.47949	27	0.68536	56	0.61091	27	0.76541	56	0.66914
28	1	57	0.60398	28	0.52645	57	0.5	28	1	57	0.96303
29	0.37794	58	0.98574	29	0.55934	58	0.28	29	0.52402	58	0.54422

2. 各乡镇数据包络分析模型 M_2 运行结果

为了确认有效性分析和无效的原因,这里运行模型 M_2 作进一步的分析,各乡镇 DEA 模型 M_2 运行结果(如表 3-8、3-9、3-10)。DEA 模型 M_2 运行结果表明梅林镇 15 户农户均为有效性显著,湖塘乡第 46 户农户呈弱有效性,其余为有效性显著,尚庄镇第 5 户农户呈弱有效性,其余为有效性显著。

从梅林镇 DEA 模型 M_1 运行结果来看,在梅林镇 58 户农户中有 15 户的退耕还林政策实施水土保持行为响应是积极,即退耕还林实施可以有效地增加农户收入和促进农户水土保持行为,占 25.86%。

从湖塘乡 DEA 模型 M_1 运行结果来看,在湖塘乡 58 户农户中有 14 户的退耕还林政策实施水土保持行为响应是积极,即退耕还林实施可以有效地增加农户收入和促进农户水土保持行为,占 24.14%。

从尚庄镇 DEA 模型 M_1 运行结果来看,在尚庄镇 58 户农户中有 16 户的退耕还林政策实施水土保持行为响应是积极,即退耕还林实施可以有效地增加农户收入和促进农户水土保持行为,占 27.59%。

表 3 - 8　梅林镇 DEA 模型 M_2 运行结果

农户编号	Si⁻			Si⁺		
	退耕还林补偿占退耕地收入比重	政策实施力度	补偿年限	农户纯收入	务农比重	农户水土保持投入
1	0	0	0	0	0	0
2	0	0	0	0	0	0
3	260.61	0	0	0	0	50.034
4	0	0	0	0	0	0
5	0	0	0	0	0	0
6	0	0.43609	0	0	0	0
7	0	0	0	0	0	0
8	30.616	0	0	0	0	0
9	144.3	0	0	501.81	0	101.2
10	85.6	0	0	1293.7	0	0
11	0	0	0	0	0	0
12	0	0	0	0	0	0
13	71.434	0	0	438.1	0	17.265
14	0	0.25947	0	354.26	0	0
15	0	2.5269	0	17.226	0	0
16	0	0	61.23	0	0	0
17	62.876	0	0	305.44	0	14.689
18	0	0	0	0	0	0
19	0	0	0.78288	0	0	8.3522
20	15.298	1.1993	0	0	0	0
21	0	0	1.9249	0	15.832	0
22	0	0	0	0	0	0
23	1135.5	0	0	0	0	0
24	0	0	0	0	0.84025	0
25	73.594	2.228	0	0	0	0
26	0	0	0	0	0	0
27	0	0	0	473.99	0	0
28	0	0	0	0	0	0
29	0	0.78789	0	0	0	0
30	0	0	0	0	0	0

续表

农户编号	Si^-				Si^+	
	退耕还林补偿占退耕地收入比重	政策实施力度	补偿年限	农户纯收入	务农比重	农户水土保持投入
31	599.41	0.026777	0	0	0	0.10608
32	0	5.0959	0	0	0	0
33	0	0	0	0	0	0
34	54.167	0	0	445	0	17.778
35	0	0	1.2938	830.87	0	0
36	500.89	0	0	433	0	25.778
37	154.59	0	0	0.0009791	0	26.273
38	9.248	0	0	469.49	0	16.48
39	0	0	0	0	0	0
40	0	0	0	0	0	0
41	777.03	0	0	0	12.917	0
42	0	0	0	0	0	0
43	0	0	0.61812	0	0	0
44	0	0	0.46436	758.51	0	0
45	181.4	0	0	0	0	12.758
46	0	0	0.76919	649.14	0	0
47	45.38	0	0	33.302	0	5.488
48	0	9.4873	0	672.04	0	0
49	0	5.3685	0	0	0	7.965
50	0	0	0	0	0	0
51	0	0	0	0	0	0
52	281.02	0.70915	0	143.24	0	0
53	0	1.9575	0	0	0	0
54	242.52	0	0	0	0	0
55	0	0.2	2.9	521.5	2	0
56	0	0	2.8003	0	0	5.022
57	0	0		0	0	0
58	0	0	3.6909	0	13.956	0

表6-9 湖塘乡 DEA 模型 M_2 运行结果

农户编号	Si⁻			Si⁺		
	退耕还林补偿占退耕地收入比重	政策实施力度	补偿年限	农户纯收入	务农比重	农户水土保持投入
1	0	0	0	0	0	0
2	15.901	0	0	1743.2	0	0
3	131.64	0	0	3672.4	0	0
4	131.64	0	0	291.37	0	0
5	5.46	0	0	4244.4	7.4	0
6	0	0	0	1432.3	0	0
7	20.4	0	0	2020.6	3	0
8	123.6	0	0	4042.7	7	0
9	25.467	0	0	0	0	0
10	0	0	0	2683.5	0	0
11	36.56	1.12	0	4042.2	7	0
12	81.582	0	0	4414.2	0	0
13	0	0	0	0	0	0
14	1.6474	3.657	0	0	27.995	0
15	0	0	0.23939	4396.8	0	0
16	110.52	0.72	0	6063.8	0	0
17	0	0	0	0	0	0
18	0	2.143	0.71417	0	0	0.0006
19	68.319	1.1073	0	0	10.235	0
20	0	0	0	0	0	0
21	0	0	0	0	0	0
22	0	0	0	0	0	0
23	40.167	0	0	2206.6	0	0
24	30.35	0	0	1606.8	0	0
25	0	0	0	0	0	0
26	85.68	1.44	0	2692.8	0	0
27	90.486	0	0	4054.7	0	0
28	103.51	0	0	4827.4	0	0
29	154.82	0	0	4485.8	0	0
30	311.09	0	0	348.63	0	1.6511

续　表

农户编号	Si⁻ 退耕还林补偿占退耕地收入比重	Si⁻ 政策实施力度	补偿年限	农户纯收入	Si⁺ 务农比重	Si⁺ 农户水土保持投入
31	71.794	0	0	3998.3	0	0
32	0	0	0	1664.2	0	0
33	32.811	0	0	1538.8	0	0
34	94.5	0	0	2059	9	0
35	192.31	0	0	2827.7	0	0
36	0	0	0	0		0
37	824.73	0	0	305.65		1.29
38	0	0	0	0	0	0
39	0	0	0	0	0	0
40	0	0	0	0	0	0
41	17.427	0	0	0	0	0
42	188.09	0	0	4645.3	0	0
43	0	0	0	4838.1	0	0
44	114.69	0	0	7365	0	0
45	1652.2	0	0	2832.9	0	0
46	260.36	0	0	91.126	0	0.766
47	368.58	0	0	2075	0	0
48	0	0	0	0	0	0
49	239.24	0	0	3682	0	0
50	95.46	0	0	749.36	0	0
51	364.8	0	0	996.4	0	0
52	21.832	0	0	3107.3	0	0
53	0.86077	0	0	14.499	0	0
54	869.81	0	0	544.6	0	0
55	0	0	0	0	0	0
56	349.28	0	0	1933.9	0	0
57	241.5	0	0	3657.5	0	0
58	0.84	0	0	2829.2	4.6	0

表3-10　尚庄镇DEA模型 M_2 运行结果

农户编号	Si^- 退耕还林补偿占退耕地收入比重	Si^- 政策实施力度	Si^- 补偿年限	Si^+ 农户纯收入	Si^+ 务农比重	Si^+ 农户水土保持投入
1	0	0	0	0	0	0
2	189.8	0.02	0	0	0	5.318
3	0	0	0	0	0	0
4	0	0.912	0	0	0	0
5	0	0	0	0.0004	0	0
6	0	0	0	0	0	0
7	0	5.1354	0	0	0	35.692
8	0	0	0	0	0	0
9	0	0	0	510.36	0	0
10	0	0	0	0	0	0
11	0	0	0	2287.7	0	0
12	103.78	0.0889	0	924.33	0	6.33
13	0	0	0	5530.3	10.799	0
14	0	9.611	0	2785.1	0	0
15	0	0	0	0	0	0
16	0	0	0	0	0	0
17	0	0	0	0	0	0
18	17.635	0.6	0	1390.3	0	0
19	0	0	0	0.001	0	0
20	0	0	0	0	0	0
21	57.563	0	0	1453.7	0	0
22	0	0.04	0	0	0	0
23	0	0	0	2210.5	0	0
24	0	0	0	0	4.22	0
25	0	0	0	143.61	0	0
26	1146.1	0.38	0	4243.3	0	0
27	0	0	0	0	0	0
28	0	0	0	0	0	0
29	0	1.0298	0	0	0	24.116
30	0	0	0	0	0	0

续　表

农户编号	Si^-			Si^+		
	退耕还林补偿占退耕地收入比重	政策实施力度	补偿年限	农户纯收入	务农比重	农户水土保持投入
31	9.33	3.56	0	1448.7	0	13.667
32	0	0	0	0	0	0
33	0	0	0	0	0	0
34	416.11	8.07	0	0	0	0
35	0	0	0.95	0	0	0.79
36	0	0	0	0	0	0
37	0	0	0	1148.4	0	8.75
38	61.94	0	0	0	0	7.73
39	0	0	0	0	0	0
40	63.982	0.078	0	0	0	0
41	0	0	0	0	0	0
42	0	0	0	5672.4	0	0
43	0	0	0	0	0	0
44	0	1.98	0	0	8.69	0

农户编号	退耕还林补偿占退耕地收入比重	Si^-		Si^+		
		政策实施力度	补偿年限	农户纯收入	务农比重	农户水土保持投入
45	0	3.78	0	0	0	0
46	0	0	0	0	0	0
47	0	0	0	0	0	0
48	1785.8	0	0	0	0	21.652
49	0	0	0	864.13	0	6.21
50	0	0	0	0	0	10.689
51	0	0	0	0	0	0
52	0	0.4888	0	0	0	11.588
53	0	0	0	1805.4	0	0
54	521.19	0	0	0	0	6.93
55	303.88	0	0	1023.1	0	0
56	0	0	0	0	0.65	0
57	0	0	0	0	0	0
58	294.65	0	0	304.08	0	0

可以看出退耕还林政策的农户水土保持行为响应与农户类型具有密切关系。不仅存在个体差别,还存在区域差别。① 务农比重低和人均耕地较多在区域上是相同的;② 梅林镇劳动力比重中等,而湖塘乡和尚庄镇劳动力比重较高;③ 梅林镇教育水平较低,而湖塘乡和尚庄镇较高;④ 收入梅林镇最低,湖塘乡次之,尚庄镇最高。可见,农户兼业化水平和家庭核心化水平较高是区域的共同特点,这是积极响应型农户的特点,在农户依靠农业经营收入增加缓慢的情况下,政策实施减轻了农业经营风险,具有了稳定的收入,并可以有更多的劳力从事非农经营。而教育水平、收入水平和人均耕地面积呈现由梅林镇－胡塘乡－尚庄镇逐渐增大的趋势,在以投劳为主的水土流失治理方式中,农户水土保持行为更多地表现出了非经济特征。

各乡镇退耕还林政策实施农户水土保持行为响应无效内在因素:① 梅林镇。劳动力 100% 占 34.88%,占同类农户的 78.95%;务农比重占 0~50% 占 74.42%,占同类农户的 72.73%;受教育水平 0~50% 占 76.74%,占同类农户的 70.21%;农户收入<1000 元占 58.14%,占同类农户的 71.43%;人均耕地面积 1 亩(<666.67 m²)占 44.19%,占同类农户的 82.61%。等级系数(占有效农户比重×同类比重 * 100)分别为:27.54、54.12、53.88、41.53、36.5。可见无效性农户主要是受务农比重低、教育水平低、收入低、人均耕地较少和劳动力比重高的农户;② 湖塘乡。劳动力 0~50% 占 54.55%,占同类农户的 92.31%;务农比重占 0~50% 占 93.18%,占同类农户的 82%;受教育水平 0~50% 占 88.64%,占同类农户的 78%;农户收入<1000 元占 68.18%,占同类农户的 81.08%;人均耕地面积>1.5 亩(>1000 m²)占 47.73%,占同类农户的80.77%。等级系数(占有效农户比重×同类比重 * 100)分别为:50.35、76.41、69.14、55.28、38.55。可见无效性农户主要是受务农比重低、教育水平低、收入低、劳动力比重低和人均耕地较多的农户;③ 尚庄镇。劳动力 0~50% 占45.24%,占同类农户的 82.61%;务农比重占 0~50% 占 92.86%,占同类农户的 79.59%;受教育水平 0~50% 占 78.57%,占同类农户的 75%;农户收入<1000 元占 54.76%,占同类农户的 79.31%;人均耕地面积<1 亩(<666.67 m²)占 61.9%,占同类农户的 81.25%。等级系数(占有效农户比重×同类比重 * 100)分别为:37.37、73.91、58.93、43.43、50.3。可见无效性农户主要是受务农比重低、教育水平低、人均耕地较少、收入低和劳动力比重低的农户。

各乡镇退耕还林政策实施农户水土保持行为响应无效政策因素:① 梅林镇,与退耕还林补偿有关的有 14 户,占无效户数的 32.55%,与退耕还林政策有关 10

户,占23.26%,与实施力度相关5户,占11.63%,与补偿年限相关8户,占18.6%,与实施力度和补偿相关5户,占11.63%,与实施力度和政策有关1户,占2.33%;② 湖塘乡,与退耕还林补偿有关的有35户,占无效户数的79.55%,与退耕还林政策有关3户,占6.82%,与实施力度和补偿相关4户,占9.09%,与补偿年限相关1户,占2.27%,与实施力度和补偿相关1户,占2.27%;③ 尚庄镇,与退耕还林补偿有关的有7户,占无效户数的16.66%,与退耕还林政策有关19户,占45.24%,与实施力度相关8户,占19.05%,与补偿年限相关1户,占2.38%,与实施力度和补偿相关6户,占14.29%,与实施力度和政策相关的1户,占2.38%。根据农户水土保持行为响应的特点,可以将无效农户分为以下几种类型:① 旁观响应型,农户水土保持行为不受政策影响;② 补偿消极型,行为决策与补偿多少、实现程度相关;③ 补偿年限消极型,行为决策与补偿年限相关;④ 实施力度消极型,行为决策与政府行为相关;⑤ 综合消极型,行为决策与补偿、补偿年限或实施力度程度相关。总体上以补偿消极型农户为主,但区域上有所不同:梅林镇和胡塘乡这类农户明显多于尚庄镇,而尚庄镇旁观响应型比重较高,这与区域社会经济发展背景有关,梅林镇在区位上优于其他乡镇,经济较为发达,农户的非农收入水平较高,兼业化程度也高于其他乡镇。

第四章　市场对农户水土保持行为的影响

自 1978 年以来,我国经历了从集体农业到家庭农业的转变,农产品市场也发生了很大变化,同时非农产业的发展使得不少农民参与非农经济活动。各类市场的发展对农业的基本经营主体——农户产生普遍和深刻的影响。本章主要从农业市场、土地市场以及劳动市场几个方面,分析市场发育对于农户水土保持行为的影响。

第一节　农业市场化对农户水土保持行为的影响

区域社会经济环境的变化通过不同的途径对水土流失产生积极或消极的影响,尤其是农业市场的变化,对农户的生产决策产生直接的影响。本节以江西省为例,分析农业市场化水平提高对于水土流失的影响。

一、农业市场化对水土流失影响的分析

水土流失的研究既要回答变化的原因,又要回答变化的结果,这一研究遵循"压力-状态-响应(PSR)"模型。[228]应用于水土流失的基于投资者行为模式的研究中,PSR 模型即"驱动因子-土地覆被变化-水土流失状况"(如图 4-1)。

随着省农业市场化的发展,农户决策行为逐步转向以各种市场信息为导向。在市场化程度较高的环境下,农户投资行为和企业投资行为一样,也表现为追求利润最大化,但是农户水土保持行为作为一种相对特殊的农业投资,是一系列农户经济活动综合作用的结果,通常由于小农的抗风险能力很低,具风险厌恶倾向。因此,我国农户也是风险规避者,其经济行为是利润最大化与风险最小化共同作用的结果。农户通过这些经济活动,直接或者间接地影响到水土保持效果:从业模式的改变可能导致轻农思想以及劳动力不足的问题,影响水土保持行为,不同

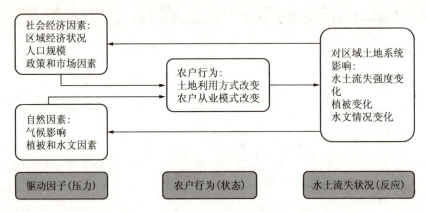

图 4-1　水土流失发生驱动因素分析

的种植结构对水土保持行为的方式及要求也不一样。因此,对区域农业市场化的农户行为的驱动因素进行度量,并进一步分析其与水土流失之间的关系,有很强的现实意义。

　　进一步分析区域水土流失发生的机制,必须对影响水土保持以及水土流失发生的驱动因子进行归类,考察它们之间的作用机制。根据研究目的,结合先前的研究,将驱动因素分为七大类,并对驱动因素建立细化量化评价指标(如表 4-1)。

　　区域农业市场化的发展使得农户可以以市场信息为导向来安排土地的利用方式,从而真正成为农业投资的主体而对水土流失产生巨大的影响。因为水土保持和水土流失的治理都需要作为土地使用者和支配者的农户有一定的经济基础,区域的发展状况决定了农户可以支配的资金,进而影响到对水土保持的投入强度和积极性。同时,农户的行为具有追求收益最大化的特征,由于农业收益相对较低,在区位比较好,或者是经济条件逐步改善的条件下,农户会带有轻农思想,进而影响到水土保持的投入。农户的兼业行为间接反映劳动力的机会成本或者农业与非农产业的比较效益,一方面,兼业使农户将部分劳动力和劳动时间配置在非农产业上,从而影响农业劳动投入;另一方面,兼业化有利于增加农民资本进行农业生产的投入,而且在土地流转制度健全的地方,还会促进农业的规模经营,增强农业竞争力,增加农业投入,正反两方面的作用在不同阶段强弱不同,从而对水土保持行为产生影响。对水土流失治理的力度会影响到农户,因为水土流失的发生会带来损失,进而影响到水土保持的行为。此外,区域人口的迅速增长和各种自然因素也会影响到水土流失的发生以及水土保持的效果。

表 4－1　区域水土流失驱动因素分类及量化指标

研究目的	驱动因素分类	量化指标
市场化条件下区域水土流失驱动因素	市场化因素	农产品商品率
		旱地作物混合产值价格
	区域发展状况	农村劳动力人均纯收入
		区域总人口
		平均每一劳动力所占耕地面积
	区位情况	道路通达度
	农户从业方式	非农业收入占纯收入比例
		农村家庭收入占城镇居民家庭人均可支配收入比
	劳动力状况	第一产业从业人数占总就业人数的比例
	对水土保持的投入	水土流失治理面积
	自然因素	历年降雨量

二、研究区域及实证分析

1. 研究区域

江西省地处长江中游南岸,地理坐标是 113°34′36″ E 至 118°28′58″ E, 24°29′14″ N 至 30°04′41″ N,全省土地总面积 16.69 万 km²,全省 2000 年末的人口 4148.54 万人,人口密度为 249 人/km²。该区低山、丘陵、岗地和盆地交错分布, 且山地坡度较大,红壤广泛分布于海拔 600 m 以下的低山、丘陵和岗地上,加上一年中的降雨集中,夏季多大雨、暴雨,在人类长期的不合理的土地利用方式下,江西省成为我国南方水土流失严重的省份之一。

根据《江西省统计年鉴》资料,虽然全省每年都有 2000 km² 的水土流失治理面积,可是水土流失总面积连续多年基本上没有变化,即每年都有新的水土流失发生。同时,根据江西省 1988 年、1997 年和 2000 年的土壤侵蚀的遥感报告资料,统计数据与遥感数据之间有接近 20% 的差距。据分析,水土流失统计数据与遥感数据的大幅度偏差,除了统计制度方面的缺陷外,可能与地方获取更多的水土保持投入以及争取更多的退耕还林补贴有关。

根据江西省三次土壤侵蚀遥感数据资料,得出江西省的水土流失面积正在逐步减少的结论(如图 4－2),但是各年份水土流失减少的速度是不一样的,比如 20 世纪 90 年代前期的减少速度就远远大于 20 世纪 90 年代后期,也就是说水土流失的减少速度和幅度正在逐渐减缓。根据江西省水土流失的变化态势,结合遥感数据,我们对其他年份的水土流失数据进行了甄别与调整,从而形成图 4-2 的 1988—2000 年的系列数据。

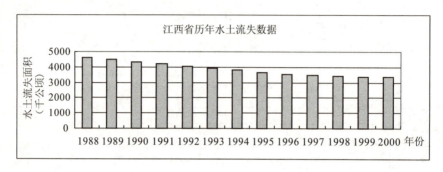

图 4-2　江西省历年水土流失面积变化趋势图

注:数据来源于 1988、1996、2000 年江西省土壤侵蚀遥感数据,并依据其变化趋势整理。

　　虽然水土流失面积正在逐步减少,但是根据 2000 年土壤遥感调查,江西省的土壤侵蚀总面积为 33471.19 km^2,占土地总面积 167073.01 km^2 的 20.03%。[229] 如果按照目前每年 2000 km^2 的治理速度计算,需要 17 年才能初步治理一遍,其中还不包括重复治理和新增水土流失治理。因此,水土流失的治理工作任重而道远。

　　2. 水土流失驱动因子相关性分析

　　以各种影响因素指标为自变量,为了得到其与水土流失面积之间相关性程度,利用 SPSS 软件的 Correlate 命令调用 Bivariate 过程,进行相关性检验,所得结果如表 4-2 所示。

表 4-2　水土流失驱动因子相关性分析

影响因素指标	检测方法	相关系数	*Sig.* (2-tailed)	相关检测结论
农产品商品率	Pearson	−0.972	0.000	显著
旱地作物平均价格	Pearson	−0.759	0.003	显著
农村劳动力人均纯收入	Pearson	−0.961	0.000	显著
区域总人口	Pearson	−0.991	0.000	显著
平均每一劳动力所占耕地面积	Pearson	0.723	0.005	显著
道路通达度	Pearson	−0.972	0.000	显著

影响因素指标	检测方法	相关系数	*Sig.* (2-tailed)	相关检测结论
非农业收入占纯收入比例	Pearson	−0.795	0.001	显著
农村家庭收入占城镇居民家庭人均可支配收入比	Pearson	0.734	0.004	显著
第一产业从业人数占总就业人数的比例	Pearson	0.959	0.000	显著
水土流失治理面积	Pearson	0.880	0.000	显著
历年降雨量	Pearson	−0.384	0.244	不显著

根据表 4-2 所示,影响水土流失的因素主要有:

(1) 农产品商品化率。随着区域农业市场化的发展,越来越多的农产品转化为商品,农民在对土地的投资上具有了越来越多的决定权。在市场化程度比较高的地区,农民的投资行为与企业的投资行为一样,都是以市场信息为导向追求投资收益的最大化,因而往年农产品价格的上涨和下跌对来年农民的投资结构具有举足轻重的影响。另外,越来越多的农产品转化成为商品,有利于增加农民资本以及对农业创收的信心从而对水土保持的投入产生影响。农产品商品化率与水土流失面积之间有强烈的负相关关系。

(2) 农村劳动力人均纯收入。农民人均纯收入的增加既有农业收入的增加也有非农业收入的增加,非农收入的增长尤为突出。农民收入的增长增加了农民的资本,从而增加对水土保持的投入。农村劳动力人均纯收入与水土流失面积呈现显著的负相关关系。

(3) 区域总人口。区域总人口的增加,意味着相同的土地面积需要供养更多的人口,进而改变了农户的水土保持行为以及土地的利用方式。区域总人口与水土流失面积呈负相关。

(4) 非农收入比例。农业比较效益低而非农业生产经营活动收入的增加降低了农户对土地的依赖性,越来越多的农业劳动力转向非农业生产部门,导致了农业生产部门劳动力减少。向非农部门转移的劳动力大多为青壮年,而水土保持工作正需要大量体力劳动,导致了水土保持劳动投入的减少。因此,非农业收入比例与水土流失面积呈负相关。

(5) 旱地作物平均价格(平均价格＝农作物的产值/农作物的产量)。旱地是水土流失发生的场所,旱地作物的价格对农户在旱地的投资以及对水土保持的投入都有重大影响。作物价格升高,会激励农民将更多的投资投入到农业生产中去,反之,投入将会减少。旱地作物的产值价格与水土流失面积呈负相关。

在以上水土流失区动力各指标中,历年降雨量与水土流失面积的拟合不显著,这主要是由于江西省红壤区降雨具有年内分配不均匀、降水集中的特点。[230,231]对于相同的降雨量,集中性降水对水土流失的影响要大得多,只是简单地用降雨量来描述其对水土流失的影响,只是在某些地区得到了显著得拟合效果。[232]

3. 水土流失驱动力模型的构建与运行效果分析

农户水土保持投资决策行为是多因素共同作用的结果,为定量评价不同因素对农户水土保持投资行为的影响,以及这些因素在不同区域作用的差异性,这里构建了数量经济分析模型。模型的因变量确定为水土流失面积 S,根据相关性分析结论,选取回归方程自变量:农产品商品化率 M_r;农民家庭人均纯收入 A_i;区域总人口 N_p;非农收入占总收入的比重 N_r;农村家庭收入占城镇居民家庭人均可支配收入比 I_r;水土流失治理面积 S_c。得到以下的回归方程:

$$S = 10781.45 - 37.085M_r + 0.04332A_i - 1.018N_p - 3.213N_r - 4.571I_r - 0.181S_c$$

水土流失驱动力模型相关性检验:$R^2 = 0.994$;F 检验:$F = 166.415$。可见该模型的可信度很高。

以农产品的商品化率为度量区域市场化的指标,根据上述模型对江西省自1988 年以来各种驱动因素对水土流失减少的贡献进行分析,结果如下:

(1)从回归方程来看,农产品商品化率与水土流失面积呈较强的负相关,并且回归方程系数绝对值相对很大,说明区域农业市场化的程度增加在各种因素的驱动下,引起水土流失面积的大幅度减少。1988—2000 年江西省农产品的商品化率由 49.6% 增长到 64.8%。这里假设 1988 年以来江西省农业市场化的水平没有提升,依据该模型,则江西省 2000 年水土流失面积将为 3961.691 万 hm²;而根据土壤侵蚀遥感统计,2000 年全省水土流失面积为 3347.220 万 hm²,使得全省水土流失面积多减少了 614.471 万 hm²,占 2000 年水土流失面积的 18.36%,平均自 1988 年以来,区域农产品商品化率每增加 1%,对于水土流失减少的贡献为40.43 万 hm²。1988—2000 年各年份农业市场化对水土流失面积减少驱动效果如图 4-3(图中两条曲线之间的面积为水土流失减少的面积,即为区域农业市场化所带来的水土流失减少效应)所示。

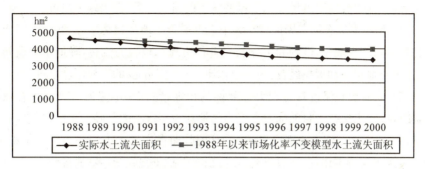

图 4-3　区域农业市场化驱动力对水土流失的贡献模型

（2）上述模型显示,现阶段农民收入的增加,主要用于子女教育费用和生活费的支出,而用于农业生产中的投资相对较少,在一定程度上影响了水土保持成果的进一步扩大。另外,较高的人均收入往往是农民从事非农生产活动的结果,因此,较高的人均收入不仅没有提高水土保持投资,反而会促进农业生产投资向非农业部门转移。不过,在一定的条件下,非农业收入比例的增加在一定程度上促进了水土保持的投入。

（3）虽然每年的水土流失治理面积不断增加,然而其在回归方程中的水土流失治理面积系数的绝对值却相对较小。主要原因是虽然每年都有大量的治理面积,却又有大量的水土流失新增面积,在治理面积当中仍然有大量的重复治理面积,大幅度降低了水土流失治理的效果。

从以上分析可以看出,1988 年以来江西省不断深化的农业市场化对水土流失面积的减少起到了关键性的作用。在市场化逐步深入的情况下,区域人口的增加、农民人均纯收入的增加、人均耕地占有量、第一产业从业人数占总就业人数的比例、水土流失治理面积等驱动因素也有重要影响。

三、结论及建议

通过前面的分析,可以看出水土流失的发生是受多种因素影响的,而农业市场化的深化是江西省水土流失面积减少的关键因素:自 1988 年以来市场化的逐步深入减少了相当于 2000 年水土流失面积 18.36％的水土流失面积（61.4471万 hm²）,区域农产品商品化率对于水土流失的边际效率为 40.43 万 hm²,对于全省水土流失的治理以至于最终完成水土流失的治理具有十分重要的意义。但是,从水土流失减少的趋势来看,减少的幅度和趋势正在变缓,说明了水土流失的治理以及各种水土保持措施还有很大的弊端。鉴于经济政策改革对于水土流失有直接的影响[233],从建立生态环境友好的经济政策体系,进一步提高区域农业市场化

水平,减少水土流失以及增加水土保持效果的角度考虑,提出以下建议:

(1) 积极推进农地市场流转与集中。以完善土地产权为中心,赋予农村土地承包权的财产权地位,鼓励和引导农户进行土地承包权的流转,降低土地流转成本,促进农地集中和规模经营,为农村水土保持提供必要的产权制度基础。[234]

(2) 依据水土保持具有较大外部性的特征,完善水土流失治理经济补偿机制,使得以水土保持为目的的农户行为能够获得经济上的激励。

(3) 建立水土流失治理成果的维护机制,即在加强水土流失治理的前提下,要注重水土保持工作,改变只重视治理,而对保护重视程度不够的现状。

(4) 提高农村人力资源市场配置效率。当前重点是促进非农经济发展,推动农村城市化进程,从而实现农村剩余劳动力的有效转移,减少农村人口对农村土地开发的压力。

(5) 提高农产品市场化水平。主要是进一步加快农业产业化、规模化、专门化发展,一方面,可以增加农民收入,进而增加水土保持投入;另一方面,提高土地利用效率,有利于新技术在农业中的应用,使得新型的农村企业更有能力集中进行区域水土保持工作。

第二节　土地市场对农户水土保持行为的影响

农村土地市场的发育对于农业的发展有重要的意义,通常被认为是农业增长的一个重要刺激因素,因为土地产权的转移会使资源配置更有效,并刺激对土地资源开发利用的投资(如进行水土保持等生态环境建设),减少农户的风险规避行为。城市化、工业化发展以及其他非农产业的发展引起的农村劳动力转移为我国农业土地资源的流转提供了可能。如今,在我国,农村土地流转已成为一项活跃的经济活动,那么,农地流转对农业土地资源的深度利用以及农户的环境行为究竟有何影响? 这里选择生态脆弱地区江西省兴国县、上饶县、余江县为研究区域,在农户调查的基础上,通过建立农地市场发育与农户重要环境行为——水土保持相互关系的理论与计量经济模型分析区域农地市场发育对农户水土保持行为的影响。

一、区域农地市场对农户水土保持行为影响的作用机理分析

1. 农户水土保持投资决策概念模型

对于农地市场是否会影响农户水土保持问题上存在不同的观点。一种观点

认为土地市场对于土壤侵蚀变化并不敏感[235]，但有不少研究对这问题持相反的看法。Ervin 认为农地市场的参与者事实上会权衡过去和未来的土壤侵蚀对土地产出的影响[236]，而如果能够意识到水土流失对土地交易价格的影响，农户将采取水土保持措施[237]，King 和 Sinden 运用隐含法（Hedonic Approach）建模分析的结果表明，土地市场实际上能够促进农户进行水土保持[238]。事实上，由于水土保持存在效益外溢问题以及水土保持效果的滞后性，从短期经济效果来看，水土保持未必会提高净收入[239]，而且由于土壤侵蚀引起的使用者成本容易被技术和管理等因素变化导致的产出差异所掩盖[240]。因此，在进行土地交易时，农户的水土保持投资一般不能被资本化为交易价格。[241]鉴于此，分析农地市场对于农户水土保持行为的影响还需要区分农地市场本身的状况。有研究认为，不完善的土地市场会降低农户的水土保持投资积极性[242]；如果人地关系紧张并且劳动力市场受到限制，在农地市场的缺乏或者不完善的环境下，小规模的土地持有者要比土地规模大的农户更多的水土保持投入[243]。对于交易类型，普遍认为相对于土地买卖而言，短期租赁契约会刺激土地承租者过度使用租赁土地[244,245]，农户对租赁地块的水土保持投入减少；而有研究则从另一个方向证明，土地交易权的改善使得个人更为便利地买卖或者租赁土地将刺激土地投资[246]。

国内有研究认为，因为土地可交易性的提高增加土地投资实现其价值的机会，从而提高农民进行土地投资的积极性[247]，对土地交易（使用权转让、出租和代耕）限制较少的村子里，农民种植更多的绿肥。[248]在土地交易权不完整的情况下，农户之间的非正式的土地流转可能不利于激励农户在现期增加对土地的长期投资[249]，在明确界定"四荒"资源的产权的条件下，通过农户之间的"四荒"地转包能够促进农户进行水土保持[250]。

以前的研究存在以下几个方面的不足：① 多数研究把农户水土保持决策看作是一步到位的，更没有考虑不同阶段决策之间的相互影响，然而，这与现实不符，有研究认为农户的水土保持决策过程分为 3 个不同的阶段，即确认水土流失问题、决定是否采取水土保持以及水土保持投入水平[251]；② 在农户水土保持决策模拟建模方面，可能由于数据获得的困难，以前的研究对土地流转大多采用定性的虚拟变量来反映土地市场情况而没有用农户流转土地的具体数据，因此没有把农户的土地流转行为与水土保持行为结合起来进行更为详细的定量分析。另外，由于调查时间较短和受样本容量限制，都存在有限变量问题，即直接样本进行普通最小二乘法估计会得到有偏差的结果[252]；③ 多数研究没有分析农地市场发育农户水土保持行为响应的区域差异，忽视了土地市场与农户水土保持行为之间相互关系的空间信息。此外,与西方国家不同,我国农村只存在土地租赁市场而没有像西方国家那样严格意义上的土地买卖市场[253]。

随着农村经济和投资体制的改变,以集体和农户投入为基础的多元化投资格局发育了起来[254]。而农户的农业生产性投资可以理解为对各种社会经济信号的行为响应。工业化、城镇化以及经济结构的调整导致农村剩余劳动力外流[255],这导致土地转包和撂荒,也可能减少对土地的保护投入。劳动力市场的存在影响土地市场的发育[256],以至直接和间接影响水土保持;相关经济政策,例如水土保持的成本分担、土地产权制度[257,258]等都会影响农户的水土保持收益;家庭经济特征,例如消费投资观念、受教育水平[259]、环境与社会责任观念[260]等因素也会影响水土保持投入;农户意识到水土流失问题的存在及其危害可能迫使农户重视水土保持;区域自然条件也可能对农户的水土保持行为产生一定的影响。鉴于农户可能有预防性的水土保持行为,因此,本研究将农户水土保持决策看成两个阶段:① 决定是否需要进行水土保持,即采纳决策阶段;② 农户决定对水土保持投入收入,这里称之为投资水平决策阶段。农户的水土保持决策过程可以用图 4 - 4 来表示。

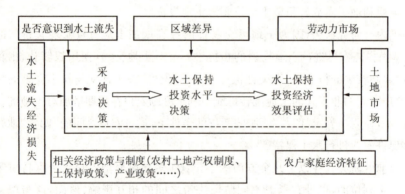

图 4 - 4　农户水土保持决策机理

2. 区域土地市场发育对农户水土保持行为影响的理论模型

一般来说,农户的投资可以分为两大块,即农业投资和非农投资,资金剩余可以看作农户的存款、而资金缺口则可以看作是借贷。这里假设农户投资目标是收入最大化,这些收入包括农户的产品、现金等有形收入,也包括农户的无形收入,比如农户投资水土保持带来农户所经营的土地肥力的提高以及因此得到的良好社会评价等,农户的投资活动受到诸如资金、劳动力以及土地资源等各个方面的约束。这里用(1)式来模拟农户的投资行为:

$$HI_{ij} = \mathrm{Max} Y_{ij}^{1}(I_{ij}^{\mathrm{swc}}, I_{ij}^{\mathrm{oa}}, L_{ij}^{\mathrm{a}}, l_{ij}) + w_{ij} * L_{ij}^{\mathrm{na}} + r_{ij}(\overline{l_{ij}} - l_{ij}) + Y_{ij}^{2}(I_{ij}^{\mathrm{na}})$$

$$s.t.$$

$$I_{ij}^{\mathrm{swc}} + I_{ij}^{\mathrm{oa}} + I_{ij}^{\mathrm{na}} \leqslant M_{ij} + m_{ij}$$

$$L_{ij}^{\mathrm{na}} + L_{ij}^{\mathrm{a}} \leqslant \overline{L_{ij}} \tag{1}$$

$$Y_{ij}^{1} \geqslant Y_{ij}^{0}$$

$$I_{ij}^{\mathrm{swc}}, I_{ij}^{\mathrm{oa}}, I_{ij}^{\mathrm{na}}, l_{ij}, \overline{l_{ij}}, M_{ij}, m_{ij}, L_{ij}^{\mathrm{na}}, \overline{L_{ij}}, L_{ij}^{\mathrm{a}} \geqslant 0$$

式中,HI_{ij} 为第 i 区域第 j 农户总收入;I_{ij}^{swc} 为第 i 区域第 j 农户水土保持投资;I_{ij}^{oa} 为第 i 区域第 j 农户除水土保持之外的农业投资;I_{ij}^{a} 为第 i 区域第 j 农户的农业劳动投入,L_{ij}^{na} 为第 i 区域第 j 农户的非农劳动投入,$\overline{L_{ij}}$ 为第 i 区域第 j 农户的最大劳动供给量;l_{ij} 为第 i 区域第 j 农户目前耕种的土地,$\overline{l_{ij}}$ 为第 i 区域第 j 农户承包的土地,$\overline{l_{ij}} - l_{ij}$ 则为第 i 区域第 j 农户租赁的土地(如果大于0,为租出;如果小于0为租入);$Y_{ij}^{1}(I_{ij}^{\mathrm{swc}}, I_{ij}^{\mathrm{oa}}, L_{ij}^{\mathrm{a}}, l_{ij})$ 为第 i 区域第 j 农户的农业生产函数;w_{ij} 为非农就业工资率;r_{ij} 为土地租金率,如果 $\overline{l_{ij}} - l_{ij} > 0$,农户租出土地,$r_{ij}(\overline{l_{ij}} - l_{ij})$ 为农户土地租赁收入,反之,$r_{ij}(\overline{l_{ij}} - l_{ij})$ 则为农户土地租入成本;$Y_{ij}^{2}(I_{ij}^{\mathrm{na}})$ 为资金的机会成本(如果是非农投资就是非农投资收益率,如果是借贷就是利息);Y_{ij}^{0} 为农户农业生产的最低产出,m_{ij} 为农户借贷的最大额,M_{ij} 为除去消费的农户可支配收入。

根据式(1),农户获得最大收益时,水土保持投入需要满足库恩塔克条件:

$$\frac{\partial HI_{ij}^{*}}{\partial I_{ij}^{\mathrm{swc}}} \leqslant 0; I_{ij}^{\mathrm{swc}} \geqslant 0 \text{ 和 } I_{ij}^{\mathrm{swc}} * \frac{\partial HI_{ij}^{*}}{\partial I_{ij}^{\mathrm{swc}}} = 0 \tag{2}$$

其中,HI_{ij}^{*} 为求解(1)式时构造的拉格朗日函数。根据库恩塔克条件的要求可以得到有关变量的一组方程,根据这组方程,可以得到农户水土保持投资与土地市场的关系:

$$I_{ij}^{\mathrm{swc}} = f(X_2) + \varepsilon \tag{3}$$

式中,f 为水土保持投资函数,X_2 为包括土地市场因素在内的影响农户水土保持的因素,ε 为随机扰动项。

而农户是否进行水土保持,即采纳决策可以根据(3)式用一个两分决策函数来表达:

$$Y = 1,\text{采纳,如果 } I_{\mathrm{swc}} > 0$$
$$Y = 0,\text{不采纳,如果 } I_{\mathrm{swc}} < 0 \tag{4}$$

由于因变量是一个两分的虚拟变量,这就不能满足普通最小二乘法的前提要求,因此,用普通最小二乘法进行估计不能得到有效、无偏和一致的估计。事实上,因变量的期望值是 Y 等于 1 的概率,而其与 1 的差值就是 Y 等于 0 的概率,因此,农户采纳水土保持的可能性可以用 Probit 函数或者 Logistic 函数来模拟。

二、区域农地市场对农户水土保持行为影响的计量模型与运行结果分析

1. 研究区域概况与数据来源说明

通过对江西省水土流失分布的分析和实地考察,选择了上饶县、兴国县和余江县为研究区域。研究区域的选择主要考虑被选区域在江西红壤区所具备的典型性与代表性,这 3 个县的背景情况如下:

兴国县位于江西省中南部,赣州市北部,土地总面积 321500 hm²,其中山地 22.4 万 hm²,耕地 3.16 万 hm²,形成"七山一水一分田,一分道路和庄园"的自然风貌[261]。地貌以丘陵山地为主,山林地占 77.3%,植被全年生长良好,但因为花岗岩发育的红壤抗蚀能力低,降雨量集中以及人类的不恰当利用,水土流失严重。上饶县位于江西省东北部,土壤主要是发育在花岗岩、第三纪红色砂页岩、第四纪红土基础上的红、黄壤,以及发育在紫色岩基础上的紫色土和发育在石灰岩基础上的红色石灰岩土。由于这些土壤保水性差、抗蚀能力低,加之上饶县降水多暴雨以及山地丘陵比重大,导致水土流失严重。上饶县境南有武夷山横亘,北有怀玉山盘踞,中为信江断陷盆地,明显地构成南北高、中部低的马鞍状地形。信江盆地表较为平坦,倾向河床,海拔多在 100 m 以下,在盆地与丘陵、山地的过渡地带,低丘岗地遍布,是上饶县的主要农耕区。全县国土面积 224000 hm²,现有耕地 3.13 万 hm²,水田占 88%。余江县地处江西省东北部,属信江、白塔河中下游,土地总面积 93700 hm²,其中林地面积 4.25 万 hm²,耕地 2.23 万 hm²,水域 0.9 万 hm²,属亚热带湿润季风气候,年平均降水量 1757.9 mm。余江县是含沙质多,粘性差,易板结,在降雨和径流作用下极易受到侵蚀的红壤丘陵地带,水土流失面积大,侵蚀程度严重。江西省水土保持办公室的遥感分析表明:兴国、上饶和余江这 3 个县轻度以上水土流失面积占土地总面积的比重分别是 23.6%、33.6% 和 27.0%,江西省平均为 20.0%。

问卷调查在两个层次进行,即农户层次和村庄层次。本次调查采用随机抽样的方法对农户基本情况、农户拥有土地类型及农业经营情况、农户经营的土地的水土流失情况、近年采取的水土保持措施及实施效果、水土流失的土地面积变化情况、水土流失对农户家庭收入的影响以及农户土地流转等情况进行了问卷调查。村庄的选择主要是根据村庄距离县城的远近、交通情况、水土流失情况和村庄经济发展情况,使被选择的样本村既要有代表性,又要有区域特性以体现空间差异。因此,在每个县选择 3 个村,以使 3 个村能分别代表所在县三个不同的经济发展和水

土流失水平等,从而保证 3 个样本村的情况能够代表整个县。每个村选择了约 30~40 个农户。本次调查在兴国县选择了潋江镇联群村、江背镇郑塘村和来源村,占乡镇总数的 6.9%,占兴国县村总数的 0.8%。上饶县选择了旭日镇前山村、上饶县董团乡马鞍山村和大地乡大地村占乡镇总数的 8.8%,占上饶县村总数的 1.1%。余江县选择了洪湖乡官坊村、平定乡洪桥村和杨溪乡大塘村,占乡镇总数的 27.3%,占余江县村总数的 3.0%。共抽取 318 户,其中兴国县 99 户,上饶县 112 户,余江县 107 户,样本分布以及样本村社会经济情况见表4-3。

表 4-3 样本村社会经济基本情况

样本村	联群	郑塘	来源	前山	马鞍山	大地	官坊	洪桥	大塘
到县城距离/km	5.0	6.0	21.0	5.0	15.0	25.0	20.0	7.0	2.5
所在县乡镇总数/个	29.0	29.0	29.0	34.0	34.0	34.0	11.0	11.0	11.0
所在县村总数/个	367.0	367.0	367.0	362.0	362.0	362.0	132.0	132.0	132.0
调查户数/户	29.0	35.0	35.0	38.0	33.0	41.0	35.0	37.0	35.0
农户家庭总数/户	478.0	461.0	283.0	742.0	470.0	632.0	492.0	185.0	470.0
总人口/人	2230.0	1847.0	1286.0	2918.0	2500.0	3252.0	1998.0	825.0	1419.0
总产值/万元	290.0	200.0	181.3	1408.0	—	—	400.0	155.0	539.0
其中非农产值/万元	40.0	20.0	—	1000.0	—	—	260.0	45.0	300.0
耕地面积/hm²	90.7	74.9	59.2	150.6	90.2	174.7	112.0	82.4	112.7
主要经营作物	水稻、蔬菜	水稻、蔬菜	水稻、席草	水稻、蔬菜	水稻	水稻、花生	水稻	水稻、花生	水稻、蔬菜、油茶

2. 计量模型变量选择

依据研究区域农户水土保持决策行为的特点和所作的农户问卷调查,将影响农户水土保持行为的因素初步确定为以下几个方面:

(1)区域土地市场因素。主要从被调查农户的土地流入和流出数量以及土地流转中的农户成本与收入来反映,而市场的限制情况用土地产权因素来反映。

(2)劳动力市场因素。用农户家庭兼业人口来反映非农就业市场,用非农收入和收入比来反映非农劳动力市场的经济影响。这主要考虑到非农产业的发展以及农业比较效益的低下使得大量的农户选择了兼业,由于兼业收入的增加,导致很多农户对土地投入不断减少。[262]

（3）相关经济政策因素。主要用土地产权来反映,用土地流转权和土地剩余索取权以及土地产权稳定性3项指标来体现。土地流转权对土地市场的发育直接相关,而且可能影响到水土保持收益的实现;土地剩余索取权与农户水土保持收益相关,收益权完整度越高,水土保持的外溢效益就越小;一般认为土地产权稳定会刺激农户长期性投资[263]。

（4）家庭经济因素。选取家庭人均收入、家庭人口规模、家庭经营土地规模、家庭农业收入占总收入的比重。家庭的收入结构和土地规模决定了农户对水土流失的承受能力,进而影响农户水土保持投入;而农户的受教育水平则影响到水土保持技术的采用。

（5）水土流失影响。主要用水土流失影响的土地面积、水土流失减产损失来表达。水土流失造成的产量损失是农户容忍水土流失的经济代价,这一代价越高,农户的水土保持积极性就越强。

（6）区域因素。这主要表现在交通区位以及区域自然环境条件差异方面。区位会改变农户劳动力配置和信息以及技术等的获得,而自然条件不同,水土流失的自然基础也不同。

选择农户种植业收入、非农收入、家庭土地规模、土地流入面积和土地流出面积等一系列解释变量进行分析,变量定义和说明见表4-4。

表4-4　解释变量定义与说明

变　　量	变量取值	变量类型
种植业收入（plantin）	农户年种植业收入/元	连续变量
非农业收入（nonain）	农户年非农业收入/元	连续变量
非农收入占总收入比例（rnonain）	农户年非农收入占总收入比例/％	连续变量
家庭总收入（totalinco）	农户年家庭总收入/元	连续变量
年人均收入（avincom）	农户年年人均收入/元	连续变量
农业生产支出（inva）	农户年农业生产支出/元	连续变量
亩均农业生产支出（avinv）	亩均农业生产支出/元	连续变量
教育支出（expedu）	农户年教育支出/元	连续变量

续　表

变　量	变量取值	变量类型
土地面积(landarea)	农户土地面积/hm²	连续变量
人均土地面积(avarea)	农户人均土地面积/hm²	连续变量
家庭人口规模(popu)	农户家庭人口数量/人	连续变量
从事农业生产的时间(timea)	农户年从事农业生产的时间/月	连续变量
种植业劳动时间(timep)	农户年种植业从业时间/月	连续变量
非农就业时间比重(rparttim)	非农就业时间比重/%	连续变量
亩均耕作时间(avtime)	农户亩均耕作时间/月	连续变量
水土流失影响面积(swla)	农户水土流失影响面积/hm²	连续变量
水土流失减产损失(dsl)	农户水土流失减产损失/元	连续变量
土地流入面积(intotal)	农户土地流入面积/hm²	连续变量
土地流入费用(costins)	农户土地流入费用/hm²	连续变量
土地流出面积(outtotal)	农户土地流出面积/hm²	连续变量
土地流出收益(routs)	农户土地流出收益/元	连续变量
过去20年土地调整次数(times)	过去20年土地调整次数/次	连续变量
2001年农业税费负担(tax)	2001年农业税费负担/元	连续变量
对水土流失的感知(pswl)	知道,pswl=1;不知道,pswl=0	虚拟变量

3. 农地市场对农户水土保持行为影响的计量模型

农户的水土保持决策实际上是两个行为决策的有机结合,即第一个行为决策是决定是否采取水土保持措施,第二个决策是在第一个决策之后作出,即决定水土保持投入水平。因此,在建立农户水土保持决策行为模型时要把农户的这一理性行为反映出来。这里用一个 Probit 模型来分析农户水土保持的第一个决策行为,判断农户是否采取水土保持措施以及确定农户采取水土保持措施的概率,同时计算米尔值(Inverse Mill's Ratio,IMR),即标准正态密度函数值和标准正态累计分布函数值的比值。第二阶段将第一阶段估计得到的 *IMR* 值引入模型,运用普通最小二乘法(Ordinary Least Squares, OLS)对模型参数进行估计,确定农户的水土保持投资水平。因此,农户水土保持第一阶段的行为决策可以用(5)式表示:

$$P(y=1) = \Phi(\beta'X) = \int \frac{1}{\sqrt{2\pi}} e^{-\frac{t^2}{2}} dt \tag{5}$$

式中 X 为影响农户水土保持决策的解释变量，β 为系数向量。那么，对应的农户决定不采取水土保持措施的函数表示为：

$$P(y=0)=1-P(y=1)=1-\Phi(\beta'X)=\int\frac{1}{\sqrt{2\pi}}e^{-\frac{t^2}{2}}dt \qquad (6)$$

在 Probit 估计以后，可以定义 $Mill$ 值，对于农户水土保持非零投资观测值 IMR 定义为：

$$IMR_{ij}=\frac{\varphi(\beta'X/\delta)}{\Phi(\beta'X/\delta)} \qquad (7)$$

$\varphi(\beta'X/\delta)$ 为标准正态密度函数，$\Phi(\beta'X/\delta)$ 为标准正态累计分布函数。

根据 Heckman 的两阶段法，将 Probit 估计的 IMR 值引入农户决策的第二阶段模型，农户的第二个水土保持行为决策（投资水平决策）可以用以下模型来模拟：

$$SWCI_{ij}=\beta_0+\beta X+\alpha IMR_{ij}+\varepsilon \qquad (8)$$

其中 $SWCI_{ij}$ 为第 i 区域第 j 农户的水土保持投资量。这样，通过 IMR 值将农户决策的两个原本有联系的决策阶段用模型很好地反映出来了。

4. 模型运行结果与区域差异分析

运用农户问卷调查数据和 Heckman 两阶段法对农户水土保持决策模型参数进行了估计，分别用全部样本数据、兴国县样本数据、余江县样本数据和上饶县样本数据进行参数估计得到全部样本方程、兴国县方程、余江县方程和上饶县方程（模型参数估计结果见表 4-5）。对农户水土保持决策模型参数估计结果进行分析，可以发现以下几点：

（1）从全部样本来看，农户是否意识到水土流失问题的存在以及农业税费负担对农户是否采取水土保持决策有显著影响。模型估计结果表明，意识到水土流失存在的农户更愿意采取水土保持措施。农业税费负担对农户是否采取水土保持措施的影响具有正向作用，并且分地区的模型在这点上表现一致，这可能因为在土地禁止抛荒的制度约束下，农业税费的硬性存在（即不耕种也要交纳税费）促使农民进行水土保持。从全部样本的 Heckman 方程来看，水土流失影响面积对农户水土保持投资水平有显著影响，而其他因素对水土保持投资量的影响则不显著。在全部样本模型中，水土流失影响面积的回归系数还表明，水土流失影响的土地面积越大，农户水土保持投资量就越多。

（2）在兴国县，对农户水土保持决策第一阶段有显著影响的因素是水土流失减产损失且两者为正向关系。对农户水土保持决策第二阶段有显著的因素有：非

表 4 - 5　Heckman 两阶段方程估计结果

变量	全部 第一阶段	全部 第二阶段	兴国 第一阶段	兴国 第二阶段	余江县 第一阶段	余江县 第二阶段	上饶县 第一阶段	上饶县 第二阶段
plantin	-0.0001944 (0.0001218)	0.0000909 (0.0002213)	0.0003183 (0.0004206)	-0.000089 (0.0001269)	-0.0001907 (0.0002209)	0.0002702 (0.0002621)	0.0032988 (0.0019502)	0.000853** (0.0004252)
nonain	0.0000253 (0.000037)	0.0000429 (0.0000662)	-0.0000928 (0.0000986)	0.0000855** (0.0000398)			0.0000573 (0.0004362)	-0.000233# (0.0001406)
rnonain	-0.6730182 (0.5667799)	-0.7346426 (0.9343682)	1.760086 (1.199965)	-0.14114 (0.4391157)	-0.5596813 (0.8508803)	-0.6963409 (0.7549173)	8.300069 (5.342103)	4.162596* (1.195752)
avincom	-0.000098 (0.0000918)	-0.000302 (0.0002376)	0.0002074 (0.00037)	-0.000279** (0.0001383)	0.0000499 (0.0001733)	-0.0004558* (0.0001705)	-0.0045078 (0.0031351)	0000151 (0.0005254)
inva	-0.0002909 (0.0002932)	-0.0000817 (0.000298)		0.000095 (0.0002172)	-0.0006217 (0.0006612)	-0.0002385 (0.0002499)	0.0083633** (0.0180897)	-0.00097 (0.0010169)
avinv	0.0017517 (0.0013014)	-0.0000817 (0.000298)	-0.000472 (0.000826)	0.000095 (0.0002172)	0.0047029 (0.0034683)	-0.0000892 (0.0007669)	-0.0309673** (0.0180897)	0.0019511 (0.0041261)
expedu	0.0000575 (0.0000356)	0.0000623 (0.0000582)	0.0000548 (0.0000716)	-0.0000351 (0.0000236)	0.0001095 (0.0000738)	0.0001182 (0.0000808)	0.0028677** (0.00122)	0.0002288 (0.0002089)
landarea	0.0273857 (0.1618665)	-0.2937947 (0.2034604)	-0.1399698 (0.6190971)	-0.1610133 (0.1255218)	0.002884 (0.1804988)	-0.1462154 (0.1394065)		
avarea	-0.0776913 (0.4707362)	0.8898565 (0.6680456)					-6.213107 (5.70706)	0.9414712 (1.322137)

续　表

变量	全 部		兴 国		余江县		上饶县	
	第一阶段	第二阶段	第一阶段	第二阶段	第一阶段	第二阶段	第一阶段	第二阶段
timep	0.0355493 (0.0974672)	−0.0459351 (0.1148315)	0.0999692 (1.630071)	0.397856** (0.180525)	−0.0343971 (0.1776898)	−0.1859735# (0.1149768)		
avtime	0.0076323 (0.2948099)	0.0714971 (0.371958)	0.8298005 (4.836067)	−1.265974* (0.4944199)	1.868338 (1.578608)	2.680384* (1.02895)	3.114267 * (1.017967)	−0.1115994 (0.228568)
rparttim	0.2123618 (0.3008753)	0.3574111 (0.4617272)	−0.8931743 (0.7688413)	0.0316858 (0.2487217)	0.2857649 (0.6588601)	0.4461713 (0.6305773)	4.937545* (1.881421)	−1.117122 ** (0.519094)
popu	−0.0018567 (0.0891416)	0.8797249 (0.1590241)	−0.006738 (0.212172)	−0.0846207 (0.0536694)	0.124752 (0.1012145)	0.1006739 (0.0722982)	−0.9939955 (1.066126)	0.3742099 (0.3156707)
pswl	0.9512894* (0.2252162)	0.0902856 (0.8982416)	−0.296313 (0.5432198)	0.0411572 (0.1922855)	0.5811148 (0.4879785)	−2.314451* (0.6087684)	5.88767 * (1.849129)	−0.3792031 (0.5913429)
swla	0.1336232 (0.1153688)	0.8797249* (0.1590241)			0.4048264** (0.1799446)	0.9634847* (0.1768526)	0.7606063 (0.9599893)	0.1986146 (0.3191813)
dsl	−0.0002111 (0.0008045)	−0.0006573 (0.0010474)	0.004559# (0.0026735)	0.0013115* (0.0005877)	−0.0070737 (0.0051118)	0.0092132 (0.0061895)	−0.0018381 (0.0034019)	0.0026122 ** (0.0012235)
intotal	0.0348119 (0.1063027)	−0.1292703 (0.1369028)	−1.791969 (1.588604)	−0.1989591** (0.0879603)	−0.081242 (0.2190988)	−0.5800237* (0.2129233)	−0.0872095 (0.6374902)	−0.1897925 (−0.1897925)
costins	0.0000717 (0.001072)	0.0005745 (0.0013321)		0.0017374** (0.000719)	0.0012907 (0.0025531)	0.003921# (0.0021198)	−0.0031454 (0.0065355)	−0.0002337 (0.0015775)

续　表

变量	全部		兴国		余江县		上饶县	
	第一阶段	第二阶段	第一阶段	第二阶段	第一阶段	第二阶段	第一阶段	第二阶段
outtotal	−0.2797707 (0.2002949)	−0.2761601 (0.3670316)	−0.137407 (0.384753)	−0.1875371 (−0.1875371)	−1.604494# (0.8508724)	−0.7404912 (0.6628741)	2.35816	0.895759 * (0.3522947)
routs	0.0009236 (0.0014844)	0.0010884 (0.0021406)	0.0039704 (0.0088115)	0.000068 (0.0027596)	0.007341 (0.0055213)	0.0035272 (0.0028405)		
times	0.0112808 (0.0382558)	−0.0480791 (0.0497028)	0.0757581 (0.082928)	−0.0398229# (0.0204797)	0.0320888 (0.1177311)	−0.1090755 (0.0936977)	−0.569135 ** (0.2942345)	0.1863577# (0.1020157)
tax	0.0015782 * (0.000495)	0.0014326 (0.0013052)	0.0028989 (0.0020588)	0.0009973 ** (0.000613)	0.0011218 (0.0006932)	0.0005788 (0.0007346)	0.000768 (0.0027626)	0.000209 (0.0010654)
MIR		1.687405 (10.47938)		−0.4545075 (0.3753098)		1.060946 (0.929169)		−0.2937634 (0.1885377)
常数项	−0.6948512 (0.616869)	−0.5627728 (1.754044)	−1.282357 (2.003145)	1.640583 * (0.5082178)	−2.081631 (1.16982)	1.731224 (1.365411)	−6.109522 (8.284714)	−4.154005 (2.49202)
	Waldchi^2(44)=138.71 Prob>chi^2=0.0000		Waldchi^2(37)=40.26 Prob>chi^2=0.0334		Waldchi^2(40)=205.36 Prob>chi^2=0.0000		Waldchi^2(37)=33.39 Prob>chi^2=0.0000	

注: * 在1%显著水平上显著; ** 在5%显著水平上显著; # 在10%显著水平上显著; 括号内的数字为标准差; 变量未进入方程的原因:缺失数据过多。

农收入、亩均农业生产支出、农户种植业劳动时间、亩均耕作时间、水土流失减产损失、土地流入面积、土地流入费用、土地调整次数和农业税费负担。各个因素对农户水土保持投资量的具体影响是：家庭非农收入对农户水土保持投资的影响是正向的，而农户的人均收入对农户水土保持投资则有负面刺激作用；农户种植业劳动时间的系数为正，说明农户对种植业投入的劳动越多，农户对水土保持投入也就越多，而农户种植业单位土地劳动投入量与农户水土保持投入之间呈现负向关系，说明农户在水土保持投入与其他投入之间存在替代关系；水土流失减产损失对农户水土保持投入具有刺激作用，即水土流失减产损失越大，农户水土保持投入也就越大；农户土地流入面积与水土保持投入之间有负向关系，即土地流入会导致农户水土保持投入减少，这可能是由于土地经营面积的增加分散了农业投资风险，而土地流入的费用越高就越能刺激水土保持投入；地权稳定（土地调整次数少）对水土保持投入有正向刺激作用，反之，土地调整过于频繁则会阻碍农户水土保持投入。

（3）在余江县，对农户水土保持投入决策第一阶段有显著影响的因素是水土流失影响面积和土地流出面积，其中水土流失影响面积的系数为正，而土地流出面积的系数为负，即在余江县，相对于土地非流转户而言，转出土地农户的水土保持倾向更弱。对农户水土保持投入决策第二阶段有显著影响的因素包括农户年人均收入、种植业劳动时间、对水土流失的感知、水土流失影响面积、土地流入面积和费用，其中农户人均收入、种植业劳动时间、对水土流失的感知和土地流入面积的系数为负，其他几个变量的系数为正。水土流失面积在农户水土保持决策的两个阶段皆有显著影响，而前述其他几个变量则只对农户水土保持决策其中一个阶段产生显著影响。农户对水土流失的感知对农户水土保持投入量的影响为负向关系，这可能是由于余江县的土地资源相对丰富（人均 0.089 hm²，户均 0.389 hm²，该数据根据农户问卷调查计算得到，下同），在调查时间段内种粮比较效益很低的情况下，农户更愿意对水土流失较轻的土地进行投入。另外，还有些检验不显著的因素在农户水土保持决策的两个阶段对农户决策的作用呈现相反方向。

（4）在上饶县，对农户水土保持决策第一阶段有显著影响的变量包括农户农业生产支出、亩均农业生产支出、教育支出、亩均耕作时间、非农就业时间比重、对水土流失的感知和土地调整次数这几个变量。在这几个因素中，亩均农业生产支出和土地调整次数的系数为负，即单位土地面积投入越多、土地调整越频繁农户水土保持的倾向就越弱；而农业生产支出、教育支出、亩均耕作时间、非农就业时间比重、对水土流失的感知这几个变量的系数为正。对农户水土保持第二阶段有显著影响的因素有种植业收入、非农业收入、非农收入占总收入比例、非农就业时间比重、水土流失减产损失、土地流出面积、土地调整次数。在这几个因素中，系数为负的变量为非农收入和非农劳动时间占总劳动时间比例 2 个，其他 5 个因素的系数为正。非农劳动时间占总劳动时间比例和土地调整次数在水土保持决策的 2 个阶段都产生了显著影响，并且 2 个变量在两个阶段的方程的系数符号都相反：非农劳动时间占总劳动时间比重在第一阶段的系数为正的，在第二阶段为负。这可能由于上饶县人均土地面积较少（0.042 hm²）并且家庭土地规模也较小（0.2 hm²），在人地矛盾比较突出的情况下，为保证家庭粮食供应兼业农户反而有更强的水土保持倾向，但是，随着兼业时间比重的增加，农户无暇顾及精耕细作了；但是土地调整次数在两阶段的符号相反令人费解。在影响水土保持第二阶段决策的变量中，非农收入与非农收入比例具有相反的作用，这说明农户兼业化对水土保持具有双重作用。

对比 3 个研究区域可以发现，在被研究的 3 个县，对农户水土保持产生显著影响的因素是不同的，但是，计量结果表明土地市场的发育对农户水土保持确实存在着影响。计量结果表明土地流转对 3 个县都产生了显著影响：在兴国县，土地流入面积和费用 2 个因素有显著影响；在余江县土地流入面积和费用影响显著并且与在兴国县的表现一样，只是土地流入面积对农户水土保持投入的影响更强，此外，土地流出面积在余江也有显著影响；而在上饶县则只有土地流出面积有显著影响。前面几点的分析说明，由于受到区域资源禀赋、区域经济发展水平与结构、自然条件差异、土地产权政策、土地使用观念等的影响，不同区域土地市场的发育程度不同，而在不同市场条件下，区域农地市场的发育对农户水土保持行为的影响表现出区域差异性。在全部样本、兴国县以及余江县，土地流出收益对农户水土保持决策的影响都不显著，可能是由于对土地流出农户而言，土地流转的收益不能充分体现水土保持投入的回报。

三、结论与政策建议

本节建立农户水土保持的概念模型与理论模型，并且在计量建模时运用 Heckman 的两阶段法将农户水土保持决策的不同阶段联系起来。通过对模型运行结果的分析，可以得到以下几点的结论：

（1）影响农户水土保持决策的因素有很多，但是在不同区域有不同的因素对农户水土保持决策产生影响，即使是同一因素在不同地区发生的作用也不尽相同。

（2）水土流失影响是对农户水土保持决策最直接的影响的因素：或者水土流失面积或者水土流失经济损失。

（3）土地流转对农户水土保持决策有显著影响并且表现出双重作用，但是，不完善的土地市场不能有效的刺激农户进行水土保持投入。

为鼓励人与自然和谐相处实现土地资源的可持续，促进生态友好型的农户环境行为、有效治理水土流失防止土地退化，相关政策的制定应当考虑以下几个方面：

（1）充分重视农地流转对农户水土保持的影响，减少土地市场不完善对水土保持的负面影响，减少对农户土地流转的限制，通过土地市场的完善使得农户的水土保持投入收益能够在土地市场得到实现。

（2）重视农村劳动力转移对水土保持的影响，引导兼业农民进行土地流转，防止农户兼业化导致土地粗放利用而减少水土保持投入。

（3）完善农村信用市场，发展和继续推进农村小额贷款，使农户在土地流转之后能够更为便利地得到土地经营资金，克服水土保持资金的不足。

（4）推广水土保持教育，尤其是在中小学开展水土保持教育课程，提高对水土保持重要性的认识，通过农民受教育水平的提高来克服在水土保持科技推广中的学习能力的限制。

第三节　劳动力市场对农户水土保持行为的影响

随着中国工业化、城市化的快速发展，农户兼业化十分普遍，而且这一行为也将在一个相当长的时期内存在。以前的研究大多论证了农户兼业对其整个农业投入的影响[264—267]，而少有深入地探讨农户兼业对其水土保持行为的影响，尤其是没有从定量的方面加以分析。本节旨在从理论上考察农户兼业对农户水土保持决策的影响，并通过在江西省所选样点的农户调查分析，对农户兼业与农户水土保持行为之间关系进行实证分析，最后依据分析结果，提出相关的政策建议。

一、兼业农户水保决策行为理论分析

农户兼业对水土保持的影响主要从两个方面发挥作用，一是在农业与非农业之间重新配置时间资源，二是非农劳动收入带动农户家庭收入组成的变化，这两方面都是受到农户收入最大化或者农户效用最大化驱动的一个表现而已。已有研究表明农村收入与生产率的提高在很大程度上是由于农户非农收入的提高[268]。区域经济增长带来的变化强化了农业与非农业劳动力市场的相互作用与整合,并且使得劳动力市场调整更为容易[269]。经济增长尤其是乡镇企业的发展为农民提供了大量的兼业岗位,加之农业比较效益的下降,使得大量的农民不同程度地参与了非农领域的劳动。非农就业的发展也深刻地影响了农户的水土保持行为,但是,农户兼业导致的劳动力转移与收入结构的变化对农户水土保持影响如何,还需要从理论上作出阐述。鉴于此,这里从兼业农户的时间配置与收入结构变化2个角度,分析农户兼业对于其水土保持行为的影响。

1. 农户兼业的时间配置效应对水土保持的影响

Daniel 用图 4-5 描述了农户在农业劳动、非农劳动与闲暇之间的时间分配。图中,U_1、U_2 是效用曲线,$O—y_0$ 之间的距离代表非劳动性收入,F 代表从事农业劳动收入获得的净收入曲线,M 代表从事非农业劳动收入获得的净收入曲线。Daniel 在其研究中详细地阐述了农户在效用最大化假设下的时间分配情况[270]。他认为,如果劳动力只能从事农业劳动或者进入非农业劳动力市场受到禁止,此时,最优的农业劳动时间为 T_f'';如果劳动允许进入或者能够进入非农劳动市场,为获得更高的家庭效用,农户将把劳动时间在农业与非农业之间重新配置,此时,最优的农业劳动时间是 T_f',而非农业劳动时间则为 T_m'。Nowak 和 Wagener 注意到农户的风险偏好会影响农户的水土保持行为。大量的证据表明,农户是风险厌恶者[271],这主要是由于小农的抗风险能力弱。在农户是风险厌恶者的情况下,当水土保持措施的采用会改变农户面临的风险时,农业与非农业劳动力市场保持开放的条件下,按照 Daniel 的解释,我们可以认为,农户进入非农领域的兼业行为减少农业劳动时间首先减少的就是像水土保持这些短期内不能带来收益的劳动投入。

农户在农业与非农业之间配置劳动时间时存在效用最大化和收入最大化2种情况。上面图形的分析是假定农户资源配置的目标是效用最大化。现在,假定农户的目标是效用最大化,并用以下的模型来模拟农户兼业对农户水土保持的作用机理。

假设农户在农业与非农业之间分配劳动,农业劳动时间由2部分组成,h_0 为除水土保持之外的农业劳动时间,h_1 为农户用在水土保持方面的时间,h_0+h_1 为总的农业劳动时间,h_2 为非农业劳动时间,假设农户消费商品与劳务的数量为 Q,农

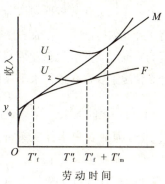

图 4-5　农户在农业劳动、非农劳动与闲暇之间的时间分配(根据 Daniel 改制)

户的效用函数为:

$$U = U(h_0, h_1, h_2, Q)$$

农户的目标是获得最大的效用,即它面临的问题:

$$\max U = U(h_0, h_1, h_2, Q)$$

约束条件为:

$$Y(h_0, h_1, h_2, Q) \triangle 0$$
$$h_0 \triangle 0, h_1 \triangle 0 \tag{1}$$
$$h_2 \triangle 0, Q \triangle 0$$

式中,Y—— 预算约束。h_0, h_1, h_2, Q 为非负约束。假设农户在农业与非农业的收入分别为 Y_1 和 Y_2,其中

$$Y_1 = Y_1(h_0 + h_1, Z_1),$$
$$Y_2 = Y_2(h_2, Z_2)$$

式中,Z_1—— 除劳动时间外决定生产效率的其他变量;Z_2—— 除劳动时间外决定农户非农业收入的其他变量。

假定农户消费商品与劳务的价格向量为 P,农户的非劳动性,比如转移支付性质的收入等为 Y_0,则农户的预算约束可以表示为:

$$Y(h_0, h_1, h_2, Q) = Y_0 + Y_1(h_0 + h_1, Z_1) + Y_2(h_2, Z_1) - p^* Q$$

农户面临的是一个在一组约束条件下的最大化效用的问题,由于其约束条件是一组不等式,因此这是一个非线性规划问题,假定这一线性规划问题存在惟一的最优解(h_0^*, h_1^*, h_2^*, Q^*),其对应的最优效用和农业与非农业收入分别为:U^*, Y_1^*, Y_2^*。

效用最大化分析框架认为当农业的边际报酬比非农业的潜在报酬低时,农户将选择非农劳动[272]。在农户能够进入非农劳动市场,农户用于水土保持的时间可能为 0 也可能大于 0。假定农户是风险厌恶者,正如前文所述,这与实际相符,那么什么情况下农户会进行水土保持?这可以由下面的方式来判断:

$$h_1^* > 0, \qquad 当 F(Z_i, h_i) > 0;$$
$$h_1^* = 0, \qquad 当 F(Z_i, h_i) < 0 \tag{2}$$

式中

$$F(Z_i, h_i) = \frac{\partial U^*/\partial h_1}{\partial Y_1^*/\partial h_1} - \left(\frac{\partial U^*/\partial h_0}{\partial Y_1^*/\partial h_0} + \frac{\partial U^*/\partial h_2}{\partial Y_2^*/\partial h_2} \right)$$

根据(2)式,我们可以定义一个虚拟变量 D:

$$D = 0, 当 F(Z_i, h_i) < 0;$$

$$D = 1,\text{当}\ F(Z_i, h_i) > 0。$$

这样，可以建立一个分类选择模型来模拟农户的水土保持决策，这里我们采用 Logistic 模型：

$$SWC = \log\left(\frac{P_i}{1 - P_i}\right) = \beta_0 + \beta_1 Z + \beta_2 h \tag{3}$$

式中，P_i——农户采取水土保持措施的概率；$Z = (Z_1, Z_2)$；$h = (h_0, h_2)$。

可以预测，(3)式中 β_2 的符号应当是负的，即农户在效用最大化假设下，农户在兼业行为可能减少农户水土保持方面的投入。[273]

如果存在农业劳动力市场，即农户的农业生产活动除使用自家的劳动力资源之外，农户还可以根据自身的需要雇佣劳动力，重新定义 p 和 $Q:Q$ 为包括农户雇佣用于农业生产的劳动在内的劳务和商品的数量，而 p 则为与此对应的一组价格向量。由于农户面对的约束条件都是非负约束，因此，在考虑农户农业生产雇工的情况下，农户的效用函数、约束条件以及水土保持决策依然可以用上述(1)～(3)式来表达。

2. 兼业导致的收入结构改变对水土保持的影响

Ervin Christine A 和 Ervin David E 的研究认为，非农业收入对农户水土保持行为有着双重效应[274]。因此，农户兼业对农户的水土保持行为也应当是具有双重作用，一方面，农户兼业带来的非农收入有助于农户克服采取水土保持所需要的资金制约（称为兼业效应 I），另一方面农户兼业降低了农户对农业收入的依赖程度，从而农户会减少对水土保持的投入，包括劳动和资本投入（称为兼业效应 II）。这里我们从农户目标为收入最大化假设开始，从农户的时间分配入手，分析农户兼业对农户水土保持决策的影响。

假设农户的目标函数为 $Y = Y_1 + Y$，农户的目标是获得最大收入，即它面临的问题是

$$\max Y = Y_0 + Y_1 + Y_2 = Y_0 + Y_1(h_0 + h_1, Z_1) + Y_2(h_2, Z_2)$$

约束条件为：

$$h_0 \triangle 0, h_1 \triangle 0$$
$$h_2 \triangle 0, h_0 + h_1 + h_2 < T + t \tag{4}$$
$$Y_0 + Y_1(h_0 + h_1, Z_1) + Y_2(h_2, Z_1) - p^* Q \triangle 0$$

式中，t——农户雇工劳动数量。其他变量的含义同前式。

同样，农户面临的也是一个非线性规划问题，假定这一线性规划问题存在唯一的最优解 (h_0^*, h_1^*, h_2^*)，其对应的最大的农业、非农业收入和总收入分别为：

Y_1^* ,Y_2^* ,Y^* 。据此,可以做出以下判断:

$$h_1^* > 0, \qquad 当 W(Z_i, h_i) > 0 时$$

$$h_1^* = 0, \qquad 当 W(Z_i, h_i) < 0 时$$

式中:

$$W(Z_i, h_i) = \partial Y^* / \partial h_1 - (\partial Y_1^* / \partial h_0 + \partial Y_2^* / \partial h_2)$$

用一个分类选择模型 Logistic 模型来模拟农户的水土保持决策:

$$SWC_2 = \log\left(\frac{P_i}{1 - P_i}\right) = \alpha_0 + \alpha_1 Z_1 + \alpha_2 Y_2 \tag{5}$$

式中,P_i—— 农户采取水土保持措施的概率。

(5) 式中 α_2 的系数取决于兼业效应 Ⅱ 与兼业效应 Ⅰ 的强度对比,如果兼业效应 Ⅱ 大于兼业效应 Ⅰ,则(5) 中 α_2 的系数应当小于 0,反之则大于 0。

二、区域兼业农户水土保持决策行为的实证分析

1. 数据来源与调查区域情况

本节研究涉及 3 个地区:江西省上饶市的上饶县、赣州市的兴国县、鹰潭市的余江县。三县概况见本章第二节。本次调查实际抽取了 318 个农户进行问卷调查,其中在兴国县调查了 99 户,在上饶县调查了 112 户,在余江县调查了 107 户。

2. 变量选择与说明

根据前面的分析,选择家庭兼业人口数量($OFHR$)、家庭非农劳动时间占总劳动时间的比例($ROFT$)、家庭非农收入($OFIN$)、非农收入占总收入比例($ROFI$)、农户最高受教育水平($HEDU$)、人均耕地数量($AVFL$)、单位耕地面积投入($AVIN$)以及 2 个虚拟变量:地区虚拟变量($RGDU$)和农户对水土流失的感知虚拟变量($POSW$)(如表 4 - 6)。

根据变量选择,农户水土保持决策的具体模型为:

$$B = \log\left(\frac{P_i}{1 - P_i}\right) = \beta_0 + \beta_1 OFHR + \beta_2 ROFT + \beta_3 OFIN + \beta_4 ROFI + \beta_5 HEDU$$

$$+ \beta_6 AVFL + \beta_7 AVIN + \beta_8 RGDU + \beta_9 POSW \tag{6}$$

表 4 - 6 变量定义

变量名	变量说明	变量取值
$OFHR$	家庭兼业人口数量	家庭兼业人口数量
$ROFT$	非农劳动时间比例	家庭非农劳动时间占总劳动时间的比例
$OFIN$	家庭非农收入	家庭非农收入总额

续　表

变量名	变量说明	变量取值
ROFI	非农收入比例	非农收入占总收入比例
HEDU	农户受教育水平	农户最高受教育水平
AVFL	人均耕地数量	人均耕地数量
AVIN	单位耕地面积投入	单位耕地物质投入折算成资金数量
RGDU	地区虚拟变量	$RGDU=1$ 兴国,$RGDU=0$,其他
POSW	水土流失的感知虚拟变量	知道,$POSW=1$;不知道,$POSW=0$
BSWC	因变量:是否采取过水保持措施	采取过,$BSWC=1$;反之,$BSWC=0$

3. 农户兼业对水土保持影响的模型计量分析

分别用 3 个县的数据以及总体样本数据并运用 Backward:wald 模式极大似然法对各自的农户水土保持决策模型(6)进行了估计。估计结果如下:

总样本:

$$B = -3.585 + 0.135HEDU - 1.283ROFT + 2.653POSW + 1.299RGDU$$
$$(69.867, 0.000)$$

兴国县:

$$B = -25.732 + 0.313HEDU - 5.775ROFT + 3.706ROFI + 24.461POSW$$
$$(34.555, 0.000)$$

上饶县:

$$B = -4.374 + 0.774OFHR + 3.169POSW (16.990, 0.000)$$

余江县:

$$B = 0.574 - 0.008AVIN (4.812, 0.028)$$

括号内数值为 Chi - square 值及其对应的检验的显著性概率 Sig 值。

表 4 - 7　不同区域模型运行结果比较分析

变量名	因变量与各自变量的相关关系			
	总体	兴国县	上饶县	余江县
OFHR	×	×	+	×
ROFT	−	−	×	×
OFIN	×	×	×	×
ROFI	×	+	×	×

变量名	因变量与各自变量的相关关系			
	总体	兴国县	上饶县	余江县
HEDU	+	+	×	×
AVFL	×	×	×	×
AVIN	×	×	×	—
RGDU	+	×	×	×
POSW	+	+	+	×

根据以上 4 个回归方程以及表 4-8,对兼业化影响下的农户水土保持决策进行分析得到以下几点:

(1)从全部样本来看,农户对水土流失的感知情况、非农劳动时间比例、农户受教育水平对农户的水土保持影响显著。农户受教育水平与水土保持决策之间呈正相关关系,意识到水土流失的农户有更强的水保倾向,农户兼业的确使得农户花费更少的时间用在水保上。

(2)在县级尺度上,不同的区域影响兼业农户水土保持的因素并不相同。在兴国县,非农劳动时间比例与农户水土保持决策之间的关系为负相关关系,农户对水土流失的感知、农户最高受教育水平与农户水土保持决策之间具有正相关关系,但农户非农收入对农户水土保持决策的影响是正相关的。这可以这样解释:兴国县的农民具有水土保持的传统,非农收入的提高有助于农户克服水土保持的资金限制,即农户从非农就业获得的收入的兼业效应Ⅱ小于兼业效应Ⅰ;在上饶县,农户非农劳动时间比例、农户水土保持感知与农户水土保持决策之间有正相关关系,这与理论预期不完全一致,这是由于耕地资源缺乏,在农户非农业就业比例增加使得种植时间总量和比例都减少的情况下,农户为保证粮食的自给,更愿意进行水土保持;余江县农户兼业对水土保持无显著影响,对农户水土保持有显著影响的因素是农户的土地生产投资,并且单位耕地面积投入量与农户水土保持决策之间为负相关关系。

对比 3 县水土流失情况,余江县极强度和剧烈级的土壤侵蚀占比要较其他 2 个县小,而且余江县没有剧烈级的土壤侵蚀。在调查的样本中,余江县人均土地拥有量为 0.089 hm^2,而兴国县和上饶县要低得多,分别为 0.046 hm^2 和 0.043 hm^2;余江县的每户农户平均人口和劳动力数量也比另外两个县要小。此外,从 3 个县的区位条件来看,余江县紧邻江西的铁路交通枢纽鹰潭市,区位条件在 3 个县中最好,农民有更多的非农劳动机会。事实上,余江县农户非农劳动时间比例要比兴国县和上饶县都高:余江县为 0.49,兴国为 0.32,上饶县为 0.47。区位优势加上资源禀赋优势以及水土流失的差异解释了余江农户兼业对水土保持无显著影响的结果。

三、结论

在农户效用最大化和收入最大化的假设下,从兼业农户的时间配置效应和兼业导致的农户收入结构两个方面探讨了农户兼业对农户水土保持的影响。本节的分析表明,存在非农业就业市场时,农户在非农业部门的兼业导致农户在农业与非农业就业之间重新配置家庭的劳动力,这在一定程度上减少了农户农业劳动时间的绝对与相对数量,因此也就减少了农户的水土保持投入。本节的分析还表明,不同的区域影响农户水土保持的因素并不相同,现阶段兼业对农户水土保持有的有影响,有的没有影响。从时间和收入两个角度来看,影响方式与程度不同。在一定范围内,非农就业对农户水土保持行为的影响是双重的:一方面,农户兼业化导致水土保持劳动投入的减少;另一方面,农户兼业带来的资金收入又有利于农户克服水土保持所需要资金的限制。因此,为鼓励生态友好的土地利用方式,有效治理水土流失防止土地退化,相关政策的制定应当考虑以下几个方面。

(1) 充分重视农户非农就业对水土保持的影响,引导农民进行土地流转,防止兼业化导致土地粗放利用而减少水土保持投入。

(2) 发展农村教育事业,提高农户受教育水平,同时要加强生态友好土地利用方式的宣传,让农民意识到水土保持的重要性,通过农户受教育水平的提高和水保技术进步及技术扩散促进农户进行水土保持。

(3) 积极吸引农业企业集团发展规模化、产业化农业,从而通过"公司＋农户"的方式,为区域水土保持投资积累资金,将市场机制引入水土保持治理,探索企业化水土保持运作机制。

第五章　土地产权对农户水土保持
行为的影响

　　土地退化被认为是对人类社会的可持续发展最具威胁力的环境问题之一；其对经济社会造成的损失巨大，并将给今后的发展带来更大的困难和更高的经济成本，因此而成为全世界（尤其是发展中国家）关注的重大研究课题。在当今社会，人类使用土地资源是在广泛的制度框架内进行的[275]，不同的土地产权对农户是否采取水土保持措施以及水土保持措施努力程度的确定的有重要影响。对于影响农户水土保持因素的研究始于 20 世纪 50 年代。已有的研究揭示了非农收入、借贷能力、成本收益的信息、教育水平、农户规模、年龄、价值观念、环境保护意愿等对农户土地利用中水土保持决策的影响。[276]产权经济学的兴起与发展给人们提供了一个不同的视角，有研究表明不同土地产权类型下的土壤平均侵蚀量并没有显著的差异[277]，而有研究则表明不同的土地所有和经营组织形式对水土保持有着不同影响。[278]一般来说，地权的稳定有利于对投资的正向刺激，反之亦反。[279]通过土地登记等形式对土地产权提供正式保障，能够激发农户长期土地保护投资的积极性，促进农地的可持续利用。[280]对土地权利的限制同样对土地投资产生影响，例如，有研究认为土地产权易于用于担保获得资金将促进土地投资。[281]不少研究表明，农户在综合了经营目标、自身资源、外部条件等之后作出水土保持决策。[282]以前的研究大多将土地产权作为一个整体因素加以考虑，而很少有具体对土地产权束中各个不同要素与农户水土保持决策之间的关系进行定量研究。因此，本章在农户调查的基础上进行在这方面的分析，以揭示研究区域和区域土地产权制度安排对农户水土保持决策的影响。

第一节　农地产权对农户水土保持决策的理论分析

　　产权是人类社会中一项重要的制度安排，在水土流失的治理中，"一系列卓有成效的制度安排,也是不可或缺的重要因素"。土地产权是由多种权利组成的产权束,包括法律所有权、土地使用权、土地经营的剩余索取权、土地处置权以及这些权利要素的可靠程度等。在我国农村,普遍存在土地所有权与土地使用权分离的情况,土地产权的多面性以及全国各地社会经济条件的不同导致我国农村土地产权制度多样化,不同产权要素以及各个要素不同限制程度的组合对农户水土保持决策起到不同而又重要的作用。

（1）土地所有权与农户水土保持决策

在我国农村,土地为农民集体所有。土地所有者不是个人,而是由单个农民组成的农民集体所共同持有。显然,土地所有权的支配结构对土地利用是有影响的。[283]目前,我国农村集体土地所有权集中体现在土地分配权等管理权上,即实际掌握者土地所有权的组织可以通过制定土地分配规则(包括初始分配和后继调整规则)来控制土地经营。不同的组织对土地控制的偏好不同,因此,不同的所有权行使的配置结构将对土地产权,尤其是土地承包经营权的稳定性、完整性产生重要影响,进而影响农户包括水土保持在内的土地投资决策。在我国,土地分配与调整权利的行使者通常包括:乡(镇)政府、村民委员会干部、村小组干部、村民自己等几种。由于各地的自然、社会经济条件不一样,土地分配与调整权利的配置不同对土地稳定性等的影响方向与程度不一样,因而对农户水土保持决策的影响方向与程度也就必然存在不同。

（2）土地使用权与农户水土保持决策

土地使用权对水土保持的影响,主要体现在以下两个方面:有无土地使用权以及土地使用的受限制程度。在过去我国土地使用权与所有权高度结合的土地产权制度下,农户并不拥有土地使用权,农户拥有的只是参与生产和生产成果分配的权利,在这种制度环境下,农户自然无需自己考虑土地利用中的水土保持问题。在农户拥有土地使用权的情况下,土地使用权的限制程度不同,对农户水土保持决策无疑将产生重要影响。从理论上来说,土地使用权的限制越多,在其他条件保持不变的情况下,农户参与水土保持的积极性就会减弱。对土地使用权的限制,主要是对土地经营方式、土地用途以及土地利用强度的限制。目前对土地使用权的限制已经不再那么明显,但在一些地区,对土地使用的限制仍然经常出现[284]。

（3）土地剩余索取权与农户水土保持决策

在产权理论中,"剩余索取权是指对剩余控制权的行使所带来收益的请求权"[285]。拥有土地的终极目的是为了能够从所拥有的土地中获得期望的收入,而每个人利用土地获利能力的大小取决于土地产权的实现程度。土地剩余索取权的完整程度对于土地产权的实现程度来说有着极端重要的含义,因此,土地产权束诸多要素中最为核心的要素就是土地收益权。农户土地剩余索取权的可控制程度对农户土地经营收益直接相关。土地剩余索取权,即土地收益权的完整性无疑对农户的投资选择产生最为直接和最为重要的影响。对于土地剩余索取权完整性的衡量可以用被经营土地的税费占土地产值的比重来表示。土地剩余索取权的完整程度与农户水土保持应当存在正相关的关系,当然这种关系未必就是线性。

(4)土地处置权与农户水土保持决策

土地处置权包括土地使用权(农村土地承包经营权)、流转权、土地抵押权等广义上的土地交易权。在我国农村存在对土地处置权利不同程度的限制。从农地流转范围角度来看,土地的流转包括在行政村内流转、转出行政村的情况;从土地流转的形式来看,对土地流转限制表现为土地有偿转让、转租、代耕和无偿赠与。"研究产权的经济学家通常都不赞成对产权施加约束,认为任何约束都会'稀释'产权"。[286]对土地产权施加约束本质是就是绕过土地价格机制来配置土地资源,一般来说,土地产权的约束越多,土地产权人的行动自由受到的限制就越多,土地产权的价值就将因此而减损。在我国学术界,农地能否用于抵押一直存在争论,但我国法律则是禁止农地用于担保获得借贷资金,比如担保法律和农村土地承包法则明确规定耕地不得设定抵押权。尽管法律对农地抵押作出了禁止的规定,但有私人之间的借贷则可能存在农地抵押的情况。众多的研究表明,土地能否用于信贷对土地投资有不同程度的影响,包括对投资类型以及投资量的影响。土地是否可以继承对土地可持续利用应当存在一定的影响:农户对能够的继承的土地会更具有采用具有保护性措施的土地利用方式。

(5)土地产权稳定性与农户水土保持决策

大量的研究说明土地产权稳定对农户水土保持投资有刺激作用。"从经济的角度来看,地权稳定性要确定的是对土地资源事实上的占有所派生出来的经济收益的价值和确定性。也就是说,稳定的土地产权意味着土地上的产出或者收入流能够归其经营者所有,因此,土地经营者能够有保障的得到土地长期投资所带来的收益,这就增加了土地经营者进行长期投资的激励,从而能够带来动态经济效益的提高。"[287]稳定的土地产权有利于农户稳定的预期,水土保持这样长期性的投资会因为土地产权的稳定而增加,特别是投资额比较大的水土保持工程更是如此,反之亦然。

第二节　样本的描述统计分析

在 318 份问卷中,采取了水土保持行为的农户有 136 户,占被调查农户总数的 42.8%。对农户问卷调查的统计分析表明,农户对土地产权中不同的土地产权要素拥有情况是不一样的。从表中数据来看,调查区实行的是农地所有权与农地使用权相分离的土地制度。农户基本有在行政村内转包承包土地的权利,但是,农户将土地转包出行政村的权利则不然,对于"是否有转包出行政村的权利"(在回答该问题的所有农户中的比例,计算比重时剔除了未回答该问题的农户,下同),45.2% 的农户给了否定回答。对于"是否有继承权"的回答,53.8% 的农户认为没有继承权,而对是否有抵押权,只有 15.7% 的农户回答有。但是我们的调查没有对回答有土地抵押权的农户做进一步的调查,无法反应其所说的抵押是正式信贷机构提供的还是私人之间的非正式信贷又或是这些农户认为应该有抵押权,因此,本节对此持谨慎态度。对于"是否有出让/出卖权",99% 的农户认为没有此项权利。而对于土地调整的组织,85.1% 的土地调整是由村民小组干部以及村民自己组织调整的。大约 10% 的农户的土地在过去 20 年内从未被调整过,85.7% 的农户土地调整次数在 5 次以下。在被调查的 318 户农户中,70.1% 的农户认为他们经营的土地存在水土流失,对水土流失与水土保持之间做交叉表发现,意识到水土流失的农户采取水土保持措施的可能性更高。家庭人均耕地数量在 1 亩以下的农户占了 77.3%,1.5 亩以下的农户占了 89.6%。这说明,被调查区域耕地资源稀缺,耕地的人口压力不小。在 318 户农户中,过去一年有 37 户有土地租赁,占总数的 11.6%,可见这里的土地流转并不活跃。农户的税费产值比分布比较分散。被调查农户大多有非农收入,但不同农户之间非农收入在总收入中的比重则有较大差异。

第三节　农地产权与农户水土保持决策模型及实证分析

(1) 农地产权与农户水土保持决策的计量模型

农户经营土地的目标就是追求效用最大化,或者说在一定程度上追求土地经营效益最大化。水土保持作为农户土地经营土地活动中的项目之一,农户同样也会根据水土保持的成本收益之间的对比关系来进行决策。农户在水土保持中决策通常可以分为两个部分,决策的第一步就是是否采取水土保持措施,只有在决定采取水土保持措施之后才会进入决策的第二阶段——采取何种措施和投资强度。本节关心的土地产权等因素对农户水土保持决策第一阶段的影响,即,农地产权等因素对农户是否采取水土保持措施的影响。

根据前文的分析,考虑到应变量是一个二值变量,因此,本节采用一个逻辑斯蒂模型来描述农户是否采取水土保持措施:

$$\log \frac{prob(y_i)}{1 - prob(y_i)} = \beta_0 + \beta_1 Z_1 + \beta_2 Z_2 + \beta_3 Z_3 + \beta_4 Z_4 \tag{1}$$

其等价形式是:

$$prob(y_i) = \frac{1}{1 + e^{\beta_0 + \beta_1 Z_1 + \beta_2 Z_2 + \beta_3 Z_3 + \beta_4 Z_4}} \tag{2}$$

其中,Z_1 为一组农户土地产权变量,Z_2 为一组农户家庭特征变量,Z_3 为地区虚拟变量,Z_4 为农户水土流失感知虚拟变量,β_i 为参数向量,$prob(y_i)$ 为农户采取水土保持措施的概率,$y_i = 1$,采取水土保持,$y_i = 0$,不采取水土保持措施。

依据本节第一部分的分析,借鉴相关研究选择了一组解释变量,解释变量选择结果及其定义等见表 5-1。

表 5-1　变量定义

变量名	变量说明	变量取值	变量类型
LPR1	使用权	有为 1,无为 0	虚拟变量
LPR2	在行政村内转包的权利	有为 1,无为 0	虚拟变量
LPR3	转出行政村的权利	有为 1,无为 0	虚拟变量
LPR4	继承权	有为 1,无为 0	虚拟变量
LPR5	抵押权	有为 1,无为 0	虚拟变量
LPR6	出让/出卖权	有为 1,无为 0	虚拟变量
LPR7	土地管理权的配置结构	行政村及以上为 0,其他为 1	虚拟变量
ILPR	土地剩余索取权	耕地税费产值比	连续变量
SLPR	土地产权稳定性	过去 20 年内土地调整的次数	连续变量
AL	家庭土地资源特征	家庭人均耕地数量	连续变量
ICR	家庭收入特征	家庭非农收入占总收入比重	连续变量
ADL	家庭土地经营特征:有无土地租赁	租赁过土地为 1,其他为 0	虚拟变量

变量名	变量说明	变量取值	变量类型
S	农户对水土流失的感知	知道,$S=1$;不知道,$S=0$	虚拟变量
$RX1$	地区变量	$RX1=1$兴国,$RX1=0$,其他	虚拟变量
$RX2$	地区变量	$RX2=1$余江,$RX2=0$其他	虚拟变量
y_i	因变量:采取过水保持措施	采取过,$B=1$;反之,$B=0$	虚拟变量

表5-2中,村民小组干部以及村民自己组织土地调整则赋予LPR7值为1,行政村及以上组织和干部组织土地调整则赋予LPR7值为0,其他变量赋值如表。

因变量,采用虚拟变量来表示农户水土保持决策的第一步——是否采取水土保持措施,过去采取过水土保持措施,因变量赋值为1,反之为0。

(2) 农地产权与农户水土保持决策模型估计结果

根据样本数据和前文描述的解释变量,本节运用极大似然估计法对农户是否采取水土保持措施进行了估计,模型的卡方值为102.025,其自由度为15且显著性水平为0.00,说明假设模型整体检验显著。全部解释变量进入模型,其参数估计结果见表5-3,从表5-3的结果来看,有些变量估计系数统计检验并不显著,因此,我们采用逐步回归的方法对模型重新加以估计,发现最后保留在模型中变量有LPR2(在行政村内转包的权利)、LPR5(抵押权)、ADL(家庭土地经营特征:有无土地租赁)、S(农户对水土流失的感知)、RX1(地区变量:是否为兴国县)。

表5-2　模型检验结果

Step	-2 Log likelihood	Cox & Snell R Square	Nagelkerke R Square
1	187.189	0.385	0.515

表5-3　模型参数估计结果

	B	S. E.	Wald	df	Sig.	Exp(B)
$LPR1$	-44.327	46155.351	0.000	1	0.999	0.000
$LPR2$	-2.822	0.881	10.269	1	0.001	0.059
$LPR3$	0.938	0.532	3.105	1	0.078	2.555
$LPR4$	-0.530	0.434	1.495	1	0.221	0.589
$LPR5$	1.549	0.705	4.825	1	0.028	4.708
$LPR6$	-23.419	22690.014	0.000	1	0.999	0.000

	B	S. E.	Wald	df	Sig.	Exp(B)
LPR7	0.768	0.604	1.613	1	0.204	2.154
SLPR	−0.065	0.139	0.218	1	0.641	0.937
ILPR	0.074	0.632	0.014	1	0.907	1.077
AC	0.102	0.310	0.109	1	0.741	1.108
ICR	0.586	0.580	1.021	1	0.312	1.797
ADL	1.434	0.600	5.701	1	0.017	4.194
S	3.447	0.645	28.542	1	0.000	31.418
RX1	1.575	0.550	8.211	1	0.004	4.830
RX2	0.424	0.752	0.319	1	0.572	1.529
Constant	41.655	46155.351	0.000	1	0.999	1.2E+18

① 土地所有权对农户水土保持决策的作用

从模型的估计结果来看,土地分配权利的配置对农户水土保持决策有正面的影响,本节进一步的分析表明:如果土地调整的权利由村民掌握的话,农户如果能够自己组织土地调整进而控制土地调整频度,那么与不具有土地调整控制权的农户相比较有更强的水土保持倾向,然而,土地管理权的配置结构这一变量的系数检验并不显著。

② 土地剩余索取权对农户水土保持决策的影响

从表5-3可以知道,土地剩余索取权的完整性与农户水土保持之间的关系与理论预期一致,即农户得到的剩余越多,农户水土保持的激励就越强。但是,该变量的系数检验同样不显著。农业剩余少、农业比较效益低对农户水土保持有一定的影响,问卷调查中农户对另外一个问题的回答情况清晰的表明了农业比较效益低下、土地剩余索取权的不完整性对农户水土保持行为的阻碍作用:当农户被问到哪些因素影响了他对水土保持的投入时,在318户农户中有57.9%的农户认为"农业比较效益低,外出打工可以获得更多的收入"影响了他们对土地的水土保持投入。

③ 土地处置权对农户水土保持决策的影响

土地处置权主要表现在土地流转(在这里为土地转包)、土地抵押、土地出让/出卖。模型的估计结果表明:土地出让/出卖对农户水土保持决策有负面的影响,但系数估计结果不显著。估计结果显示,农户的土地处置权的完整程度对农户水土保持决策有显著的影响。从表 5 - 3 可以看出,具有在行政村转包土地权利的农户采取水土保持措施的可能性更小,可以这样解释:由于土地能够转包出去,农户可以在从事农业与非农业之间分配资金与时间,在农业比较效益低的情况下,农户调查也表明在调查区农户转出土地并不能获得收入还有可能负担农业税费,不愿意耕种转出土地的农户则采取水土保持措施的可能性要小。但是,模型计量结果中在行政村内转包土地权利与转出行政村的权利的系数符号相反,这似乎有点令人费解,其实不然,联系中国农民的乡土人情观念可以发现,村内转包和村外转包是两个不同的土地流转市场,在这两个不同市场中,农户的土地产权实现程度是不一样的:转包出村外土地产权的实现程度要比村内转包更高。如果土地能够用于抵押,农户能够获得更多的资金,他们采取水土保持措施的可能性就更大。这与理论预期是一致的。农户对问卷中的另一个问题的回答也表明信贷对水土保持的重要性,当农户被问到哪些因素影响了他对水土保持的投入时,47%的农户认为资金不足、贷款难是影响他们对水土保持投入的一个因素;19.5%的农户认为耕地应当可以用于农业信贷,但同时也有 20.1%的农户认为不应当允许耕地用于抵押获得农业信贷资金,其他农户对这一问题的回答为不知道或者持中立态度或者没有回答这一问题。继承权对农户水土保持决策的系数是负的,但系数检验不显著,这与理论预期不一致,这一点是否可以这样解释:土地承包经营制度实施的时间较短,大多数农户并没有对土地继承权这一问题给予足够的重视。

④ 土地产权稳定性对农户水土保持决策的影响

土地产权稳定性对农户水土保持决策则有正向的影响,即土地产权的稳定会刺激农户进行水土保持,模型估计结果与理论相吻合,但该变量的系数检验并不显著,因此,在逐步回归中农地产权稳定性变量并未保留在最后的模型中。在问卷中的另一个问题农户的回答也表明土地产权的不稳定并没有对水土保持投入造成大的负面影响。当农户被问到哪些因素影响了他对水土保持的投入时,只有16%的农户认为土地调整导致土地产权不稳定,而约 80%的农户不认为土地调整会影响他们对水土保持的投入。而且对土地调整的组织者类型做进一步的分析表明,在被调查的三个县,农民比村干部有更强的土地调整偏好:由村民自己来组织土地调整的平均次数高于由村小组干部来组织土地调整的平均次数,其平均土地调整次数为 3.8 年,相当于每 5.26 年调整一次;由村小组干部作为土地调整的组织者农户的平均土地调整次数为 3.63 次,相当于每 5.51 年农户的土地要被调整一次(包括局部调整),但高于由本行政村干部来组织土地调整的平均次数;由本行政村干部来组织土地调整的平均次数 2.29 次,相当于每 8.73 年调整一次。

⑤ 其他因素对农户水土保持决策的影响

理论分析表明,意识到存在水土流失的农户比没有意识到水土流失的农户更有可能采取水土保持措施,模型估计结果证明了这一点,该系数检验也是显著的。从表5-3可以看出租种土地的农户比不租种土地的农户采取水土保持措施的可能性更大,其系数检验结果显著,但是本项研究的农户调查结果无法说明农户是对自家的还是租种的土地采取了水土保持措施。农户的非农业收入占总收入的比重以及家庭人均耕地面积的系数与预期不一致,其系数检验也不显著。

⑥ 土地产权对农户水土保持决策影响的区域差异及其解释

应用调查数据和前文建立的模型对各个县的数据分别加以估计,发现各县农户水土保持决策对各个因素的反应是不同的。

从总体样本的回归结果(见表5-3)可以看出,在设置的两个地区虚拟变量中,RX1的系数检验是显著的而且其系数为正,说明农户水土保持意愿的确存在区域差异,总体样本的回归结果中的地区虚拟变量回归得到的系数及其显著性检验还表明,兴国县的农户要比其他两个县的农户有更为强烈的水土保持意愿。这可能是由于在过去较长一段时间兴国县的水土流失严重,得到了政府的极大重视,这种重视不仅是地方政府的重视,而且在一定程度上得到了国外的一些关注,兴国县各级政府可能在水土保持教育方面的工作做得比较好,导致兴国县的农户水土保持责任感比其他两个县强烈。

表5-4　分县模型估计结果对照表

变量名	变量说明	兴国县	上饶县	余江县	总体
LPR1	使用权	×	×	×	×
LPR2	在行政村内转包的权利	×	×	√*	√*
LPR3	转出行政村的权利	×	√**	√**	√**
LPR4	继承权	×	√*	×	×
LPR5	抵押权	×	×	√*	√*
LPR6	出让/出卖权	×	×	×	×
LPR7	土地管理权的配置结构	×	×	×	×
ILPR	土地剩余索取权	√**	×	×	×
SLPR	土地产权稳定性	×	×	×	×

变量名	变量说明	兴国县	上饶县	余江县	总体
AL	家庭土地资源特征	√*	×	×	×
ICR	家庭收入特征	×	×	×	×
ADL	家庭土地经营特征:有无土地租赁	×	√*	×	√*
S	农户对水土流失的感知	×	√*	√*	√*

注:√*表示在5%水平显著,√**表示在10%水平显著;×表示不显著。

从表5-4的对比分析可以知道,显著影响农户水土保持意愿的因素在各个区域是不一样的。在兴国县,显著影响水土保持意愿的因素有土地剩余索取权和家庭土地资源特征。这说明,在兴国县,土地税费的高低将影响农户水土保持投入的积极性,同样的农户拥有土地资源的数量也会影响到他的水土保持意愿,这主要是农户拥有的土地资源数量不同导致水土流失对农户收入变动风险的承受能力不同所导致。

在上饶县,显著影响农户水土保持意愿的因素有:转出行政村的权利、继承权、家庭土地经营特征和农户对水土流失的感知。可见在上饶县,土地流转对农户水土保持投入有重要的影响。转出行政村的权利和家庭土地经营特征这两个变量的系数都是正的,这说明农地市场的存在提高了上饶县土地产权的可实现程度,进而促进了农户水土保持。农户对水土流失的感知这一变量的系数也是正的,这说明意识到存在水土流失的农户要比没有意识到存在水土流失的农户有更强的水土保持意愿,即意识到水土流失的存在也能提高农户的水土保持意愿。

在余江县,对农户水土保持意愿有显著影响的因素有:在行政村内转包的权利、转出行政村的权利、抵押权和农户对水土流失的感知。与总体样本的结果一样,在行政村内转包的权利和转出行政村的权利这两个变量回归系数的符号相反,可以用同样的理由来解释这一结果。同样的,农户对水土流失的感知这一变量的系数也是正的。

对表5-4进行对比分析发现不同区域之间影响因素的差异,那么是什么原因导致这些差异的存在呢? 兴国县与其他两个县不一样,在上饶县和余江县土地剩余索取权对农户水土保持决策的影响不显著,但在兴国县则是显著的,土地剩余索取权和家庭土地资源特征在其他两个县都不是有显著影响的因素。这似乎表明,兴国县的农民对土地剩余索取的可控制性较其他两个县要敏感,这可以从这三个县的地理区位进行解释:余江县紧邻江西的铁路交通枢纽鹰潭市,上饶县也与上饶市区接壤,而兴国县则不同距离地级时区较远,兴国的非农就业机会要比其他两个要少,农业收入对农户的总收入贡献大,因此农户对农地剩余索取权更为重视。同样,在兴国县,家庭人均土地面积对农户水土保持有显著影响,而其他两个县没有也可以从这个角度得到解释。从农户土地租赁意愿来看,兴国县的农民更愿意租赁土地(在被的农户中 42% 愿意租赁土地),而上饶县的农民土地租赁意愿最低(在被的农户中只有 10% 愿意租赁土地),余江界于这两者之间(在被访问的农户中 27.9% 愿意租赁土地),参与土地租赁农户的比例兴国最高而余江最低;从经济发展水平与人均收入角度,上饶县的指标值最高,因此这些可以解释在上饶县土地租赁对农户水土保持有显著影响,而在其他两个县不显著。土地流转权利在兴国县农户受到限制的比例要比其他两个县低得多,因此,在兴国县土地流转权利对农户水土保持决策的影响不显著。

三个县农户水土保持决策对土地产权稳定性都不敏感,同样对土地管理权的配置结构也不敏感,两者表现出一致性。由于兴国县的水土流失问题一度严重,引起政府与农民广泛的关注,可能由于有关水土保持、水土流失的知识可能要比其他两个县更加普及,因此农户对于是否存在水土流失的察觉要比其他两个县的农户敏感,所以农户是否意识到存在水土流失这一变量在兴国县的系数检验表现不显著,而在其他两个县则表现出显著影响。

通过前面的分析可以得出:不同土地产权要素对农户水土保持决策的影响程度与作用方向是不一样的。农地流转的权利对农户的水土保持决策有重要影响,但是农地流转的权利对不同农户的含义不同——流出土地的农户水土保持的可能性因此而变小,但对流入农户则相反;农地抵押权能够刺激农户采取水土保持措施,这表明农业信贷会促进农户进行诸如水土保持的长期土地投资;意识到其所耕种的土地存在水土流失的农户比未意识到水土流失的农户更有可能采取水土保持措施;如果仅从非农就业收入的角度来看,没有理由认为农户兼业带来的收入会对农户水土保持起到负面影响、土地调整对水土保持投入的影响也并非如理论预期的那样有显著的影响。但是,由于研究区域社会经济背景及水土流失情况的差异性,农地产权制度安排对农户水土保持决策行为的影响也存在显著的区域差异性。

从本章的分析结果来看,可以从以下几个方面来促进农民采取水土保持措施,实现土地资源可持续利用:

① 完善与规范农地市场、促进农地流转、推进农户土地规模经营有利于农户采取水土保持措施;

② 建立健全农村信贷渠道与农村小额信贷市场体系,增加农户获得资金的机会帮助农户克服土地经营中的资金限制进而促进农户采用水土保持措施实行生态友好的土地利用方式;

③ 进一步深化农村税费改革、稳定农民预期、提高农业比较效益、提高农民经营土地的效益,从而强化农民采取水土保持措施的经济刺激;

④ 积极吸引农业企业集团发展规模化、产业化农业,从而通过"公司＋农户"的方式,为区域水土保持投资积累资金,充分运用市场机制对水土保持治理的作用,探索企业化水土保持的市场模式。

第六章 农村土地整治的农户行为响应研究

第一节 农村土地整治的农户行为响应机理分析

农户的农村土地整治行为是指的是农户土地整治行为和村庄整治行为。在本章,农户土地整治行为是指农户将土地整治为耕地再利用的行为。由于目前我国村庄整治是一种较为单一的自上而下的整治模式,因此本章通过研究农户的宅基地搬迁意愿来分析农户村庄整治行为。

一、农户土地整治的行为响应机理探析

农户土地整治行为是指农户将土地整治再利用的行为,它是一种农户有计划的行为。根据前文研究的理论基础,将以计划行为理论分析框架来分析农户土地整治行为机理。

计划行为理论认为个体的行为意向是预测行为的最佳变量,个体对某一行为的意向与从事该行为之间有强相关关系。土地整治行为意向指农户进行土地整治的主观概率。农户的土地整治或土地撂荒意图越强,就越有可能整治土地、进行生产,反之则有可能造成土地撂荒。农户的土地整治行为意向受农户的行为态度、主观规范、控制认知三者的共同影响或其中某部分的影响。

行为态度影响行为是众多学者达成一致的观点,并且得到了较好的验证,有研究证明了态度对行为有显著影响[288]。农户对土地整治的态度反映了农户对土地整治的评价和倾向。农户对整治土地的评价越高、倾向越强烈,进行土地整治的可能性就越大;反之,如果农户对整治土地是负面评价,则其主观上不愿意将土地进行整治,甚至会造成土地撂荒行为。另外,根据计划行为理论,农户过去的经验会影响其土地整治的态度。如农户根据以往经验,整治土地所需资金、技术等

难度不大,在其承受的范围内,而且整治再利用后能为家庭带来收益,农户整治土地的态度将是积极的;但是如果农户根据以往经验,发现不进行农业生产而从事农业生产以外的非农业生产将会为家庭带来更高的收益时,则农户会将土地撂荒。态度是个体在社会环境中逐渐发展形成的,因此还受到相关政策及制度的影响。在农户土地整治决策过程中,政策和制度对农户土地整治的态度产生积极或消极的影响。

根据计划行为理论,主观规范是一个人在作出某种行为时感觉到的来自外界的压力。主规规范可以独立于行为态度对行为意图产生影响,它可能会对农户的行为态度产生影响。如果农户在做出某一行为决策时,感觉来自外界的压力如与自己有重要关系的人、组织或某种制度的影响非常大,农户就有可能改变行为态度,进而改变行为。土地整治的主观规范是农户在进行土地整治决策时,可能受到来自家庭其他成员的鼓励或拒绝、村集体组织的支持或反对、周围邻居的认同或歧视、某种制度的允许或禁止等各方面的压力。这些压力对农户土地整治决策的主观规范产生一定影响,从而最终影响农户的土地整治决策行为。根据计划行为理论,行为受主观规范的影响有时大于个人态度的影响,比如,由于土地整理项目实施将土地整治后分予农户,对于农户来说,这种土地的再利用可能具有一定强制性。

行为控制认知是指对执行行为能力的认知。[289]根据 Ajzen 的行为控制认知理论,行为控制认知影响行为意图从而作用于行为。行为控制认知愈强,行为意图愈积极,行为发生的可能性愈大;反之,这种行为发生的可能性就愈小。然而,行为控制认知也可能直接作用于行为。农户土地整治决策行为控制认知是农户对自身执行土地整治决策行为能力的一种认知,如果农户对执行决策行为能力认知愈强,则从事土地整治决策行为的意图就更积极,其行为发生的可能性就愈大,反之,这种行为的意图和行为发生的可能性就愈小。农户土地整治决策行为控制认知来源于是否拥有信息、资源和能力等,并以此来执行土地整治决策行为能力的一种认知。

土地整治行为控制认知反映了农户对其本身进行土地整治难易度的信念,这种信念来源于农户所获得的相关信息、所掌握的土地整治技术和自身能力等因素。如果农户拥有相关信息,具备土地整治的技术条件并且土地再利用后获得收益,这种状态下农户强烈的土地整治控制认知将使其采取整治土地的行动。但是当农户缺乏能力、技术或机会去执行土地整治行为时,他就没有执行此项行为的意图。而农户弃耕行为控制认知反映了农户对从事农业生产以外的效益追求的信念。这种信念来源于农户对从事农业生产以外的第二、三产业的较高收入以及自身能力等因素的认识。如果农户认为从事非农生产能获得相对于农业生产的更高收入，而且其有能力从事非农职业时，这种状态下农户强烈的弃耕以获得更高收入的控制认知则使其产生土地撂荒行为。相反，如果能从农业生产活动中获得效益，农户就没有弃耕的意图。

　　根据以上分析，可归纳出影响农户土地整治的行为态度、主观规范、控制认知的因素有预期收益、区位因素、土地产权制度、政策环境、农户禀赋等。这三者与各因素的关系，以及它们如何作用于农户土地整治决策行为的响应机理见图6-1。

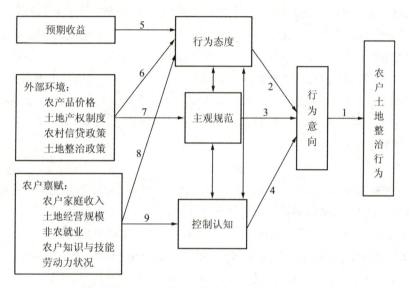

图6-1　农户土地整治行为响应机理图

图中各箭头的含义：

1　表示农户行为意向（农户进行土地整治的主观概率）直接影响农户土地整治行为；

2　表示农户对土地整治行为的态度直接影响农户土地整治行为意向；

3　表示农户受到的主观规范直接影响农户土地整治行为意向；

4　表示农户对土地整治的控制直接影响农户土地整治行为意向；

5　表示土地整治的预期收益直接影响农户对土地整治行为的的态度；

6、7　分别表示外部环境对农户土地整治行为态度、主观规范的影响；

8、9　分别表示农户禀赋对农户土地整治行为态度、控制认知的影响；

接下来将对这些因素对农户土地整治的影响过程进行探析。

二、农户土地整治行为的影响因素分析

根据上述农户行为响应的机理分析可以看出农户土地整治行为是在一定的社会经济环境下进行的，它不仅受到预期收益（行为态度）对土地整治行为的影响，还受到农户自身条件的制约（控制认知）以及各种政策、制度等的制约（主观规范），因而不同的社会经济条件会产生不同的农户行为和决策方式，且其行为受到多种因素的制约。下面将逐一分析这些因素。

1. 预期收益

土地整治再利用获得的预期收益直接影响农户土地整治的行为与态度，进而影响到农户土地整治行为的发生。预期收益越高，农户土地整治的态度就越积极；反之，农户就越缺乏进行土地整治的动力。收益是价格和产量的函数。一般农户会根据土地利用产出的农产品价格来指导其土地整治行为。因此从农户土地整治决策时考虑土地再利用的预期收益来看，农产品的价格以及土地整治难易程度将会影响农户行为。

2. 外部环境

外部环境主要是指影响农户主观规范的因素，是农户在作出某种行为时感觉到的来自外界的压力。它可以通过对农户土地整治行为态度、主观规范的影响进而影响到农户的土地整治行为的发生。对农户土地整治决策行为影响较大的外部因素主要有农产品价格、土地产权制度、土地区位、金融制度、土地整治政策等。外部因素通过影响农户自身资源的配置而影响农户的土地整治决策。首先，外部因素影响着农户面对的经济环境，在这个经济环境下农户对农业与非农业活动进行选择，农户在家庭食物安全和收入最大化的目标下，会根据自身条件决定农业或非农业活动，组合形成部门间要素配置。在这个环节上，农户有可能选择非农活动，而将自家承包的耕地撂荒，造成土地闲置，浪费土地资源。其次，农户在农业内部根据农产品的价格和生产资料成本选择农业生产组合，这样就形成了土地利用结构、布局安排等。在这个环节中，农户很可能作出整治土地的决策，进而将自己的资金、技术、劳动等投入到土地的整治活动中，整治活动完毕后，又会生产出自己规划的不同产品，达到土地再利用生产目标。这样，农户的选择就影响着自己的资金、劳动等资源基础，受影响的资源在农户第二轮选择中被再次分配，构成循环。这就是外部因素对农户行为决策总的影响过程，不同外部因素，其具体影响过程又是不一样的。

（1）农产品价格政策

在我国重要的农产品价格（如粮食）是由国家实行政府定价或指导定价。市场经济条件下，这种价格体系扭曲严重地影响了农户持续从事农业生产的积极性。农户会根据盈利最大化或福利最大化作出决策，是进行土地整治再利用还是从事农业以外的产业活动，这些显然在很大程度上是由农产品价格所决定。

农业价格政策引起的农产品和生产资料价格变化对农户土地整治行为的影响非常复杂，从理论分析上看，存在多种可能性。提高农产品价格，既可以促使农户对原有土地集约利用，还可以促进农户开辟新的土地资源，从而实现农户对土地进行整治再利用。当农产品价格上涨时，农户会对价格作出反应，最大的反应就是增加农产品的供给。增加农产品的供给需要增加耕地，此时农户会产生行为，一是加大对原有土地的集约利用，保证原有土地不被闲置；二是开辟新的土地资源，整治土地进行再利用，增加农产品的供给。同理，如果降低农产品价格，则会带来截然相反的结果。

由于农户家庭经营的最终目标是实现盈利最大化。因此，经济刺激对农户土地利用及再利用有很重要的作用。通过认识农产品价格对土地整治的影响，政府可以制定合理的农业价格政策以引导农户的投入产出行为，例如提高粮油价格水平可以防止农户的弃耕行为。

（2）土地产权制度

土地产权是一种"对土地获得最广泛和最完全的财产权"[290]，它包括排他权、让渡权和收益权。土地整治必然涉及土地产权问题。如果农户能拥有这种完整的产权，就能减少土地经营的不确定性，并且降低土地整治投入的风险，有利于农户自发整治土地。土地产权调整是土地整治的主要内容之一，而拥有完整的、没有缺陷的、明晰的产权是实现资源优化配置的前提条件，只有这样，产权主体才能在未来收益和现时代价之间综合权衡。因此，农户整治土地后，能不能获得土地的长期使用权，会影响到农户的整治决策行为的确定。整治不能获得土地产权，农户可能不去整治，或者整治后由于没有产权保障而引来纠纷。但是，如果土地产权清晰，农户整治土地后能获得长期的使用权，农户土地整治的投入风险减少，那么农户就会增加土地整治的可能性，有利于优化农村土地利用结构和改善农村生态环境。

在家庭联产承包责任制下，集体经济组织所有的土地被分配给单个的农户使用。最初对土地的分配是根据平等的原则，同时考虑到每一家庭的人口、劳动力数量以及土地的质量情况，土地被分成了很小的地块，在这种分散的土地经营方式下，加上农户从事农业生产的机会成本，很有可能造成农户土地弃耕行为。

（3）农村信贷政策

农户农业投入资金主要来源是自身积累和借贷，在农户自身积累不足而影响投资农业时，借贷是一个重要补充途径。国家农村信贷正可以体现这一作用，而且国家的农村信贷还可以通过不同借贷期限、利率来调整农户投入方向，从而起到诱导农户整治土地的作用。

诸培新（1999）认为农村信贷政策对农户的投资能力特别是保护性投资能力造成了很大影响。在很长一段时间里，我国政府对农业的投资是不断下降的，主要原因是国家对工业产业政策的倾斜。由于家庭联产承包责任制的建立，农业生产的状况得到很大改善，农户必须更多地增加对农业的投入。当国家财政遇到困难时，一般首先考虑的是削减对农业的投资。随着农业生产资料价格的不断上涨，粮食价格却始终保持不变，再加上国家对谷类以及油类作物所下达的低价定购任务，因此农户在农业生产中仅能获得较少的现金收入。而作为农业和农村发展的最主要金融机构的农业银行和农村信用合作社，在金融制度改革后，这些机构都变成了商业化的金融机构。盈利最大化这一重要的目标要求这些金融机构把更多的资金从农业部门向非农业部门转移。信贷制度的不完善，仅有少数农户能从银行或其他金融机构获得较少的贷款。由于市场信息不完善以及风险的存在，信贷市场的价格亦存在扭曲，农户变得越来越难接近信贷市场。

因此，国家信贷政策对农户土地整治投资的需求将产生较大影响。较短的借款期限以及较高的利息率对农户运用信贷增加土地投资有着负面的影响。

（4）农村土地整治政策

我国农村土地整治政策注重因地制宜以及农地整治与生态环境保护的有效结合，注重通过合理保护整治投资主体利益与农用地可持续开发利用的有效结合。

1999年新《土地管理法》颁布以来，我国对农村土地整治上升为制度层面的鼓励政策。例如，《土地管理法》指出："国家鼓励单位和个人按照土地利用总体规划，在保护和改善生态环境、防止水土流失和土地荒漠化的前提下，开发未利用地；适宜开发为农用地的，应当优先开发成农用地。国家依法保护开发者的合法权益。""国家鼓励土地整理。县、乡（镇）人民政府应当组织农村集体经济组织，按照土地利用总体规划，对田、水、路、林、村综合整治，提高耕地质量，增加有效耕地面积，改善农业生产条件和生态环境。地方各级人民政府应当采取措施，改造中、低产田，整治闲散地和废弃地。""开发未确定使用权的国有荒山、荒地、荒滩从事种植业、林业、畜牧业、渔业生产的，经县级以上人民政府依法批准，可以确定给开发单位或个人长期使用。"

虽然国家对农村土地整治采取鼓励政策,并规定了土地整治的资金来源,但对农户来说,较大规模的土地整治,由于资金、技术、劳动力等的缺乏,无法完成,因此在我国农村土地整治大多是由政府投资、组织人员进行整治。早期对于农户整治土地,采取谁整治、谁受益原则,并且在税费改革前,农户整治土地再利用可以免交农业税费等优惠政策。

总体上,我国农村土地整治政策对农户来说是一种激励,但由于农户进行土地整治还受其他因素的影响,它可能不是主导农户产生土地整治行为的因素,但是在一定程度上是影响农户行为的,如政府投资的带有公益性质的土地整理项目的实施,对农户来说就是一种土地整治的政策支持。

3. 农户禀赋

农户禀赋指的是农户特征及其拥有的土地资源禀赋,它们是通过影响农户对土地整治的控制认知、行为态度影响农户的土地整治行为。农户能力越强,对土地整治行为的控制认知也越强烈,行为态度越积极。农户禀赋包括:农户家庭收入、非农就业、土地经营规模、农户知识与技能、劳动力状况等。下面将逐一分析它们对农户土地整治行为的影响。

(1) 农户家庭收入

收入水平是决定资金积累和投资的重要因素。农户家庭收入从两方面影响着农户土地整治的投入,低收入农户可能对土地依赖较强,从而整治土地再利用,但又可能受到资金的制约而无法进行整治。高收入,若农业收入高,则会促进农户土地整治,若收入来自从事农业生产以外的非农收入,由于农业比较收益较低,农户有可能放弃对土地的整治。理论上说,农户收入水平越高,其增加总投资的反应越强烈。有资料显示,当农户的温饱问题解决后,农户有增加投资以追求经济收入最大化的冲动,但由于承担风险能力还较低,投资非农的倾向并不十分明显,农户投资以农业为主;当农户家庭收入达到小康水平后,非农收入占总收入比重提高,农户投资风险承受力增大,投资行为倾向于创新,投资以收入最大化为主要目标,如果农业比较效益低下,投资重点可能转向非农生产。例如我国东部沿海富裕的农民,农业收入仅是其全部收入的一小部分,这些农民对于增加土地生产力的投资和实践的兴趣很小,而是将土地使用权作为他们的社会保障加以保留。因此,如果对这部分农民加以正确的引导,他们应该是土地整治的重要力量,其较强的投资能力能很好地满足土地整治活动的资金需求。

但是从另一个侧面来看,如果整治土地不能获预期的收益,也就是说土地整治后用于农业生产,而收入水平却不能显著提高,也可能导致其不整治土地,甚至造成土地撂荒,增加闲置的土地。因此,农户能从农业活动中获得较多的收入潜力,是其整治土地的重要决定因素。

(2) 非农就业

农户非农就业对土地整治的影响表现在两个方面:一是在农业与非农业之间重新配置时间资源;二是非农收入带动农户家庭收入组成的变化。随着我国城市化、工业化的快速发展,农户非农就业十分普遍,而且这一行为也将长期存在。Rozelle Scott 等(2002)的研究表明农村收入与生产率的提高在很大程度上是由于农户非农就业的提高。[291]而且区域经济增长带来的变化强化了农业与非农业劳动力市场的相互作用与整合,使得劳动力市场调整更为容易。[292]经济增长尤其是乡镇企业的发展为农民提供了大量的工作岗位,加之农业比较效益的低下,使得大量的农民参与了非农领域的劳动。因此,农业劳动力转移到第二、三产业引起的农户非农就业,给农村土地整治带来两个方面影响:一是使得土地整治由于农业劳动者力的缺乏而无法进行;二是非农就业使得农户脱离土地,有可能使得农户弃耕行为的产生。

(3) 土地经营规模

在我国家庭承包责任制下,集体经济所有的土地被分配给单个的农户使用。最初对土地分配是根据平等的原则,同时考虑每个家庭的人口、劳动力数量以及土地的质量情况,土地被分成了很小的地块,同时由于人多地少,农户土地经营不仅分散,而且规模很小。对于土地规模与农户投资的关系,早有研究表明,如果人均土地面积低于 0.13 公顷,仅有 29.4% 的农户愿意在土地上的继续投资;而如果人均土地面积超过 0.17 公顷,此比例则为 44.4%。因此,土地规模对农户的投资起着非常重要的作用。土地经营规模过小容易导致低效率,由于自然资源分布以及经济发展水平的差异,经济发达地区的农户更倾向于从事非农活动,但由于土地的福利性,他们又不愿意放弃对土地的拥有,因此这些地区普遍存在土地的撂荒现象。另外,对于需整治土地的规模也会影响农户的整治决策。理论上讲,规模较小、技术难度不大但同时再利用价值很高的土地,农户会自发去整治利用,而更大规模的土地,对大部分农户来说可能会受到资金、技术约束,单凭个人力量可能没有能力进行整治。

(4) 农户知识与技能

农户知识与技能的高低决定了农户对土地问题的敏感性及作出反应的快慢。受教育水平可以反映农户知识与技能水平的高低。教育对生产要素具有配置效应,也就是说,教育通过提高管理者收集和处理生产信息的能力,有助于使其合理选择投入的构成。[293]对于农户而言,所受教育年限越高,知识和技能也越高,相对来说获取从事农业以外的工作机会也越多。按照劳动力文化程度系数对中国所有的农户进行分组,劳动力受教育程度的提高对收入的促进作用是很明显的,整体文化程度越高,人均纯收入及劳均纯收入水平也越高[294]。

(5)农户劳动力状况

农村土地整治不仅需要投入资金、技术等要素,还要投入一定的劳动。因此农户劳动力状况也会影响废弃地的整治。但是如果农业比较效益低下、农业生产风险以及农民生活的困苦,农村劳动力的剩余和农业的低收入使农民渴望找到农业以外的提高其生活质量的途径,向非农业转移劳动力以增加农户收入。劳动力转移有利于农村经济社会的发展,为解决农村剩余劳动力提供了方向。但是土地整治需要投入一定的农业劳动力。对于农户家庭来说,农业劳动力过少,或者没有,就不太可能进行土地整治;对于大的土地整治项目来说,更是需要大量的劳动力,如果劳动力不足就会制约土地整治。因此,农户劳动力状况常常成为土地整治顺利实施的制约因素。

通过以上分析可以发现,外部因素常常影响农户是否愿意进行土地整治,而微观因素又是宏观因素长期对农户影响所决定的。因此,研究农户的土地整治行为,促进土地持续再利用,宏观政策十分重要。

第二节　农户土地整治行为分析方法与数据

一、计量分析模型

根据计划行为理论,个体行为意向是预测行为的最好方法,指的是个体所要采取某一行动的倾向和主观动机,即个体采取某一行动的主观概率。对于农户土地整治行为来说,农户有两种行为:一是整治土地,一是不整治土地。也即因变量只有两个值,发生(是)或不发生(否)。对于农户村庄整治行为来说,因变量也同样存在这两种情况。这就要求建立的模型必须保证因变量的取值是 0、1,因此可以采用预测两分特点的因变量概率统计方法。二项 Logistic 回归模型是适用于因变量为两分变量的回归分析,是分析个体决策行为的理想模型。[295]因而本书将利用二项 Logistic 回归模型分析农户的特征变量以及其他相关变量与农村土地整治的相关关系,揭示影响农户行为的主要因素以及其他因素的影响程度,从而为农村土地整治以及土地再利用提供决策参考。

因变量为农户土地整治行为,若农户产生土地整治行为,因变量取值为 1,若没有,则因变量最值为 0,建立的模型为:

$$P = \frac{\mathrm{Exp}(b_0 + b_1 x_1 + b_2 x_2 + \cdots + b_n x_n)}{1 - \mathrm{Exp}(b_0 + b_1 x_1 + b_2 x_2 + \cdots + b_n x_n)}$$

式中:P 是农户土地整治行为的发生概率;x_i 是影响农户土地整治行为的诸多因素;b_0 是常数项,与 x_n 无关;b_n 是回归系数,表示诸因素 x_n 对 P 的影响程度。

根据前文分析,式中自变量为影响农户土地整治的预期收益因素、外部环境因素、农户禀赋因素。

由于农户村庄整治行为的问卷较少,二项 Logistic 回归模型不是理想模型,因此,运用较常见的多元线性回归方程进行分析。建立的模型为:

$$Y = a + b_1 x_1 + b_2 x_2 + b_3 x_4 + \cdots + b_m x_m$$

式中,Y 为因变量,指的是农户村庄整治意愿;a 为常数项,b_m 是回归系数,x_m 为影响农户村庄整治意愿的自变量。

二、数据获取

数据获取主要采取两种方法:一是收集相关的统计资料;二是使用问卷调查获得农户层次的数据。问卷调查主要分为村庄调查和农户问卷调查:

(1) 村庄调查,与农户问卷调查相互配合,依据农户调查的样本村,进行村庄调查,主要收集村庄自然经济条件、村庄层次的土地资源、当地劳动力雇用价格、三产劳动力结构、土地整治等一些基本情况;

(2) 农户问卷调查,制定农户调查问卷,对农户生产经营情况、土地资源禀赋、土地利用情况、土地整治投入产出情况、劳动力从业情况、农户消费情况以及农户家庭收入支出情况等进行调查。

具体的调查方法为:在调查前,根据调查内容以及预调查情况制定完善调查问卷,并按照调查问卷对参与调查的人员进行调查内容与技能培训;在到达调查区后,首先联系到所选调查区的主管部门,阐明我们的目的和要求,争取得到他们的协助,然后到所在镇国土部门了解全镇各村土地利用情况,特别是废弃地现状以及整治再利用情况,针对存在废弃地的行政村进行筛选,选择具有一定典型性的行政村作为调查样本。

农户问卷中除农户家庭特征和社会经济特征外,针对农村土地整治设计了三种情况:一是农户已整治土地利用情况;二是农户土地撂荒情况;三是农户村庄整治过程的宅基地搬迁情况。

　　预调查的过程是吴江市国土局相关领导组织震泽镇的大部分村委会主任为我们提供各村当中废弃地情况。通过预调查，我们了解到目前当地的土地利用率非常高，自然村的合并也全部完成，一些利用率不高或者废弃的坑塘水面、闲置的土地、废弃地等早在几年前就已整治，较为典型的是公路挖废地，大部分都已由各村委会统一整治为绿化用地。

　　正式调查时，根据前述调查方法，问卷调查了吴江市3个镇9个行政村，其中有两个是中心村，是农民居住地的迁入点。调查地点及问卷份数如图6-2所示，其中震泽镇新乐村、同里镇屯溪村、盛泽镇人福村是中心村，且人福村是城乡建设用地增减挂钩试点村。

　　通过调研共获得调查问卷236份，经过整理后，其中无效问卷16份，有效问卷220份，震泽镇共72份，其中新乐村17份，龙降桥村26份，齐心村29份；盛泽镇共72份，其中盛虹村22份，人福村21份，兴桥村29份；同里镇共76份，其中屯溪村20份，北联村28份，叶建村28份，地点如图6-2所示。

图6-2　吴江市调研区域示意图

第三节　农户土地整治行为实证分析

农户农村土地整治行为的实证分析也是从两个方面来分析研究的,即农户的土地整治行为和农户村庄整治行为。

一、农户土地整治行为分析

1. 农户土地整治行为影响因素指标量化

总体上,论文将影响农户土地整治行为的因素分为 7 大类:区域农业市场化因素、区位与经济发展水平、劳动力状况、土地经营规模、农户的非农就业经济行为、对产权的需求,是否有政策支持等。为了进一步研究各相关因素对农户水土保持行为的影响机制,这里对驱动因素建立细化量化的评价指标(如表 6-1)。

表 6-1　农户土地整治驱动因素分类及量化指标

研究目的	驱动因素分类	量化指标
农户土地整治行为	市场化因素	农产品商品化率
	经济发展状况	人均收入
	区位	距最近城镇距离
	非农就业经济行为	人均非农业收入
		非农就业人口比例
	土地经营规模	人均农业收入
		农户经营土地面积
	劳动力状况	农户家庭平均受教育水平
		农业人口比例
	产权	是否拥有产权
	政策	是否有政策支持

区域农业市场化的发展使得农户可以以市场信息为导向来安排土地资源的利用,从而影响农户土地整治投资,其量化指标可以用农产品商品化率来表示,商品化率越高,农户越有可能整治土地进行农业生产。经济发展水平决定农户农业投入的积极性,因为土地整治需要作为土地使用者和支配者的农户有一定的经济基础。同时,农户的行为具有追求收益最大化的特点,在区位较好和经济条件逐

步改善的郊区,农副产品的较高利润会使得农户更加珍惜土地资源,进而影响到农户土地整治决策。农户的非农就业行为反映了农户家庭的劳动力配置状况,也可以间接反映劳动力的机会成本或者农业与非农业的比较效益,一方面,它将部分劳动力和劳动时间配置在非农产业上,导致农业投入不足;另一方面,非农就业有利于增加农民资本进行农业生产的投入,而且在土地流转制度健全的地方,还会促进农业的规模经营,增强农业竞争力,增加农业投入,正反两方面的作用在不同阶段强弱不同,从而对废弃地整治投入产生影响。土地经营规模对农业效益影响很大,农户经营的耕地面积越大,越有利于农户对农业进行投入;劳动力素质和数量反映了农户对土地整治投入的可能性,因为非农就业经济行为导致劳动力不足,已成为农业投入的一个重要制约因素。土地整治后农户拥有明晰的产权,会激励农户进行土地整治。

根据调查数据处理,获得研究区域农户决策行为影响因素指标的基本情况(如表6-2)。

表6-2　农户土地整治行为影响因素指标统计

变量符号与定义		平均数(或户数)
样本个数		220
M	家庭总人口(人)	4
M_f	非农人口比例(%)	54.0
M_a	农业人口比例(%)	29.2
I	人均收入(元)	3781.9
I_f	人均非农业收入(元/人)	6017.7
I_n	人均农业收入(元/人)	1546.1
E	农户家庭平均受教育水平(年)	5.9
L_s	农户经营土地面积(hm^2)	0.25
C_r	农产品商品化率(%)	18.9
S	距最近城镇距离(km)	4.5
R	是否需要获得土地产权(肯定的户数)	109
P	是否有政策支持(肯定的户数)	44

2. 农户土地整治行为模型分析

采用二项Logistic回归分析,因变量为农户土地整治行为,有整治行为取值为1,无整治行为取值为0;自变量如表6-2所示。选用向后逐步选择法,对吴江市问卷调查的220个样本点数据作Wald概率统计法,向后逐步选择自变量。结果如表6-3和表6-4所示。

表6-3　调研区农户土地整治行为模型整体检验

Step	−2Log likelihood	Cox & Snell R Square	Nagelkerke R Square
1	141.082[a]	0.488	0.668
2	141.169[a]	0.488	0.668
3	142.570[a]	0.485	0.664
4	143.732[a]	0.482	0.660
5	145.177[a]	0.479	0.655

　　模型整体检验表(表6-3)提供了3种对模型进行检验的方法,从表中数字来看,模型的拟合效果较好,可信度较高。其中,Likelihood是利用已有的参数,得出的观测结果的可能性,称为"似然比"。似然比小于1,习惯上用对数似然比值乘以−2来度量模型对数据的拟合度,记做−2LL。好的模型似然比值较高,其值相对较小,似然比值的变化说明当变量进入与被剔出模型时模型时模型拟合度方面的变化。Cox & Snell R Square 和 Nagelkerke R Square 是用来评价模型的拟合效果,与线性模型中的 R^2 相似。Cox & Snell R Square 是一种一般化的确定系数,被用来估计因变量的方差比率。Nagelkerke R Square 是 Cox & Snell R Square 的调整值,这两个值越大,说明模型的整体拟合性越好。

表6-4　调研区农户土地整治行为模型最终进入回归方程的变量

变量名	B	S.E.	Wald	df	Sig.	Exp(B)
土地经营总面积	−0.157	0.067	5.447	1	0.020	0.855
距最近城镇距离	−0.186	0.109	2.935	1	0.087	1.205
人均农业收入	1.136	0.331	11.747	1	0.001	3.114
获得产权	4.772	0.751	40.378	1	0.000	118.106
人均收入	−0.704	0.263	7.182	1	0.007	0.495
政策支持	1.776	0.793	5.007	1	0.025	5.904
Constant	−1.926	0.901	4.566	1	0.033	0.146

　　表6-4是对数据进行二元 Logistic 回归分析,得到的农户土地整治行为的模型估计结果,结果显示了回归后最终进入模型的自变量的系数、标准差、WALD统计值、自由度、显著性概率,以及每增减一个变量引起的变动值。

　　模型结果显示,最终进入模型的变量有土地总面积(L_s),距最近城镇距离

(S)、人均农业收入(I_n)、获得产权的需要(R)、人均收入(I)以及政府行为的政策支持(P_s)。

建立农户土地整治行为的 Logistic 回归方程如下:

$$P = \frac{\mathrm{Exp}(-1.926-0.157L_s-0.186S+1.136I_n+4.772R-0.704I+1.766P_s)}{1+\mathrm{Exp}(-1.926-0.157L_s-0.186S+1.136I_n+4.772R-0.7041I+1.766P_s)}$$

根据 Logistic 回归方程,影响农户土地整治行为的主要因素有农户拥有的土地总面积、样本点距离最近城镇的距离、人均农业收入、对产权的需要以及政策行为的政策支持。这些因素对农户土地整治影响程度由大到小的排序为对产权的需求、政府整治行为的政策支持、人均农业收入、农户人均收入、距最近城镇距离、农户土地总面积。

(1) 产权。产权是影响农户土地整治行为的正向因子。随着相关法律制度和《物权法》的出台,农户对产权的认识的也越来越深,因此对自己所整治利用的废弃地产权获得就极为强烈。土地整治后权属的调整涉及各方面利益,产权系数以及每增减一个产权引起的变动值都说明了产权是影响农户进行土地整治的最关键因素,也表明了产权明晰有保障会显著提高农户整治土地的积极性。

(2) 政策支持。废弃地整治涉及两个主体:农户和村集体。但无论是谁整治的,最后的利用者都是农户。因此为了使研究更加清晰,将村集体整治的并分配于农户看作是一种政策支持,以及征而不用土地允许农户再利用都视为政策支持。由表可以看出,我国土地整治政策对农户土地整治行为来说是一种激励,它可以很明显地促进农户整治土地。这同时也说明要提高农户土地整治的积极性,政策支持是必不可少的因素,今后我国农村土地管理需加大对农户土地整治的政策支持。

(3) 人均农业收入。从表中可以看出,农户禀赋中的人均农业收入是影响农户土地整治行为的根本因素。因为农户要整治利用土地,必然追求其利用价值,在土地再利用为农用地时,农户看重的是其所带来的农业收益。人均农业收入是衡量农户农业收益的重要指标,农户通过家庭在农业生产活动中获得的收入,来评判自己是否需要整治土地进行农业生产。所以农业收益的提高是农户进行土地整治的根本因素,提高农户进行土地整治积极性的根本出路在于提高农户从农业中获得的收益。

(4) 农户人均收入。由自变量系数看出,这是对农户土地整治行为产生负面影响最大的因素。它与农户人均农业收入的冲突是由于农户的非农收入在其中所起的作用。目前在经济发达地区,农户的家庭收入比重中,非农收入占主导地位。农户人均收入与农户土地整治行为的负相关,也正由此原因造成。人均农业收入中非农收入在家庭收入中的比例越大,农户对土地整治进行投入的可能性越小。因为农户人均收入中非农收入高,说明家庭中以非农劳动为主,减少了农户将劳动投入到土地整治上的可能性,二是较高的非农收入,也使得农户非农收入成为其主要收入来源,这类农户只是将土地作为一种保障,对其农业收入的依赖逐步减弱,因而也不会为其土地生产能力的恢复而进行必要的投入。

(5)距最近城镇距离。距最近城镇距离从两个方面影响农户土地整治行为,距城镇距离越近,说明农产品市场越广阔,运输成本较低,农产品的利润空间较大,农户有动力去进行土地整治,增加家庭收入。同时距离城镇越近,经济发展水平相对于远郊农村较高,由于土地征收等各种原因,人均土地资源相对较少,农户对土地资源也就越加珍惜,故有利于农户整治废弃地。模型结果也证明了这一判断。这个变量进入模型,说明了两个问题:一是郊区农户相比较偏远地区的农户其整治土地的意愿较大;二是郊区土地问题较为复杂,普遍存在土地征收后不及时用于生产造成土地资源的极大浪费,以及失地农户增多,农户对土地资源的渴求更加明显。

(6)农户经营土地面积。从表6-4中的系数可以看出,土地经营规模与农户土地整治行为呈负相关,这说明农户家庭经营土地面积越小,农户越整治土地。造成这一结果,说明农民对土地的依赖是非常大的。对农民来说,利用土地进行生产不仅可以带来收益,更是一种生活生存的保障,土地是农民的命根子,在这里就很好的体现,因此对于缺乏土地又住在农村的农民来说,他们是愿意进行土地整治的。

二、不同类型土地农户行为差异分析

在调查过程中发现,不同的土地类型影响农户土地整治的因素也不同。这说明土地类型不同,农户的整治决策过程是不一样的。因此本书通过模型分析的差异来揭示其行为的差异性。所用模型以及回归方法同农户土地整治行为模型及回归方法。数据同样来源于农户土地整治行为模型,不同的是因变量分别为征而不用的农户土地整治行为、农户边角地整治行为、农户农田废弃地整治行为,因变量分别是农户有征而不用土地行为的为1,反之为0;农户有边角地整治行为的为1,反之为0;农户有农田废弃地整治行为为1,反之为0。下面将分别进行模型分析,以揭示农户对待不同土地类型的整治决策差异。

1. 征而不用土地的农户整治行为分析

调研过程中,征而不用之地主要发生在震泽镇新乐村和盛泽镇盛虹村,新乐村是震泽镇的城中村,盛虹村距离盛泽镇城只有1公里路程。大部分农户整治征而不用之地后,由于较便利的区位及市场土地多再利用为蔬菜种植,并且产品用途多为销售。运用数据,模型回归结果如表6-5和表6-6。

表6-5 调研区征而不用土地农户整治行为模型整体检验

Step	−2Log likelihood	Cox & Snell R Square	Nagelkerke R Square
1	26.896[a]	0.433	0.869
2	26.906[a]	0.433	0.869
3	27.149[a]	0.432	0.868
4	27.372[a]	0.432	0.866
5	28.453[a]	0.429	0.861
6	29.341[a]	0.426	0.856
7	31.184[a]	0.422	0.847

如表6-5所示,模型的整体检验结果较好,可信度较高。

表6-6 调研区征而不用土地农户整治行为模型最终进入回归方程的变量

变量名	B	S.E.	Wald	df	Sig.	Exp(B)
距最近城镇距离	−1.149	0.350	10.768	1	0.001	0.317
人均农业收入	2.168	1.095	3.921	1	0.048	8.737
获得产权	1.996	1.180	2.859	1	0.091	7.356
政策支持	4.623	1.241	13.868	1	0.000	101.765
农产品商品化率	7.115	3.318	4.597	1	0.032	1230.108
常数项	−15.443	5.429	8.090	1	0.004	0.000

根据表6-6,模型回归结果最终进入模型的自变量有:政策支持(P_s),距最近城镇距离(S)、人均农业收入(I_n)、获得产权的需要(R)、农产品商品化率(C_r)。据此,农户征而不用土地整治行为的 Logistic 回归方程如下:

$$P_1 = \frac{\text{Exp}(-15.443 - 4.623P_s - 1.149S + 2.168I_n + 1.996R + 7.115C_r)}{1 + \text{Exp}(-15.443 - 4.623P_s - 1.149S + 2.168I_n + 1.996R + 7.115C_r)}$$

从模型中各自变量的系数首先可以看出,对农户征而不用之地整治行为的影响由大到小分别为农产品商品化率、政策支持、人均农业收入、距最近城镇距离。

（1）农产品商品化率。农产品商品化率越高，农户土地整治行为就越可能发生。而且农产品商品化率高，其本身对农户土地再利用来说就是一种动力。一般征而不用土地如果没有及时用于建设生产，那么它的土地生产力水平是没有下降的。事实也正如此，农户只要投入较少的劳动（锄草、平整）便可，农户的整治投入成本是非常低的。对于征而不用之地，农产品商品化率是影响农户土地整治行的最关键因素。这说明农户整治土地再利用追求的是效益最大化。同时也说明提高农产品价格可以促进农户整治土地。

（2）政策支持。征而不用土地的政策支持对农户土地整治行为影响也较关键。因为一旦土地被征收补偿农民后，农户就不再拥有土地的使用权。在这种情况下，政府是可以阻止农户进行土地再利用的。但是这样生产力较高的土地资源闲置浪费了大量资源，从这个角度来看，政府是应该允许进行土地再利用的。

（3）产权。对农户来说，土地被征收，产权已经不属于农户，对被征收的土地却不利用，对原来的土地使用者来说，是非常不愿意看到的。尤其是近郊地区的土地资源，由于靠近城镇，经常成为城镇化过程中被征地的对象，通常使得农民成为"没有土地"的农民，而农民一直视土地为命根子的心理，就会使近郊土地区农民对失去土地的渴望，而同时又发现被征土地被闲置，会激起农户重新使用"自己"的土地。但农户实际是承担着风险在经营土地，一旦土地被收回用于建设生产，农民附着于土地上的庄稼以及劳动都会付诸东流，所以在这样的情况下，农户对土地使用权的重新回归是非常渴望的。因此，农户迫切需要对土地的产权进行调整。

（4）距最近城镇距离。由系数可以看出，它与农户征而不用之地整治行为是负相关的。

2. 房前屋后边角地的农户整治行为分析

房前屋后边角地是调研过程中出现频率最高农户整治的土地类型。这说明了农户居民点的土地整理潜力大。但本书将要分析农户整治房前屋后边角地的影响因素。

表6-7　调研区房前屋后边角地农户整治行为模型整体检验

Step	−2 Log likelihood	Cox & Snell R Square	Nagelkerke R Square
1	246.908	0.187	0.255
2	246.918	0.187	0.255
3	247.751	0.184	0.251

从表中 6 - 7,可以看出,模型的整体检验效果并不理想。一2LL 的值较大,意味着回归模型的似然值较小,模型的拟合度较差。这说明农户整治房前屋后的边角地可能与其他因素有关,而在设计问卷时没有考虑到。在调研过程中,房前屋后边角地整治是整村整村地出现的,这说明农户间有从众行为,或自身兴趣爱好或是"能人效应"。

表 6 - 8 调研区边角地农户整治行为模型最终进入回归方程的变量

变量名	B	S. E.	Wald	df	Sig.	Exp(B)
土地经营面积	−0.152	0.051	8.732	1	0.003	0.859
人均非农收入	−0.185	0.086	4.626	1	0.031	0.831
人均农业收入	0.855	0.250	11.700	1	0.001	2.351
非农就业率	−0.968	0.425	5.197	1	0.023	0.380
常数项	−3.017	0.804	14.083	1	0.000	0.049

根据表6-8,模型回归结果最终进入模型的自变量有:土地总面积(L_s)、人均农业收入(I_n)、人均非农收入(I_f)、非农就业人口比例(M_f)。据此,农户房前屋后边角地整治行为的 Logistic 回归方程如下:

$$P_2 = \frac{Exp(-3.017 - 0.152L_s - 0.369S + 0.855I_n - 0.185I_f - 0.968M_f)}{1 + Exp(-3.017 - 0.152L_s - 0.369S + 0.855I_n - 0.185I_f - 0.968M_f)}$$

由模型可以发现,对农户房前屋后边角地的整治,影响因素的影响程度由大到小的顺序为:农户人均农业收入、非农就业率、人均非农收入、农户土地经营面积。人均农业收入对农户房前屋后边角地的整治行为的影响是正向的。人均农业收入越高,农户整治房前屋后边角地的兴趣越大。非农就业人口比例和农户人均非农收入这两个因素本身就具有较高的正相关性,两者对农户房前屋后边角地整治行为的影响原理是一致的,即它们对农户的边角地整治行为的影响是负向的。这说明农户家庭中从事非农事业的人口越多,就越不会进行土地整治。而农户土地经营规模越小,也会促进农户整治其房前屋后的边角地,表现为一种对土地的需求。

3. 农田废弃地的农户整治行为分析

农田废弃地,指的是调研过程遇到的农田当中的典型废弃地,包括废沟渠、废坑塘、废窑地等。

表 6-9　调研区农田废弃地农户整治行为模型整体检验

Step	−2 Log likelihood	Cox & Snell R Square	Nagelkerke R Square
1	115.092[a]	0.153	0.307
2	115.227[a]	0.152	0.306
3	115.449[a]	0.152	0.304
4	116.059[a]	0.149	0.300
5	116.825[a]	0.146	0.294
6	117.478[a]	0.144	0.289

表 6-10　调研区农田废弃地农户整治行为模型最终进入回归方程的变量

变量名	B	S. E.	Wald	df	Sig.	Exp(B)
土地经营面积	0.138	0.043	10.353	1	0.001	1.148
家庭平均受教育水平	0.153	0.069	4.944	1	0.026	1.165
政策支持	1.922	0.495	15.057	1	0.000	6.834
Constant	−4.371	0.652	44.952	1	0.000	0.013

根据表 6-10，模型回归结果最终进入模型的自变量有：农户土地经营面积（L_s）、家庭平均受教育水平（E）、政策支持（P_s）。据此，农户房前屋后边角地整治行为的 Logistic 回归方程如下

$$P_3 = \frac{\text{Exp}(-4.371 + 0.138 L_s + 0.153 E + 1.922 P_s)}{1 + \text{Exp}(-4.371 + 0.138 L_s + 0.153 E + 1.922 P_s)}$$

由模型可看出，这三个自变量对农户废沟渠、废坑塘、废窑地的整治行为的影响是正向的，而且影响程度大小依次是：政策支持、家庭平均受教育水平、农户土地经营面积。

（1）政策支持。这里把村集体或政府将土地整治后承包给农户使用视为一种广义的政策支持。废沟渠、废坑塘和废窑地都处在农田耕地当中，由于土地承包到户后，土地所有权与使用权分离，对于这类废弃地的整治，农户虽有积极性，但不具备组合和资金条件，同时由于外部性和搭便车行为的存在[296]，没人会为自家的一亩三分地去完善像沟渠、坑塘这样的农田水利设施，因此这类土地实际上都是由村集体或政府来整治的，体现为一种较强的政策性措施。这也说明了对于这类土地的整治主要还是依赖于政府行为。

（2）农户家庭平均受教育水平。农户家庭的平均受教育水平越高，农户利用

这类土地的行为也越有可能。受教育水平越高,意味着农户接受新事物的能力越强,而且对耕地资源重要性的认识也越深,因此有利用这类土地的意识。

(3)农户经营土地面积。土地经营规模越大,农户接受这种已整治废弃地的再利用行为就越有可能,这体现农户有扩大土地经营规模的意向。

通过以上分析,不同废弃地类型的农户整治行为是存在较大差异的。影响农户征而不用之地整治行为的主导因素有农产品商品化率、政策支持、农户人均农业收入等。对边角地整治的最大限制性因素是非农人口比例,非农就业人口越多,从事农业生产的人口就越少,越不利于边角地的整治;而对于农田废弃地,主要依赖于政策的支持,即村集体或政府整治,农户主要是被动的再利用过程,政策支持是影响这类土地整治的最主要因素。

第三篇
农户土地利用变化

第七章 区域农地流转的土地利用变化
响应研究

农村微观经济主体农户的土地流转,其现实意义不仅在于使用权的变更,而且还在于由此导致的土地利用变化。因此,采用地理学与经济学相结合的研究方法,研究分析由于区域农地流转所导致的土地利用变化的机理,探讨农村微观经济主体土地流转行为对土地利用变化的影响和由此产生的经济效益的变化,不仅能进一步提高政府对于农业土地利用变化的调控与管理能力,引导政府进行土地利用的科学决策,而且还能推进土地利用变化应用研究领域的深化与拓展。

第一节 农地流转的土地利用变化响应机理

一、理论分析

农业土地利用是在人类活动的持续或周期性干预下,进行自然再生产和经济再生产的复杂过程。宏观的土地利用变化,土地利用结构的变动是其主要表现之一。[297]农业土地利用变化主要是农业内部结构(粮田、菜地、园地等)和农林牧用地结构的变化,以及土地利用结构变化和利用方式转变所带来的农业土地质量的变化。[298]农业土地利用结构和农业种植结构的变化受许多因素的影响,包括土地适宜性、政策、技术、农民收入水平、市场和交通、农户劳力数量及农民知识结构等自然、社会经济因素。其中,农业投入水平和耕地产量的提高是土地利用结构变化的前提,农民追求土地经济效益是土地利用结构变化的直接动力。即由于宏观市场条件的变化所导致的不同农业利用方式比较效益的变化,是农民进行农业土地利用结构调整的动力(如图7-1)。

农户的农地利用过程是农户拥有的资金、劳动力、技术和土地的合理配置过程,目的是纯收益的最大化。当不考虑技术水平时,设在一定时期内,农户经营面

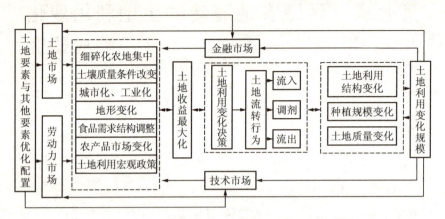

图 7-1 农户农地流转的土地利用变化响应机理

积为 T 的土地,投入的劳动量、资本分别为 L、K,在此期间,农村劳动力工资平均水平为 ω(可以日工价计算)。单位面积的土地年使用成本为 r,即是土地的使用价格,等于一年内租入和租出单位面积土地所应支付或者收入的货币收入;资本投入量为 K,i 为资本的利息率。农业产量为 Q 时农户生产的纯收益 I 计算如下:

$$Q = F(L, T, K)$$
$$I = P \cdot Q - \omega \cdot L - r \cdot T - i \cdot K$$

为了使得 I 达到最大化,必须满足下列条件:

$$P \cdot F'_L = \omega$$
$$P \cdot F'_T = r$$
$$P \cdot F'_K = i$$

其中的 $P \cdot F'_L$ 是劳动的边际生产力(边际效益),$P \cdot F'_T$ 是土地的边际生产力(边际效益),$P \cdot F'_K$ 是资本的边际生产力。

所以,当农户在土地上进行土地利用时,要素的分配(投入)多少受制于要素报酬的大小,要素的报酬越高,该要素的投入量就会越少,即要素的机会成本愈高,该要素的投入量会相对减少。

当考虑到技术水平时,一个比较经典的要素投入与产出关系的定量模型是柯布-道格拉斯生产函数。柯布-道格拉斯生产函数最初是美国数学家柯布(C. W. Cobb)和经济学家道格拉斯(P. H. Douglas)共同探讨投入和产出的关系时创造的生产函数,是在生产函数的一般形式上作了改进,引入了技术资源这一因素。他们根据有关历史资料,研究了从 1899—1922 年美国的资本和劳动对生产的影响,认为在技术经济条件不变的情况下,产出与投入的劳动力及资本的关系可以表示为：

$$Y = AK^\alpha L^\beta$$

其中：Y—— 产量；A —— 技术水平；K —— 投入的资本量；L —— 投入的劳动量；α,β——K 和 L 的产出弹性。指数 α 表示资本弹性，说明当生产资本增加1%时，产出平均增长 α%；β 是劳动力的弹性，说明当投入生产的劳动力增加1% 时，产出平均增长 β%；A 是常数，也称效率系数。

　　另一个经典理论就是土地报酬递减率理论[299]（如图 7 - 2）：Y 是总产量（TPP），平均产量（APP）是单位生产要素所生产出来的产量。边际产量（MPP）是增加一单位某种生产要素所增加的总产量。当生产要素在从零增加到 A 点区间内，边际产量递增，直至达到最高点 I，产量也递增，直至达到该曲线拐点 F；并且这两条曲线都是上凹的，平均产量平缓增加。当投入的生产要素从 A 点继续增加到 B 点时，边际产量递减，其曲线下凹，总产量以递减的速度增加，当投入量增加到 B 点时，平均产量曲线达到最高点并与边际产量曲线相交。当投入量从 B 点继续增加到 C 点时，平均产量开始递减，但其数值高于边际产量，即 $APP > MPP$，当投入量增至 C 点时，边际产量减至零，总产量达到最高点。

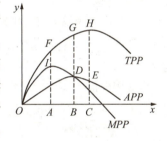

图 7 - 2　土地报酬递减规律阶段分析

　　再设一定时期适合农业生产的土地总量为 T^*，分别承包给两个农户，即农户 A 和农户 B，拥有的承包土地面积分别为 T_1 和 T_2，且 $T_1 + T_2 = T^*$，根据林奇胜（2004 年）的分析，农地流转前后，土地总面积保持不变，仍为 T^*；但土地收益增加了，即土地的利用效率提高了。所以，从全社会的角度来看，当土地流转机制存在时，土地资源得到了更有效的利用，即土地资源得到了有效配置。

　　所以说，无论是从微观经济主体的农户角度还是宏观的全社会角度，土地、劳动力、资金、技术等要素的有效配置，是土地资源有效利用的要求，要素的有效配置，又必须借以农地市场的发育来实现，而农户和社会的土地资源有效利用的动机都是要素有效配置基础上的土地效益最大化。

　　农地流转作为推进农地市场化配置的一种有效手段，流转后农地或者发生或者没有发生土地利用的变化。[300,301]本节主要研究的是农地流转之后，引起了土地利用变化的现象，并分析其响应机理。其响应机理包括驱动力、变化过程、状态和影响等内容。也就是从农地流转的角度探讨土地利用变化，驱动农地流转的因子也间接的影响土地利用变化；变化的过程是土地利用变化的特征、方式和过程分析；状态就是从农地流转的角度区分的土地利用变化的种类；影响是指土地利用变化后对于农地质量和农民生活以及农村经济、地区经济发展的影响。

农地流转驱动力的不同，土地利用变化的方式和结果也大为不同。按照农地流转前后土地利用方式的不同，可以区分以下两类农地流转导致的土地利用变化[302]：第一类是土地发生流转以后的农业用途不发生改变的农地农化，属于农业用地内部的产业结构调整的内容；第二类是土地流转以后的农业用途转为非农业用途的农地非农化，发生了农业用地向建设用地及其他各类用地的转化。而根据诱导因素的不同，又可以将这两大类农地流转导致的土地利用变化进一步细化。

二、农地内部土地利用变化

农地流转以后用途不发生改变，属于农业用地内部的产业调整，包括土地利用方式、程度和规模等的变化。按照流转权利的不同可以分为承包地转包、转让、出租、抵押、互换、入股、代耕等多种形式，其中以转包、转让、转租和互换为主要形式。"据统计，出租、转包、转让是江苏省土地流转的三种主要方式。在全部调查户中，采用出租(承租)方式流转土地的占14.0%；采用转包方式流转土地的农户占63.1%；采用转让方式流转土地的农户占18.3%。"(江苏省统计局2004年江苏省农户土地流转调查报告)。按照流转主体的不同又可以分为集体内农户之间的农用地流转、农户与集体之间的农用地流转、不同集体农户之间的农用地流转、农户与其他经济组织或个人之间的农用地流转等不同的形式，其中前两种形式的农用地流转是在同一集体组织及其成员间进行的，后两种形式的农用地流转则是在不同组织之间和不同组织的农户或个人之间进行的。而根据农用地流转前后在不同农业用途之间的转变，形式更加多样，如耕地转用为林地、耕地转用为水域用地等等，所有这些流转前后产生了农业用途变化的农用地流转以在各地受到广泛推崇的"四荒地"拍卖为最典型。根据国土资源部2003年国土资源公报，2003年全国净减少耕地253.74万公顷，其中生态退耕223.73万公顷，包括退耕还林211.7万公顷，退耕还草11.95万公顷，退田还湖0.09万公顷；农业结构调整减少耕地36.41万公顷。

当前我国的农用地内部流转主要集中发生在农户之间，以及农户与其所属的农村集体组织之间，其中农户与其所属的农村集体组织之间的农用地内部流转主要表现为农户的"土地退包"和农村集体组织的"委托代包"(扬州宝应等地)，而农户与农外组织和个人之间的农用地流转发生的频率不高，规模也不大。如江苏省统计局2004年对江苏省全省26个县(市、区)的52个乡(镇)的农用地流转调查显示:"近年来,随着农业劳动力向第二、三产业大幅度转移,农村土地流转的规模越来越大。2002年全部调查乡(镇)农户土地流转面积达到2.37万公顷,占耕地面积的13.4%,涉及农户14.35万户,占总农户的23%。其中农户与农户间流转土地的面积达到1.23万公顷,占农户土地流转总面积的51.8%。企业、科技人员、机关干部、城镇居民作为业主,到农村从事农业开发引起土地流转的比重有进一步扩大的态势。"而在各种类型的农用地中,以耕地的内部流转最为活跃,这与当前的农用地流转主要集中表现为农户之间的流转有关,如李燕琼、范高林(2002)的调查显示,四川省农用地流转总面积中有58.8%为耕地流转,而"四荒地流转占27.7%,而其他各类农用地流转仅占13.5%"[303]。

1. 规模化经营引致细碎化农地集中导向型

这类农地流转解决了农地细碎化问题,也提高了农地的规模化经营。在实施农村家庭联产承包责任制时,农村土地资源通常按家庭大小、土地肥力、居地远近分配给农户。由于人地比率较高,这种土地分配方式往往导致地块分散。2001年,在浙江省进行的一次农户调查结果也表明,945户有效样本的耕地面积共计239.05公顷,分散为4182块,每块地的平均面积为0.057公顷。这种土地分配制会导致大量土地的荒置,根据对江苏省金坛市的调查[304],新增加的田埂与排水渠就占用5%的耕地,若据此来测算全国情况,就意味着1978—1983年由于实施这种土地分配方式,全国1.33亿公顷耕地,有665万公顷被占用。有关农户调查分析结果表明,随着每个农户拥有的土地地块数的增加,其土地利用的边际效益在递减,而且递减比率在不断增加。例如,地块数从1块增加到2块,单位面积净产值减少了142元/公顷;从2块增加到3块,单位面积净产值减少数增加到533元/公顷;从3块增加到4块,单位面积净产值减少数增加到104元/公顷。因此,土地细碎化将促进农地的流转与集中,而集中后的农地为了适应大规模土地经营者的要求,相关地块的土地利用方式也将可能发生相应的变化。根据2003年江苏省统计局的调查,在137户土地流入户中,有19户土地流入面积在1.33公顷以上,占13.9%。这19户共流入土地面积67.47公顷,占全部土地流入户流入土地总面积的62.7%。由于经营的土地面积较多,这19户的规模经营效益显著。19户在土地流入前人均经营耕地面积只有0.064公顷,人均纯收入只有2622元,土地流入后人均经营耕地面积达到0.976公顷,人均纯收入达到5236元,比土地流入前多了2614元,增长了99.7%。而在人均纯收入中,来自流入土地的就有2878元,占55%。

2004年在上海奉贤区进行的实地调查表明,张弄村有不足10户的外地承包大户承包了占村总面积近 30% 的农地,通过集中细碎土地实现了包菜、西瓜、大葱、玉米、水稻等的规模经营。

2. 食品需求结构引致农业产业结构调整导向型

这类的土地利用变化主要表现为农业内部种植结构的改变和农林牧草地的相互转化。随着人们食物消费多样化要求和农业技术水平的不断提高,人们对粮食的直接需求会有一定程度的下降,因此,农业产业结构也会因此而作出相应调整。例如,根据江苏省宿迁市农村工作办公室的调查,该市流转土地的近 80% 是用于产业结构调整,在 6.15 万公顷流转的土地中,40.09% 是用于发展杨树产业,16.25% 是用于发展水产养殖业,10.62% 是用于发展蔬菜瓜果,4.01% 是用于发展蚕桑,3.78% 是用于发展花卉。农村土地流转工作的开展,也促进了大量的工商资本、民间资本和外商资本参与农业开发。据统计,该市流转后土地上追加的投入总额达 6.14 亿元,每公顷增加 9978 元,平均增加效益 6000 多元,有效地提高了农业土地的集约利用水平。

3. 外源性污染引致土壤质量条件改变导向型

由于化学元素的外源性流入,使得土壤微量元素的富集或改变,从而造成土地原有用途发生改变,改为种植耐性或者抗性增强的品种,导致了土地利用方式发生改变。反过来讲,土地利用方式的变化在一定程度上也会诱发土壤化学元素的改变,从而可能改善土壤的质量和肥力,有利于土壤的可持续利用。

南京市栖霞区由于化肥厂和金陵石化的企业排污造成土地资源状况恶化,使得农户种植的水稻不仅减产而且品质发生了改变,种植的蔬菜也发生了味感改变,土壤质量发生的改变和人们对于食品安全的要求,导致土地向花卉承包大户流转,土地发生由耕地向园地的转化。据实地调查小组在南京市栖霞镇新合村甘四、甘五组的农户随机抽样调查,调查的 33 户发生了农地流转的农户中近 97% 的农户都因为企业排污对于土地质量的影响而被迫将土地承包给外地的花卉种植大户。不过所幸的是由于这两组距离南京市区 15 公里,能够获得的非农就业机会比较多,而且每公顷 7500 元的农地流转费用也比农地单位面积纯收益要高,所以这两组的农户对于这种流转除了对于土地带给他们的安全感有所减弱,和对今后通货膨胀率增长过快而农地流转费用增长速度不能匹配存在隐忧之外,对这种农地流转和土地利用方式的改变还是比较满意的。

4. 农产品市场需求与价格变化导向型

世界有机食品的零售价格一般比普通食品高,对于农民来说,从事有机农业生产的比较效益较大,也是提高农民收入的有效途径。在上海市,有机农产品的销售已经进入了快速增加阶段,上海各著名的大卖场、超市均有有机农产品销售,销售价格是常规农产品的2～4倍。

由于长江三角洲地区经济的发展、人们对于食品安全的要求、国内外对有机食品的需求以及市县政府对于有机农业发展的大力引导和政策推进,在南京、昆山的超市也有了有机茶、有机蜂蜜和有机大米销售,江苏瑞康有机食品公司在南京还开设了有机农产品专卖店,南京普朗克科贸有限公司的有机农产品宅配销售供不应求。

根据我们实地调查的情况,发现为了适应国际市场对于有机农产品的需求,提高有机农产品的比较收益,江苏省溧水县通过"以田换田"调整区划,集中土地。通过租赁、反租倒包等多种土地流转方式扩大规模经营,发挥规模效应,并在土地流转过程中实现土地利用的调整和变化。迄今为止,溧水县已经培养了四大类共几十种有机食品,以蔬菜、畜禽养殖和水果为主,拥有西兰花、毛豆、青刀豆、菠菜、南瓜等畅销国际的主打产品。

5. 基础设施建设用地征用引致地形改变导向型

这种流转是由于国家征地修建公路铁路时,由于挖土堆积路基,造成原有平地发生地形、地势的改变而导致的土地利用变化。在上海奉贤区的调查,由于土地国家征用后建设高速公路,农户将挖土垫路基后形成的零星的不能连成块的低洼地就势由以前的水稻地(耕地)改为鱼塘或者种植对于土壤肥力要求不高的豆类作物,不再作为以前大面积水稻地的一部分。由于这种农地不收取税费,面积也不是很大,也不需要太多的农业投入,所以,在家里有足够劳动力的情况下,有些农户一方面享受着土地征用后的收益,另一方面会充分利用这些闲置土地,改变原有的种植方式和结构,发挥土地最大的效用。

三、农地转为非农用

从我国的实践来看,农用地流转后转化为非农业建设用地从总体上来说可以区分为合法和不合法两种主要形式。合法的情况有工业化和城市化过程中的国家土地征用和集体土地的非农业建设流转,不合法的情况有集体的"反租倒包"和在一些经济发达地区及一些城乡结合部出现的农户私下将承包地流转后转化为非农业建设用地,根据土地的来源不同和流转的驱动力不同,可以将农用地流转后发生的土地利用的非农化改变,主要有工业化、城市化土地征用导向型、农村集体农用地非农建设导向型和农户承包农用地非法非农化导向型。

第二节　区域农地流转的土地利用变化响应
PSR 模型及实证分析

农地利用是在人类活动的持续或周期性干预下,进行自然再生产和经济再生产的复杂过程,农地流转作为土地制度框架下对农业土地经营方式的探索,必然会随着流转模式和机理研究的深入导致农地利用的变化,所以研究农地利用变化率的特点可以作为研究农地流转的一个指标来体现农地流转的效率。

一、响应的 PSR(压力-状态-响应)机理

影响农地流转率的因素是多种多样的,影响的程度、方向也是不同的(如图7-3)。农地流转影响农地的利用变化不仅包括种植类型的变化还包括种植规模的变化。

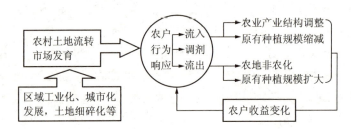

图 7-3　农村农地流转与农地利用变化响应示意图

流入土地会造成原有种植类型规模的扩大或者发生种植结构的调整,改变种植类型。流出土地会造成原有种植类型规模的缩减或者发生农地转非农用地的变化。农户家庭既有流入又有流出土地时,往往发生的是原有种植类型规模的变化。

所以对于农地利用变化率指标的计算,由以下的方法得出:

流入土地若发生农业结构调整,则农地利用变化率为1;若只发生原有种植规模的扩大,则计算种植规模在原有基础上的扩大率。

流出土地若发生农地转非农用地,则农地利用变化率为1;若只发生原有种植规模的缩减,则计算种植规模在原有基础上的缩减率。

既有流入也有流出的土地,在调查区域往往是原有种植规模的变化,所以以(流出土地面积－流入土地面积)/[现有面积＋(流出土地面积－流入土地面积)]来计算。

二、数据的获取

本次实证数据以问卷的方式设计,主要以 PRA(Participatory Rural Appraisal)方法进行农户访谈获得,以深入农村住户家中无组织访谈的方式进行农户匿名访谈,以避免敏感问题回答不真实的情况,同时避免单纯的问卷方式不灵活、回收率低和观察资料不详尽的缺点,涉及和实施过程中主要坚持以下原则方法:(1) 全面性原则,把关系农户土地利用行为的各个方面都在问卷中充分体现,并使样本在区域分布上具有广泛性;(2) 适宜性原则,问卷中的问题及其选择性答案为研究目的所必需的,按照一定的秩序进行排列,即农户基本情况、农户拥有土地类型及农业经营情况、农户经营土地流转情况的调查、主要的土地利用方式、土地流转引起的耕地面积增减变化情况,在进行农户访谈时易于实施。这些调查情况包括了农户家庭人口素质状况、农产品生产成本和农产品价格、土地投入产出、农户收入、土地流转意愿、观点和土地利用方式意愿等方面的内容。

由于经济发展水平的不同,农户对农地的态度、农地流转的认知度、接受度、参与流转的积极性也都会有所不同,因此,本研究对长江三角洲地区分别选取了经济发展水平不同的 5 镇 8 村作为研究区域,实地调研取得随机抽样样本数据。调查问卷总 636 份,其中实际发生了农地流转的农户共 317 份。其中:上海奉贤区青村镇唐家村、圆通村和张弄村总 104 份(有效问卷 100 份);南京栖霞区栖霞镇新合村和溧水洪蓝镇傅家边村总 55 份;泰州市兴化海南镇南蒋村、周庄镇薛庄村和城东镇周蛮村总 100 份,扬州宝应鲁垛村和三新村 60 份(有效问卷 58 份)。

三、描述统计分析

根据江苏省统计局农调队的农户调查资料,农户农地流转驱动力可以从流入和流出两个方面进行分析,再结合我们 2004—2005 年的实地调查资料(选取了第一次调查中泰州、南京和常熟三市发生了农地流转的 137 户农户资料进行分析),可以对农户流转的驱动因子进行进一步的确定和筛选,从而进行驱动力因子模型模拟。

表 7-1　流入土地原因分析表

土地流入原因	农户数(户)	所占比例(%)	土地流入后农户收增长情况(%)
充分利用剩余劳动力	64	46.7	21.9
扩大生产规模	44	32.1	83.1
亲朋好友委托耕种	25	18.3	20.0
其他	4	2.9	70.2
合计	137	100.0	43.6

表 7 - 2　流出土地原因分析表

土地流出原因	农户数(户)	所占比例(%)
土地流出前无农业劳动力	37	22.6
能在非农领域找到就业岗位	58	35.4
来自流转土地的收入比重低	32	19.5
服从乡村统一规划	18	11.0
土地流转收益高于自己耕种收益	16	9.7
其他	3	1.8
合计	164	100.0

四、回归模型设定

由于农地市场发育迫切要求对农地流转驱动力及农地利用变化对农地流转响应的机理进行定性分析和定量研究,故选取了 12 项影响因子建立农地流转驱动力的数量经济模型,提出了对农地利用变化率的计算方法,结合实地调研长江三角洲地区农户数据,发现农地流转的驱动因子表现出一定的区域差异性。通过对农地流转率和农地利用变化率进行曲线估计,发现随着农地流转率的增加,农地利用变化率虽然在各地均表现出"凸"型非线性增加态势,但是在增加的幅度上也表现出区域差异,这个结果量化地表明农地流转对农地利用变化的影响不可低估,正是由于农业土地利用变化对土地流转的响应,而农村土地流转又受到诸多的农户行为因素直接驱动。因此,要进一步优化农地利用结构,就必须从刺激农地流转的因子角度寻找突破口。

基于前面对于农地流转驱动力的统计数据的分析,并且结合土地经济学研究的相关内容,选择以下变量作为自变量:

M_d:农地产权安全,政府主导型流转为 1,市场引导型流转为 0;

D_i:农户家庭距离等级公路的距离;

P_1:企业排污,企业排污对农地生产能力有影响为 1,无 0;

P_n:非农就业率 =(非农生产人口 + 家庭所有兼业人口每年兼业月长总和

$/6)/$ 家庭总人口数 $= (T + \sum_{i=1}^{n} t_i)/Tp_i$;

R_n:非农收入比 = 非农人口收入 / 家庭总收入;

E_n:恩格尔系数 = 家庭食品消费支出 / 家庭总支出;

A_p:人均耕地面积 = 家庭承包耕地面积 / 家庭人口;

A_i：单位面积农业纯收益 ＝ 总产出－（土地租金或土地价格＋生产资料价格＋农业劳动力价格＋农业税费）；

E_x,E_c,E_g：家庭最高受教育水平,小学$(1/0)$,初中$(1/0)$,高中及以上$(1/0)$；

R_s：户口归属地,本地为1,其他为0

其中：① 家庭人口中,6月以上从事非农业生产的为非农业生产人口,2～6月从事非农生产的为兼业人口；② 由于非农就业率与非农收入比例属于相同类型变量,两者存在很大的共线性,所以在模型中以实际拟合度较好的变量存在。

运用 SPSS 软件对农地利用率的影响因子进行数量经济分析,可以得到南京农地流转驱动力模型：

$$R_t = -0.940 - 0.031D_i + 0.436R_s + 0.486R_n + 0.145\ln A_i - 0.096\ln E_n + 0.136E_x$$

模型中：

$R = 0.857(adjusted\ R^2 = 0.693), F = 17.592, sig = 0.000, Dubin-Watson = 1.844$,各项残差值均非常小,通过了检验。

同理,可以得到上海的农地流转率模型：

$$R_t = 0.203 + 0.029D_i - 0.089R_s + 0.163M_d + 0.104P_1 - 0.265A_p + 0.383E_n + 0.481E_x + 0.439E_c + 0.438E_g - 0.040R_n$$

泰州的农地流转率模型：

$$R_t = -0.711 + 0.122R_s + 0.185\ln A_p + 0.133\ln A_i - 0.238\ln E_n + 0.113E_x$$

总流转率模型：

$$R_t = -0.312 - 0.008D_i + 0.145R_s + 0.165P_1 - 0.099\ln A_p + 0.075\ln A_i + 0.345E_x + 0.365E_c + 0.299E_g + 0.154\ln R_n$$

以"＋"表示因子对农地流转正向影响,"－"表示影响因子对农地流转负向影响,在模型中因子所表现出来的对农地流转的影响方向见表7－3。

表7－3 因子对农地流转的影响方向区域比较

模型	D_i	R_s	R_n	A_i	E_n	E_x	E_c	E_g	M_d	P_1	A_p
上海	＋	－	－		＋	＋	＋	＋	＋	＋	
南京	－	＋	＋	＋	－	＋					
泰州		＋	＋	＋	－	＋					＋
总	－	＋	＋	＋		＋	＋	＋			

五、模型估计结果分析与评价

从总模型结果可以得出以下结论：

（1）从总模型可以看出，农户家庭较高的受教育程度（E_x，E_c，E_g）对于农地流转在长江三角洲地区还是起到极大的推动作用，教育水平对于农地流转的刺激作用不可忽视；非农收入（R_n）占家庭收入的比例越大，农地流转率也越大，这在一定程度上意味着农户对农地的依赖性越弱，农户农地流转的可能性和积极性随之增大。

（2）从调查区总体来看，当地居民（R_{s_i}）的农地流转行为要比外地农民（R_{s_o}）活跃，表明对农地发包和承包的集体经济组织成员权的肯定和农地使用权对流动人口的部分限制对农地流转有较大的影响。

（3）单位面积农业纯收益（A_i）与农地流转率成正比，人均耕地面积与流转率成反比。这是调查区域总体所表现出来的一个特别现象，说明在调查区域单位面积农业纯收益（A_i）提高的幅度相比较非农收入（R_n）的增幅太小，农户更多的是借助非农收入（R_n）的增加来改善生活质量，而不是借助于从事农业生产；国际上比较认可的人均耕地警戒线 0.053 公顷，调查区域人均耕地面积不足 0.067 公顷，现有的人均耕地面积制约了人们更多地参与农地流转。

（4）企业排污（P_l）的存在刺激了农地的流转，而且在调查区域作用尤其凸显。

从区域模型结果可以得出以下结论：

由于各地的经济发展水平的不同，农户对农地的态度、农地流转的认知度、接受度、参与流转的积极性也都有所不同，因此，不同区域的驱动因子的排序也会有所不同。

表7-4是依据模型中不同区域的驱动因子对当地农地流转率的影响程度大小进行的排序。

表7-4　区域农地流转模型运行结果

	因 子 影 响 程 度 排 序
上海	教育（E_x，E_c，E_g 小学）＞恩格尔系数（E_n）＞产权安全（M_d）＞企业排污（P_l）＞距离（D_i）
南京	非农收入比（R_n）＞户口（R_s）＞单位面积农业纯收益（A_i）＞教育（E_x，E_c，E_g 小学）
泰州	人均耕地面积（A_p）＞单位面积农业纯收益（A_i）＞户口（R_s）＞教育（E_x，E_c，E_g 小学）＞非农收入比（R_n）
总	教育（E_x，E_c，E_g）＞企业排污（P_l）＞非农收入比（R_n）＞户口（R_s）＞单位面积农业纯收益（A_i）

造成这种区域差异的原因是多方面的,主要表现在以下几点:

(1) 受教育程度(E_x,E_c,E_g)对上海农户中的农地流转行为刺激作用较大,这表明了受教育程度对于上海农户接受土地流转政策起了积极作用,也说明了上海农户的土地流转行为更加理性。同时,上海的农户在食品消费(E_n)占家庭消费比例较高的情况下,农地流入率更高,这从一个侧面反映了上海农户对农地的态度与泰州和南京不同。上海的经济发展水平较高,物价相对较高,消费支出也高,这就使得当地的农户在食品消费高时,希望能有更多的农地产出来弥补。而泰州和南京物价水平和消费相对都要低一些,所以农户食品消费较高时对家庭收入的压力变化不是太大。

(2) 南京农户由于有着相对更多的非农就业(R_n)机会,所以非农收入比对农户农地流转起决定作用。而户口(R_s)对于农地流转的限制也比其他两地大,这反映了南京对外地农户农地流转还有较多的限制。

(3) 由于泰州的人均耕地面(A_p)积高于南京和上海,土地流转更容易形成农业规模经营,所以,在泰州表现出人均耕地面积和单位面积农地纯收益对农地流转的强刺激作用。

六、土地利用变化响应及结果分析

用 Y 表示农地利用变化率,它的数值是取规模或者结构调整的面积比例,对农地流转率与农地利用变化率的关系进行模型分析有结果见表7-5。

表7-5 区域农地利用变化率与农地流转率关系模型运行结果

地区	曲线估计	R^2	F	Sig.	曲线模型
上海	CUB	0.747	42.21	0.000	(7.1)
南京	CUB	0.971	452.59	0.000	(7.2)
泰州	S	0.710	107.90	0.000	(7.3)
总	POW	0.761	424.06	0.000	(7.4)

$$Y = -0.0030 + 2.5532R_t - 2.9871R_t^2 + 1.4321R_t^3 \tag{1}$$

$$Y = -0.1787 + 2.4734R_t - 2.7077R_t^2 + 1.4172R_t^3 \tag{2}$$

$$\ln Y = 0.0912 - 0.3304/R_t \tag{3}$$

$$\ln Y = \ln 0.9851 + 0.7895\ln R_t = -0.01501 + 0.7895\ln R_t \tag{4}$$

由此结果可以看出,农地流转率对农地利用变化的影响呈非线性,随着农地流转率的增大,农地利用变化增加的比率逐渐降低(如图7-4)。

根据农地流转率与土地利用变化率之间表现出来的关系,可以得出以下

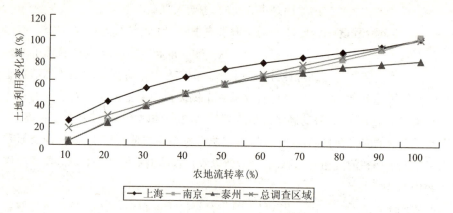

图7－4 调查区域农地流转率与土地利用变化率关系

结论：

（1）农地流转率与土地利用变化率之间的关系表现出一定的区域差异，随着农地流转率的递增，上海的土地利用变化率递增幅度最小，南京递增幅度最大，泰州介于其中。根据前面的分析，南京的农户有更多的非农业的就业机会，而上海的农户由于相对较高的生活消费，更多的希望依赖农地满足部分的食品需求，所以造成南京的农户随着农地流转率的增加，对于提高土地利用结构调整比率具有更大的积极性。而泰州的人均耕地面积比较大，农地流转后更容易实现农地的规模经营，从而得到农产品的比较受益。所以，在农地发生流转以后，或者实现了规模经营，或者进行了农地非农化，进行了土地利用结构的调整。

（2）从区域总样本来看，农地流转率在5％～55％内，土地利用变化率变化程度最大；55％～85％变化幅度开始趋缓；85％以上最为缓和，而目前情况下的长江三角洲地区的农地流转率在30％～50％之间，所以说政府更应该尽可能从完善土地市场发育角度引导土地利用变化。

而由于农地发生流转率的变化趋势与农地利用变化率的变动趋势是一致的，只是变化的速率有所不同，所以，影响到农地流转的因素：农地产权安全；农户家庭距离等级公路的距离；企业排污；非农就业率；非农收入比；恩格尔系数；人均耕地面积；单位面积农业纯收益；家庭最高受教育水平；户口归属地，都会以不同的方式影响着土地利用规模和方式的改变。

第三节　基于空间特征分析的农地流转和土地利用变化响应研究

区域现象的空间分析是地理学的核心问题之一,对空间分异的研究最早可以追溯到杜能的农业区位论。后来许多的学者关注了城市居住、人口变动、环境要素和农村发展等的空间分异规律和形成机理。农地领域的使用权转移作为具有区域特点的土地资源配置的有效制度措施,由于土地宏观管理部门和农户微观行为的共同作用表现出一定的市场化分异特点,使得多元化的农户之间土地流转模式和规模在空间上出现许多不同的特点。结合空间分异理论进行土地流转区域比较研究对区域土地利用结构调整、农业发展、农民收入提高、城乡统筹、建设农村和谐社会有着重要的影响。

空间分异是区域整体发展不均衡的表现,研究空间分异对于实施和实现可持续发展战略有着重要的现实意义。农村土地流转对于农地利用结构变化和农村的稳定与发展,有着不可忽视的重要作用。主导土地流转市场发展和空间分化的是城乡经济、土地利用的空间组织形式和农户,具体而言,土地流转空间的市场分化过程,可以通过这一过程中的特定社会经济宏观背景和农户内在的相互关系解释。

土地流转市场内不同社会——经济群体的农户需要通过一系列不同市场分化使之与不同类型、区位的社会经济发展相吻合。简而言之,区域内部存在一系列各具特色的土地流转市场,由于它们都是地区性的,可直接反映区域土地流转空间与结构。每个土地流转市场的空间结构既受微观决策主体行为的影响,同时也受到外在的决策协调机构,如政府、土地管理部门等的行为影响。农户因不同的生活周期、生活经历、社会阶级等不同而行为各异,而农户的动机和行为又有效地决定了土地流转的结构化过程。土地流转是多因子相互交织作用的结果,微观上可以用土地利用变化、农户职业构成、农户经济结构变化、空间认知等来衡量它的空间结果。因此我们可以从主导土地流转空间分化的农户群体来研究土地流转市场空间分化过程。通过研究形成或阻碍土地流转市场分化与结构变化的农户内在差异机制,可以解释农户分化乃至土地流转空间分异机制。因为不同的农户群体是通过日常决策过程来使他们具有不同的土地资源可接近性的。

一、区域农地流转的空间分异模型

土地流转空间的市场化分异研究对于农地利用结构调整和建设农村和谐社会意义重大。根据区域经济学和土地经济学有关原理,选取体现农户土地流转微观行为差异的 11 个因子,构建农户土地流转空间分异指数模型,结合长江三角洲的泰州、南京和上海部分地区的农户调查,根据土地流转空间分异指数特点将土地流转空间分异划分为四个级别,提出了三种土地流转空间分异类型。研究结果表明,从农户整体看,大部分的农户属于中间级别,说明土地市场地区发育比较均衡。土地资源禀赋、农地收益最大化以及受户籍制度影响的土地区位是产生农户间土地流转空间分异的重要因子。针对各因子对土地流转空间分异影响程度的不同,采取相应的措施,可以提高地区土地流转空间的市场化分异级别,从而促进农村的经济发展与社会和谐稳定。

基于理论判断和影响因子选择,降维综合原始指标,可得所选因子的初始特征值,建立旋转因子矩阵将因子自动聚类,可以取得相互独立的主因子(如表 7 - 6)。

表 7 - 6　总变化解释

指标体系	初始特征值		
	总数	变化百分比	累积百分比
X_1	2.673	24.298	24.298
X_2	1.628	14.802	39.100
X_3	1.341	12.192	51.292
X_4	1.042	9.475	60.767
X_5	0.844	7.673	68.440
X_6	0.796	7.235	75.675
X_7	0.723	6.576	82.251
X_8	0.641	5.825	88.076
X_9	0.597	5.429	93.505
X_{10}	0.453	4.116	97.621
X_{11}	0.262	2.379	100.000

表 7-7　旋转因子矩阵

指标	主因子										
	4 个主因子				7 个主因子						
	1	2	3	4	1	2	3	4	5	6	7
X_1	0.182		−0.670	−0.185					0.954	−0.129	
X_2		0.152	0.700	−0.121		0.110			−0.130	0.935	0.112
X_3	0.172			0.854	0.118			0.912			
X_4	0.691			0.158	0.836		−0.111			−0.123	
X_5	0.356		0.554		0.174					0.111	0.972
X_6	−0.769	0.228			−0.647	0.317	−0.264		−0.162		−0.180
X_7	0.873	0.121	0.100		0.822		0.339	0.108		0.137	
X_8	0.457	0.400	−0.224	−0.431	0.153		0.929				
X_9	0.454	−0.458		0.371	0.466	−0.391	−0.283	0.333	0.277	0.264	
X_{10}	−0.375	0.641		0.334	−0.400	0.636		0.352			
X_{11}	0.100	0.779	0.173	−0.123	0.159	0.846		−0.191		0.144	

　　根据计算结果,可以将土地流转分成两类:一是自动聚类得出 4 个主因子的分异 $R_1 \sim R_4$,可信度为 60.767%,用以说明土地流转空间分异主要的内在因素影响程度;二是 7 个主因子的分异,可信度为 82.251%,可以提高对农户土地流转空间分异的分析可信度。

　　4 个主因子的分异结果:R_1 表示土地资源禀赋和非农收入比重,包括 X_4,X_6,X_7,X_8;R_2 表示农户区位和产权,包括 X_9,X_{10},X_{11};R_3 表示人口构成和家庭消费,包括 X_1,X_2,X_5;R_4 表示农业经营收入,包括 X_3。7 个主因子的分异结果:R_1 表示土地资源禀赋、产权和非农收入比重,包括 X_4,X_6,X_7,X_9;R_2 表示农户区位,包括 X_{10},X_{11};R_3 表示土地利用变化率,包括 X_8;R_4 表示农业经营收入,包括 X_3;R_5 表示农户兼业化程度,包括 X_1;R_6 表示农户受教育水平,包括 X_2;R_7 表示农户消费水平,包括 X_5。

　　从主因子分析结果可以看出,土地流转空间分异的重要影响因子是 R_1 和 R_2,即:土地资源禀赋、产权、非农收入比重和农户区位。说明了农户对农地经营效益最大化的追求、土地制度、土地资源禀赋决定的农户微观行为和受户籍制度影响的农地位置是产生农户之间土地流转空间分异的最主要原因。利用主因子得分系数和主因子方差贡献率,计算可得调查区域农户土地流转空间分异指数(如图7-5)。

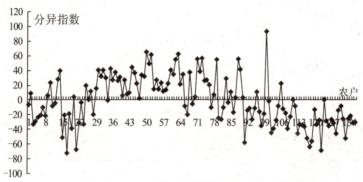

1～47为南京农户;48～90为上海农户;91～137为泰州农户

图7-5　农户土地流转空间分异指数

根据调查农户土地流转空间分异指数所反映出来的特点,可以把土地流转分异指数分为4个级别(如图7-6):(1)指数>40,共有农户16户,占总调查农户的11.68%,其中南京4户,上海11户,泰州1户;(2)指数在0～40之间,共有农户50户,占总调查农户的36.50%,其中南京23户,上海23户,泰州4户;(3)指数在0～-40之间,共有农户59户,占总调查农户的43.07%,其中南京17户,上海9户,泰州33户;(4)指数<-40,共有农户12户,占总调查农户的8.75%,其中南京3户,泰州9户。从被调查农户整体来看,近80%的农户分布于级别Ⅱ、Ⅲ。

从前面的理论分析可知农户土地流转分异指数可以定量衡量区域农户土地流转分异中各种要素之间的协调程度,其数值较高,说明农户土地流转空间协调性较好。因此,从区域比较研究出发,调查区域农户可以划分为三种土地流转空间分异类型:(1)强趋同型(上海型),土地流转分异指数大于0的农户占上海农户调查总数的79.07%,属于Ⅰ、Ⅱ级;(2)趋同型(南京型),土地流转分异

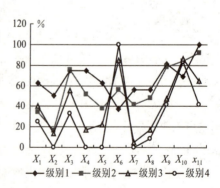

图7-6　土地流转的空间分异级别特征

指数小于0的农户占南京农户调查总数的42.55%,大于0的农户占南京农户调

查总数的 57.45%,85.11% 的农户属于 Ⅱ、Ⅲ 级;(3) 弱趋同型(泰州型),土地流转分异指数小于 0 的农户占泰州农户调查总数的 89.36%,属于 Ⅲ、Ⅳ 级。可以看出,南京型为上海型和泰州型的过渡类型。

　　根据影响土地流转空间分异因子作用力的不同,产生不同土地流转空间分异类型的内在机理可以详细描述为:(1) 农户的人口结构。级别 Ⅰ～Ⅳ 农户非农就业率大于 50% 的占本级别农户总数的比重分别为 62.5%、34.69%、40%、25%;初中以上受教育水平占本级别农户总数的比重分别为 50%、16.33%、13.33%、0.00%。(2) 农户的收入结构。农业收益大于 6000 元/公顷的占本级别农户总数的比重分别为 75%、75.5%、50%、33.33%;非农业收入比重等于 100% 的占本级别农户总数的比重分别为 75%、52%、16.95%、0%;恩格尔系数大于 0.4 的占本级别农户总数的比重分别为 62.5%、38%、22.03%、0%。(3) 农户土地资源禀赋。人均耕地面积大于 0.033 公顷的占本级别农户总数的比重分别为 37.5%、56%、84.75%、100%;流转率等于 100% 的占本级别农户总数的比重分别为 56.25%、42%、5.08%、0%;土地利用变化率等于 100% 的占本级别农户总数的比重分别为 56.25%、48%、16.95%、8.33%;政府主导流转占本级别农户总数的比重分别为 81.25%、78%、47.46%、41.67%。(4) 农户区位。距离等级公路大于或等于 1km 占本级别农户总数的比重分别为 68.75%、84%、86.44%、83.33%;户口归属地为 1 占本级别农户总数的比重分别为 100%、92%、64.41%、41.67%。

二、模型运行结果分析

　　(1) 根据土地流转空间分异级别特征,在上海的调查农户土地流转分异指数大于 0(属于 Ⅰ、Ⅱ 级)的农户占农户调查总数的 79.07%;在南京调查农户 85.11% 的农户属于 Ⅱ、Ⅲ 级;在泰州的调查农户土地流转分异指数小于 0(属于 Ⅲ、Ⅳ 级)的农户占农户调查总数的 89.36%。可以看出上海型的农户土地流转空间协调性优于南京型,南京型优于泰州型。而从农户整体集群来看,处于土地流转空间协调级别最高和最低的比例都不大,近 80% 的农户处于中等级别。说明调查区域农地市场发育的整体水平还是比较均衡的,农户的土地流转行为还是比较理性的。

　　(2) 对影响空间分异因子进行聚类分析,结果发现 4 个主因子的分异和 7 个主因子的分类分别可以达到 60.77% 和 82.25%,说明农地经营效益最大化、土地资源禀赋、土地使用制度和受户籍制度影响的农地位置是产生农户之间土地流转空间分异的主要原因。所以,提高以规模、技术为支撑的农地收益、提高土地流转的市场化水平和进一步放松户籍制度是促进土地流转空间协调度的有效手段,也会因此促进农地利用结构调整和农村社会的发展稳定。

（3）土地流转空间分异级别高的农户非农就业率、受教育水平、农业收益、非农收入比重、恩格尔系数、土地流转率、土地利用变化率都比较高，说明这些反映土地流转空间分异内在机理的农户微观行为指标对土地流转空间市场化协调度有很大的正向促进作用。上海农户由于受教育水平、非农收入比重、非农就业率水平都已经比较高，而由收入和消费水平决定的恩格尔系数只会越来越低，所以必须从农地流转的市场化推进来进一步提高农地流转率和农地利用变化率，从而达到提高土地流转空间分异级别的目的。泰州则可以通过提高农户的受教育水平、进一步放开户籍管理、增加非农就业机会来提高土地流转空间分异级别。而对于南京则可以通过市场化引导进一步优化农地利用结构、提高非农业收入比重来提高土地流转空间分异级别。总之，通过影响适合本地社会经济背景的单项因子，可以达到提高土地流转空间市场化分异协调度的目的。

（4）土地流转空间分异级别高的农户人均耕地面积较低。这从一个侧面说明土地流转的一个重要的原因在于现行的耕地细碎化，一个重要的作用在于实现耕地的规模经营。

（5）离中心城镇的距离对土地流转空间分异等级没有明显的影响作用。说明由于路网的建设使得距离已不再是土地流转的障碍因素，对于土地流转空间市场化协调作用也不显著。

三、土地利用变化响应空间特征

由于级别Ⅰ～Ⅳ的农户，其流转率等于100%的占本级别农户总数的比重分别为56.25%、42%、5.08%、0%；土地利用变化率等于100%的占本级别农户总数的比重分别为56.25%、48%、16.95%、8.33%，所以，（1）强趋同型（上海型）：属于Ⅰ、Ⅱ级，其农地流转率和土地利用变化率等于100%的占本级别农户总数的比重分别为：98.25%和104.25%。（2）趋同型（南京型）：属于Ⅱ、Ⅲ级；其农地流转率和土地利用变化率等于100%的占本级别农户总数的比重分别为：47.08%和64.95%。（3）弱趋同型（泰州型）：属于Ⅲ、Ⅳ级；其农地流转率和土地利用变化率等于100%的占本级别农户总数的比重分别为：5.08%和25.28%。

由此可以看出，区域农地流转强趋同型（上海型）农户，其农地流转率和土地利用变化率等于100%的占本级别农户总数的比重最高，相应的，区域农地流转弱趋同型（泰州型）农户，其农地流转率和土地利用变化率等于100%的占本级别农户总数的比重最低，而趋同型（南京型）居中。这是强趋同型、趋同型和弱趋同型区域土地流转空间分异特点在区域土地利用变化方面的积极影响，也是区域土地利用变化在这种空间分异特征引致下表现出的响应特点。

据调查,在苏南常熟等地土地流转从开始至今经历了两个发展阶段:第一阶段,是从推行家庭联产承包责任制到 1997 年,尤其是 1987 年以后,为解决"要种田的人没田种,不想种田的人不能不种"的问题,农村先是出现了自发性的土地流转,1992 年后又根据农村经济发展的要求进行了有组织的土地流转,并积极推进农业适度规模经营,从而有效地阻止了土地抛荒和半抛荒。这一阶段土地流转的政策导向,主要是围绕稳定和发展粮油生产进行的。第二阶段,是 1997 年以来,为了实现农业生产的规模化、专业化、产业化经营,提高农业生产水平,进行了大规模的农业产业结构调整,土地流转数量进一步扩大。2003 年粮经比例由 20 世纪 80 年代中期的 8∶2 转变为 4.5∶5.5;种养比例由 7∶3 转变为 4∶6。随着土地流转政策逐渐推进,农户对于政策的理解的深化,土地流转规模的逐渐扩大,土地利用的方式和结构的调整也越来越趋于合理性和经济性。而随着苏中、苏北地区经济水平的快速提高,土地流转在这些地区也得到了较快的发展,农业的种植结构、种养结构也都得到不断改变。

可以说,区域农地流转的空间特征在一定程度上也反映出区域土地利用变化的空间特征,或者说,区域农地流转的空间特征是区域土地利用变化特点的折射和反光镜。而根据前面的分析,从微观角度进行土地利用规模和方式的调整,在农产品比较收益分析基础上,获得更高的农业收入,可以从农户人口结构、农户收入结构、土地资源禀赋、土地区位等方面分析着手,采取措施,进一步提高区域土地流转的空间协调度。反过来说,土地流转的空间协调度越好,农户能够进行农业结构调整的基础越好,土地利用的方式也越有可能趋于比较优化状态。基于区域农地流转空间特征的影响因子,区域土地利用变化表现出如下特点:

(1) 从农户整体集群来看,近 80％的农户处于土地流转空间协调中等级别,可以看出调查区域农户进行土地结构优化调整的基础比较均衡。

(2) 由于以农地经营效益最大化、土地资源禀赋、土地使用制度和农地区位为主要因子的 4 个主因子的分异和 7 个主因子的分类分别可以达到 60.77％和 82.25％,说明提高以规模、技术为支撑的农地收益、提高土地流转的市场化水平和进一步放松户籍制度也会促进农地利用结构调整。

(3) 要进行土地利用结构的优化,上海主要可以通过农地流转的市场化推进来进一步打好基础;泰州则可以通过提高农户的受教育水平、进一步放开户籍管理、增加非农就业机会来更好地实现土地利用结构调整;而对于南京则可以通过市场化引导进一步提高非农业收入比重使得土地利用结构优化成为可能。通过影响适合本地社会经济背景的单项因子,可以达到区域土地利用结构的优化调整的目的。

(4) 土地流转的一个重要的原因在于耕地细碎化,其重要的作用在于实现耕地的规模经营。

(5) 由于路网的建设使得距离已不再是土地流转的障碍因素,对于土地利用结构的优化调节作用也不再明显。

第四节　大都市郊区农业土地流转类型与土地利用变化响应差异研究

土地利用/覆被变化研究(LUCC)是国际全球变化研究的核心计划[305],也是目前的研究热点和研究重点。虽然土地利用主体是土地利用变化的主要推动力,而且市场经济条件下土地市场流转也日益成为土地利用变化的主要驱动因素,但有关土地利用变化微观机理的研究尚不多见[306-309],尤其是结合土地利用主体的土地市场流转行为来分析土地利用变化的研究更为少见[310],也很少有研究成果考虑到不同类型农业土地流转市场对于农村土地利用变化的影响。基于这些认识,本节主要是针对当前农业土地流转快速发展的态势,尤其是大都市郊区农业土地流转的特征,结合对上海市奉贤区的农户问卷调查,分析不同农业土地市场流转类型对区域农村土地利用变化影响的差异性。

一、区域农地市场发育及理论模型

1. 农地流转机理与区域农地市场类型分析

从土地产权的基本权能看,农村土地流转交易可分为两类,即土地所有权交易和土地使用权交易[311]。而参与农业土地流转的微观主体则主要包括地方政府、集体(或社区)、农户和企业等,并且在农业土地流转的二元市场结构中,不同的主体扮演着不同的角色。文章将分别从政府、集体和农户三者角度分析农业土地流转机理,并在此基础上研究农业土地市场发育类型。

(1) 政府角度

政府在农业土地流转中的作用主要表现在两个方面:一是推动农村"四荒"市场的发育;二是适应工业化、城市化需要,推动农村土地所有权变更,即表现为对农村土地的征购,本节主要研究农业土地流转类型,故侧重分析政府对农业土地的征购行为。研究表明:农业生产用地与农村工业化两者之间的相关程度非常高。

（2）集体角度

在农业集约化经营的背景之下，农民集体解决土地细碎化问题主要是通过村组土地的统一调整实现。为了应对加入 WTO 的挑战，各地纷纷结合地方实际和市场需求，调整农业产业结构，发展特色农业，实现地区农业的可持续增长。经济发达地区为了解决大量的土地撂荒现象，而采取由集体出面，将撂荒的土地统一租赁给外来人口耕种，也是一种由集体主导的农业土地流转形式。除此以外，有关研究表明：集体之间存在土地所有权市场，如经济发达地区相对富裕的大集体从欠富裕的集体购买土地，因为富裕的集体需要更多的土地进行经济建设和发展特色农业等。

（3）农户角度

从农户角度来看，影响农业土地流转的因素包括：维持基本生活的需要导致转入土地进行粮食生产；农业非农业比较收益的存在使得农业人力资本要素处于边际生产状态的农户放弃土地；工业化、城市化引发的农村劳动力的转移导致农业土地发生流转；出于农业集约化经营和专业化生产的需要进行农业土地流转。

（4）综合分析

农业土地市场的发育是多种因素共同作用的结果，结合以上分析，政府、集体、农户三个微观主体对农业土地流转的综合作用可表示为图 7-7。

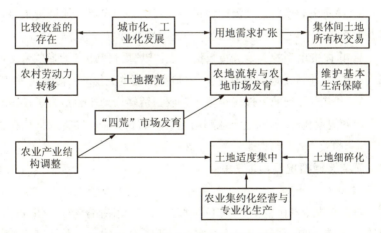

图 7-7　农业土地市场流转形成机理

2. 分析模型构建

为了定量刻画农业土地市场发育对于区域土地利用尤其是耕地利用的影响

和驱动机理,需要建立驱动力模型。而影响农村土地利用的因素除了农业土地流转之外,还有许多与农户个体相关的因素。要找出诸因素对土地利用的影响和彼此之间的依存关系,应建立多元回归模型,其基本形式为:

$$Y = bX + \varepsilon$$

式中,Y 表示 n 阶被解释变量观测值向量,X 表示 $n \times (k+1)$ 阶解释变量观测值矩阵,B 表示 $(k+1)$ 阶偏回归系数向量,ε 表示 n 阶随机项(残差)向量。

模型的因变量确定为现有农业土地中的耕地面积(R_a)。根据以上分析,结合土地经济学的相关内容,选取以下变量作为回归模型的备选自变量:

(1)F_r(被调查农户户口所在地):本地人为 1,外地人为 0。理论分析及实地调研都表明:农业土地的非耕地化转化主要是当地人行为,外来人口由于受经济条件等客观因素的限制,基本还是将流转的土地进行粮食生产,二者对于农业土地的利用存在差异。

(2)F_i(被调查农户家庭收入):由于农业生产和非农生产比较收益的存在,家庭收入越高,农户对土地尤其是耕地的依赖性越弱。

(3)L_n(家庭劳动力比例):劳动力比例决定了家庭在农业生产上可投入劳动力的数量。

(4)E_d(家庭受教育人口比例):受教育水平越高,从事非农就业的机会越多,兼业行为的存在影响农户进行农业生产的积极性,进而影响对农业用地的利用。

(5)A_g(政府引导型的土地流转数量):政府引导的农业土地流转主要是为了公共事业的需要进行农业土地的征购,无疑会导致耕地数量的减少。

(6)A_c(集体推动型的土地流转数量):集体以"反租倒包"的形式将土地承包给外来人口耕种,流转土地的数量越多,土地利用发生变化的可能性越大。

(7)A_f(农户主导型的土地流转数量):农户流转土地主要是为了进行农业的专业化生产和规模化经营,农业土地利用与农户的农业生产结构调整存在密切关系。

二、研究区域概况及实证分析

1. 区域概况

本节以上海市奉贤区为例,该区位于长江三角洲东南端,地处上海市南部,南临杭州湾,北枕黄浦江。2002 年,全区区域面积 704.94 km²,人口 52 万人,下辖 22 个镇。伴随着农业产业结构的调整和城镇化水平的不断提高,奉贤区农业土地流转市场发育迅速,仅 2002 年全区就发生农业土地转用 331 hm²、耕地 327 hm²。

　　根据研究区域的农业土地流转形式、农业经营状况、经济发展水平等因素的差异,选取具有代表性的奉贤区青村镇当中的 3 个村作为调查区域,将随机抽样与重点调查相结合,共对 102 户发生土地流转的农户进行了问卷调查,调查的内容主要包括区位条件与经济发展水平、农户家庭收入状况、家庭劳动力状况、农业经营状况、近年来农业土地流转情况等(如表 7-8)。

表 7-8　样本村区位条件、社会经济发展及农业土地流转概况

区域概况	唐家村	圆通村	张弄村
调查农户(户)	31	33	38
距集镇距离(km)	3.13	4.87	5.15
距等级公路距离(km)	0.93	1.39	0.45
农业劳动力人均产值(元)	15000	5151	21201
非农业劳动力人均产值(元)	40000	6375	38975
劳动力非农就业率(%)	32.70	47.80	44.10
人均现有农业土地面积(hm^2)	0.15	0.30	0.02
人均流转农业土地面积(hm^2)	0.12	0.28	0.05

　　2. 调查区域农地市场发育概况

　　根据问卷调查的统计结果(如表 7-9),不难发现研究区农业土地市场的运行特点。

表 7-9　样本村农业土地市场运行调查结果

市场运行特点	上海市奉贤区青村镇			
	唐家村	圆通村	张弄村	全部样本
政府引导型	0	0	88.33%	11.17%
集体推动型	8.27%	69.43%	1.17%	45.72%
农户主导型	91.28%	30.57%	10.50%	43.11%

　　三个样本村农业土地市场流转类型存在显著差异,结合调查区域的实际情况,分析如下:

　　唐家村距离集镇最近,劳动力的非农就业率最低,农业土地流转以农户之间的自愿流转为主,农业生产正逐步由传统的粮食作物向效益更高的经济作物转变,转出土地的农户就近从事非农业生产,既推动了农业集约化经营,也有效缓解了劳动力转移与土地撂荒的矛盾。

圆通村由于非农就业率相对较高,农业土地流转形式主要是将本村的土地以"反租倒包"的形式承包给外来人口耕种,流转土地仍以种植粮食作物为主,无论是从人均现有农业土地面积还是人均流转农业土地面积看,圆通村的数量都远远大于其他两个样本村。

张弄村流转的农业土地当中,由政府引导的接近 90%,主要是因为张弄村距离公路很近,国家为了交通基础设施的建设需要征购了大量的农业用地,直接后果就是造成本村人均现有农业土地面积急剧减少,不及圆通村的 1/10、唐家村的 1/5。

从整个研究区域看,农业土地市场的发育仍以集体推动型和农户主导型为主,政府引导型的流转在特定区域起主要作用。

3. 模型及统计检验

根据上述分析,确定 R_a 的多元线性回归方程为:

$$R_a = b_0 + b_1 F_r + b_2 F_i + b_3 L_n + b_4 E_d + b_5 A_g + b_6 A_c + b_7 A_f + \varepsilon$$

分别用 3 个样本村的调查数据对各自的农业土地非耕地化流转模型进行计算,并用全部调查数据建立整个研究区的计量模型。然后分别对所得模型进行以下检验:① 拟合优度检验;② 总体线性显著性检验;③ 参数显著性检验;④ 方程自相关检验(杜宾 — 瓦森检验)。

通过计算与统计检验,得到以下四个样本回归方程:

唐家村农业土地非耕地化流转回归方程:

$$R_a = 0.879 - 4.15 \times 10^{-6} \times F_i - 0.156 \times E_d - 0.036 \times A_c - 0.007 \times A_f$$

$$(R_{adj}^2 = 0.435, F = 15.752, \text{Sig}(f) = 0.005, DW = 2.324)$$

圆通村农业土地非耕地化流转回归方程:

$$R_a = 0.831 - 0.143 \times F_r - 1.33 \times 10^{-6} \times F_i + 0.210 \times L_n$$
$$+ 0.002 \times A_c - 0.010 \times A_f$$

$$(R_{adj}^2 = 0.813, F = 26.209, \text{Sig}(f) < 0.001, DW = 2.088)$$

张弄村农业土地非耕地化流转回归方程:

$$R_a = 0.143 - 0.077 \times F_r - 0.279 \times E_d - 0.083 \times A_g + 0.179 \times A_f$$

$$(R_{adj}^2 = 0.503, F = 19.358, \text{Sig}(f) < 0.001, DW = 1.818)$$

调查区农业土地非耕地化流转回归方程:

$$R_a = 0.813 - 0.155 \times F_r - 1.35 \times 10^{-6} \times F_i + 0.194 \times L_n - 0.176$$
$$\times E_d - 0.150 \times A_g + 0.004 \times A_c - 0.008 \times A_f$$

$$(R_{adj}^2 = 0.398, F = 12.971, \text{Sig}(f) = 0.016, DW = 1.863)$$

4. 农业土地非耕地化流转模型运行结果分析与评价

为了研究不同的农业土地市场流转类型对于耕地利用变化的影响,比较农业土地非耕地化流转模型中三种土地市场类型的标准化偏回归系数见表7-10。

表7-10 农业土地市场流转类型与耕地利用变化

流转类型	唐家村	圆通村	张弄村	全部样本
政府引导			−0.298	−0.479
集体推动	−0.135	0.162		0.142
农户主导	−0.198	−0.355	0.407	−0.147

从表7-10可以看出:

一是政府引导下的农业土地流转导致耕地面积的减少,并且从全部样本的情况看,政府引导的农业土地流转对耕地利用变化的影响远远大于集体推动型和农户主导型农业土地流转的影响,这与上文分析的政府引导农业土地流转的机理完全一致。

二是在圆通村及全部样本,集体推动下的农业土地流转都与现有耕地面积呈正相关,在唐家村二者表现为负相关,这说明集体推动下的"反租倒包"对于维持耕地总量平衡、提高耕地利用效率有一定的积极意义。唐家村二者呈负相关的可能原因是:靠近集镇;农产品市场需求大;从事农业生产有较高收入;流转土地都被用来进行经济作物生产;土地用途发生转换。

三是农户主导的土地流转总体而言会促进耕地面积的减少。目前状况下,随着农业生产资料价格的大幅上升,出现了种植业收入与生产成本之间的反差与倒挂,农户的最优选择是进行经济作物种植或水产养殖以实现自身效用最大化。在张弄村农户主导流转农业土地数量与耕地面积呈正相关,这好像与实际情况相矛盾,结合实际可以发现:由于政府行为的影响,该村的农业用地大量减少,而农民为了保证基本口粮,流转后的剩余土地都被用来种植粮食作物,因此农户之间的农业土地流转不仅有效地解决了地块分散问题,而且还保持了剩余农业土地的耕地用途。

三、小结与建议

通过上述分析可以看出:政府引导的农业土地流转导致耕地面积大幅减少;集体推动的流转有利于提高耕地利用效率;农户主导的农业土地流转导致粮食作物种植面积的减少。

结合以上研究结论,从保护农民土地权益、维持耕地总量平衡的角度出发,提出以下建议：

（1）规范市场发育中的政府行为，提高政府征购土地的使用效率，以保护有限的耕地资源。为了规范各级政府的行为，一要明确农民承包地的财产权性质，从而更为有效地促进农户对于承包地的自我保护；二要加强法律建设，通过更为严厉的法律切实保护土地产权的安全性和土地市场的高效运作；三要积极推进征地制度改革，以经济杠杆抑制各级政府的盲目征地行为；四要通过农村土地证券化等方式，实现土地收益分配的合理化。

（2）结合地方实际，合理对待集体引导下的流转。虽然集体引导下的农业土地市场流转有利于耕地资源的充分利用和促进农业集约化经营。但在部分地区，尤其是经济欠发达的传统农业生产区，土地对于当地的每位农户来说，其经济功能和社会保障功能都很强大，如果村组集体机械仿效其他地区，不尊重农户意愿，强制进行土地流转，不仅不利于地区农业的可持续发展，也会引起大量农户的生存恐慌，产生一系列不稳定的社会因素。

（3）合理引导农户主导的土地流转行为，有效保护耕地资源。农村土地的流转方向和流转数量不仅会对区域经济产生影响，而且会对生态环境、国家粮食安全以及农业土地的可持续利用等产生深远的影响。在农户主导的市场中，农户的意愿得到了充分的尊重，并实现了自身效用的最大化，但由于粮食作物和经济作物比较收益的存在，导致在农户效益最大化的背后是大量的耕地转化为其他农业用地，对于整个国家的粮食安全产生潜在威胁。

（4）充分发挥市场在农业土地资源配置中的作用。政府对流转的干预带有一定的行政强制性以及单一化，逐渐不利于活跃农业土地市场，经济改革以及生产要素市场的发展使得市场机制在资源配置中变得越来越重要。在经济意义上，集体土地所有权与国家土地所有权是完全对等的，除了公共使用的土地，可以建立更自由的农业土地市场体系以促进所有权市场和使用权市场的发展。

第五节　农户农地流转行为对土地利用变化的影响

随着工业化、城市化的发展，经济发达地区的农村劳动力逐步向第二、三产业转移，这导致农村非农就业比例的提高以及农户对土地依赖性的减弱，同时农业产业结构的调整又催生了土地的适度规模经营，这些因素促使了农村土地的流转。而农地流转从很大程度上改变了农村土地利用结构、利用方式以及利用强度,本节以经济发达的江苏省泰州市的村庄及农户调查数据为依据建立数量经济模型,探讨农户的土地流转行为对农村土地利用变化的影响程度。

一、农户土地流转对土地利用变化的作用机理

有学者曾对我国现阶段土地利用变化的驱动力进行了宏观分析,将土地使用者的个体驱动行为区分为生存型经济福利驱动与最优经济福利驱动两种类型。其中最优经济福利驱动行为主要发生在经济增长和城市化发展较快的地区,土地产品或服务的市场供求状况和比较效益是影响土地利用变化的主导因素。作为与土地紧密结合的微观经济主体之一的农户,他们的决策行为必然受到市场以及比较效益变化的影响,从而直接作用于土地利用变化(如图7-8)。

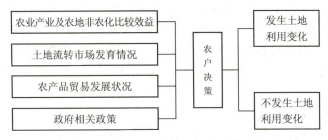

图7-8　农户土地利用变化行为响应机理

农村土地细碎化以及工业化、城市化发展带来的农村剩余劳动力的转移、农业产业结构的调整、社会经济发展不同时期农村土地功能的转变促进了当前农村土地市场迅速发育,也使农地流转行为在农村普遍存在。与此同时,由农户自发的土地流转行为已经引起了土地利用结构、土地利用方式、土地利用集约程度方面的变化。例如,在长江三角洲地区,农户决策行为起主导作用的前提下,农业土地利用正在逐步由传统的大田作物向效益更高的经济作物和水产养殖等地类转化;而土地的适度规模经营也正广泛为农户接受,本次在兴化市调研的63户流转户中,经营农地面积大于等于0.67 hm²的共有13户,占流转户总数的20.6%。可见,农户的土地流转行为正在有效地推进区域土地利用变化。

二、研究区域概况及农户行为特征分析

江苏省泰州兴化市位于北纬32°40′~33°13′,东经119°43′~120°16′,地处苏北里下河腹部,东邻大丰、东台,南接姜堰、江都,西与高邮、宝应毗邻,北与盐城隔界河相望,总面积2393.35 km²。其地貌为碟形洼地,境内河网纵横,湖荡密布,陆地面积、水域面积分别占73%和27%。该区域属于北亚热带湿润气候区,兼有海洋性和大陆性气候特征,雨量充沛,日照充足,四季分明,气候宜人。累年平均温

度 15℃ 左右,降水量 1024.8 mm,日照 2305.6 h,无霜期 227 天。截止 2003 年末,兴化市总人口为 154.99×10⁴ 人,实现生产总值 103.29×10⁸ 元,三次产业占地区生产总值比重为 29.0：35.1：35.9,人均地区生产总值 6659 元。兴化农村的非农产业发展得相当好,乡村就业人员总数为 65.28×10⁴ 人,从事农业的为 33.96×10⁴ 人,而从事工业、建筑业、交通运输仓储业以及邮电通信业的人员占农村就业人员总数的一半,他们创造的社会产值超过农村社会总产值的 70%。2003 年年末,兴化市拥有耕地 12.86×10⁴ hm²,人均耕地 0.083 hm²,是江苏省耕地资源相对丰富的地区。伴随着该区第二、三产业的繁荣和产业结构的调整,农户对农村市场经济和农产品比较利益进行响应,影响了区域土地利用状况的变化。

为了深入了解研究区域的农户行为特征,开展了问卷调查,本次调查以农户家庭为单位,结合了农户基本情况、农户土地经营情况、农户土地流转及土地利用变化情况、农户土地经营成本及家庭收入状况、农户土地经营对土地流转的响应等问题。调查时间范围为 2003 年 5 月至 2004 年 5 月,涉及兴化市 3 个镇下属的 3 个村,分别是:海南镇南蒋村、城东镇周蛮村和周庄镇薛庄村。共随机抽取农户家庭 162 户,其中流转户 63 户(问卷 40 份),非流转户 99 户。由于本次研究的内容是农户土地流转行为对土地利用变化的影响情况,因此主要针对 40 份实际发生土地流转现象的问卷进行分析。

从问卷反馈的情况来看,在调查的流转农户中,实际发生土地利用类型变化(由耕地转化为其他农业用地类型以及非农用地)的农户共 28 户,占流转农户总数的 44.4%。而影响农户对土地利用变化做出响应的因素取决于农业内部各产业以及农地非农化的比较效益、土地流转市场的发育情况、农产品贸易发展状况和政府的相关政策等多个方面。例如,兴化水网密布,水产品丰富,而水产品较之农产品的比较效益高,有不少农户就通过土地流转行为来扩大自己的土地经营规模,同时在耕地上开挖鱼塘从事水产养殖;另外,在周庄镇薛庄村的调查情况中发现,政府的决策行为(如征地)使得农户被迫接受土地利用变化的决定。

三、农户农地流转对土地利用变化影响的数量经济模型

从上述分析可以看出,农户的土地利用变化决策受多重因素的制约,为了量化农户农地流转行为对土地利用变化的影响程度,这里以发生土地利用变化的绝对量为被解释变量,以影响土地利用变化的主要因子为解释变量建立多元线性回归模型,模型形式为:

$$Y = \beta_0 + \beta_1 X_1 + \beta_2 X_2 + \beta_3 X_3 + \cdots + \beta_k X_k + \varepsilon$$

式中,Y 为可观察的随机变量,$\beta_0,\beta_1,\beta_2,\beta_3,\cdots,\beta_k$ 为可观察的一般变量,$X_1,X_2,$

$X_3,\cdots,X_k$ 为待定模型参数，ε 为不可观察的随机误差。

1. 变量选择与说明

根据第二部分农户土地流转行为对土地利用变化作用机理的分析以及在实际问卷调查的过程中获取的信息，初步确定了因变量和 10 个可能对农户土地利用变化行为发生作用的互斥的影响因子，各变量的描述内容如表 7-11 所示。

表 7-11　变量定义

变量类型	变量名	变量说明	变量性质
因变量	Lc	发生土地利用变化的农地面积	连续变量
自变量	$Agriare$	农户现有农用地总面积	连续变量
	$Thfac$	流转的主导因素：政府主导为 1，市场主导为 0	虚拟变量
	Sf	农产品销售率 = 已销售农产品产值 / 农产品总产值	连续变量
	$Rplt$	农地流转率 = 农地流转面积 / 农地基数	连续变量
	Te	最高受教育水平：若家庭中最高受教育水平为初中以上，则 $Te=1$；为初中及初中以下则 $Te=0$	虚拟变量
	$Edin$	教育支出占总支出的比例 = 家庭年教育支出 / 家庭年支出	连续变量
	$Engle$	恩格尔系数 = 家庭食品消费支出 / 家庭总支出	连续变量
	Gop	粮食作物总产值（主要是水稻和小麦的产值）	连续变量
	$Ngop$	农业中非粮食作物产值	连续变量
	Na	农户家庭非农业收入	连续变量

Lc(发生土地利用变化的农地面积) 土地利用变化的表现形式是多种多样的，一般反映土地利用变化的量化指标都需要连续年份的数据，这里将复杂的指标简化为发生土地利用变化的绝对量，作为回归方程的因变量。

Agriare(农户现有农用地面积) 由于农业比较效益低下，农户兼业行为非常普遍，只有当农户拥有较大规模的农用地时，他们才可能通过农业生产获取更多收益。因此，农户当前拥有农用地面积的多少直接影响着他们对土地利用方式的选择。

Thfac(流转的主导因素) 随着农业产业内部和农业与非农产业之间产出效益的逐步扩大以及农村土地市场的日渐发育，农户的行为也更加经济和理性，他们会根据市场化的需要而选择是否实施农地流转及转用。同时政府的干预也会起一定的制约作用，比如政府征地或因生态需要而退耕还林。

Sf(农产品销售率) 农产品销售率的高低反映了家庭农产品的自给程度,销售率低的自给型农户家庭不以农业收入为家庭收入的主要米源,销售率高的农户家庭有改变土地利用类型以获取销售收入的要求。

Rplt(农地流转率) 本研究关注的是农户的农地流转行为对土地利用变化的影响程度,自然要将农地流转率纳入自变量的范围之内。

Te(家庭最高受教育水平) 教育水平是影响决策的重要因素,家庭中拥有最高教育水平的人所作的决定通常具有举足轻重的作用。广大农村居民总体受教育水平普遍不高,而调查中也发现家庭里初中及以下文化水平的人员居多,因此这里认为具有初中以上文化水平的农民对决策有较大影响力,在变量描述中简化为初中以上和初中及以下两种类型。

Edin(教育支出占总支出的比例) 农户家庭中有小孩上学的,为了应付较大的教育开资,通常会选择获益较高的土地利用方式,他们有较大的农地转用倾向。

Engle(恩格尔系数) 恩格尔系数可以反映一个家庭的支出能力,这种能力将影响到农户家庭是否把支出的一部分用作土地利用变化的成本。

Gop(粮食作物总产值)和Ngop(农业中非粮食作物产值) 从经济学的角度分析农户农地转用的驱动力,认为农地转用是在比较经济效益的驱使下农户对农业结构进行调整的结果[312]。因此,农户对土地利用类型的选择取决于各种利用方式的比较效益,产值效益越高,他们选择的可能性越大。

Na(农户家庭非农收入) 城市化的冲击导致大量农村劳动力劳动时间的转移,非农收入在农户家庭中所占的比例越来越高。非农收入越高,农户对农业的依赖越来越小,农户不会过多考虑改变土地的用途结构以获取更多的农业收益,他们产生土地利用变化决策的动力越小。

2. 模型的建立和回归分析

由上述分析可以确定多元线性回归模型的回归方程为:

$$Lc = B_0 + B_1 Agriare + B_2 Sf + B_a Rplt + B_4 T_1 fac + B_2 Te + B_6 Edin + B_7 Engle + B_8 Gop B_9 Ngop + B_{10} N$$

应用SPSS软件中的多元线性回归分析工具对调研所获取的样本数据进行模型计算,计算中采用了逐步回归法,对纳入方程的自变量进行选择和剔除,得出5个回归方程。通过对多项统计检验值的观测和比较,最终获得了以下的样本回归方程:

$$Lc = -26.673 - 0.327 Agriare + 1.888 Sf + 16.640 Rplt + 2.081 \ln(Gop) + 0.833 \ln(Ngop)$$

需要说明的是，Gop 和 $Ngop$ 这两个自变量的数值偏大，可能会导致其相应的系数非常小，为了避免这种情况出现，模型运算中对他们取了自然对数，模型的回归分析结果见表 7-12。

表 7-12 模型分析结果

方程中的变量 常数项	非标准化系数	标准化系数	T 检验值	T 检验显著性值
	−26.673		−4.738	0.000
农用地总面积（hm²）	−0.327	−0.606	−5.528	0.000
产品销售率（%）	1.888	0.279	2.856	0.007
农地流转率（%）	16.640	0.925	9.115	0.000
粮食作物产值（万元）	2.081	0.330	3.167	0.003
农业中非粮食作物产值（万元）	0.883	0.305	2.800	0.008
R^2	0.725	F 检验值	18.410	
调和 R^2	0.685	F 检验显著性值	0.000	

根据回归结果进行统计检验的情况如下。

拟合优度检验：方程的拟合优度判定系数 R^2 校正值为 0.685，拟合优度一般。

总体线性显著性检验（F 检验）：该检验的显著性值达到 0.000，通过了回归总体线性的显著性检验。

参数线性显著性检验（t 检验），由表 7-12 可以看出，方程中所有自变量的显著性值都小于 0.01，通过了参数显著性检验。

3. 模型的分析

根据回归方程的具体情况对各个自变量与因变量（发生土地利用变化的农地面积）的相关关系进行分析：

（1）$Agriare$（农地总面积）与 Lc 呈负相关关系也就是说随着农户家庭拥有农用地面积的增大，农户改变现有的土地利用方式的可能性越小，农户实际发生农地转用现象的面积越小。这也说明当前农户经营农地规模过小仍然是制约农业发展的重要因素，农地规模太小不利于节省农业投入成本，提高单位农地面积的收益，从而降低了农户继续从事农业生产的积极性。另一方面，农地市场逐步发育，农户在进行收益比较的基础上，将自己经营的农地通过转包、租赁、反租倒包、入股等方式流转给企业、村集体或者其他农户，导致了土地利用形式的变化。

（2）Sf（农产品销售率）与 Lc 呈正相关关系，这是对 Lc 产生较大影响的因子,说明农产品贸易市场的日渐活跃强烈的影响着农地利用方式,农产品销售率越高,农户可能改变现有农地利用方式的面积越大。在兴化调研时发现,农地单一从事种植业的农户家庭,农产品销售率普遍不高,他们生产的产品主要还是用于满足家庭生活需要;而拥有园地或者鱼塘的农户农产品销售率较高。据此,可以认为,以农业生产为主的农户,为了获得更多的农业收益需要将大量的农产品出售,而在农业内部产业结构比较效益的刺激下,他们必然会选择经济效益较好的农业产业,进而由一种土地利用类型转化为另一种土地利用类型。

(3) $Rplt$(农地流转率)与 Lc 呈正相关关系由回归方程可以看出,农地流转率是对 Lc 产生最大影响作用的因子,农地流转率越高,实际发生土地利用变化的农地面积越多。在对问卷数据进行处理的过程中,笔者对比了流转户和非流转户对土地利用变化行为的响应,发现:63 户流转户中有 28 户发生了土地利用变化,占 44.4%;而 99 户非流转户仅有 7 户发生了土地利用变化,占 7.07%。这充分说明,农地流转是刺激农户产生农地转用的重要因素。农户流进土地是为了扩大农地经营规模,在农业内部结构调整的影响下他们有转向农业中其他产业的意愿;流出土地一方面受政府政策影响,另一方面可能为了空余更多时间从事非农产业,前者已经分析过,农地转为非农用地的可能性很大,后者土地有可能流向种田能手,也不排除农地转用的可能。

(4) Gop(粮食作物总产值)和 $Ngop$(农业中非粮食作物产值)与 Lc 呈正相关关系从理论分析上看,农户作为社会中的微观经济主体,其决策行为应受到利益驱动机制的影响,尤其是在当前农村兼业化现象普及而农业相对于非农产业的比较效益依然低下的情况下,这将会对农地转用产生深刻的影响。但是从模型最终选择的结果来看,自变量 Na(非农收入)没有通过参数显著性检验,而 Gop 和 $Ngop$ 影响较为显著,这说明当前农村农地转用的主要动力仍然是农业产业结构调整,当其他类型的经济作物或者像水产养殖等产业能获取更高的收益时,农民农地转用的可能性越大。这里一个比较奇怪的现象是:模型中反映出当粮食作物总产值增高时,农地转用的倾向也很大。这主要是因为农民普遍认为即使粮价提高,仅靠粮食作物种植也无法提高收益,他们对农业中其他产业的预期收益更高。

另外,在最初预期可能会对发生土地利用变化的数量产生影响的 Te、$Thfac$、$Edin$、$Engle$ 和 Na 等自变量均被模型剔除,可能存在两方面的原因:一方面是调查中随机抽取的流转户的样本数量相对较少,许多因素不能充分反映出来,例如,实际问卷中需要大量教育开支的家庭和因为政府因素导致流转并发生用途转用的家庭占据的份额不大,如果有更多的样本或许情况会不同;另一方面就是实际情况中的驱动因素和预期的仍然有所不同。

四、小结与建议

由前文的分析可以看出,基于农地流转的农户决策行为直接推动了农村土地利用变化的产生,并且随着农地市场的逐步活跃、农地流转方式的多样化发展这种变化的趋势愈加显著。农地流转过程中,农户拥有农用地总面积、农地流转率、农产品销售率、粮食作物总产值和农业中非粮食作物产值等因素都对农村农业土地利用结构以及农地非农化产生深刻的影响。

以上述分析为依据,本书提出以下几方面的改革建议,以推进农村土地利用结构的合理化以及农业土地资源的可持续利用。

(1)在广大农村提倡适度规模经营有助于释放农村剩余劳动力,提高农业收益,繁荣农村经济,同时也降低了农地非农化的机率。

(2)在稳定地区粮食产量的基础上,鼓励农民开展多种经营,特别是收益较高的经济作物。

(3)规范农产品市场贸易,活跃农村集贸市场,推动区域农产品贸易的发展,为农户创收提供条件。

(4)政府的强制行为通常会超越市场尺度引起较大范围的农地转用,因此,应该在征地制度改革的宏观背景下,限定征地范围,减少政府以获取土地财政为目的的不当的农地非农化行为。

(5)积极推进土地流转,规范和完善土地流转机制,实现农地的集中化,这也为促进农村适度规模经营的发展创造了条件。

第八章　劳动力转移对农户土地利用
变化的影响

　　社会经济因素被认为是影响土地利用变化最为重要的因素之一，如有研究注意到人口迁移对于农业土地利用变化的影响。[313]根据《中国统计年鉴（2009）》的统计数据，2008年中国非农产业GDP占当年GDP的比重达88.7%，在4.7亿乡村就业人员中大约有2亿在个体、私营企业和乡镇企业就业，约占乡村就业人员的43%，可见当前农村劳动力广泛参与到非农经济活动，非农就业具有普遍性。非农就业对农户的土地利用产生了何种影响，尤其是对土地利用产生了何种影响，本章对这一问题加以分析。

第一节　劳动力转移对农户土地用途变更决策的影响

　　在农业土地用途变更的研究中，在微观层次的研究大致有这样两种不同的方向：一是从地块本身入手，将地块的自然特性、社会经济特性和地块利用变化联系起来；二是从土地利用主体入手，从土地利用主体的决策行为出发，分析土地用途变更的驱动因素。前者如 Newburn 的研究，他从土地价值（价格）变化入手建立模型，分析地块属性与土地用途变更之间的联系。[314]后者如 De Pinto 从土地利用者角度切入，利用离散决策模型来分析土地用途变更。[315]

一、机理分析与方法选择

　　近年来，从土地利用者或者土地持有者行为角度着手的研究越来越受到重视，如有研究指出尽管大部分研究利用空间数据来分析毁林问题，但实际上大多数土地用途变更的决策是在农户层次展开的。[316]对于一个微观经济主体而言，土地利用以及改变土地利用方式的目的都是为了获得更大的效用或者更高的收入，然而有研究利用一个两期模型分析了秘鲁热带雨林区农户收入与毁林开荒种植之间的关系,发现林地清理的收入弹性很小以及极为贫困农户小幅度的收入增加事实上并无益于减少出于开荒需要的林地清理[317]。因此,从人地对比关系角度来理解土地利用变化可能更为合适,因为人地对比关系的变化可能触发土地利用的变化,如有不少研究注意到人口压力与毁林开荒从事农业种植之间的内在联系。[318,319]事实上,在保障食品供应作为农户重要目标的条件下,人口增加导致生计压力的增大是森林损失并转化为农业用地的重要原因。[320]农户可以将自身的劳动用于自家农业生产来获得农产品满足家庭需要也可以向劳动力市场提供劳动获得收入并购买各类产品来满足家庭需要,当农户决定向劳动力市场提供劳动时,农户的劳动力配置结构和收入结构将因此而改变[321]。已有研究注意到向外提供劳动获得的雇佣收入可能改变农户的生计压力,例如在洪都拉斯的研究发现非农收入与林地清理之间具有负相关关系[322],在危地马拉的研究发现非农就业有助于减少森林砍伐。这些结论也得到一些采用计量分析手段的实证研究的支持,如有研究发现在非农就业机会和工资性收入多的农村地区,政府推行森林恢复方案所遇到的困难要小[323],这可能是因为非农就业机会的增加使得农户收入分散可以减小对农业的依赖[324];然而,发展中国家的劳动力市场往往是不完善的,非农就业的进入门槛使得只有部分农民能够获得非农就业机会[325]。因此,城市或者非农领域非农就业机会的不确定性使得农户无法割舍他们与土地的联系,这使得厄瓜多尔森林恢复与农户非农业就业两者之间的关系模棱两可。[326]还需要特别说明的是,劳动力转移带来的收入变化可能改变农户的投资能力并因此导致土地用途变更,例如有研究指出国际性的劳动力迁移收入增强了农户投资牧场的能力,这使得危地马拉的 San Lucas 这个地方不少种植用地转变为牧场用地。[327]

在农业土地用途变更的研究方面,已有的研究有以下两个特点:一是比较关注农业扩张与林地损失之间的联系,当然,林地恢复现象也为研究人员所关注;二是较为关注热点地区的农业土地利用变化,尤其是对热带雨林地区的林地转变为农业用地更为关注。已有的有关农业土地用途变更的研究尽管对劳动力转移或者劳动力市场参与和农业土地用途变更之间的关系给予了分析,但已有研究由于较为重视从生计压力来理解农户的劳动力市场参与和农业土地用途变更之间的联系,更为侧重雇佣收入或者工资收入对于农业土地用途变更的影响,因此较少注意劳动力市场参与类型以及转移程度(数量)与农业土地用途变更之间的联系。本节在前人研究的基础上,利用农户问卷调查获得的数据对劳动力转移与农户土地用途变更决策之间的联系加以探讨。

二、分析方法

农户土地用途变更决策过程可以划分为三个阶段,这三个阶段包括比较不同用途土地利用收益、决定是否改变土地用途以及改变土地用途的面积。在改变土地用途之前,农户会对不同土地利用方式的收益和成本予以估计,并根据对不同利用方式纯收益的估算来决策。在用途变更决策阶段,决策结果有两种可能,即改变和不改变(维持原用途),只有农户决定改变土地用途时,农户的决策过程才会进入下一个阶段,即决定改变用途的面积。在土地用途变更决策的三个阶段中,决定是否改变土地用途的决策有着重要作用,因此,本节着重分析农户"是否改变土地用途"这一决策。

对于一个农户而言,在一定时间内是否存在改变土地用途的事实有两种可能,即有改变土地用途和没有改变土地用途,两者必居其一、不存在第三种可能。即可以将这看作是农户的决策过程和决策结果,即决策结果有两种——改变和不改变。这里关心的是,转移劳动力对于农户改变土地用途决策有何影响,即要分析转移劳动力与农户改变土地用途的可能性之间的关系是什么。如何将两种决策结果与可能性联系起来呢,logit 模型是个合适的工具:由于农户"是否改变土地用途"作为因变量时因变量为二值变量,Logit 模型合适分析因变量为二值变的数据,因此,Logit 模型可以用来模拟农户的决策行为。Logit 模型形式如下:

$$prob(y = 1) = \frac{1}{1 + e^{\beta_0 + \beta_i x_i}}。$$

对该式变形可以得到等价形式的表达式:$\log \frac{prob(y=1)}{1 - prob(y=1)} = \beta_0 + \beta_i x_i$。在这个等式的左边是事件发生的概率 $prob(y=1)$ 与不发生的概率 $1 - prob(y=1)$ 之间的比值,而等式的右边则是解释变量的线性组合。

这里,把农户的决策结果用 0 和 1 来表达,1 表示农户改变了土地用途、0 表示农户没有改变土地用途。那么,就可以用 $\log \frac{prob(y=1)}{1 - prob(y=1)} = \beta_0 + \beta_i x_i$ 来模拟农户改变土地用途的可能性。其中 x_i 为包括农户劳动力转移因素在内的影响农户土地用途变更决策的向量;等式左边的 $prob(y=1)$ 表示农户改变土地用途的概率、$1 - prob(y=1)$ 表示农户不改变土地用途的概率。等式左边的是农户改变土地用途的概率和不改变土地用途的概率之比的自然对数。与其他回归分析一样,要比较不同自变量的相对作用,需要计算标准化回归系数,可以采用下面这个公式来计算 logit 回归的标准化系数[328]:

$$\beta_i' = \frac{\beta_i \times s_i}{\pi / \sqrt{3}}$$

式中：β_i' 为第 i 个自变量的标准化回归系数，β_i 为第 i 个自变量的非标准化回归系数，s_i 为第 i 个自变量的标准差。当然，这并非 logit 回归标准化系数计算的唯一公式，Menard 就提供了另外一种计算方式。[329]

三、数据来源及分析

1. 研究区域

根据江苏省社会经济发展情况，习惯将江苏省划分为苏南、苏中和苏北，因此，分别选择了苏州常熟市、南通如东县和徐州铜山县作为调查区域，分别代表苏南、苏中和苏北，并分别在各县（市）选择 3 个乡（镇）进行问卷调查。调查区域分布见图 8-1。铜山县总面积 1856.6 平方公里，铜山县地处苏鲁豫皖四省交界和淮海经济区中心，居江苏省"三大都市圈"之一的徐州市都市圈核心，环抱徐州市区[330]；如东县位于江苏省东南部、长江三角洲北翼。地处东经 120°42′～121°22′，北纬 32°12′～32°36′，东面和北面濒临南黄海，西部与如皋市接壤，西北与海安县毗邻，南部与通州市为邻；如东县陆地是典型的滨海平原，地势基本平坦，略呈西高东低、南高北低之势，高程一般在海拔 3.5～4.5 米之间[331]；常熟市位于东经 120°33′～121°03′，北纬 31°33′～31°50′。地处长江下游南岸，居于江苏省东南部长江三角洲；东邻太仓，距上海 100 公里；南接昆山、苏州；西接无锡、江阴；北濒长江黄金水道，与南通隔江相望；西北境与张家港接壤。全境东西间最长距离 49 公里，南北间最长距离 37 公里，总面积 1266 平方公里（含长江界属水面）[332]。从社会经济角度来看，所调查的 3 个县市具有较大差别。在 3 个县市中，常熟市的人均地区生产总值最高，其次是如东县、最低是铜山县，这 3 个县的人均 GDP 分别是 64930 元、13645 元和 11617 元；GDP 构成也有显著差别，常熟市、如东县和铜山县第一产业 GDP 比重分别是 2.41%、20.20% 和 16.92；在常熟市、如东县和铜山县这 3 个县市中，总从业人员占总人口的比例分别是 73.21%、58.89% 和 43.88%，常熟市、如东县和铜山县户均从业人员数分别 2.244 人、1.666 人和 1.353 人；乡村从业人员比重（乡村从业人员与总从业人员数之比）最高为铜山县（87.33%），其次是如东县（84.43%）、最低的为常熟市（63.66%）；私营企业和个体从业人员占总从业人员比重最高为常熟市（50.91%），其次是如东县（25.09%）、最低的为铜山县（11.24%）；从从业人员的产业分布来看，常熟市、如东县和铜山县第一产业从业人员比重分别是 9.07%、30.69% 和 49.24%。这三个地区人口规模比较接近，常熟市、如东县和铜山县 2005 年年末总人口分别是 104.77 万人、107.68 万人和 119.60 万人，但是家庭规模有所差别，这三个地区的户均人口分别是 3.065 人、2.828 人和 3.083 人；常熟市、如东县和铜山县乡村户数比重(乡村户数与总户数之比值)分别是 77.44%、82.77%和 71.46%。

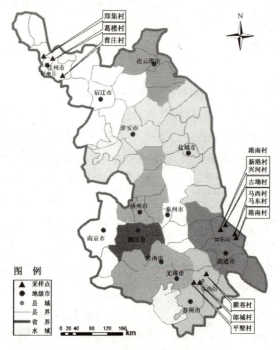

图 8-1 调查区域分布图

2. 数据来源

采用农户问卷调查方式获得相关数据,农户调查问卷主要包括农户生产经营情况、土地资源禀赋、土地利用情况、劳动转移情况、农户信贷情况、农产品销售情况、农户消费情况以及农户收入支出情况等内容。分别在江苏省 3 个区域(苏南、苏中和苏北)抽取一个县(市),然后在每个县(市)按照离县(市)城远近抽取 3 个乡(镇),每个乡镇选择 1~2 个村并抽取 30~40 户农户进行问卷调查,并对村集体情况进行问卷调查。通过问卷调查,获得了 343 份农户问卷,其中有效问卷 329份,样本的分布情况以及各调查点的区位条件见表 8-1。

3. 变量选择

根据对农户层次土地用途变更机制的理解以及所选择的分析模型,选择了包括农户特征、资源禀赋、劳动力转移量以及区位条件等在内的一组变量,变量的名称与含义具体见表 8-2。

表 8-1　调查村庄的区位条件和样本分布情况

县（市）	乡（镇）	村	离县城距离（km）			样本数量（户）
			最小值	最大值	众数	
常熟市	梅李镇	瞿巷村	20	20	20	28
	沙家浜镇	朗城村	17	24	20	29
	辛庄镇	平墅村	15	15	15	32
铜山县	单集镇	曹庄村	40	50	50	34
	汉王镇	葛楼村	4	4	4	36
	郑集镇	郑集村	25	30	25	34
如东县	掘港镇	港南村	2	3.5	2	29
	洋口镇	古坳村	30	35	35	22
	马塘镇	马南村	12.5	17.5	15	26
		马西村	15	16	16	14
	岔河镇	新港村	23	30	25	26
		兴河村	23	28	25	19

　　观察表 8-2 中变量，变量与变量之间可能还有相关性，变量之间的相关性会对模型估计结果产生不利影响，如果多个变量之间具有较高的相关性的话，就会出现多重共线性问题，因此在进行模型估计之前，还需要对变量进行筛选。有研究认为当变量之间的相关程度提高时系数估计的标准误会增加，但这种趋势在相关程度小于 0.5 之前问题尚不太严重。[333]采用全部样本、如东县样本、常熟市样本和铜山县样本，分别计算表 8-2 中变量之间的相关性，根据变量之间的相关性以及变量之间实际意义的联系进行变量选择，在采用全部样本、山县样本、如东县样本和常熟市样本时选择了表 8-2 中有关的变量。

表 8-2　土地用途变更分析变量及含义

变量名称	符号	含　　义
农户特征		
户主年龄	age	户主的年龄（岁）
户主性别	gender	户主的性别，虚拟变量：男性＝1、女性＝0
户主受教育水平	eduyear	户主受教育年数（年）

变量名称	符号	含 义
农户资源禀赋		
耕地面积	arable	农户承包的耕地面积(亩)
土地面积	landa	农户承包的所有类型土地面积之和(亩)
劳动力数量	nlabor	家庭成员年龄在 16 岁到 65 岁之间且非在校人数(人)
劳动力转移		
打工人数	empn	包括农业打工和非农打工人数(人)
自营人数	soon	自主经营人数(人)
人均非农收入	pnin	(自主经营收入＋打工收入)/家庭人口(元/人)
土地市场参与		
租入耕地面积	inarable	农户租入耕地面积(亩)
租出耕地面积	ouarable	农户租出耕地面积(亩)
租入鱼塘面积	infish	农户租入养殖水面面积(亩)
信贷与金融资产		
借贷数量	credit	农户借入资金数(元)
存款数量	saving	农户存款数量等级,1 为无存款、2 为＜1000 元……
区位条件		
县城距离	cdis	农户住处离县城距离(km)
如东虚拟变量	X_1	虚拟变量:$X_1=1$,如东县;$X_1=0$,否则
常熟虚拟变量	X_2	虚拟变量:$X_2=1$,常熟市;$X_2=0$,否则
因变量		
是否改变用途	Y_1	农户是否主动改变土地用途,虚拟变量:有,$Y_1=1$;否则 $Y_1=0$
主动改变用途面积	acts	农户主动改变用途的土地面积(亩)
主动用途改变面积比重	raca	主动用途变更面积/(承包土地面积＋租入土地面积)

四、结果与分析

1. 模型估计结果

这里,利用两分变量 Logit 模型,以 Y_1 为因变量,农户特征、农户资源禀赋和劳动力转移等为解释变量估计模型。利用 SPSS 软件计算,得到估计结果,见表8-3。

表 8-3 全部样本 logit 模型估计结果

变量	B	S. E.	Wald	df	Sig.	Exp(B)
age	0.0036	0.0171	0.0444	1	0.8331	1.0036
gender	−1.1894	0.6716	3.1363	1	0.0766	0.3044
landa	0.1471	0.0696	4.4606	1	0.0347	1.1585
empn	−0.0236	0.2101	0.0126	1	0.9106	0.9767
soon	0.7352	0.2851	6.6475	1	0.0099	2.0858
inarable	0.1182	0.3575	0.1093	1	0.7410	1.1254
ouarable	−0.1421	0.1790	0.6306	1	0.4271	0.8675
infish	0.2091	0.0557	14.0991	1	0.0002	1.2325
credit	0.0000*	0.0000	0.2948	1	0.5872	1.0000
saving	0.0968	0.0625	2.3970	1	0.1216	1.1017
cdis	−0.0495	0.0223	4.9183	1	0.0266	0.9517
X_1	2.5425	0.8066	9.9358	1	0.0016	12.7111
X_2	3.0088	0.8697	11.9689	1	0.0005	20.2626
Constant	−3.5640	1.4115	6.3755	1	0.0116	0.0283

注:实际值不为 0。

样本数为 329,−2LL 值(−2 Log likelihood)为 212.051、Cox & Snell R Square 值为 0.188、Nagelkerke R Square 值为 0.327,模型卡方检验值(Model Chi−square)为 68.337(自由度为 13、卡方检验显著值为 0.000),模型整体预测正确率为 86.0%,并且有半数以上变量系数检验是显著的且大多相伴概率值比较小。因此,可以用该结果进行解释。

应用逐步回归并采用 Backward:Conditional 模式,最后保留的变量为土地面积(landa)、自营人数(soon)、租入鱼塘面积(infish)、县城距离(cdis)以及两个地区虚拟变量 X_1 和 X_2,这六个变量的系数分别是 0.1184、0.7516、0.2027、−0.0477、2.6578 和 3.0736;其中−2LL 值(−2 Log likelihood)为 217.8518、Cox & Snell R Square 值为 0.1731、Nagelkerke R Square 值为 0.3018,模型卡方检验值(Model Chi-square)为 62.536(自由度为 6、卡方检验显著值为 0.000),模型整体预测正确率为 86.0%。

　　将全部样本分成三组,即如东县、常熟县和铜山县三组样本,分别估计这三个地区的 Logit 模型。由于使用分地区样本后,地区虚拟变量则不再有意义了,因此,在分地区的模型估计中,两个地区虚拟变量(X_1 和 X_2)不再使用。另外,还使用逐步回归的方法得到各地区的 Logit 模型。分地地区样本 Logit 模型及其逐步回归模型估计结果见表 8-3 和表 8-4。

表 8-3　分地区 Logit 模型估计结果

变量	如东县			常熟市		
	B	Wald	Sig.	B	Wald	Sig.
age	0.0018	0.0043	0.9475	0.0167	0.2500	0.6171
gender	−0.6725	0.4595	0.4978	−1.4502	1.5705	0.2101
eduyear	−0.1768	4.2127	0.0401	−0.0517	0.3411	0.5592
landa	0.1850	1.5531	0.2127	0.1583	3.1927	0.0740
empn	−0.2033	0.3480	0.5552	−0.1104	0.1052	0.7457
soon	0.8385	2.8726	0.0901	0.0810	0.0212	0.8843
pnin	0.0001	4.1607	0.0414	0.0000*	0.1438	0.7045
inarable	0.6183	0.8292	0.3625	—		
ouarable	−0.6254	1.5671	0.2106			
infish	—		—	0.1725	8.5917	0.0034
credit				0.0000**	0.0088	0.9254
saving	0.0689	0.5069	0.4765	0.0821	0.7339	0.3916
cdis	−0.0766	5.8864	0.0153	−0.2678	3.8523	0.0497
常数项	−0.4901	0.0455	0.8310	3.3992	1.2000	0.2733
有关检验项	$Chi^2 = 29.606$(Sig. $= 0.002$),$a = 97.146$,$b = 0.196$,$c = 0.323$;$d = 83.800$;$N = 136$			$Chi^2 = 20.808$(Sig. $= 0.035$),$a = 82.953$,$b = 0.208$,$c = 0.303$;$d = 80.900$;$N = 89$		

注 a 为−2LL 值(−2 Log likelihood),b 为 Cox & Snell R Square 值,c 为 Nagelkerke R Square 值,d 为模型整体预测正确率。* 实际值为 0.0000116424210884565,** 实际值为 4.50850862500074E−06。

　　表 8-3 中给出了如东县样本和常熟市样本的 Logit 模型回归结果,由于铜山县样本中只有 2 户农户,而在该县共有 104 个样本有土地用途变更情况,即约只有 1.92% 的农户有土地用途变更,采用该样本估计出来变量系数的 Wald 检验的显著性值均接近 1,因此该县模型估计结果没有意义。表 8-3 给出了各个变量的

回归系数、回归系数的 Wald 检验值及其显著性检验值。在表中最后一行,还给出了 $-2LL$ 值(-2 Log likelihood)、Cox & Snell R Square 值、Nagelkerke R Square 值,模型卡方检验值以及模型整体预测正确率。

除了使用全部变量对各地区的样本进行估计之外,还使用逐步回归的方法对各县(市)样本进行了估计,采取的估计模式是 Backward:Conditional 模式,模型估计结果见表 8-4。

表 8-4　分地区 Logit 模型逐步回归估计结果

变量	如东县			常熟市		
	B	**Wald**	**Sig.**	**B**	**Wald**	**Sig.**
age						
gender						
eduyear	−0.1859	6.1435	0.0132			
arable						
landa						
nlabor						
empn						
soon	0.9874	6.3440	0.0118			
pnin	0.0001	3.7378	0.0532			
inarable						
ouarable						
infish				0.1623	10.4428	0.0012
credit						
saving						
cdis	−0.0816	7.3528	0.0067	−0.2083	3.7942	0.0514
常数项	−0.0798	0.0141	0.9053	2.3235	1.5704	0.2101
有关检验项	$LR\ Chi^2 = 25.170$(Sig.$= 0.000$),$a = 101.581, b = 0.169, c = 0.279; d = 84.60\%, N = 136$			$LR\ Chi^2 = 14.307$(Sig.$= 0.001$),$a = 89.545, b = 0.148, c = 0.216; d = 78.70\%, N = 89$		

注 a 为 $-2LL$ 值(-2 Log likelihood),b 为 Cox & Snell R Square 值,c 为 Nagelkerke R Square 值,d 为模型整体预测正确率。

在模型估计时,为了分析农户户主特征对于土地用途变更的影响,在分地区的模型中使用了户主年龄(age)、户主性别(gender)和户主受教育年限(eduyear)

这三个变量,从模型估计结果来看,各变量的符号与预期一致。但是,在我国大陆地区,年老的农民通常要比年轻的农民所受的教育要少一些,采用如东县和常熟市的样本对户主年龄(age)和户主受教育年限(eduyear)这两个变量做相关性分析发现两者之间的确有相关性,在如东县相关系数高达−0.414、在常熟市达到−0.382,并且在1%水平上检验显著。因此,对分地区的 Logit 模型重新加以估计①。重新估计的结果见表8−5和表8−6。

表8−5　如东县样本保留不同变量 Logit 模型估计结果

变量	保留受教育年限(eduyear)			保留户主年龄(age)		
	B	Wald	Sig.	B	Wald	Sig.
age				0.0231	0.8144	0.3668
gender	−0.6706	0.4575	0.4988	−1.0270	1.1633	0.2808
eduyear	−0.1788	4.8828	0.0271			
arable						
landa	0.1839	1.5566	0.2122	0.2522	3.1055	0.0780
nlabor						
empn	−0.2050	0.3554	0.5511	−0.1113	0.1128	0.7370
soon	0.8386	2.8725	0.0901	0.7332	2.4493	0.1176
pnin	0.0001	4.2397	0.0395	0.0001	3.3858	0.0658
inarable	0.6120	0.8276	0.3630	0.6990	1.2763	0.2586
ouarable	−0.6233	1.5641	0.2111	−0.6497	1.6743	0.1957
infish						
credit						
saving	0.0690	0.5094	0.4754	0.0846	0.8013	0.3707
cdis	−0.0765	5.8936	0.0152	−0.0672	5.1365	0.0234
常数项	−0.3678	0.0742	0.7853	0.0231	0.8144	0.3668
有关检验项	$Chi^2 = 29.601$(Sig. $= 0.001$),$a = 97.150$,$b = 0.196$,$c = 0.323$;$d = 83.800$;$N = 136$			$Chi^2 = 25.231$(Sig. $= 0.001$),$a = 101.520$,$b = 0.169$,$c = 0.279$;$d = 83.100$;$N = 136$		

注 a 为−2LL 值(−2 Log likelihood),b 为 Cox & Snell R Square 值,c 为 Nagelkerke R Square 值,d 为模型整体预测正确率。＊实际值不为 0。

---

① 逐步回归则不需要重新加以估计,即使重新估计,其结果也是一样的。

表 8-6 常熟市样本保留不同变量 Logit 模型估计结果

变量	保留受教育年限（eduyear）			保留户主年龄（age）		
	B	Wald	Sig.	B	Wald	Sig.
age				0.0239	0.5830	0.4451
gender	−1.5047	1.6664	0.1967	−1.5217	1.7423	0.1868
eduyear	−0.0679	0.6770	0.4106			
arable						
landa	0.1508	3.0558	0.0804	0.1578	3.1540	0.0757
nlabor						
empn	−0.0989	0.0848	0.7709	−0.0980	0.0838	0.7722
soon	0.0871	0.0246	0.8753	0.1001	0.0326	0.8568
pnin	0.0000	0.1504	0.6981	0.0000	0.0928	0.7606
inarable						
ouarable						
infish	0.1674	8.4543	0.0036	0.1804	9.6384	0.0019
credit	0.0000	0.0030	0.9566	0.0000	0.0238	0.8775
saving	0.0792	0.6884	0.4067	0.0862	0.8216	0.3647
cdis	−0.2491	3.6606	0.0557	−0.2571	3.7074	0.0542
常数项	4.1378	2.2873	0.1304	2.5405	0.8867	0.3464
有关检验项	$LR\ Chi^2 = 20.555(Sig. = 0.024), a = 83.206, b = 0.206, c = 0.300; d = 80.90\%, N = 89$			$LR\ Chi^2 = 20.465(Sig. = 0.025), a = 83.296, b = 0.205, c = 0.298; d = 82.00\%, N = 89$		

注 a 为 −2LL 值（−2 Log likelihood），b 为 Cox & Snell R Square 值，c 为 Nagelkerke R Square 值，d 为模型整体预测正确率。＊实际值不为 0。

分别比较两个地区保留不同变量的两个模型估计结果，在如东县保留户主受教育年限的模型结果要好些，而在常熟市则是保留保留户主年龄的模型要好些。

2. 结果分析

从全部样本的 Logit 模型结果来看，对于土地用途变更具有显著影响的变量是户主性别（gender）、土地面积（landa）、自营人数（soon）、租入鱼塘面积（infish）、县城距离（cdis）以及两个地区虚拟变量 X_1 和 X_2 这 7 个变量。这说明农户特征、土地资源禀赋、土地市场参与、劳动力市场参与以及市场接近性对农户的土地利用决策是有影响的,除了这些因素之外,区域因素也对农户的土地用途安排有显著影响。户主性别(gender)、土地面积(landa)、自营人数(soon)、租入鱼塘面积(infish)、县城距离(cdis)以及两个地区虚拟变量 X_1 和 X_2 这 7 个变量中,户主性别(gender)和县城距离(cdis)这两个变量系数符号是负的,其余 5 个变量的系数符号是正的。这说明,农户承包土地总面积越大,土地用途发生变更的可能性就越大,这与第 2 章所提到的斯科特的理论相吻合,当农户的土地资源比较丰富的时候,食物供应安全保障性就比较高,农户承担经营风险的能力增强,这就使得农户可能改变部分土地的用途;农户通过自主经营的方式转移自身劳动力的时候,往往需要一定的场地,这使得农户通过自主经营方式来转移劳动力的同时也需要改变一定数量土地用途;在所选择的反映农户土地市场参与情况的变量中,租入鱼塘面积这个变量的回归系数检验显著而且系数符号为正,这说明随着租入鱼塘面积的增加,农户发生土地用途变更的可能性就会提高,这可能是由于农户为了规模效应的考虑,在租入鱼塘后,为了达到预期的规模效益还可能将自身承包的土地转变为鱼塘。例如在常熟市,发生土地用途变更的农户有 24 户(调查总户数为 89 户),其中耕地转变有渔业养殖用地有 13 户,在这 13 户中有 8 户租入了渔业养殖用地,占具有该类土地用途变更户数的 61.54%(8/13),这在一定程度上说明对租入鱼塘会提高农户变更土地用途可能性的解释是合理的;越接近县城发生土地用途变更的可能性越大,反之越小。县城距离在一定程度上代表了农户的市场接近程度,离县城越近也就意味着越接近市场,换句话说,在一定程度上可以认为市场接近性越好土地用途变更的可能性就越大;除了农户本身的因素之外,区域因素也对土地用途变更有着重要的影响,这可能与区域土地制度尤其是土地用途管制制度有关。那么,在具有显著影响的这 7 个变量中,哪个变量的作用是最大的呢? 这里,利用前面提到的 Logit 模型系数标准化计算公式计算出各个变量的标准化系数。户主性别(gender)、土地面积(landa)、自营人数(soon)、租入鱼塘面积(infish)、县城距离(cdis)以及两个地区虚拟变量 X_1 和 X_2 这 7 个变量的标准化系数分别是:-0.1231、0.2005、0.2605、0.3578、-0.3493、0.6913 和 0.7380。在 7 个对土地用途变更具有显影响的变量中,两个地区虚拟变量 X_1 和 X_2 的标准化系数要比其他 5 个变量的标准化系数大的多,说明区域差异因素对土地用途变更发生可能性的大小有极为重要的影响;除了两个地区虚拟变量之外,其余 5 个变量标准化系数绝对值的大小顺序分别是租入鱼塘面积(infish)、县城距离(cdis)、自营人数(soon)、土地面积(landa)和户主性别(gender)。

从分地区样本的 Logit 模型估计结果来看,在如东县,对土地用途变更具有显著影响的变量是户主受教育水平（eduyear）、自营人数（soon）、人均非农收入（pnin）和县城距离（cdis）这四个因素，在这四个变量中，自营人数（soon）和人均非农收入（pnin）两个变量的系数符号是正，另外两个变量系数的符号是负的；在常熟市，对土地用途变更具有显著影响的变量是土地面积（landa）、租入鱼塘面积（infish）以及县城距离（cdis）这三个变量，在这三个变量中，除县城距离（cdis）这个变量系数符号是负的之外，其余 2 个变量系数的符号都是正的。使用逐步回归方法得到的模型结果，采用如东县样本最后保留的变量便是使用全部变量采用"ENTER"模式得到估计结果中系数 Wald 检验在 10％水平上显著的变量，而采用常熟样本最后保留的则是租入鱼塘面积（infish）以及县城距离（cdis）这三个变量。同样的，利用前面提到的标准系数计算公式，分别计算各变量采用如东县和常数市样本的标准化系数，与全部样本计算标准化系数有所不同的是，在采用区域样本估计模型后，标准化系数计算公式中的 S_i 不再是使用全部样本计算而是使用区域样本计算。经过计算得到各地区有关变量的标准化系数，具体见表8－7。

表 8－7　Logit 分地区模型以及逐步回归模型标准化系数

变量名称	符号	如东县		常熟市	
		（1）	（2）	（3）	（4）
户主年龄	age	0.0105	—	0.0928	—
户主性别	gender	－0.0822	—	－0.1666	—
户主受教育水平	eduyear	－0.3680	－0.3869	－0.1070	—
耕地面积	arable	—	—	—	—
土地面积	landa	0.1867	—	0.2647	—
劳动力数量	nlabor	—	—	—	—
打工人数	empn	－0.1058	—	－0.0607	—
自营人数	soon	0.3246	0.3822	0.0222	—
人均非农收入	pnin	0.4137	0.4137	0.0544	—
租入耕地面积	inarable	0.1737	—	—	—
租出耕地面积	ouarable	－0.2864	—	—	—
租入鱼塘面积	infish	—	—	0.5093	0.4791
借贷数量	credit	—	—	0.0196	—

续　表

变量名称	符号	如东县		常熟市	
		(1)	**(2)**	**(3)**	**(4)**
存款数量	saving	0.0954	—	0.1352	—
县城距离	cdis	−0.4359	−0.4644	−0.3854	−0.2998

注：(1)和(3)列为使用全部变量估计模型的标准化系数，(2)和(4)为逐步回归模型的标准化系数。

从表8-7可以知道，在如东县，对土地用途变更有显著影响的四个因素中，县城距离(cdis)标准化系数的绝对值最大，其次是人均非农收入(pnin)、再次是户主受教育水平(eduyear)、最小的是自营人数(soon)，在使用逐步回归后得到的标准化系数虽然有所变化但是各变量系数绝对值之间的排序并未发生变化，根据这样的顺序可以判断：在如东县样本中，县城距离(cdis)这个变量对于土地用途是否发生变更的影响是最大的，前面的分析已经提到，由于县城往往是一地区的经济中心和商品要素的集散地，县城距离(cdis)在一定程度上代表着区位条件和市场接近程度，因此，可以说，区位条件和市场接近性对于土地用途是否变更有着非常重要的影响；在如东县的标准化系数还表明，与其他因素相比较，自主经营性质的劳动力转移对于土地用途变更可能性的作用也是很大的，劳动力转移带来的收入对于土地用途变更的影响也有重要作用，另外，在该地区农户特征也对土地用途变更也有着重要影响；在常熟市，对土地用途变更有显著影响的3个因素中，租入鱼塘面积(infish)标准化系数的绝对值最大、其次是县城距离(cdis)、最后是土地面积(landa)，同样的，使用逐步回归得到各变量标准化系数绝对值的排序也未发生改变。另外，考虑农户户主受教育水平和户主年龄两个变量之间的相关性之后，利用重新估计的模型计算各模型中各变量的标准化系数(如表8-8)。从表8-8可以看出各模型结果的表现基本一致，不过，各个变量在包含不同变量的模型中的重要程度有所改变：在如东县保留户主受教育水平和户主年龄的模型中人均非农收入(pnin)的重要次序上升成为最具影响的因素(其次是县城距离)，而原模型中县城距离(cdis)才是最重要的；在常熟市，在不同的Logit模型中，各个变量的标准化系数有所改变但系数绝对值的大小顺序保持一致。

值得一提的是，在常熟市样本中，耕地面积(arable)与租出耕地面积(ouarable)这两个变量的相关系数达到0.567并且在5%水平上检验显著，两者为正相关关系，此外，除了这两个变量彼此相关性较高之外，这两个变量各自还与其他变量具有一定的相关性，因此，在模型估计时没有选择租出耕地面积(ouarable)

表 8-8　如东县和常熟市两地样本包含不同变量 8 模型的标准化系数对比

变量名称	变量符号	如东			常熟		
		包含两者	保留受教育水平	保留年龄	包含两者	保留受教育水平	保留年龄
户主年龄	age	0.0105		0.1340	0.0928		0.1328
户主性别	gender	−0.0822	−0.0820	−0.1256	−0.1666	−0.1728	−0.1748
户主受教育水平	eduyear	−0.3680*	−0.3721*	—	−0.1070	−0.1406	—
耕地面积	arable	—	—	—	—	—	—
土地面积	landa	0.1867	0.1856	0.2546*	0.2647*	0.2521*	0.2638*
劳动力数量	nlabor						
打工人数	empn	−0.1058	−0.1067	−0.0579	−0.0607	−0.0544	−0.0539
自营人数	soon	0.3246*	0.3246*	0.2838	0.0222	0.0239	0.0274
人均非农收入	pnin	0.4137*	0.4721*	0.3904*	0.0544	0.0566	0.0433
租入耕地面积	inarable	0.1737	0.1720	0.1964			
租出耕地面积	ouarable	−0.2864	−0.2854	−0.2975			
租入鱼塘面积	infish	—	—	—	0.5093*	0.4942*	0.5328*
借贷数量	credit				0.0196	0.0115	0.0316
存款数量	saving	0.0954	0.0956	0.1172	0.1352	0.1304	0.1421
县城距离	cdis	−0.4359*	−0.4355*	−0.3826*	−0.3854*	−0.3586*	−0.3699*

注：* 表示在 10% 水平上显著。

和耕地面积(arable)这两个变量进入模型。将耕地面积(arable)引入模型之后得到一个估计结果，发现在这个估计结果中，具有显著影响的因素是耕地面积(ouarable)、土地面积(landa)、租入鱼塘面积(infish)以及县城距离(cdis)这四个因素，并且耕地面积和土地面积两个变量的系数符号是相反的，即耕地面积(arable)的系数符号是负的而土地面积系数符号是正的，这也就意味着耕地规模大的农户改变土地用途的可能性更小，耕地规模小的农户改变土地用途的可能性更大；而拥有土地规模更大的农户改变土地用途的可能性要比土地规模小的农户改变土地用途的可能性要小，计算常熟市有土地用途变化和无土地用途变化农户的耕地规模发现，有土地用途变更农户承包的耕地规模是 1.36 亩，而无土地用途变更农户承包的耕地规模是 2.16，总体平均值是 1.94 亩，并且利用方差分析发现，改变土地用途和不改变土地用途农户之间的承包耕地规模的确有显著差异。这可能是由于农民为了增加收入,耕地规模小的农户可能更倾向于将部分耕地改变为其他用途以获得更高的收入,而耕地规模大的农户则可能在种植业经营方面相对于耕地规模小的农户具有比较优势。租入鱼塘面积(infish)这个变量的系数符号是正的,这与前面的分析一样,可能是由于租入鱼塘后,为了达到预期的规模效益还可能将自身承包的土地转变为鱼塘。

利用分地区的二项 Logit 模型估计结果,在不同区域,劳动力转移对于土地用途变更的影响具有相同点也存在差异,相同的是打工性质的劳动力转移会降低土地用途变更的可能性,而自主经营性质的劳动力转移则有增加土地用途变更的可能性,劳动力转移带来的非农收入则有可能增加土地用途变更的可能性;不同的是,在不同区域,劳动力转移对于土地用途变更发生可能性的影响的重要程度具有差异。

仔细观察全部样本的估计结果和采用分地区样本的估计结果,可以发现,在所有 logit 模型估计结果中,尽管系数检验均不显著,但在所有估计结果中,打工人数(empn)这个变量的系数符号是负的,这说明打工有可能降低土地用途变更的概率,那么反过来,如果农户通过打工转移劳动力受阻时,农户改变土地用途的可能性就会提高。另外,也可用未参与打工人数占实际参与劳动人数的比重来反映农户通过打工途径转移劳动力的程度,分析其对土地用途变更可能性的影响。用如东县样本和常熟市样本进行估计,将未参与打工人数占实际参与劳动人数的比重(nwp)和一个地区虚拟变量作为自变量并用 Logit 模型加以估计,估计结果如下:

表 8-9　nwp 对土地用途变更影响的估计结果

	B	S. E.	Wald	df	Sig.	Exp(B)
nwp	1.0086	0.5542	3.3117	1	0.0688	2.7418
X_2	0.7201	0.3461	4.3284	1	0.0375	2.0546
Constant	−2.1552	0.4202	26.3098	1	0.0000	0.1159

−2 Log likelihood 值为 227.1270,Cox & Snell R Square 为 0.0269,Nagelkerke R Square 为 0.0416,卡方检验值为 6.1258(自由度等于 2,相伴概率值为 0.0468),模型整体预测正确率为 78.7%,其中样本数为 225。

从估计结果来看,未参与打工人数占实际参与劳动人数的比重(nwp)和地区虚拟变量的系数检验均是显著的,并且未参与打工人数占实际参与劳动人数的比重(nwp)这个变量的系数符号为正,说明未参与打工人数占实际参与劳动人数的比重越高,农户改变土地用途的可能性也就越高。

综合前面根据全部样本、如东县样本以及常熟市样本估计的 Logit 模型结果以及分析,劳动力转移对于土地用途变更影响的主要有如下几个方面:

一是不同类型的劳动力转移对于土地用途变更可能性的影响是不同的,打工性质的劳动力转移通常会降低土地用途变更的可能性,反之,通过打工途径转移劳动力不畅的话,这可能提高农户改变土地用途的可能性;而自主经营性质的劳动力转移则会提高土地用途变更的可能性;根据 Logit 模型估计结果和 Tobit 模型估计结果比较而言,自主经营性质的劳动力转移的对于土地用途变更可能性大小的影响更为显著;

二是劳动力转移收入对于土地用途变更可能性的作用是正向的,在如东县劳动力转移收入对于土地用途变更影响要比在常熟的影响显著;

三是劳动力转移对于土地用途变更面积大小的影响则具有区域差异特征:在如东县劳动力转移收入对土地用途变更面积大小具有正向作用;而在常熟市,劳动力转移越多(包括打工性质的劳动力转移和自主经营性质的劳动力转移),土地用途变更的面积就越大,前提是农户决定改变土地用途。

第二节 农户土地用途变更空间决策行为分析

对于土地利用变化空间特征的研究,从区域尺度利用遥感和 GIS 手段展开的研究相对较多,如对农村土地开发空间特征的分析[334]、对城市土地利用空间决定因素的分析[335]以及对村庄接近性的土地利用空间影响的分析[336]等,但从农户尺度开展的研究则较为少见。近年来,从土地利用者或者土地持有者行为角度分析土地利用变化越来越受到重视,如通过建立系统模型并将农户反应模型整合到其中并通过系统模拟的手段分析农户决策对于区域层次农业土地利用空间分布模式的影响。[337,338]随着农户层次土地利用变化分析的深入,逐渐开始从农户层次探讨土地利用变化的空间特征,如有研究运用两期遥感数据和两期农户调查数据和计量分析手段从农户层次探讨了土地利用与覆盖变化空间模式的影响因素。[339]对西藏牧区农户土地决策与土地覆被变化的一项研究表明农户土地利用决策具有显著的空间特征[340],国外的一些研究也表明农户土地利用决策表现出明显的空间特征。本节在理解农户土地利用决策机制的基础上,利用农户问卷调查数据,采用 Tobit 模型以及方差分析方法探讨了影响农户农用土地用途变更空间决策行为及其影响因素。

一、机理分析及方法选择

1. 影响因素及变量选择

从理论上来说,除了农户特征对于土地用途变更有影响之外,地块本身的特征也有影响。将不同空间位置的地块改变用途可能在这样几个方面有重要联系:

(1) 农户的交通能力。对于农户而言,不同的农户所拥有的交通工具可能不同,这就决定了农户在农业生产中的作业半径大小,尤其是对于需要投入较多劳动(比如渔业养殖)的经营活动更为重要。另外,农户的交通能力不仅影响农户生产的空间分布还可能对农户产品销售有影响并间接影响农户生产的空间决策。就目前所调查的三个区域而言,几乎每家都有自行车,而摩托车则未必,这种差异可能对于农户土地利用的空间决策会有一定程度的影响。

(2) 地块特征与地块的适宜性。在农户所有地块中,可能并非所有的地块都适合某类用途,尤其在土地类型多样的地区更是如此,例如,旱坡地则不适宜改做鱼塘,若农户想开挖鱼塘进行养殖则这样的地块是不可能在考虑范围之内的。另外,农户所拥有地块的最大时间距离对于土地用途变更地块的时间距离也是有限制作用的,即有 $T_c \leqslant \max(T_1, T_2, \cdots, T_i)$ 这样的限制。

(3) 变更后用途。与地块的适宜性问题类似。比如,耕地改变为厂房,为了便于管理就可能会选择离家近的地块、甚至紧挨着住房的地块。这就是说,不同类型的土地用途变更本身对于土地用途变更地块的空间选择就有联系。由于变更后用途具有多种可能,而且变更后用途是定性变量,因此,如果将这考虑在模型之内的话,模型中将有多个自变量在未发生土地用途变更的情况下不可以被观测不到。

(4) 与是否变更决策有联系的因素。在影响农户是否改变土地用途决策的因素中,可能有些因素对于土地用途变更地块的选择决策仍然有影响,例如,劳动力转移可能不仅与是否改变土地用途有关,还可能与改变用途的地块选择也有关系。另外,农户的资金状况不同也可能对土地用途变更地块的选择有影响。

(5) 区域差异。不同区域之间的差异可能对改变用途地块的选择也有影响,例如,从前面有关章节的分析可以知道,不同区域的农户所拥有土地离农户住处所在的距离有比较大的差别,这就使得分析中的因变量可能受此影响而产生差异。

根据前面的分析,选择了用于分析农户改变用途地块选择的解释变量,具体见表 8-10。

表 8-10　土地用途变更空间分布解释变量

变量名称	符号	变量类型	含　　义
打工人数比重	r_1	连续变量	打工人数量／家庭总人口（％）
自营人数比重	r_2	连续变量	自营人数／家庭总人口（％）
土地面积	a	连续变量	农户承包的所有类型土地面积之和（ha）
地块最大距离	m	连续变量	农户所有地块中离家最远地块的时间距离（分钟）
借贷数量	b	连续变量	农户借入资金数（元）
存款数量	s	连续变量	农户存款数量的等级，1 为无存款、2 为小于 1000 元，……
如东虚拟变量	X_1	虚拟变量	虚拟变量：如东县，$X_1 = 1$；否则，$X_1 = 0$
常熟虚拟变量	X_2	虚拟变量	虚拟变量：常熟市，$X_2 = 1$；否则，$X_2 = 0$
是否有摩托车或者汽车	X_3	虚拟变量	有摩托车或者汽车、$X_3 = 1$；否则，$X_3 = 0$

2. 数据预处理

研究使用地块离农居点的距离来表示地块的空间分布状况。有研究通过元胞自动机模拟发现农户对于空间距离要比时间距离更为敏感[341]，考虑到本节使用农户问卷调查手段获得数据，因此本研究采用时间来衡量距离，即用地块到农户住处农户所需花费的时间来表示地块空间。出于比较的需要，对于发生变更地块距离的描述采用了相对距离，用发生土地用途变更地块的时间距离与农户所拥有地块的最小时间距离之间的比来表示变更地块的相对距离，可以用下式表示：

$$y_i^c = \frac{T_c}{\min(T_1, T_2, \cdots, T_i)}$$

式中，$\min(T_1, T_2, \cdots, T_i)$ 为农户所拥有地块的最小时间距离，T_i 为农户所拥有地块的时间距离，T_c 为农户改变用途地块的时间距离，y_i^c 为变更地块的相对距离，c 表示用途转换地块标识，i 表示第 i 个地块。使用该公式时有一个限制，即 $\min(T_1, T_2, \cdots, T_i)$ 的值不能为 0，在为 0 的情况下，该计算公式无法计算以至失去意义。通过该计算公式得到的 y_i^c 的取值范围为大于等于 1 的实数，等于 1 时表示离家最近的地块，y_i^c 数值越大表示离家越远。

另外，对于没有发生土地用途变更的农户而言，T_c 是不存在的，因此，这里采用两种方式对此加以处理：① 给没有用途变更农户的 y_i^c 赋值为 0，在使用软件进行模型估计时，y_i^c 值为 0（即没有土地用途变更）的样本也将包括在内进行计算；② 让没有用途变更农户的 y_i^c 空缺，这样因变量就会有缺失值，在使用软件进行模型估计时，y_i^c 值为空（由于样本没有土地用途变更所造成）的样本则被排除在外。

3. 分析方法

从前面的分析可以知道，对于没有土地用途变更的农户而言，土地用途变更地块的时间距离是不存在的，在这种情况下，要获得对于土地用途变更空间分布影响因素的有关认识，可以考虑以下两种方式：

① 对于数据的缺陷不予考虑，只针对具有土地用途变更的样本进行分析，即利用多元线性回归并采用具有土地用途变更的样本对模型参数进行估计，可以将模型设定为 $y_i^c = \beta_0 + \beta_i x_i + \varepsilon$，其中，$y_i^c$ 为变更地块的相对距离数、β_0 为截距项、β_i 为系数、x_i 为影响变更用途地块空间距离选择的因素、ε 为误差项。

② 考虑数据这种特性，采取相应的措施。采用①的方式可能导致参数估计量残生偏误。这里，所采用的数据是属于偶然断尾样本，即对于那些确实改变了土地用途的农户才能观测到 T_c 的值并计算出 y_i^c，而对于那些没有改变土地用途的农户则无法得到其 T_c 和 y_i^c 的值。如果所有样本的自变量的值能够观测到，而因变量则只有那些有土地用途变更的才被观测到，这称作因变量是审查的，相应的模型也叫审查回归模型。如果除了因变量之外，还有部分样本相应的自变量的信息也没有的话，则将此称因变量是截断的[342]。解决审查因变量的问题通常采用 Tobit 模型。但是，如果数据是截断的而误用了 Tobit 模型进行估计的话，模型估计结果可能会是无效和有偏的，例如很可能使得某些变量的系数符号发生变化。这里，从所选择自变量和因变量的情况来看，数据属于审查类型而非截断类型，因此，这里采用 Tobit 模型对此加以模拟。Tobit 模型形式[343] 为：

$$y^* = \beta_0 + \beta x + u, u \mid x \sim N(0, \sigma^2)$$
$$y = \max(0, y^*)$$

其中，y 为观测变量，潜变量 y^* 满足经典线性假设，该模型表明：当 $y^* \geqslant 0$ 时，$y = y^*$；当 $y^* < 0$ 时，$y = 0$；β_0 为截距项、β 为系数向量、x 解释变量向量、u 为误差项；$N(0, \sigma^2)$ 表示以 0 为均值、σ^2 为方差的正态分布。

二、研究区域及实证分析

1. 研究区域及数据来源

分别在常熟市、如东县和铜山县按照离县（市）城远近抽取 3 个乡（镇），每个乡镇选择 1～2 个村，抽取 30～40 户农户进行问卷调查，并对村集体情况进行问卷调查。有关数据来源具体见本章第一节。

2. 结果与分析

利用前面选择的自变量和因变量,利用 STATA 软件对模型加以估计,结果见表 8-11。

表 8-11　土地用途变更空间分布决策模型估计结果

变量	系数	标准差	T 检验值	P 值	95%置信区间	
r_1	-0.7491	1.3440	-0.5600	0.5780	-3.3933	1.8950
r_2	3.3798	1.8632	1.8100	0.0710	-0.2859	7.0456
a	0.1532	0.1164	1.3200	0.1890	-0.0758	0.3821
m	0.0935	0.0385	2.4300	0.0160	0.0178	0.1692
b	0.0000	0.0000	0.3600	0.7220	0.0000	0.0000
s	0.2089	0.1102	1.9000	0.0590	-0.0078	0.4257
X_1	5.2301	1.4135	3.7000	0.0000	2.4491	8.0111
X_2	6.0003	1.5142	3.9600	0.0000	3.0212	8.9795
X_3	0.3947	0.7669	0.5100	0.6070	-1.1140	1.9034
常数项	-10.5940	2.0817	-5.0900	0.0000	-14.6897	-6.4984
σ 值	3.3776	0.3943			2.6018	4.1533

在计算过程中共有 329 个样本,其中删失样本数为 279 个、未删失样本数为 50 个,对数似然函数值为 -199.9620,似然比检验量 $LR\ chi^2(9)$ 的值为 44.5000 ($Prob > chi^2 = 0.0000$),伪 R^2 为 0.1001。从模型估计结果中各变量的系数检验情况来看,大部分变量的系数检验显著。从模型估计结果中各变量的系数符号来看,各变量的系数符号与预期是一致的。

从模型估计结果来看,对土地用途变更空间选择具有显著影响的因素有自营人数比重(r_2)、地块最大距离(m)、存款数量(s),以及两个地区虚拟变量 X_1 和 X_2。进入模型的 9 个变量中,打工人数比重(r_1)这个变量系数的符号是负的,而其余 8 个变量的系数符号是正的。从各变量的系数符号来看,自营人数比重(r_2)越高,农户选择改变用途地块的距离就越远(相对越远);农户所拥有的地块中地块最大距离(m)对于农户选择改变用途地块的距离有限制作用,农户选择改变用途地块的距离随着地块最大距离的增加而增加;存款数量(s)这个变量对于农户选择改变用途地块的距离的作用也是正向的,这就是说农户的存款越多资金越充足农户改变用途地块的距离可能就越远;以及两个地区虚拟变量 X_1 和 X_2 对于农户选择改变用途地块的距离的作用也是正向。

除了系数检验显著的 5 个变量之外,打工人数比重(r_1)这个变量系数的符号为负,说明打工人数越多,农户要改变土地用途的话就越有可能选择离家近的地块;农户借贷数量这个变量的系数符号与存款数量(s)这个变量的系数符号是一致的,说明农户的资金越雄厚,农户改变土地用途的距离就越远;另外,表征农户交通能力的"是否有摩托车或者汽车"这个变量的系数符号也是正,这意味着,农户的交通能力越强,农户改变土地用途的距离就越远。

前面还提到,变更后用途的不同可能对于 y_i^c(改变用途地块的时间距离指数)有影响,但是在考虑这个问题后数据不再是审查的,而是截断的,而在 Tobit 模型中并没有将这个问题考虑在内。那么,变更后用途对于改变用途地块的时间距离指数或者说对于农户改变用途地块的空间选择是否有影响呢?一元方差分析的结果表明,不同类型的土地用途变更的 y_i^c 的确有显著差异:① 种植业内用途变更的 y_i^c 的平均值为 3.042、非种植业内用途变更的 y_i^c 的平均值为 1.288,其中种植业内用途变更的样本数为 16、非种植业内用途变更的样本数为 34,方差分析的 F 检验值为 11.076(相伴概率值为 0.002),说明不同组之间的均值确有显著差异;② 变更后用途为渔业养殖用地的 y_i^c 的平均值为 1.010、变更后用途为非渔业养殖用地的 y_i^c 的平均值为 2.282,其中变更后用途为渔业养殖用地的样本数为 17、非渔业养殖用地的样本数为 33,方差分析的 F 检验值为 5.435(相伴概率值为 0.024),说明不同组之间的均值确有显著差异;③ 变更后用途为建设用地的 y_i^c 的平均值为 1.567、变更后用途为建设用地的 y_i^c 的平均值为 1.995,其中变更后用途为渔业养殖用地的样本数为 17、非渔业养殖用地的样本数为 33,方差分析的 F 检验值为 0.560(相伴概率值为 0.458),说明不同组之间的均值并没有显著差异;④ 将变更后用途为种植用地、养殖用地和建设用地分别编码为 1、2 和 3,然后进行多元方差分析,结果是 F 检验值为 5.958(相伴概率值为 0.005)。对变更不同用途组之间地块 y_i^c 值的方差分析表明,变更后地块的用途不同对于改变用途地块的选择的确有影响,即如果变更为渔业养殖用地则通常会选择离家较近的地块,而在种植业内改变用途的话,通常会选择离家较远的地块。

从前面的分析可以知道,自主经营导致的劳动力转移、农户的存款数量、农户经营土地中地块最大距离以及地区差异对于农户土地用途变更决策有显著影响:

① 就劳动力转移而言,劳动力转移土地用途变更空间选择也有一定程度的影响,自主经营人数比重越高,农户选择改变用途地块的距离就越远(相对越远)、打工导致的劳动力转移对于农户土地用途变更空间决策则没有显著影响;

② 就农户存款而言,农户的存款越多资金越充足农户改变用途地块的距离可能就越远;

③ 就地区差异而言,相对于铜山县,如东县和常熟市两地农户改变土地用途的地块距离相对远些;

④ 变更后地块的用途不同对于改变用途地块的选择也有影响,如果变更为渔业养殖用地则通常会选择离家较近的地块,而在种植业内改变用途的话,通常会选择离家较远的地块。

第三节　劳动力转移与农业土地用途变更面积决策

本章第一节对劳动力转移对于农户是否改变土地利用用途的影响进行了分析,其中的因变量为0~1两分变量,这里考虑劳动力转移对农户土地用途变更面积决策的影响。

一、分析方法

1. 计量分析方法

市场、政策、资源禀赋等因素都可能影响农户的土地利用决策,就农户的土地用途变更决策而言,农户土地用途变更决策过程可以划分为三个阶段,这三个阶段包括比较不同用途土地利用收益、决定是否改变土地用途以及改变土地用途的面积,其决策过程以及与影响因素之间的关系可以用图8-2来表示。

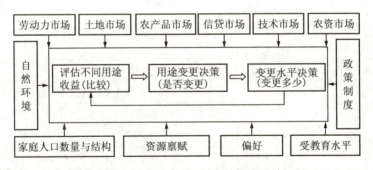

图8-2　农户层面农业土地用途变更驱动机制

从决策结果对土地利用变化的效果来看,可把农户改变土地用途的决策划分为相对独立而又相互联系的两个阶段,第一阶段是决定是否改变用途、第二阶段是决策改变用途的土地面积。这里用 Heckman 两阶段回归模型来模拟农户的土地用途变更决策,模型的形式如下:

$$y_i = \beta_0 + \beta X + \alpha IMR_i + \varepsilon$$

其中，y_i 为农户改变用途土地面积，β 系数、X 为解释变量，ε 为残差项；IMR_i 为 Mill 值，其计算方式 $IMR_i = \dfrac{\varphi(\beta'X/\delta)}{\varPhi(\beta'X/\delta)}$，$\varphi(\beta'X/\delta)$ 为标准正态密度函数，$\varPhi(\beta'X/\delta)$ 为标准正态累计分布函数，这些值与农户第一阶段的决策有关，第一阶段的决策可以用一个 *Probit* 模型来模拟：$P(y=1) = \varPhi(\beta'X) = \int \dfrac{1}{\sqrt{2\pi}} e^{-\frac{t^2}{2}} dt$，其中 $P(y=1)$ 表示农户改变土地用途的概率。

2. 变量选择

根据对农户层次土地用途变更机制的理解以及所选择的分析模型，选择了包括农户特征、资源禀赋、劳动力转移量以及区位条件等在内的一组变量，第一阶段选择的变量的名称与含义具体见表 8-12。在第 2 阶段则选择了土地面积（landa）、打工人数（empn）、自营人数（soon）、租出耕地面积（ouarable）、租入鱼塘面积（infish）、借贷数量（credit）、存款数量（saving）县城距离（cdis）以及如东虚拟变量（X_1）和常熟虚拟变量（X_2）这 10 个变量。

表 8-12　土地用途变更分析变量及含义

变量名称	符号	含　义
农户特征		
户主年龄	age	户主的年龄（岁）
户主性别	gender	户主的性别，虚拟变量：1＝男性、0＝女性
户主受教育水平	eduyear	户主受教育年数（年）
农户资源禀赋		
耕地面积	arable	农户承包的耕地面积（亩）
土地面积	landa	农户承包的所有类型土地面积之和（亩）
劳动力数量	nlabor	家庭成员年龄在 16 岁到 65 岁之间且非在校人数（人）
劳动力转移		
打工人数	empn	包括农业打工和非农打工人数（人）
自营人数	soon	自主经营人数（人）
人均非农收入	pnin	（自主经营收入＋打工收入）/家庭人口（元/人）
土地市场参与		
租入耕地面积	inarable	农户租入耕地面积（亩）
租出耕地面积	ouarable	农户租出耕地面积（亩）
租入鱼塘面积	infish	农户租入养殖水面面积（亩）

续　表

变量名称	符号	含　　义
信贷与金融资产		
借贷数量	credit	农户借入资金数(元)
存款数量	saving	农户存款数量等级,1为无存款、2为<1000元…
区位条件		
县城距离	cdis	农户住处离县城距离(km)
如东虚拟变量	X_1	虚拟变量:$X_1=1$,如东县;$X_1=0$,否则
常熟虚拟变量	X_2	虚拟变量:$X_2=1$,常熟市;$X_2=0$,否则
因变量		
是否改变用途	Y_1	农户是否主动改变土地用途,虚拟变量:有,$Y_1=1$;否则$Y_1=0$
主动改变用途面积	acts	农户主动改变用途的土地面积(亩)
主动用途改变面积比重	raca	主动用途变更面积/(承包土地面积+租入土地面积)

二、结果与分析

运用 STATA 软件估计模型参数,模型估计结果见表 8-13。

表 8-13　Heckman 模型估计结果

第 2 阶段,因变量 acts

变量	系数	标准差	Z 检验值	P 值	系数 95%的置信区间	
landa	0.2494	0.2143	1.1600	0.2450	−0.1707	0.6694
empn	0.1911	0.5546	0.3400	0.7300	−0.8959	1.2781
soon	1.1317	1.2012	0.9400	0.3460	−1.2226	3.4861
ouarable	−0.5157	0.4975	−1.0400	0.3000	−1.4907	0.4593
infish	0.4912	0.2320	2.1200	0.0340	0.0364	0.9460
credit	0.0000*	0.0000	0.5400	0.5870	0.0000	0.0000
saving	0.3116	0.1867	1.6700	0.0950	−0.0543	0.6776
cdis	−0.1299	0.0883	−1.4700	0.1410	−0.3030	0.0431
X_1	4.3017	3.5994	1.2000	0.2320	−2.7530	11.3564
X_2	7.1713	3.9385	1.8200	0.0690	−0.5480	14.8907

第 1 阶段,因变量 y_1

变量	系数	标准差	Z 检验值	P 值	系数 95% 的置信区间	
_cons	−7.0211	7.8886	−0.8900	0.3730	−22.4824	8.4402
age	0.0020	0.0097	0.2100	0.8360	−0.0170	0.0211
gender	−0.6680	0.4118	−1.6200	0.1050	−1.4752	0.1392
landa	0.0915	0.0405	2.2600	0.0240	0.0122	0.1709
empn	−0.0228	0.1180	−0.1900	0.8470	−0.2540	0.2084
soon	0.4064	0.1621	2.5100	0.0120	0.0886	0.7241
inarable	0.0526	0.1963	0.2700	0.7890	−0.3322	0.4374
ouarable	−0.0850	0.1053	−0.8100	0.4200	−0.2914	0.1214
infish	0.1191	0.0276	4.3200	0.0000	0.0650	0.1731
credit	0.0000**	0.0000	0.5700	0.5710	0.0000	0.0000
saving	0.0570	0.0357	1.6000	0.1110	−0.0130	0.1271
cdis	−0.0289	0.0122	−2.3800	0.0170	−0.0527	−0.0051

第 1 阶段,因变量 y_1

变量	系数	标准差	Z 检验值	P 值	系数 95% 的置信区间	
X_1	1.2983	0.3885	3.3400	0.0010	0.5369	2.0598
X_2	1.5790	0.4247	3.7200	0.0000	0.7466	2.4113
_cons	−1.9417	0.7673	−2.5300	0.0110	−3.4456	−0.4377
mills λ	2.1439	2.9353	0.7300	0.4650	−3.6091	7.896874
rho	0.6613					
sigma	3.2421					
lambda	2.1439	2.9353				

Number of obs＝329,Censored obs ＝ 279,Uncensored obs ＝ 50

注:＊该值实际上不为零,因保留小数位原因才显示为零,实际值为 0.00000912,＊＊实际值为 0.00000266;Number of obs、Censored obs 和 Uncensored obs 分别为样本数、删失样本数和未删失样本数。

样本数为 329,模型检验的卡方值 Wald chi 2(20) ＝ 59.3000,卡方值的显著性检值为 0.0000,另外在两个阶段中多数变量统计检验显著。此外,Mill 值

(mills λ)为 2.1439 且统计检验不显著,说明可以不对系数进行调整。

　　从模型第一阶段的估计结果来看,对于土地用途变更具有显著影响的变量是户主性别(gender)、土地面积(landa)、自营人数(soon)、租入鱼塘面积(infish)、县城距离(cdis)以及两个地区虚拟变量 X_1 和 X_2 这 7 个变量。这说明农户特征、土地资源禀赋、土地市场参与、劳动力市场参与以及市场接近性对农户的土地利用决策是有影响的,除了这些因素之外,区域因素也对农户的土地用途安排有显著影响。户主性别(gender)、土地面积(landa)、自营人数(soon)、租入鱼塘面积(infish)、县城距离(cdis)以及两个地区虚拟变量 X_1 和 X_2 这 7 个变量中,户主性别(gender)和县城距离(cdis)这两个变量系数符号是负的,其余 5 个变量的系数符号是正的。这说明农户承包土地总面积越大,土地用途发生变更的可能性就越大,当农户的土地资源比较丰富的时候,食物供应安全保障性就比较高,农户承担经营风险的能力增强,这就使得农户可能改变部分土地的用途;农户通过自主经营的方式转移自身劳动力的时候,可能自主经营往往需要一定的场地,这使得农户通过自主经营方式来转移劳动力的同时也需要改变一定数量土地用途;在所选择的反映农户土地市场参与情况的变量中,租入鱼塘面积这个变量的回归系数检验显著而且系数符号为正,这说明随着租入鱼塘面积的增加,农户发生土地用途变更的可能性就会提高,这可能是由于农户为了规模效应的考虑,在租入鱼塘后,为了达到预期的规模效益还可能将自身承包的土地转变为鱼塘。例如在常熟市,发生土地用途变更的农户有 24 户(调查总户数为 89 户),其中耕地转变有渔业养殖用地有 13 户,在这 13 户中有 8 户租入了渔业养殖用地,占具有该类土地用途变更户数的 61.54%(8/13),这在一定程度上说明对租入鱼塘会提高农户变更土地用途可能性的解释是合理的;越接近县城发生土地用途变更的可能性越大,反之越小。县城距离在一定程度上代表了农户的市场接近程度,离县城越近也就意味着越接近市场,换句话说,在一定程度上可以认为市场接近性越好土地用途变更的可能性就越大;除了农户本身的因素之外,区域因素对与土地用途变更有着重要的影响,这可能与区域土地制度尤其是土地用途管制制度有关。

　　那么,在具有显著影响的这 7 个变量中,哪个变量的作用是最大的呢? 这里,用 Logit 模型估计第一阶段的决策,然后计算标准化系数,计算 logit 回归的标准化系数公式为 $\beta'_i = \dfrac{\beta_i \times s_i}{\pi/\sqrt{3}}$,式中:$\beta'_i$ 为第 i 个自变量的标准化回归系数,β_i 为第 i 个自变量的非标准化回归系数,s_i 为第 i 个自变量的标准差。利用 Logit 模型系数标准化计算公式计算出各个变量的标准化系数,户主性别(gender)、土地面积

(landa)、自营人数(soon)、租入鱼塘面积(infish)、县城距离(cdis)以及两个地区虚拟变量 X_1 和 X_2 这 7 个变量的标准化系数分别是：-0.1231、0.2005、0.2605、0.3578、-0.3493、0.6913 和 0.7380。在 7 个对土地用途变更具有显著影响的变量中，两个地区虚拟变量 X_1 和 X_2 的标准化系数要比其他 5 个变量的标准化系数大的多，说明区域差异因素对土地用途变更发生可能性的大小有极为重要的影响；除了两个地区虚拟变量之外，其余 5 个变量标准化系数绝对值的大小顺序分别是租入鱼塘面积(infish)、县城距离(cdis)、自营人数(soon)、土地面积(landa)和户主性别(gender)。

在第二阶段的回归中，租入鱼塘面积(infish)、存款数量(saving)和地区虚拟变量 X_2(常熟市)这三个变量。这三个变量系数的符号都是正的，说明这三个变量对于土地用途变更面积的作用是正向的，地区虚拟变量 X_2(常熟市)的系数检验显著，说明，说明在第二阶段的回归中常熟市具有不同的截距项，也就是说，土地用途变更面积的决策具有明显的区域差异性，这一点与 Logit 回归的结果是一致的；此外，存款数量(saving)系数检验显著说明在土地用途变更中，资金投入可能具有重要影响。

三、结论

劳动转移类型对于土地用途变更的可能性具有一定程度的影响，打工性质的劳动力转移通常会降低土地用途变更的可能性，而自主经营性质的劳动力转移则会提高土地用途变更的可能性。打工性质的劳动力转移对于土地用途变更的可能性具有负向作用；反过来，劳动力转移渠道不畅，可能会增加土地用途变更的可能性，这可能与农户土地利用的选择集有关，对于农户而言，面对人地关系变化，要么通过调整劳动力配置来适应，要么通过调整土地利用来适应，当农户劳动力转移渠不畅时，农户调整土地利用的适应策略无非是提高集约利用水平和改变土地用途这两个途径。由于在一定的技术条件下，土地受容量的有限性意味着在一定时期内提高集约水平的局限性，因此，改变土地用途可能是更好的选择。劳动力转移收入对于土地用途变更可能性的作用是正向的，利用分区域的数据估计 heckman 模型参数，结果表明劳动力转移收入对于土地用途变更可能性的作用具有一定区域差异性；同样的，劳动力转移对于土地用途变更面积大小的影响则具有区域差异特征；在如东县劳动力转移收入对土地用途变更面积大小具有正向作用；而在常熟市，劳动力转移越多(包括打工性质的劳动力转移和自主经营性质的劳动力转移)，土地用途变更的面积就越大。

第九章 政策改革对农户土地利用
变化的影响

自 1978 年以来的近几十年,是我国经济快速增长的几十年,同时也是各类制度政策不断变化的几十年。这些政策改革必然对农民产生不同程度的影响。本章从政策角度出发,分析政策制度改革对农户土地利用的影响,尤其是对土地利用变化的影响。

第一节 农业税费改革对农业土地利用变化
影响机理分析

税收是国家为了履行其职能,凭借其政治权力,运用法律手段,按法律预先规定的标准,强制地、无偿地参与国民收入分配,取得财政收入的方式。税收制度一般是由具体税种组成的,税收制度的基本构成不外乎有两种:一种是单一税制,认为税收制度是由一类税种构成,如单一的土地税、单一的消费税、单一的所得税、单一的财产税等;另一类是复合税制,认为税收制度是由多类税、多种税构成,是多类税、多种税相互配合的一种比较完善的税收体系。其中又存在不同时期、不同条件下的主体税种选择问题,即以某一至两个以上的税种作为筹集财政收入和调节经济的主体。由于单一税制只适用于国民经济产品单一的国家,并且缺乏应有的弹性,因此,世界上绝大多数国家实行的是复合税制。

一、农业税费制度及其改革

农业税费是指向农民征收的各项税和费用,主要是指农民缴纳税金,完成国家农产品订购任务,依照法律法规所承担的村提留、乡统筹费、劳务以及其他收费。

农业税是国家向一切从事农业生产有农业收入的单位和个人征收的一种税,

从税收分类的属性来说,它属于收益税类,即对收益额征收的一种税。长期以来,农业税以征收粮食为主,人们习惯称之为"公粮"。在解放初期,农业税是我国财税收入的主要来源,为国家的经济建设做出了极大的贡献。

村提留包括:公积金、公益金、管理费。简称"三提"。公积金主要用于农田水利基本建设、植树造林、购置生产性固定资产。公益金主要用于"五保户"供养、特别困难的农户补助以及其他集体福利事业。管理费主要用于村干部报酬、办公费和差旅费。

乡统筹费包括:教育费附加(用于乡、村两级办学)、计划生育管理费、优抚费、民兵训练费、乡级道路建设费,简称"五统"。以村农民人均纯收入为依据计提村提留、乡统筹费,不得超过上年农民人均纯收入的5%。

劳务是指农民承担的劳务,包括义务工和劳动积累工,简称"两工"。根据当地的实际需要,每个农村劳动力可每年承担5~10个义务工,10~20个劳动积累工。

其他收费是指,有法律法规依据的行政事业性收费和政府性基金。

行政性收费是指国家行政机关和国家授权行使行政职权的单位,在社会、经济技术和资源管理过程中按照特定需要依据国家规定实施的收费。其具体形式一般表现为:管理费、登记费、资源费、审查费或评审费、证照费。

事业性收费是指事业单位向社会提供有效服务而实施的收费。不以盈利为目的,按照补偿或部分补偿合理耗费的原则,并根据服务内容、质量,考虑国家有关政策制定收费标准。基本类型为:教育收费;医疗收费;防疫、检疫、检验、检测收费;专业技术服务收费;咨询服务收费。

行政事业性收费实行许可证、专用票据和年审制度,这类项目实行中央和省两级审批制度,由省级以上财政部门会同价格部门负责;教育费附加等政府性基金实行中央一级审批,由财政部会同有关部门负责,重要的报国务院批准。省级以下政府及部门无权出台有关政策,乡村干部更无权确定收费项目。

这些农业税费中根据它们课税的标准,可以分为直接税费和间接税费。直接税费也就是根据土地的多少或者土地产出多少而征收的税费;间接税费是以人头或者其他课税方法来征收的税费。在我国农民所缴纳的税费中,只有农业税、村提留和乡统筹是直接税费,其他的各种费用均为按照人头或者其他方式收取的,所以视为间接税费。

在我国农业税费形成与改革过程中,国家出台了一系列的政策法规,明确了具体的农业税费的政策(如表9-1)。

表 9-1 农业税费形成与改革变迁

	阶段	年份	政策	特征	内　　容
农业税费形成	形成	1950年	《屠宰税暂行条例》	屠宰税的法律依据	凡屠宰猪、羊、牛等牲畜者均要交纳屠宰税,税率为10%,按牲畜屠宰后实际重量从价计征。是我国农民承担时间较长的税种。
		1958年	《中华人民共和国农业税条例》	毛泽东签发的唯一一个税法	对粮食征收农业税根据常年产量确定。征收实行地区差别比例税制,全国平均税率为常产的15.5%;地方可以根据需要收取地方附加费,一般不超过纳税人应纳农业税税额的15%。
	突显	1983年	《当前农村经济政策的若干问题》	正式提出要减轻农民负担	无论办什么事,凡需动用民力的,都必须坚持量力而行的原则,切不可重复过去一切大办的错误做法.必须十分注意精简人员,节约开支,杜绝浪费,减轻农民负担。
		1984年	《中共中央关于1984年农村工作的通知》	民办公助事业"定项限额"	制止对农民的不合理摊派,减轻农民额外负担,保证农村合理的公共事业经费。
		1985年	《关于进一步活跃农村经济的十项政策》、《关于制止向农民乱派款、乱收费的通知》	农业税由实物改为现金	凡要农民出钱出力兴办的事,都要经乡人代会讨论,坚持"定项限额";任何额外的负担,农民有权拒绝。
		1986年	《征收教育附加费的暂行规定》	"教育附加费"开征	教育附加费以产品税、增值税、营业税的税额为计征依据,教育费附加率为1%(1990年国务院调整为2%)。
		1989年	《关于进一步做好农林特产农业税征收工作的通知》	全面征收农林特产税	从1989年起,全面征收农林特产税,并对征税办法作了若干改进:扩大了征税范围,把果用瓜和海水养殖产品收入列入征税范围;对大宗农林特产收入实行统一税率,一般在10%上下。

阶段	年份	政策	特征	内　容
农业税费改革	探索	1990年	《关于切实减轻农民负担的通知》	国务院划定农民负担"警戒线","5%"成为一个颇有争议的数字	农民除按税法向国家缴纳税金外,向乡村集体上交村提留和乡统筹,承担一部分义务工,是应尽的义务。明确农民合理负担的项目、使用范围及负担比例,以乡为单位,人均集体提留和统筹费,一般应控制在上一年人均纯收入的5%以内,乡村两级办学经费应包括在内;每个劳动力每年平均负担5～10个标准工,有条件的地方可适当增加。同时指出,要通过壮大集体经济实力来减轻农民负担。
		1991年	《农民承担费用和劳务管理条例》	原则性的政策规定进一步具体化。农民负担继续攀升	明确了农民负担的主管部门;规定了农民承担费用和劳务的范围和使用;对农民承担的村提留、乡统筹、义务工和积累工规定了明确的比例和数量;规定了农民承担费用和劳务的提取和管理办法;对其他各种收费、集资及摊派也做出了具体的规定;规定了奖励和惩罚措施。
		1993年	《关于切实减轻农民负担的紧急通知》、《关于涉及农民负担项目审核处理意见的通知》、《关于当前农业和农村经济发展的若干政策措施》	农民负担项目大清理:"政治任务"的提法,定义了这个"减负年"	农民减负问题作为一项紧急政治任务摆上重要议事日程,坚持不懈地做好农民负担监督管理工作。
		1996年	《关于当前减轻农民负担的情况和今后工作的意见》、《关于切实做好减轻农民负担工作的决定》	近50个县市开始农村税费合并征收试验	提出减轻农民负担的13条措施,要求必须做到"三不变"、"五严禁"、"三减轻(少)"和"两加强"。这一年是近年来减轻农民负担力度最大的一年。

续　表

阶段	年份	政策	特征	内　　容
探索	1998年	《关于切实做好当前减轻农民负担工作的通知》	30个省市区建立起"一把手亲自抓、负总责"的减负领导责任制	1998年农民承担的提留统筹费的绝对额不仅要严格控制在上年农民人均纯收入5%以内,而且不得超出1997年的预算额;严肃查处加重农民负担的违法违纪行为。
	1999年	九届全国人大二次会议	朱镕基:抓紧制订并实施农村"费改税"方案;农村税费改革小组成立	要切实减轻农民负担。抓紧制订并实施农村"费改税"方案;同年十月,全国范围内开展了减轻农民负担工作大检查。一直持续了4个月。各地共取消7831个不合理收费项目。
农业税费改革 定格	2000年	《中共中央、国务院关于进行农村税费改革试点工作的通知》《关于农村税费改革试点地区农业特产税政策的通知》、《关于取消农村税费改革试点地区有关涉及农民负担的收费项目的通知》	农村税费改革政策确定。安徽全省开始改革试点	农村税费改革内容被高度概括地称为"三个取消。一个逐步取消,两个调整和一项改革"。安徽全省开始进行农村税费改革试点。探索建立规范的农村税费制度和从根本上减轻农民负担的办法。取消乡统筹、地方教育附加、农村教育集资等,村提留也不再按农民人均纯收入收取。
	2001年	《关于进一步做好农村税费改革试点工作的通知》	国务院布置扩大试点	要求合理确定农业税计税土地面积、常年产量和计税价格;对新增的耕地或因征占、自然灾害等减少的耕地,可按照实际情况进行个别调整;采取有效措施均衡农村不同从业人员的税费负担。调整完善农业特产税政策,减轻生产环节税收负担。进一步降低特产品税率。对某些适宜在收购环节征收农业特产税的应税产品,可从生产环节改在收购环节征收。
	2004年	《中共中央国务院关于促进农民增加收入若干政策的意见》	政府践诺:5年内取消农业税	提出了新时期"重农"思想。要逐步降低农业税税率,平均每年降低1个百分点以上,5年内取消农业税。
实现	2005年	《全国人民代表大会常务委员会关于废除〈中华人民共和国农业税条例〉的决定》	全面废除农业税	废止《中华人民共和国农业税条例》。

注:根据魏玉栋.农村税费55年脉络图[J].农村工作通讯,2004,(4):15-22整理

二、农业税费改革对农户土地利用行为的影响

农户作为农村土地经营的主体,其旨在通过土地的最优利用达到最大获利,这被称作土地利用的基本竞争模型。在土地利用效益发生变化,尤其是经济效益发生变化时,土地利用就会在农户行为的作用下发生变化。农户土地利用行为可以从两个方面来考察:(1)农户土地利用经济效益最大化行为。它是农户在追求直接经济效益最大的目标驱使下,包括土地利用的外部经济效益,就会主动自发的采取的行为模式;(2)农户可持续利用土地行为。从可持续利用土地的角度出发,将土地利用的内部效益和外部效益(外部经济与外部不经济)同时纳入考虑范畴,以土地利用的社会、生态和经济综合效益最大为目标。本节立足于制度经济学、行为地理学的角度来分析农户土地利用行为机理,探讨农业税费制度改革的土地利用变化响应,这一经济机理可以表示为图9-1。

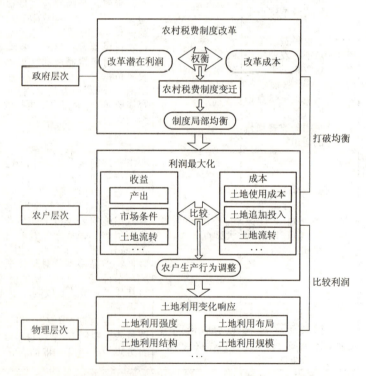

图9-1 农业税费制度改革的土地利用变化响应机理

三、农业税费改革对农业土地利用变化的影响

1. 农业税与土地利用的关系

农业税是对农业收入征收的一种税,由地方政府负责征收管理,所得收入归

地方政府,全国平均税率为常年产量的 15.5%。计税依据为农民第二轮承包用于农业生产的土地,其他单位用于农业生产的计税土地为实际用于农业生产的土地。其特点是:(1) 以农业收入为征税对象;(2) 以常年产量为计税依据;(3) 实行两种方式征收(货币和实物);(4) 实行由国家统一控制下的地区差别比例税率;(5) 地方政府具有较多的税收管理自主权。

农业税是国家向一切从事农业生产,并由此获得农业收入的单位和个人征收的一种税。从本质上讲,它是一种收益税,同真正意义上的土地税有本质区别。但是,农业的主要生产资料是土地,且国家没有另外对农业征收税赋,所以农业用地的土地税只能用农业税来说明。

由农业税的含义、计税依据和特点可知,农业税与农民手中土地数量、产量和承包情况等密切相关。中国实行农用土地承包使用制度,农户所承包土地的面积和土地的质量直接决定其收入的多少,进而影响个人缴纳农业税的多少。农业税的多、少、存、亡影响到农用土地的利用、管理和收益分配,关系到农民从土地中获得收益的多少,影响到农民利用土地的方式和态度。农业税征收少,农民从土地中获得的收入多,农民的积极性就高,便会珍惜土地,加强对土地的保护和利用,反之则可能忽视土地,甚至撂荒土地。建立在土地制度和税收制度上的农用土地收益分配关系和土地权力结构,也会因农业税变化而调整。农业税与附着在农用土地上的权利和义务是紧密相连的一个整体,农业税发生变化,附着在农用土地上的权、责、利将重新分配。

农业税、农业税附加和各种“统筹”、“提留”和“搭便车”收费对中国农用土地产生了很大影响。首先,形成了各级地方政府、村委会和农民共同参与的土地收益分配结构,实行“费改税”以后,这种收益分配结构依然没有改变,政府和村委会拿走了土地收益的一部分,农民从使用土地中实际得到的土地收益有限。其次,农业税的存在加大了购买土地使用权的成本,直接影响经营土地的利润,也在一定程度上影响了农用土地流转。再次,农业税加重农民负担,削弱了农民的生产积极性,为了获得更多收入,有的农民不得不撂荒土地而外出打工,有的耕作粗放,土地利用效率不高。另外,中国对城镇土地使用征收城镇土地使用税,却没有设置专门的农地使用税,而是单列出了其他市场经济国家没有的农业税,形成了中国独具特色的土地税收结构。

2. 农业税费改革对农村土地流转的影响

一般来讲,在有税费的情况下受让方在转入的土地上从事农业生产获得的收益进行三次分配:首先是农业税,交给国家;其次是流转收益,归原承包方所有;最后剩下的收益,归受让方所有。农业税费改革后,尤其是取消农业税后,按照流转合同约定,原来归国家的农业税现在归受让方,从而造成流转当事人双方比较认可的流转收益分配平衡关系被打破。农民认为,农业税费改革目的是"村村减负、户户受益",所以流转后土地产生的收益中,农业税的减免收益应当归承包者,而不应当归受让方。经协商不成,一般原承包农民要求将流转出的土地收回,由自己获得减免农业税的收益,或者重新进行流转,将减免农业税的收益分配给自己。因此,农业税费改革对农村土地承包经营权流转的影响大致分为三个方面:一是对原来已经流转的土地承包经营权,大部分的农民希望通过协商调整流转价款,获得国家的政策优惠,如果协商不成的,农民采取的就是想方设法要回流转的土地,并由此引发不稳定因素。二是随着农业税被取消后,农村土地承包经营权流转的价款将出现一定的上涨。这既是对流转受让方劳动成果的肯定,也是农村土地承包经营权流转的价值回归。土地承包经营权流转价款的提高,利大于弊,既可以推动农民参与土地承包经营权流转,也可以巩固农村土地承包流转行为。所以说,取消农业税后,对土地承包经营权流转是一次重要的挑战和机遇。三是土地流转形式将普遍采取短期为主。正是由于农业税及其附加由原定的 5 年减免改为 3 年普遍取消,导致农民对政策预期较高,所以流转期限将明显缩短,便于调整流转价款,但这将不利于农业发展的需要,尤其是各种资本对农业的中长期投入[344]。

3. 农业税费改革对农业土地利用强度与规模的影响

减免农业税促进土地的流转,土地开始流转后有两方面的作用:

(1) 土地利用强度的变化

闲置土地进入流转。农村被闲置的土地包括:一是承包不到位的土地,由于种田成本高,有些农户只种"口粮田",不愿意承包更多的土地,即便承包了也不愿耕种,导致一部分土地仍然停留于村集体统一经营。二是无力耕种的土地,人口迁徙、农业劳动力转移、长年外出打工等原因导致田地无人耕种,致使土地闲置。三是集体大面积垦荒而增加的耕地,由于开垦荒地一般地处偏远,耕种条件差,在最初几年又没有好效益,故农户多不愿意承包而闲置。这些土地便是土地流转中的活动因子,只要政府减免税收,降低成本,并加大对农业的投入,增加土地的预期收益,种地有利可图,这部分土地便会活动起来,重新得到利用。其中,第一种和第三种闲置地还在集体手中,可能被争着承包(或租用),这种竞争有利于土地流向种田能手、种植大户,从而提高土地生产力。第二种被闲置地可能在免征农业税后被承包者重新利用,如果承包者已经在迁徙或者外出打工中找到稳定职业,这部分土地将有偿流转给其他农民。因此,土地利用强度将增加,利用效率将提高。免征农业税后增加的农民收入又被重新投入土地改良土壤、提高土壤肥力,提高土地质量;或者兴建农田水利设施、改善农业生产条件,间接提高土地质量。据黑龙江省的一项入户抽样调查显示:在黑龙江,免征农业税将给农民带来约有 28.2 亿元收入,而其中的 90% 以上又投到了土地上[①]。主持这项调查的黑龙江省社科院研究员鲁锐指出,国家把这笔钱还给农民,农民用它来滋养土地,这在全国也具有普遍性和典型性[②]。因此也在大范围内提高了耕地质量。免征农业税后,农民负担减轻,收入增加,生产积极性提高,会更加爱惜土地,加大对土地的投入。因此,土地质量得到提高,撂荒土地也必然减少,从而实现土地节约利用和持续利用。

(2) 土地规模利用的变化

原来低效利用的农地向高效利用农地的农户流转。征收农业税使土地利用效益不高的农民将土地当作包袱,如果租给别人耕种,租金不够农业税,且很难租出;如果抛荒,却欠下农业税债,不敢轻易放弃土地。而那些土地利用效益较高的农民远不及从事别的产业,不愿多经营土地。农业税在一定程度上阻碍了土地流转。免征农业税后,那些土地使用效益较低的农民,可以转移到别的行业去,不用担心欠下农业税债,可以放心地将土地转包给别人。种田能手经营土地的收益增加,和从事别的产业的收益相当甚至超过,也愿意租种大量土地。所以,低效利用的土地越来越多地向高效利用土地的农户流转,使土地分散经营向规模经营转变,提高土地利用的规模效益。

四、农业税费改革对土地用途变更的影响

近年来中国耕地数量锐减,耕地质量下降,国家制定了"十分珍惜和合理利用每一寸土地,切实保护耕地"的基本国策。免征农业税,提高农地收益,缩短农地收益和非农用地收益的差距,必然加大农用地向非农用地转换的阻力,间接抑制建设用地占用耕地,也起到保护耕地的作用。[345]

---

① http://finance.sina.com.cn/g/20050207/16091356137.shtml。

② http://finance.sina.com.cn/g/20050207/16091356137.shtml。

第二节 农业税费改革对农业土地利用变化
影响实证分析

一、江苏省农业税费制度改革情况

从1990年起,农民负担问题引起党中央、国务院的高度重视,开始对涉及农民负担的各种收费、集资、基金,达标升级项目进行清理整顿,并对农民负担实行严格的比例控制,当年国家取消、调整涉及农民负担的项目达113项。1996年12月,中共中央、国务院做出了《关于切实做好减轻农民负担的决定》。据不完全统计,仅从1993年到1996年国家就出台了18项减负政策。从中央到地方,普遍加强了对农民负担的监督管理,使农民负担高速反弹基本得到了遏制。但是,由于基层领导相当数量的干部对农民负担问题的严重性认识不足,致使管理不规范,农民不合法负担更加隐蔽,加之收取方式的简单粗暴,使一些地方农民反映强烈。

从表9-2来看,1990年后,江苏省农民的人均农业收入均高于全国人均农业收入,但是江苏农业人口人均农业税比全国平均水平相对要低,江苏农民农业税负担率总体要比全国平均负担率低得多。尤其在2005年,江苏省作为取消农业税的试点,基本上全面取消了农业税。根据对江苏省1990—2005年农业税费的收缴和耕地变化量的分析(见表9-3)可以将江苏省农业税收制度分为四个阶段:

第一阶段:农业税费稳定增长阶段(1990—1993年)。这个时期,江苏省全省农业税费稳定增长,增长速度不大;

第二阶段:农业税费快速增长阶段(1994—2001年)。这个阶段,虽然国家出台了一系列减轻农民负担的政策,但是农业税费仍在快速上涨,农民负担年年创新高,尤其在1994年,农业税费比1993年增加了95%以上。由于税费不断在上涨,而耕地却是不断下降,导致每公顷平均缴纳的费用不断增加,在2001年突破了500元/公顷。

第三阶段:农业税费改革探索期(2002—2003年)。2002年,江苏省部分地区作为农业税费改革的试点,取消了农业税费,在2003年,国务院下发《国务院关于全面推进农村税费改革试点工作的意见》,全面推进农业税费的改革。江苏省在这段时期积极执行国家政策,农民负担率逐年减少

第四阶段:农业税费减免期(2004年至今)。全省在2004年着手对农业税收

制度改革,提出在 2004 年"农业税降低至少 2 个百分点,三年内全部免除农民的农业税税负,有条件的苏南地区,更要提前一步,争取在今明两年内实现。"到 2005 年,江苏省对从事农业生产、取得农业收入的单位和个人不再收缴农业税及其附加税。

表 9 - 2　1990 年以后农业税费分析表

年份	农业各税:亿元		农业人口平均:元		耕地平均:元/公顷		人均农业收入:元		负担率%	
	江苏	全国	江苏	全国	江苏	全国	江苏	全国	江苏	全国
1990	4.05	87.64	7.63	10.42	39.37	916.07	669.13	596.28	1.14	1.75
1991	3.52	90.65	6.70	10.71	66.74	947.73	656.66	624.98	1.02	1.71
1992	4.95	119.17	9.40	14.02	94.46	1249.16	747.64	682.39	1.26	2.05
1993	7.33	125.74	13.85	14.73	140.79	1322.19	926.74	806.40	1.49	1.83
1994	14.31	231.49	27.06	27.02	276.68	2439.05	1270.80	1103.77	2.13	2.45
1995	16.36	278.09	31.85	32.36	318.42	2928.19	1651.47	1395.39	1.93	2.32
1996	21.18	369.46	40.99	43.42	418.44	3890.28	1867.94	1627.10	2.19	2.67
1997	21.09	397.48	42.06	47.22	417.16	4185.32	2011.10	1688.25	2.09	2.80
1998	22.68	398.80	46.10	47.96	450.31	4199.22	2065.59	1750.08	2.23	2.74
1999	23.15	423.50	49.33	51.62	460.77	3256.69	2138.29	1764.06	2.31	2.93
2000	23.90	465.31	55.76	57.56	477.30	3578.21	2405.66	1809.59	2.32	3.18
2001	25.40	481.70	60.17	60.54	510.64	3704.24	2563.95	1937.06	2.35	3.13
2002	25.03	717.85	61.32	91.75	510.29	5520.22	2741.81	2059.96	2.24	4.45
2003	26.60	871.77	67.48	113.44	547.51	6703.86	2806.48	2220.96	2.40	5.11
2004	15.17	902.19	39.39	119.17	316.36	6937.79	3425.00	2768.09	1.15	4.31
2005	0.04	936.40	0.11	125.62	0.84	7200.86	3950.08	3094.87	0.00	4.06

数据来源:《中国统计年鉴》、《江苏省统计年鉴》;耕地平均税收=农业各税税收/耕地面积;
　　负担率=人均税收/农民人均纯收入

表 9-3　1990—2005 年江苏省农业税收与耕地变化比较

年份	农业税 （亿元）	农业税增加率 （%）	总耕地 （千公顷）	耕地减少率 （%）	平均耕地税收 （元/公顷）
1990	4.05		5308.75		39.37
1991	3.52	−13.09	5274.58	0.64	66.74
1992	4.95	40.63	5240.41	0.65	94.46
1993	7.33	48.08	5206.24	0.65	140.79
1994	14.31	95.23	5172.07	0.66	276.68
1995	16.36	14.33	5137.90	0.66	318.42
1996	21.18	29.46	5061.70	1.48	418.44
1997	21.09	−0.42	5055.67	0.12	417.16
1998	22.68	7.54	5036.54	0.38	450.31
1999	23.15	2.07	5024.22	0.24	460.77
2000	23.90	3.24	5008.39	0.32	477.20
2001	25.40	6.28	4974.12	0.68	510.64
2002	25.03	−1.46	4905.02	1.39	510.29
2003	26.60	6.27	4858.34	0.95	547.51
2004	15.17	−42.97	4795.19	1.30	316.36
2005	0.04	−99.74	4780.37	0.31	0.84

二、数据与方法

农业税费制度改革通过改变农户土地使用成本而影响农户的预期收入与当期收入；为追求利润最大化，农户会根据预期收入与当期收入调整生产行为，其中最直接的表现就是生产力投入（包括劳动投入、资金投入、科技投入等）的变化；而这些变化都将落实在土地上，所以就产生税费制度改革的农户土地利用行为响应。当前，由于全面废除了农业税，提高了农户的预期与当期收入，在一定程度上解决了农业税费负担问题。为寻找农业税费改革对农户利用土地的影响，通过对苏州常熟市和扬州宝应县的农户进行调查，根据调查数据构建数学模型，进行定量分析。

1. 问卷内容与分析

本次实证数据以问卷的方式获取，主要采用农户问卷调查的方式，深入农村住户家中无组织访谈的方式进行农户匿名访谈,以避免敏感问题回答不真实的情况,同时避免单纯的问卷方式不灵活、回收率低和观察资料不详尽的缺点,收集和实施过程中主要坚持以下原则方法:(1)全面性原则:把关系农业税收制度改革的各个方面都在问卷中充分体现,并使样本在区域分布上具有广泛性;(2)适宜性原则:问卷中的问题及其选择性答案为研究目的所必需的,按照一定的秩序进行排列,即农户基本情况、农户拥有土地类型及农业经营情况、农户收入状况、农户税收负担增减变化情况,在进行农户访谈时易于实施。这些调查情况包括了农户家庭人口素质状况、农产品生产成本和农产品价格、土地投入产出、农户的非农收入,以及农业税收制度的改革对农户的影响等方面的内容。

根据调研统计,常熟市的农户问卷共有 182 份,有效问卷 160 份:其中 2001年为 84 份,分别调查了沙家浜镇西库村(41 份)和辛翁村(43 份);2005 年补充调查 86 份,分别为沙家浜镇戴庄村(26 份)、油坊村(34 份)和王坤村(26 份)。

宝应县的农户问卷共有 194 份,有效 180 份:其中 2001 年为 94 份,分别调查了鲁垛镇的鲁垛村(50 份)和三新村(44 份);2005 年补充调查 86 份,分别为射阳湖镇横径村(32 份)和芦荡村(24 份)和常昆村(30 份)。

问卷调查共经历了试调查、初次调查和重点调查三次,为了使样点具有普遍代表性,通过与当地负责人进行多次讨论,在各地区均按照城市近郊、城乡过渡带、城市远郊这样的区位布局确定调研的村庄,然后课题组成员全部分散随机抽取农户并入户访谈、填写问卷。

常熟市沙家浜镇乡镇企业异常发达,其农地非农化的倾向非常明显。1983—1998 年间,全镇耕地由 4000 多公顷减少为 3000 多公顷,其中的 1000 多公顷农地转化为非农用地;1998—2004 年又减少了近 700 公顷,到 2005 年实际种粮面积只有 900 公顷左右,主要从事水产养殖。这导致全镇的 GDP 构成中农业产值比例不到 5%(30 亿~32 亿),其增加值以工业为主。全镇仅有 20% 的人口从事农业(均为非农兼业),农业生产以水产养殖为主,其中特种养殖类型为螃蟹、虾等。①

宝应县是江苏省的农业县,特色农业享有盛名。境内拥有耕地 6 万公顷,湖荡水面 70 多万亩,既是全国优质粮棉基地县、平原绿化先进县和有机食品基地示范县,又是省内乃至全国颇负盛名的"荷藕之乡"、"水产之乡"。因此,农业生产是农户的主要产业。农业税费制度的改革对于该县来说是有相当的影响的。

由此可以看出,所选择的农户问卷有较大的代表性,能够体现出农业税费制

---

①　中国常熟政府网:http://www.changshu.gov.cn/。

度改革对不同经济发展区域农户的影响,对于实际分析农户行为过程,所设计的问卷及问卷调查资料满足研究目的的需求。

2. 计量经济模型的构建

考虑到农业税费对土地利用的影响,在理论分析的基础上可以归纳下面的计量经济模型:

$$Y=f(劳动力,资本,农业税费)$$

其中,Y表示土地复种指数,劳动力用单位面积粮食生产劳动力投入(L)反映,资本用单位面积粮食生产化肥投入(F)反映,农业税费用农民税费负担率(T)表示。所以上述模型可以写为下面的形式:

$$\ln Y = C + a_1 \ln L + a_2 \ln F + a_3 \ln T + e_i$$

其中,C为常数项,a_1、a_2、a_3为各项变量的系数,e_i为随机扰动项。

3. 数据处理

这里拟采用2000年(农业税费改革调整时期)和2004年(农业税费减免第一年)扬州宝应(苏中)和苏州常熟(苏南)的农户调查数据,建立计量经济学模型,分析税费制度改革对农户土地利用变化的影响。基于农户层面上的数据主要来源于农户问卷调查,数据按如下方法进行整理。

(1)土地复种指数

$Y=$耕地播种面积/耕地总面积

(2)单位面积粮食生产劳动力投入(L:人/公顷)

$L=$农业投入劳动力/粮食播种面积

(3)单位面积粮食生产化肥投入(F:千克/公顷)

$F=$化肥施用总量/粮食种植总面积

(4)农民税费负担率

$T=100 \times$农民当年纳税额/农民当年总收入

三、常熟市样本模型估计结果

1. 常熟市2000年农户税费负担的土地利用变化的影响响应模型

根据常熟市2000年调研数据,得到有效问卷84份,针对这些问卷进行数据整理分析,求得所需要的计算指标,根据C-D函数基本计算方法,求取对数,运用SPSS软件进行多元回归计算,得到如下方程:

非标准化方程: $\ln Y = 1.310 + 2.210 \ln L + 0.029 \ln F + 0.014 \ln T$

标准化方程: $\ln Y = 0.266 \ln L + 0.039 \ln F + 0.028 \ln T$

其中:$R=0.748$,$F=2.394$,方程回归效果一般,但是有线性关系。

根据回归方程式计算出税费负担对于复种指数的相对重要性为：
$$0.014/(2.210+0.029+0.014)=0.63\%$$

2. 常熟市 2004 年农户税费负担对土地利用变化的影响响应模型

2004 年常熟调研有效问卷有 86 份。用上述相同的方法求得 2005 年农户税费负担对土地利用的影响响应模型如下。

非标准化方程： $\ln Y=7.366+0.058\ln L+0.072\ln F+0.049\ln T$

标准化方程： $\ln Y=0.152\ln L+0.712\ln F+0.137\ln T$

其中，$R=0.748$，$F=24.088$，方程回归效果一般，但是有线性关系。

根据回归方程式计算出税费负担对于复种指数的相对重要性为：
$$0.080/(0.071+0.271+0.080)=18.96\%$$

3. 常熟市农户模型运行结果分析

从模型的 T、F 检验来看，方程的整体拟合程度一般，但各变量参数的 t 检验较为显著。单位劳动力投入、单位面积粮食生产化肥投入及农民税费负担率均与复种指数呈现出正相关关系。

根据 C-D 生产函数基础理论计算出 2000 年和 2004 年常熟市农业税费对农户土地利用行为的重要性。2000 年税费制度改革对农户耕种土地影响相对较小，仅为 0.63%；而在 2004 年上升到了 18.96%。

四、宝应县样本模型运行结果

1. 宝应县 2000 年农户税费负担对土地利用变化的影响响应模型

2000 年宝应调研有效问卷有 94 份。用相同方法求得 2000 年农户税费负担对土地利用的影响响应模型如下。

非标准化方程：$\ln Y=-2.865+0.044\ln L+0.681\ln F+0.020\ln T$

标准化方程：$\ln Y=0.053\ln L+0.855\ln F+0.018\ln T$

其中，$R=0.872$，$F=2.538$，方程回归效果一般，但是有线性关系。

根据回归方程式计算出税费负担对于复种指数的相对重要性为：
$$0.086/(0.068+0.067+0.086)=38.91\%$$

2. 宝应县 2004 年农户税费负担对土地利用变化的影响响应模型

2004 年宝应县调研有效问卷有 86 份。用上述相同的方法求得 2004 年农户税费负担对土地利用的影响响应模型：

非标准化方程：$\ln Y=0.053\ln L+0.855\ln F+0.018\ln T$

标准化方程：$\ln Y=0.281\ln L+0.408\ln F+0.420\ln T$

其中，$R=0.763$，$F=2.723$，方程回归效果一般，但是有线性关系。

根据回归方程式计算出税费负担对于复种指数的相对重要性为：

$$0.011/(0.014+0.082+0.011)=10.28\%$$

3. 宝应县农户模型运行结果分析

根据对宝应县的农户数据分析，可以看出，同常熟农户分析的一样，劳动力投入、单位面积粮食生产化肥投入及农民税费负担率均与复种指数呈现出正相关关系。

但是根据C-D生产函数基础理论计算出2000年和2004年宝应县农业税费对农户土地利用行为的重要性。2000年税费制度改革对农户耕种土地影响比2004年相对重要些，2000年为38.91%；而在2004年降低为10.28%。

五、不同研究区域土地利用变化对农业税费制度改革响应的对比分析

在经济上处于不同发展阶段的地区，税费制度改革对农户的土地利用变化影响是有差异的（如图9-2）。

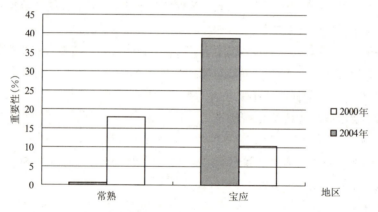

图9-2 不同区域税费制度改革对土地利用变化影响差异对比

1. 时间尺度比较

从图9-2可以看出，常熟市2000年农户税费负担对其土地利用的相对重要性较低，仅为0.63%，说明税费对农户土地利用行为的影响较低；但是到了2004年，税费制度加大改革的幅度后，税费制度对农户土地利用行用的相对重要性提高到18.96%，税费对农户土地利用变化的重要性明显提高。常熟是经济较发达的地区，减免农业税前，农户的主要收入来源为非农经营，因此其土地利用行为受农业税费的影响不大；减免农业税后，农户出于利润最大化目标的考虑，重新调整了自己的土地利用行为，土地开始流转并被规模利用，因此税费负担对其土地利用的相对重要性有所提高。

　　宝应县是江苏省相对欠发达的地区,农户收入主要来源于农业生产,对农业的依赖性比较大,而且农户对农业生产的成本反应比较敏感。因此,2000年宝应县税费负担对农户土地利用行为的相对重要性较大,农户对税费波动的敏感度较高;2004年,全面取消农业税,虽然农业生产的土地使用成本降低了,但是农户主要收入来源仍然是农业生产,因此税费负担对农户土地利用行为的重要性虽然降低了,但仍然较高。

　　2. 区域尺度比较

　　税费制度改革对农户土地利用的影响具有阶段特征。宝应和常熟分别代表了江苏省不同经济发展阶段的地区。2000年,宝应县税费负担对农户土地利用的相对重要性是常熟的62倍。这是因为宝应县农户的收益主要来自农业生产,因此农户土地利用行为受税费额度的影响比较大,农户会根据税费负担的变化及时调整土地利用行为,以达到自身利益最大化的目标。常熟农户收入主要来自非农生产经营活动,由于非农生产经营活动相对较高的收益,农户为实现利益最大化目标,将主要精力用于非农活动,而且其经济基础一般较好,其对土地使用成本的波动不敏感,因此,常熟税费负担对农户土地利用的相对重要性要远远小于宝应。2004年,宝应税费负担对农户土地利用变化的重要性低于常熟。这是因为,取消农业税后,土地收益更多地还给了农户,降低了土地流转的成本,因此原本对种田积极性不高的农民开始积极地进行土地流转,土地规模经营开始显现,土地利用开始变得更专业和有序,税费负担的变化对土地利用变化的影响突显;而宝应县农民本来就对土地有较强的依赖性,即使降低了税费负担和土地流转成本,土地也没有真正的流转起来,土地利用没有太多的变化,因此常熟市税费负担对农户土地利用的重要性大于宝应县。

　　综上所述,常熟市与宝应县农户土地利用对农业税费制度改革的响应模型反映了经济发达地区和经济欠发达地区农户在税费制度改革后对土地利用的响应差异。常熟市是我国百强县,农村乡镇企业和私营经济发达,农民非农就业机会很多,农民收入主要来源于非农劳动。且由于乡镇企业发达,许多乡镇在农业税费制度改革前已经取消对村提留、乡统筹的费用的收取。而宝应县位于扬州北部,与苏北欠发达地区相邻,经济相对落后,非农就业渠道狭窄,收入较低,农民农业收入占总收入比重较重。经济的差异性决定了农户对于农业税费制度改革的态度与敏感度的差异,从而影响了农户土地利用变化的响应。

　　本节主要对农村农业税费制度改革实施过程中农户对土地利用行为进行分析,构建了区域层面和农户层面的分析模型。主要分析了由于税费制度改革区域农业土地的利用变化以及农户表现在土地利用方面的响应。在区域层面主要以江苏省为例,分析了江苏省农村土地利用对税费制度改革的响应,并在农户调查的基础上分析税费制度改革对农户土地利用行为的影响。

　　基于此,提出以下政策性建议:税费制度改革要分阶段分区域地进行;国家有关机构要对农地产权制度进行有效的改革,赋予农户具有物权性质的农地产权;在农业税费制度改革中,要注重配套政策的实施(包括完善土地流转制度,建立积极有效的流转机制;加快产业结构调整,提高土地利用率;完善土地管理法制,加强土地保护;积极推进城乡一体化建设,加快城市化进程;完善农村保障政策和服务体系,解决农民后顾之忧等)。

第三节　政策性地权安排对土地利用变化的影响机理分析

　　要从微观层面考察土地利用变化,离不开对微观经济主体各项行为的研究,尤其要分析微观经济主体的土地利用决策行为。毋庸置疑,微观经济主体的土地利用决策受到各种因素的影响。

一、政策性地权安排对土地利用变化影响的概念模型

　　微观经济主体在面对各种资源、制度以及技术等约束时,结合自己的土地利用目标进行土地利用决策,这里,建立一个 PRAI 分析框架(如图 9-3)。

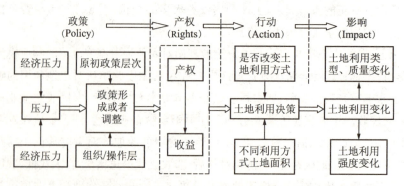

图 9-3　政策性地权安排对土地利用变化影响的概念模型

二、政策性地权安排对土地利用变化影响的理论模型

　　这里,以"退耕还林"农户作为对象来阐述政策性地权安排对土地利用变化的

影响。显然，对农户而言，为获得最大化的收入，需要对三项基本资源使用进行分配：一是土地资源；二是劳动力；三是资金。为便于分析，这里做两点假定：（1）农户资源分配目标假定，即假定农户资源配置以及生产经营的目标是收益最大化；（2）理性农户假定，即假定农户是经济学中所定义的"经济人"，因而不存在非理性行为。那么，"退耕还林"政策的出台与实施对土地产权的改变可能体现在以下几个方面：（1）对土地使用权限制的改变，这主要是对土地用途转变之后改变土地经营方式加以一定限制；（2）改变土地的收益权，可以从两个方面来改变土地收益权，一是对"退耕还林"土地给予一定的补偿，二是对"退耕还林"土地上林木的预期收益进行预分配；（3）对"退耕还林"土地处置权的改变以及对地上附着物处置权的设定，例如对"退耕还林"土地流转的规定、对"退耕还林"土地抵押权的规定以及对林木抵押与砍伐的规定等。

尽管中央政府出台的"退耕还林"政策是针对全国而言的，但是，政策到了实施操作层面的时候，地方政府、乡村组织等根据自身的利益以及对中央政策的理解对"退耕还林"政策加以重新解释并在行动层面达成具体规则。因此可能形成"源头一致、末端多样化"的政策现象，正是因为这样，可以利用政策末端土地产权安排的多样性来考察政策性地权安排对土地利用变化的影响。

农户在受到政策性地权安排的刺激与约束时，将根据自身的资源禀赋进行土地利用决策，其决策的目标函数由下面几个部分组成。

（1）农户净收益函数

$$
\begin{aligned}
NR_{ij} &= IM_{ij} - IN_{ij} \\
&= p_{ij}q_{ij}(L_{ij}^1, T_{ij}^1, C_{ij}^a) + R_{ij}^c(T_{ij}^2, r_{ij}, Z_{ij}^2) + w_{ij}^2 L_{ij}^n(C_{ij}^n) \\
&\quad + R_{ij}^t(T_{ij}^3, Z_{ij}^3) - [w_{ij}^1(L_{ij}^1 + L_{ij}^3) + r_{ij}(T_{ij}^1 + T_{ij}^3) + k(C_{ij}^a + C_{ij}^n)] \quad (1)
\end{aligned}
$$

式中，IM_{ij} 为第 i 区域第 j 农户的收入函数，p_{ij} 为农产品价格向量，$q_{ij}(L_{ij}^1, T_{ij}^1, C_{ij}^a)$ 为第 i 区域第 j 农户规模报酬不变的农业投资函数，L_{ij}^1 为第 i 区域第 j 农户农业劳动投入，T_{ij}^1 第 i 区域第 j 农户实际耕种土地面积。C_{ij}^a 为第 i 区域第 j 农户农业投资；$R_{ij}^c(T_{ij}^2, Z_{ij}^2)$ 为第 i 区域第 j 农户土地流转收益，T_{ij}^2 为第 i 区域第 j 农户土地流转面积，r_{ij} 为土地租金率，Z_{ij}^2 为影响第 i 区域第 j 农户土地流转收益的土地产权因素；w_{ij}^2 为非农就业工资率，L_{ij}^2 第 i 区域第 j 农户非农就业劳动投入量；$R_{ij}^n(C_{ij}^n)$ 为第 i 区域第 j 农户非农投资收入函数，C_{ij}^n 为第 i 区域第 j 农户非农投资资金；$R_{ij}^t(T_{ij}^3, L_{ij}^3, Z_{ij}^3)$ 为第 i 区域第 j 农户退耕还林收益函数，T_{ij}^3 为第 i 区域第 j 农户退耕还林土地面积，L_{ij}^3 为第 i 区域第 j 农户退耕还林劳动投入，Z_{ij}^3 为影响第 i 区域第 j 农户退耕还林收入的土地产权因素；IN_{ij} 第 i 区域第 j 农户支出函数，w_{ij}^1

农业雇工工资率，L_{ij}^1 为第 i 区域第 j 农户农业劳动投入；r_{ij} 为土地租金率，T_{ij}^1 第 i 区域第 j 农户实际耕种土地面积，T_{ij}^3 为第 i 区域第 j 农户退耕还林土地面积；k_{ij} 资本价格，C_{ij}^a 为第 i 区域第 j 农户农业投资，C_{ij}^n 为第 i 区域第 j 农户非农投资资金；NR_{ij} 为第 i 区域第 j 农户的净收益函数。

（2）农户决策目标，可以表示为：

$$Max \rightarrow NR_{ij} = IM_{ij} - IN_{ij} \tag{2}$$

$$s.t. \quad T_{ij}^2 + T_{ij}^3 \leqslant \alpha_{ij}$$

$$L_{ij}^1 + L_{ij}^2 + L_{ij}^3 \leqslant \beta_{ij}$$

$$q_{ij}(L_{ij}^1, T_{ij}^1, C_{ij}^a) \geqslant q_{ij}^0$$

$$T_{ij}^1, T_{ij}^2, T_{ij}^3, L_{ij}^1, L_{ij}^2, L_{ij}^3 C_{ij}^a, C_{ij}^n, \alpha_{ij}\beta_{ij}, q_{ij}^0 \geqslant 0$$

式中，α_{ij} 为第 i 区域第 j 农户土地承包总量，β_{ij} 为第 i 区域第 j 农户最大劳动供给量，q_{ij}^0 为第 i 区域第 j 农户保留农产品最低产量，其他含义同前。

要得到 NR_{ij} 的最大解，即在农户获得最大净收益时，退耕还林面积需要满足库恩塔克条件[346]：

$$\frac{\partial NR_{ij}^*}{\partial T_{ij}^3} \leqslant 0; T_{ij}^3 \geqslant 0 \text{ 和 } T_{ij}^3 * \frac{\partial NR_{ij}^*}{\partial T_{ij}^3} = 0 \tag{3}$$

其中，NR_{ij}^* 为（2）式求解时构造的拉格朗日函数。

根据库恩塔克条件可以得到有关变量的一组联立方程，对联立方程求解，即可以得到农户在净收益最大化目标下以及一定约束条件下退耕还林的土地面积，该土地利用变化的面积（退耕还林面积）与农户劳动、资金投入分配以及土地产权之间的关系可以表示为：

$$T_{ij}^3 = f(L_{ij}^1, L_{ij}^2, L_{ij}^3, C_{ij}^a, C_{ij}^n, T_{ij}^1, T_{ij}^2, T_{ij}^3, w_{ij}^1, w_{ij}^2, p_{ij}, r_{ij}, k_{ij}, a_{ij}, b_{ij}, q_{ij}^0, Z_{ij}^2, Z_{ij}^3) \tag{4}$$

"退耕还林"政策性土地产权安排对土地利用变化的影响可以根据 T_{ij}^3 与 Z_{ij}^3 之间的关系来分析，这可以根据（2）至（4）式和库恩塔克条件以及隐函数求导规则来进行：

$$\frac{\partial T_{ij}^3}{\partial Z_{ij}^3} = \frac{\partial NR_{ij}^* / \partial Z_{ij}^3}{\partial NR_{ij}^* / \partial T_{ij}^3} \tag{5}$$

要分析"退耕还林"政策的土地产权安排对农户退耕还林决策（土地利用变化）之间的关系，可以根据（4）式来建立计量分析模型并依据（5）式来分析退耕还林中的土地产权安排对土地利用变化的影响程度。

三、研究区域概况与数据来源

本节选取中国中部地区实施"退耕还林政策"的江西省丰城市作为研究区域。

该市属于长江中游地区,位于江西省中部,居赣江下游。据丰城市统计局统计资料显示:2002 年丰城市国土面积为 2845 km²,其中耕地面积 83604 hm²,耕地中水田面积 70460 hm²,占耕地面积的 84.28%,旱地 13144 hm²,占耕地面积的 15.72%,在农业用地中,耕地占了绝大部分,占农业用地总面积 85800 hm² 的 97.44%;林业用地 101333.33 hm²,占国土面积的 36.6%。丰城市地貌类型以丘陵为主,中部为平原,土壤以水稻土、潮土和山地红壤、黄壤为主,气候属于中亚热带湿润季风气候,光照充足,雨量充沛,无霜期长,年平均气温 17.6℃,极端最高气温 39.7℃,极端最低气温－10.5℃,年平均降雨量 1500～1700 mm,年均无霜期 274 d,日照时数 1936 h。[347]

　　在进行大规模农户问卷调查前,通过江西省和丰城市林业主管部门对退耕还林的总体情况进行了初步了解并小范围走访少量农户,在此基础上,设计了农户调查问卷和村庄调查问卷,问卷内容主要包括农户的退耕还林面积、补偿以及农户的经济情况、农户家庭人口、村庄区位等内容。根据对丰城市退耕还林计划以及实施情况的了解,在尚庄镇 14 个村委会、2 个居委会(尚庄、兰丰,2002 年)中选取尚庄村和马塘村;在梅林镇 16 个村委会、1 个居委会中选取了洪石村和杭桥村;在湖塘乡 16 个村委会中选取湖塘、杨庄两村共 6 个行政村进行退耕农户及其所在的村庄进行了问卷调查。根据调研计划,分别在梅林镇、湖塘乡和尚庄镇抽取了 69 户、60 户和 62 户农户进行问卷调查,共获得 191 户退耕农户的土地利用与经济状况等资料。

四、计量模型与运行结果

1. 计量模型变量选择

根据概念模型和理论模型中的(4)式,选择了以下几类变量作为解释变量:

(1)农户经济情况,主要是考虑农户的土地资源禀赋、择业行为、收入情况、投资行为、农户的支出等对退耕还林的影响。因此,选择的变量有:人均耕地面积、从事农业生产人口比例、非农与兼业人口比重、家庭总收入、工资性收入、土地亩均投入、教育开支。

(2)"退耕还林"政策中对土地产权的安排。选择的变量有:表达收益权的变量是退耕收益补偿对比值,表达使用权的变量是是否改变土地使用权和是否为生态林,表达处置权的变量有是否政府强制退耕、是否有砍伐权和退耕地块是否有抵押权。

把退耕面积作为政策诱导下农户尺度的土地利用变化面积,就可以通过农户"退耕还林"决策行为与结果来考察"退耕还林"政策性地权安排对土地利用变化的影响。

2. 计量模型运行结果

运用线性回归模型进行建模,因变量为农户退耕还林面积,采用的自变量见表9-4。运用 SPSS 统计分析软件对农户调查数据整理并运用其中的线性回归运算模块建模。对原始数据分析发现,农户退耕还林面积与农户耕地面积之间存在异方差问题,同样,退耕还林面积与农户家庭收入之间也存在异方差问题,因此在建模时采用以下3种方式进行回归:

(1) 采用表9-4中的解释变量,用农户耕地总面积作为权进行加权最小二乘法建模;

(2) 采用表9-4中的解释变量,用农户收入作为权进行加权最小二乘法建模;

(3) 采用表9-4中的解释变量,用普通最小二乘法建模。

采用以上3种方式分别对全部全样本、梅林镇、湖塘巷、尚庄镇的数据进行回归,得到的结果见表9-5。对湖塘乡的数据进行分析还发现,湖塘乡的数据之间存在多重共线性问题。因此,采用上述3种处理方式用逐步回归的方法对湖塘乡的数据进行处理,得到3个方程:

表9-4 解释变量定义与说明

变 量 名	变 量 取 值	变量类型
从事农业生产人口比例	农业劳动力与家庭人口的比值	连续变量
非农及兼业人口比重	非农与兼业劳动力与家庭人口的比值	连续变量
人均耕地面积	农户耕地面积与家庭人口比值	连续变量
工资性收入	农户被雇佣的工资性收入总额	连续变量
土地亩均投入	农户耕地总投入与耕地面积比值对数	连续变量
教育开支	农户子女教育投入	连续变量
退耕收益补偿对比值	退耕土地的补偿与退耕前经营收益差额	连续变量
是否改变土地使用权	是为1,否为0	虚拟变量
是否为生态林	是为1,否为0	虚拟变量
是否政府强制退耕	是为1,否为0	虚拟变量
是否有砍伐权	有退耕土地上的林木砍伐权,等于1;否则等于0	虚拟变量
退耕地块是否有抵押权	对退耕土地有抵押权,等于1;否则等于0	虚拟变量

表9-5　模型运行结果

变量名	面积加权模型				收入加权模型				未加权模型			
	全部样本	梅林镇	湖塘乡	尚庄镇	全部样本	梅林镇	湖塘乡	尚庄镇	全部样本	梅林镇	湖塘乡	尚庄镇
常数项	4.620[a]	5.066[a]	1.787	1.344	3.372[a]	4.147[b]	1.049	1.790	3.056[a]	3.853[b]	2.048	1.051
	(1.277)	(2.001)	(2.608)	(1.877)	(1.097)	(1.839)	(2.112)	(1.551)	(1.048)	(1.654)	(2.415)	(1.544)
从事农业生产人口比例	-1.558[a]	-1.507[c]	-0.165	0.132	-1.123[a]	-1.443[c]	0.238	0.106	-1.141[a]	-1.403[c]	-0.013	-0.075
	(0.481)	(0.910)	(0.553)	(0.625)	(0.427)	(0.859)	(0.464)	(0.567)	(0.386)	(0.802)	(0.492)	(0.514)
非农与兼业人口比例	-1.373[a]	-1.593[a]	0.390	1.085	-1.425[a]	-2.190[b]	0.946[d]	1.234[d]	-1.011[b]	-1.494[c]	0.513	0.873
	(0.536)	(0.869)	(0.804)	(0.890)	(0.472)	(0.897)	(0.618)	(0.781)	(0.449)	(0.784)	(0.746)	(0.749)
人均耕地面积	0.438[a]	0.323[a]	0.271	0.192	0.457[a]	0.381[a]	0.187	0.146	0.450[a]	0.372[a]	0.171	0.222[d]
	(0.070)	(0.120)	(0.199)	(0.160)	(0.070)	(0.125)	(0.170)	(0.150)	(0.065)	(0.111)	(0.181)	(0.136)
工资性收入	3.125E-05[a]	2.74E-05	7.403E-06	-6.537E-05[a]	4.031E-05[a]	3.891E-05[a]	1.281E-06	-7.768E-05[a]	3.414E-05[a]	3.401E-05[a]	1.062E-05	-5.814E-05[a]
	(0.000)	(0.000)	(0.000)	(0.000)	(0.000)	(0.000)	(0.000)	(0.000)	(0.000)	(0.000)	(0.000)	(0.000)
土地亩均投入	-0.504[a]	-0.482[d]	-0.384	-0.056	-0.364b	-0.356	-0.243	-0.119	-0.322[c]	-0.339	-0.400	0.000
	(0.212)	(0.324)	(0.410)	(0.347)	(0.178)	(0.284)	(0.318)	(0.285)	(0.175)	(0.265)	(0.394)	(0.281)
教育开支	-3.421E-05[a]	-3.839E-06	-6.683E-07	-8.344E-06	-4.326E-05[a]	-2.500E-06	-1.084E-05	-2.917E-05	-3.465E-05	0.837E-06	-5.595E-06	-1.559E-05
	(0.000)	(0.000)	(0.000)	(0.000)	(0.000)	(0.000)	(0.000)	(0.000)	(0.000)	(0.000)	(0.000)	(0.000)
退耕收益补偿对比值	0.001[a]	0.000	0.006[a]	0.000	0.001	0.001	0.005[a]	0.000	0.002[a]	0.000	0.005[a]	0.000
	(0.000)	(0.001)	(0.001)	(0.001)	(0.000)	(0.001)	(0.001)	(0.001)	(0.000)	(0.001)	(0.001)	(0.001)

续 表

变量名	面积加权模型				收入加权模型				未加权模型			
	全部样本	梅林镇	湖塘乡	尚庄镇	全部样本	梅林镇	湖塘乡	尚庄镇	全部样本	梅林镇	湖塘乡	尚庄镇
是否有砍伐权	-0.534^c (0.273)	-0.728 (0.783)	-0.287 (0.236)	-0.376 (0.298)	-0.350 (0.251)	-0.606 (0.968)	-0.09 (0.223)	-0.309 (0.284)	-0.392^c (0.232)	-0.653 (1.083)	-0.277 (0.224)	-0.364 (0.285)
是否有抵押权	-0.140 (0.432)	—	-0.512 (0.354)	0.860^a (0.293)	0.087 (0.338)	—	-0.401 (0.307)	0.909^a (0.258)	-0.073 (0.323)	—	-0.474^d (0.317)	0.873^* (0.302)
是否为生态林	0.101 (0.196)	0.202 (0.312)	0.559 (0.573)	-0.043 (0.227)	0.104 (0.174)	0.183 (0.317)	0.473 (0.505)	-0.018 (0.178)	0.086 (0.164)	0.223 (0.281)	0.549 (0.499)	-0.080 (0.183)
是否政府强制退耕	-0.090 (0.233)	-0.547^c (0.362)	1.798^a (0.481)	0.526^c (0.310)	0.057 (0.224)	-0.331 (0.353)	1.703^a (0.427)	0.601^c (0.299)	0.033 (0.208)	-0.432 (0.324)	1.533^a (0.466)	0.538^c (0.300)
是否改变土地使用权	-0.239 (0.194)	-0.237 (0.390)	0.529 (0.359)	0.008 (0.204)	-0.147 (0.175)	-0.82 (0.416)	0.304 (0.315)	0.064 (0.168)	(-0.146) (0.166)	-0.238 (0.379)	0.430 (0.327)	0.029 (0.172)
	$R=0.602$ $F=6.381$	$R=0.507$ $F=1.6$	$R=0.930$ $F=16.938$	$R=0.687$ $F=2.015$	$R=0.622$ $F=7.064$	$R=0.557$ $F=2.045$	$R=0.915$ $F=13.711$	$R=0.763$ $F=3.135$	$R=0.624$ $F=7.129$	$R=0.548$ $F=1.987$	$R=0.905$ $F=12.070$	$R=0.702$ $F=2.191$

注:括号内为标准差;a 在1%显著性水平上显著;b 在5%显著性水平上显著;c 在10%显著性水平上显著;d 在15%显著性水平上显著。

（1）面积加权逐步回归方程

退耕面积＝－0.089＋0.06×收益补偿对比值＋1.848×是否为政府强制退耕＋0.656×是否改变土地使用权＋0.330×人均耕地面积（$R^2＝0.835$，$F＝50.452$）

（2）收入加权逐步回归方程

退耕面积＝－0.429＋0.06×收益补偿对比值＋1.702×是否为政府强制退耕＋0.893×非农与兼业人口比例（$R^2＝0.786$，$F＝50.79$）

（3）未加权回归模型

退耕面积＝－0.509＋0.06×收益补偿对比值＋1.487×是否为政府强制退耕＋0.555×是否改变土地使用权（$R^2＝0.749$，$F＝40.855$）

3. 计量模型运行结果分析

分析模型运行结果，可以发现以下几点。

（1）从全部样本来看，影响退耕的因素主要有：从事农业生产的人口比例、从事非农和兼业人口比例、人均耕地面积、工资性收入、单位面积土地投入、退耕补偿收益对比值以及是否有砍伐权。在这几个因素中，除后两个因素外，其他几个在3个模型中系数检验都是显著的。因此，可以认为退耕补偿收益对比值以及是否有砍伐权对农户退耕决策也是有显著影响的。农业人口比例、从事非农和兼业人口比例的系数都是负号，说明相对而言，退耕劳动投入的边际成本较高。单位土地面积投入的符号也是负的，这说明对土地投入水平越高，转换土地利用方式的成本就越大，因此农户对土地的投入水平对于土地用途转换具有阻碍作用。人均耕地面积对退耕的影响是正的，并且在3个模型中系数检验显著性水平都是1‰水平上显著，这说明农户土地资源禀赋的相对丰度与土地用途的选择空间有重要关联：农户土地资源相对丰富的农户可以更为自由的在不同用途之间转换利用，反之亦然。对这一结论可以作进一步推断：耕地资源相对紧缺的地方，退耕还林的阻力更大。

其中对退耕有显著影响的一个变量"是否有砍伐权"的系数符号是负的，说明砍伐的设置对于退耕是不利的，这一点与理论预期不一致，令人费解。

从全部样本回归结果来看，是否为生态林、是否政府强制退耕、是否有抵押权、是否改变土地使用权对退耕的影响则是不显著的。但对比3个模型可以发现，改变退耕地块的土地使用权不利于退耕，而如果退耕是生态林则有利于退耕。

（2）从全部样本和分乡镇所有模型运行结果来看，所有政策变量中，退耕补偿、政府强制退耕以及砍伐权的设置对于农户退耕还林决策的影响较为显著，而是否改变土地使用权、是否有抵押权以及是否为生态林对退耕没有显著影响。因此,在退耕还林的政策设计中,围绕土地收益的土地产权安排对退耕产生直接影响,而围绕处置权以及使用权的宪制的方面的土地产权安排则没有明显的直接的作用。另外,对土地用途的直接管制(强制退耕)对退耕的作用也是明显的。在管制与利益诱导之间,经济学家更偏好后者,因为前者成本更大。因此,在政策性土地产权安排中,对土地收益分享的安排有着重要的意义。

(3) 从分乡镇数据回归结果来看,与全部样本的回归结果存在差异,在各个乡镇,对退耕数量决策显著影响的变量不同。具体来说,在梅林镇,从事农业生产的人口比例、从事非农和兼业人口比例、人均耕地面积在 3 个模型中对退耕的影响都是显著的,并且在 3 个模型中其符号是一致的,而工资性收入在收入加权和未加权模型中系数检验是显著的,而土地产权变量对退耕则没有显著的影响;在湖塘乡,影响退耕决策的变量主要有退耕收益补偿对比值和是否政府强制退耕,在 3 个模型,这两个变量不仅符号是一致的,而且他们的回归得到的系数值大小也较为接近,并且这两个变量的系数的符号都是正的,说明对湖塘乡的农户来说,退耕还林的补偿力度对退耕决策有显著的刺激作用。同时,政府强制退耕也有显著推进作用,对湖塘乡的数据进行逐步回归得到的结果也同样表明退耕收益补偿对比值和是否政府强制退耕这两个变量对农户退耕决策具有重要影响;在尚庄镇,工资性收入、是否有抵押权以及是否为政府强制退耕 3 个变量在 3 个不同模型中对退耕决策有显著影响,农户工资性收入对退耕的作用是负的,说明在尚庄镇非农以及兼业收入的提高对农户退耕具有反向刺激作用,而政府强制退耕对农户退耕决策具有正向刺激作用,同样,如果农民认为退耕林木与地块可以用于抵押会促进退耕。

(4) 对 3 个乡镇的模型运行结果分析,还可以发现,按照回归方程中标准化系数的大小,可以把这几个乡镇的退耕决策类型划分为:土地资源配置型(梅林镇)、利益诱制型(湖塘乡)和权利诱制型(尚庄镇)。在这 3 个乡镇中,梅林镇的人均耕地面积最大、粮食单产最高,而户均非农与兼业人数则最少,户均工资性收入最低,因此从农户资源配置的角度来考虑,对梅林镇的农民来说,退耕可以减少耕作面积并把更多的劳动力配置于非农部门;在这 3 个乡镇中,湖塘乡的粮食单产最低,工资性收入居中,但是平均家庭总收入最低,因此,退耕还林的补偿收益对于退耕决策产生重要作用;而对于尚庄镇来说,户均工资性收入在这 3 个乡镇中是最高的,在 3 个模型中,是否有抵押权和是否为政府强制退耕两个变量的系数检验都是显著的,因此,对尚庄镇的农户来说,比较而言更为重视退耕地块的土地产权设置。

从以上分析可以得到以下几点结论：一是对于不同的区域，影响农户退耕的因素不同；二是在影响农户退耕的众多因素中，土地资源的稀缺程度、非农就业程度、政策性土地产权安排都对退耕产生了不同的影响；三是在政策性地权安排中，对土地收益有直接影响的政策性土地产权设置对于退耕有重要影响，同时政府对土地使用的管制也有显著影响，这一点在区域性土地利用变化的研究中也得到了验证[348,349]。

结合本节的分析结果，为更好地实施退耕还林以及鼓励农户采取生态友好的土地利用方式和土地利用变化，从土地产权管理的角度入手，应当重视以下几个方面：

一，在土地产权安排中，土地产权的核心是土地收益，为引导土地利用变化朝预期方向演进，在土地产权制度设计中要充分重视对土地收益分享机制的设置；

二，政府对土地利用的直接管制也能对土地利用变化产生直接的影响，因此，在运用经济诱导机制引导土地利用时，合理恰当地运用政府的管制权力对土地利用施加直接的限制的方式也应当得到重视，但是，要充分考虑运用政府管制的额外成本支出，增强直接管制的科学性；

三，强化土地产权管理，加强农民土地产权意识，农户土地产权意识加强才能让农民真正理解政府的土地产权政策与制度，使农民对政策的理解与政策出台的初衷一致，只有被农民理解的土地产权安排才有可能影响农户土地利用决策并在农户层次上合理引导土地利用变化。

第四篇
农户土地流转

第十章　区域农地市场运行机制研究

　　中国非农产业的发展,让中国农民有了更多的选择;农村土地产权制度的改革也使得农民有了更为稳定和完整的土地产权,目前,中国农民的土地产权不仅限于耕作,并且在一定程度上拥有处置权,其中土地流转就是其中之一。本章从农户层次分析农地市场的运行以及农户土地流转意愿。

第一节　区域农地市场运行模型及其机制分析

　　随着农业生产要素配置市场化程度的提高,以及农业产业结构调整、工业化、城市化发展等农村社会经济环境的变化,农村土地市场发育迅速。江苏省土地总面积 10.26 万 km^2,农业用地中耕地总面积 450 万 hm^2,人均占有耕地不足 $667 m^{2[350]}$(比全国人均占有量低 20％左右),是典型的人多地少省份。江苏省工业化、城市化发展相对迅速,农村农地市场发育较快,尤其在苏南经济发达地区,农村土地流转机制已初步建立,农地市场已具雏形,一定程度上缓解了农村劳动力转移与土地撂荒、农地流转及农村社会保障等之间的矛盾,提高了土地利用率与生产率。但是,仍然存在许多问题,如:在流转过程中仍以行政命令为主;农户无法参与价格、年限等合同内容的谈判;存在地方政府截留农户利益的现象;土地市场与农业经营信息滞后,导致农地流转不畅等。为了解我国东南沿海经济发达地区农村土地市场的发展状况,为科学地分析其影响因素,通过在江苏省苏南、苏中、苏北地区的选点调查,本节对江苏省农地市场的运行状况进行了典型分析。

一、农地流转影响因素及分析模型选择

　　影响农地发生流转的因素是多方面的,如农业产业结构调整与规模经营的政策、农村劳动力转移、土地的社会保障功能、农户经济收入等,并且由于区域社会

经济环境的差异性,在不同的地区会有不同的反映。笔者从经济学的角度,确定影响农地内部流转的因素,用经济计量方法建立模型,并对江苏省 3 个调查地区农地内部流转的运行模式进行实证分析。

农地流转受到多个因素的影响,要找出这些因素各自对农地流转的影响或依存关系,就需要建立多元回归模型。通过前面的分析,可以判断出这些影响因素与农地流转之间存在着线性相关关系,因此,可将模型的基本形式确定为多元线性回归模型。即:

$$Y = Xb + \varepsilon^{[351]}$$

式中,Y 为 n 阶因变量观测值向量,即 $Y = \{y_1, y_2, y_3, \cdots, y_n\}$;

X 为 $n(k+1)$ 阶解释变量观测值矩阵,

即 $X = \{1, x_{11}, x_{12}, \cdots, x_{1n}; 1, x_{21}, x_{22}, \cdots, x_{2n}; \cdots; 1, x_{k1}, x_{k2}, \cdots, x_{kn}\}$;

ε 为 n 阶随机项向量,即 $\varepsilon = \{\varepsilon_1, \varepsilon_2, \varepsilon_3, \cdots, \varepsilon_n\}$;

b 为 $(k+1)$ 阶总体回归参数向量,即 $b = \{b_0, b_1, b_2, \cdots, b_k\}$。

模型的因变量确定为农地内部流转率(R_t)。

另外,农地流转方向有流进与流出之分。在分析农地流转方向以及农户租地意愿时可知,农户决定流进或流出农地的意愿及行为存在地区差异,而且受到多因素的影响,它直接影响农地流转机制运行的效率,在完善农村土地流转制度过程中必须加以重视。因此,在分析农地流转率的同时引入一个新的因变量 R_d(流转方向指标)。流转方向指标=(现有农地面积/承包地面积)×100。

如果 $R_d > 100$,则表示流转方向为流进,而且数值越大,流进的农地面积越多;$R_d < 100$ 则为流出,而且数值越小,说明农户将农地流转出去越多;如果 $R_d = 100$ 则表示未发生流转。R_d 的样本回归方程的基本形式与 R_t 一样。

根据前文分析,设置以下变量作为备选自变量。

(1) R_w:非农就业率=[非农业劳动力数+k(兼业劳动力数)]/家庭劳动力总和,式中 k=一年内从事非农业劳动月数/12;(2) R_s:非农收入占家庭总收入比例;(3) I_a:每亩农地纯收入;(4) P_{rl}:土地租金或土地价格;(5) R_c:现有农地中非耕地面积比例;(6) A_l:人均承包农地面积;(7) T_r:流转的主导因素(政府主导或市场主导);(8) E:家庭最高受教育水平,分别标示为 E_d(高中以上)、E_g(高中)、E_c(初中)、E_x(小学)和 E_w(文盲);(9) P_q:产生总产出的农产品市场价格;(10) P_m:农业生产资料价格;(11) P_l:农业劳动力价格;(12) P_w:非农业劳动力价格,即当地平均工资。

在上述自变量中,绝大部分变量都可直接量化,而 T_r 及 E 难以直接度量。为了在模型中反映这些属性因素对因变量的影响，以提高模型精度，需将它们量化，因此将它们设置为虚拟变量。根据虚拟变量设置的原则：如果有 m 种互斥的属性类型，则在模型中引入 $m-1$ 个虚拟变量。分别将 E 及 T_r 确定以下定义值。

T_r 的定义值：$T_r=1$（政府主导）/0（市场主导）

E 的定义值：$E_d=1$（高中以上）/0（其他）；$E_g=1$（高中）/0（其他），$E_c=1$（初中）/0（其他）；$E_x=1$（小学）/0（其他）；如果是文盲则不取值。

上述 15 个备选自变量中，并非每个变量都与 R_t 或 R_d 具有线性关系，而且影响程度也不完全相同。

因此需要筛选出重要的自变量作为模型变量引入 R_t 或 R_d 的多元线性样本回归方程中，而次要的归于随机项中。

根据上述自变量的筛选分析以及偏相关检验，可确定 R_t 和 R_d 的多元线性总体回归模型 $Y=Xb+\varepsilon$ 的样本回归方程为：

$$R_d=b_0+b_1R_s+b_2I_a+b_3A_i+b_4T_r+a_1E_d+a_2E_g+a_3E_c+a_4E_x+\varepsilon$$
$$R_t=b_0+b_1R_w+b_2I_a+b_3A_i+b_4T_r+a_1E_d+a_2E_g+a_3E_c+a_4E_x+\varepsilon$$

二、问卷调查及分析

为了收集所需数据，采用问卷调查方式。问卷调查以农户为单位，调查时间范围为 1999 年 1 月至 2000 年 12 月。主要内容涉及：家庭就业结构、受教育水平、现有土地的类型及其比例，2000 年农业生产类型及产量、产值，2000 年农业经营成本，2000 年收入状况，1999 至 2000 年农用地流转情况（包括各种流转形式的农地流入与流出）及流转的主要原因等。根据江苏省经济格局的不同分布，本次调查分为 3 个区域、6 个调查点，共随机抽样 398 户，问卷调查 240 户，即苏南地区常熟市西库村和辛翁村（抽样 52 和 49 户，问卷 41 和 42 户）、苏北地区宝应县鲁垛村和三新村（抽样 76 和 72 户，问卷 50 和 44 户）、苏中地区南京市衡阳村和群力村（抽样 66 和 83 户，问卷 37 和 26 户）。调查方法是：(1) 制定调查问卷，对调查人员进行培训；(2) 在调查区域内选取调查点；(3) 随机选取农户家庭，并对在调查时间范围内发生过农地内部流转的农户家庭进行问卷调查[352]。

1. 问卷调查农户的总体情况

由随机抽样调查结果可知，常熟市二、三产业较发达，农户非农就业比例高；农户自愿放弃或流出土地，土地市场发育较好，农地流转面积比例近 60%，且流转形式多样，经济补偿已逐步到位；吸引本地或外来的资金与单位集约经营农地，促进了农业产值的增加。宝应县至 2000 年 10 月土地流转面积 866.67 hm²，占总面积的 32%，农地通过市场也得到较好的流转，抑制了农地撂荒行为。南京市的一个调查点由于灌溉条件较差,农业生产成本很高,导致农户农业生产积极性不高,出现大量撂荒地,农地流转较少;而另一调查点由于交通条件便利,水利设施条件好,农地流转市场有了初步的发育,农地流转面积达到40%。

2. 农户兼业行为

被问卷调查的240户中有5%的家庭完全从事农业生产,其余95%的家庭都存在兼业行为。240户家庭的非农就业率平均为55.15%,而且61.25%的家庭非农就业率达到50%以上,其中有9户非农就业率为100%,占总户数的3.75%。非农就业率高,一是由于人均耕地少(调查农户每户家庭平均人口4.19人,人均承包耕地面积仅0.079 hm²);二是经济非农化水平高,非农收入占家庭总收入的比例达到88.79%。

根据兼业情况,可以将农户进行以下分类:非农就业率为0的称之为专业农户(Ⅰ类);小于50%称之为以农为主的兼业农户(Ⅱ类);大于或等于50%称之为以农为辅的兼业农户(Ⅲ类);达到100%则称为完全流转农户(Ⅳ类)。调查发现,兼业行为的强度与地区经济发达水平呈正相关。常熟市人均产值最高,其存在兼业的家庭比例、兼业率≥50%的家庭比例以及平均兼业率(即非农就业率)都最高,绝大部分农户都属于Ⅲ类农户,只有极少数为Ⅰ类农户。而南京市经济实力居中,Ⅲ类农户仍为多数。宝应县大部分农户皆属Ⅱ类农户。

3. 农地流转率及流转方向

被调查的240户家庭的平均农地流转率为50.73%。农地流转率与农户兼业行为情况相类似,也与当地经济发达水平呈正相关。常熟市农地流转率在3个地区中最高,为55.26%。常熟市经济较发达,其非农就业率高,农户总体类型属于Ⅲ类农户(以农为辅),因此家庭非农收入比例也很高,达到94.49%。宝应县则与常熟市相差较大,其农户总体属于以农为主的Ⅱ类,农地流转率比常熟市低近11个百分点,但由于农业产值低下,因此家庭非农收入比例也较高,达到82.94%。南京市上述各项指标值都处于它们两者之间,这与整体经济发展水平居中相吻合。

调查结果还显示,目前江苏省农地的流转方向大部分为土地流出,240户家庭平均流出比例为81.39%,而且农地流出比例也与地区经济发展水平呈正相关。这主要是因为经济发达地区的农户从事农业生产的机会成本较高,农户不愿经营农业;而且经济发达地区投资环境较优越,能够吸引足够的资金投入农业规模生产。在经济欠发达地区,农户外出打工的风险相对较大,因此,部分有一定资金或技术的农户则愿意通过耕种更多的地来获取更高的农业收入。

4. 农户租地意愿及地块分散情况

在3个调查地区,农户的租地意愿都低于50%,且以常熟市为最低。240户家庭表示不愿再租地的近70%,在近30%愿意租地的农户中大部分都是愿意将现有土地租出。常熟市85.44%(西库村甚至达到了90.24%)的不愿租地频数说明常熟市调查点农户的租地意愿已趋饱和。南京市与宝应县农户的农地流转意愿仍然较强,其中以南京市为最强,愿意租地的农户比例近50%,有37.51%的农户愿租出农地,10.52%的农户则愿租入农地。这是因为南京市的两个调查点(尤其是群力村)尚未建立有效的农地流转机制,农地流转大多为自发性的;同时由于南京市的区位优势,农户具有较多的非农就业机会,农地撂荒面积较大,因此农户急需要完善的流转机制,将自己的土地流转出去。对于地块分散的问题,农户一般都是针对当前经营的承包农地(即流转后的农地)地块的分散程度来回答的。调查结果显示,73.33%的农户认为通过流转,自家的地块不会过于分散。这说明流转对由家庭承包责任制产生的普遍存在的地块分散问题具有很好的改善作用。

三、模型运行结果及分析

1. 模型的计算及统计检验

分别用3个调查地区的样本数据对各自的农地内部流转模型予以计算,并用总体样本数据计算江苏省农地内部流转模型,然后对模型进行以下几项检验:(1)拟合优度检验(方程拟合优度判定系数R^2校正值);(2)总体线性显著性检验(F检验);(3)参数显著性检验(t检验);(4)方程自相关检验(杜宾—瓦森检验)。

通过以上模型的计算与统计检验,最终获得以下8个样本回归方程:

Ⅰ.苏南地区——常熟市农地流转样本回归方程:

$$R_d = 1307.50 - 11.42R_s - 0.39I_a - 68.90A_i \tag{1}$$

$$R_t = 45.50 + 0.20R_w - 12.82T_r + 6.82E_g \tag{2}$$

Ⅱ.南京地区——南京市农地流转样本回归方程:

$$R_d = 219.35 - 2.03R_s - 54.85A_i + 0.77I_a - 38.38T_r + 48.85E_d \tag{3}$$

$$R_t = 87.69 - 21.50A_i + 0.06I_a + 21.70E_d - 12.72E_g \tag{4}$$

Ⅲ.苏北地区——宝应县农地流转样本回归方程:

$$R_d = 338.80 - 2.18R_s + 0.31I_a - 80.68A_i + 101.68E_d \tag{5}$$

$$R_t = 33.25 + 0.41R_w + 0.05I_a - 11.73T_r - 12.88E_g - 13.07E_c \tag{6}$$

Ⅳ.调查地区总体农地流转样本回归方程:

$$R_d = 344.16 - 2.56R_s - 46.86A_i + 0.28I_a - 33.63T_r + 79.28E_d \tag{7}$$

$$R_t = 33.11 + 0.31R_w + 0.02I_a - 9.36T_r + 13.72E_d \tag{8}$$

8个样本回归方程都通过了上述4项检验。各方程的各项具体检验值见表 10-1。

表 10-1 各方程及其变量的统计检验值

统计检验类别		方程(1)	方程(2)	方程(3)	方程(4)	方程(5)	方程(6)	方程(7)	方程(8)
t 检验	C	9.784	8.720	5.186	11.165	5.466	4.080	10.227	7.834
t-statistic	R_w		2.950				4.479		6.230
	R_s	−9.418		−5.582		−4.336		−8.370	
	I_a	−5.104		10.592	−2.321	3.615	3.392	6.133	2.314
	A_i	−9.882		−3.841	−3.725	−3.255		−6.983	
	T_r		−4.273	−2.343			−2.700	−3.019	−3.581
	E_d			2.090	2.263	2.685		3.934	2.953
	$E_g\ E_c$		1.987		−2.098		−2.127		
						27.866	−2.483		17.658
F 检验 F-statistic		47.599	13.627	57.844	6.719	27.866	11.395	61.339	17.658
拟合优度检验 (R_2) Adjusted R-squared		0.630	0.526	0.821	0.270	0.536	0.359	0.558	0.318
方程自相关检验 Durbin-Watson statistic		1.961	1.771	2.638	1.694	2.069	1.571	2.080	1.696

2. 区域农地市场运行的分析与评价

根据上述8个样本回归方程，对农地内部流转率(R_t)及流转方向指标(R_d)与自变量相关关系地区分布整理如下。

（Ⅰ）R_d 与自变量的相关关系

正相关：I_a 及 E_d（南京、宝应）

负相关：R_s 及 A_i（3地区）、I_a（常熟）、T_r（南京）

（Ⅱ）R_t 与自变量的相关关系

正相关：R_w（常熟、宝应）、I_a（宝应、南京）、E_d（南京）、E_g（常熟）

负相关：A_i（南京）、T_r（常熟、宝应）、E_g（宝应、南京）、E_c（宝应）

根据 8 个样本回归方程，对 3 个调查地区农地流转方向及农地流转率作如下对比分析。

（1）3 个地区 R_s、A_i 都与 R_d 呈负相关关系，这说明无论何种情况，家庭中非农收入比例高或者人均承包农地面积大总是促进农地的流出。而且从参数绝对值来看，常熟市非农收入比例对流出的影响要比其他两个地区大很多，接近 6 倍。另外，非农就业率与农地流转率呈正相关。但相对其他因素的参数值来说，非农就业率对农地流转率的实际作用不是太大。

（2）对于单位面积纯收入，南京市、宝应县呈正相关，即它可促进农地的流进；常熟市则反之，它促进农地的流出。这主要是因为前两个地区农地流转市场没有常熟市发育程度高，它们的农地流转方向基本上是本村农户，因而在单位面积纯收入较高的情况下，本村农户更愿流进土地以提高农业收入；而常熟市的农地大部分流向外村甚至外乡人，单位面积纯收入高则将导致租出土地更多，从而导致 I_a 与 R_d 呈负相关。单位面积纯收入的增加可促进农地流转率的提高，但从参数的绝对值来看，对农地流转率的影响程度较小。

（3）T_r 只在南京市表现出负相关的作用，而且影响程度较大。但在农业产业结构调整已经进行，"反租倒包"形式的流转已较具规模的常熟市以及宝应县则不存在重要影响。这说明政府行为在农业产业结构调整的初期以及农地市场发育不完善的地区可以促使农户将更多的农地拿出来交给集体经济组织进行"反租倒包"。随着这种形式发展到一定程度，农户因社会保障需要，将不再流出土地，政府的引导作用逐步减弱。

（4）总体来看，家庭受教育水平越高，越能促进农地流进，进而提高农地流转率，尤其是在经济欠发达、非农就业率不高的地区。这说明当前农户已逐步意识到了农业生产中技术含量的重要性，而且经济水平越发达，这种趋势来得越快。

3. 政策建议

（1）农业劳动力的转移促使农地的流出，且随着经济发展水平的提高对农地流转的影响程度也增加。非农就业是农地流转的一个很重要的影响因素，但是在农地流转机制不健全以及农村社会保障机制未建立的情况下，非农就业率对农地流转率的提高作用并不是很大。因此，应尽快着手建立农村社会保障制度，逐步弱化和替代土地的社会保障功效。[353] 同时，配套实施户籍制度的改革，使农户放心地做到"离土离乡"，进入非农产业领域，促进土地使用权的流转，实现土地经营的规模效益。

（2）提高单位面积农业纯收入，促进农地的流转。在单位面积纯收入较高的情况下，农户更愿流进土地或者吸引外来人口租用土地以提高农业收入，因而可促进农地流转率的提高。同时，在农地市场发育良好、农地经营规模扩大后，土地生产率将提高，单位面积纯收入也将提高。因此，单位面积农业纯收入与农地流转率是一个互相促进的关系，农地流转市场的培育对农业的发展具有良好作用。

（3）提高农户受教育水平，促进农地流转。许多有技术的农户愿意通过扩大经营规模来提高土地生产率，增加农业收入。因此，应鼓励农户学习农业知识，提高受教育水平。同时配套加强农地金融制度的建立，以满足土地规模经营的资金需求，促进农地使用权有效流转，逐步把土地适当地向种植能手集中，以发挥有限耕地的规模效益和对投资的吸纳能力，促进农地流转市场的良性发育。

（4）政府行为对农地市场发育有良好的促进作用，但必须随着市场的发育逐步从具体的市场运作中退出。在市场发育初期，可以引导农户将不愿或不能耕种的农地用于流转。而且以"反租倒包"形式作为农户这一弱势群体用于农业流转的代表，一定程度上可以减低市场信息获取、价格谈判、项目引进以及简化手续等市场交易成本。但是随着市场的发育，其干预的程度与形式在实际操作中由于带有一定的行政强制性以及单一化，逐渐不利于活跃农地市场，因而需作进一步的调整，逐步从具体的市场运作中退出，最终应该只发挥宏观政策指导作用，而不是直接参与市场运行。

另外，需要引起重视的是，在部分地区，尤其是经济不发达地区，非农产业发展缓慢，绝大部分农户仍然依靠土地来维持生存的需要。在这些地区，有些地方政府机械地仿效其他地区，不尊重农户的意愿，强行将土地从农户手中以"反租倒包"的名义收回，然后廉价租给外来投资者，而农户除了不再上交相关税费外，几乎不能获得任何该得的租金，政府则从中获利。这从一定程度上剥夺了农户应该拥有的、赖以生存的土地使用权，必然引起大量农户的生存恐慌，产生许多不稳定的社会因素。这在农村土地市场培育过程中需引起地方政府，尤其是土地管理部门的高度重视。否则，将会导致中国农村的"圈地运动"，这不仅会导致土地市场的畸变，甚至会导致农村经济发展的倒退。

第二节　区域农户农地流转意愿差异及其驱动力

农地细碎分割是我国当前发展规模农业、提高农地产出效率和农产品竞争力的最大障碍[354],发展和完善农地流转制度成为各地解决"三农"问题的重要支点。而农户作为农地经营的主体,他们的意愿与行为对于一个地区的农地使用权的流转以及机制和模式的选择有着根本的影响[355],进而影响该地区农地市场的发展和完善。因此分析各种特征变量对农户土地流转意愿的影响具有重大的现实意义。

一、农户农地流转意愿模型的建立

Logistic 回归分析是适用于因变量为两分变量的回归分析,是分析个体决策行为的理想模型[356]。利用 Logistic 回归分析模型分析农户的特征变量与农地流转意愿的相关关系,从而得到影响农户农地流转意愿的主要因素及各因素的贡献量。

1. 模型的设定

因变量是农户参与农地流转的意愿,若农户希望流转土地(包括流入和流出土地),因变量取值为 1;反之,农户不希望(不愿参与)流转土地(包括流入和流出土地),因变量取值为 0。用 SPSS/Win 的 Logistic 模块可以建立模型:

$$P = \frac{xp(\beta_0 + \beta_1 x_1 L + \beta_m x_m)}{Exp(\beta_0 + \beta_1 x_1 L + \beta_m x_m)}$$

式中,P 是农户参与农地流转的概率;x_i 是影响农户参与农地流转的诸多因素;β_0 是常数项,与 x_i 无关;β_0,β_1,β_2,L,β_m 是回归系数,表示诸因素 x_i 对 P 的贡献量。

2. 变量描述

在分析农户农地流转行为的各种影响因素的基础上[357],选择以下 13 个变量作为自变量。

G:经济发展水平,以上海为 3,南京为 2,泰州为 1,扬州为 0;

M_d:流转的主导因素,以政府主导型流转为 1,市场引导型流转为 0;

F_s:粮食安全保障率=(人均耕地占有量-0.795)/0.795;

D:农产品运输距离,以农户家庭距离等级公路的距离计算;

P_1:企业排污,以企业排污对农地生产能力有影响为 1,无 0;

P_n:非农就业率=(非农生产人口+家庭所有兼业人口每年兼业月长总和/6)/家庭总人口数=$\left[T + \sum_{i=1}^{n} t_i\right] / Tp_i$;

R_n:非农收入比=非农人口收入/家庭总收入;

A_i:单位面积农业纯收入=总产出-(土地租金或土地价格+生产资料价格+农业劳动力价格+农业税费);

E_g:恩格尔系数=家庭食品消费支出/家庭总支出;

G_e：被访者性别，男为 1，女为 0；

A_g：被访者年龄；

E：家庭最高受教育水平，文盲为 0，小学为 5，初中为 8，高中为 11，高中以上为 14；

R_s：户口归属地，本地为 1，其他为 0。

其中，① 粮食安全保障率是人均耕地占有量的线性转化形式，国际公认的耕地安全警戒线是人均 0.053 hm²；② 家庭人口中，6 个月以上从事非农业生产的为非农业生产人口；2~6 个月从事非农生产的为兼业人口；③ 由于非农就业率与非农收入比例属于相同类型变量，两者存在很大的共线性，所以在模型中以实际拟合度较好的变量存在。

二、问卷调查及分析

长江三角洲地区人口密集，人多地少，农地细碎化程度更高，因此，通过农地流转提高农地利用的效率也更为显著，其农地流转市场发育对农地资源的重新配置和整体经济的贡献不容忽视。[358,359]为此，本节在实地调查的基础上对长三角经济带经济发展水平不同的地区农户农地流转行为进行对比分析，并进一步分析了农户农地流转行为的驱动力，有针对性的刺激影响力较大的因子，为最终实现最有效因子对区域经济发展的乘数效应提供依据和借鉴。

1. 问卷调查

一般而言，经济发展水平的不同，农户对农地的态度、农地流转的认知度、接受度、参与流转的积极性都会有所不同[360]，因此，在长江三角洲地区分别选取了经济发展水平不同的地区作为研究区域，问卷选取的调查区域共涉及长江三角洲地区 4 市 7 镇 10 村，实地随机调研取得数据，调查问卷总计 636 份，其中实际发生了农地流转的农户共 319 份。上海市郊奉贤区青村镇唐家村、圆通村和张弄村 104 份；南京市郊栖霞区栖霞镇新合村和溧水洪蓝镇傅家边村 55 份；泰州市兴化海南镇南蒋村、周庄镇薛庄村和城东镇周蛮村 100 份；扬州市宝应鲁垛镇鲁垛村和三新村 60 份。

2. 模型的运行及分析

（1）模型的运行

选用向后逐步选择法（Backward stepwise：Wald），对南京市郊溧水和栖霞的 55 个样本点数据作 Ward 概率统计法，向后逐步选择自变量。结果如表 10-2 和表 10-3：模型整体检验表（表 10-2）提供了 3 种对模型进行检验的方法，Likehood 是似然估计，表达的是一种概率，即在假设拟合模型为真实情况时能够观测到这一特定样本数据的概率。—2 Log likelihood 值越大，意味着回归模型的似然值越小，模型的拟合度越差。Cox & Snell R Square 是一种一般化的确定系数，被用来估计因变量的方差比率。Nagelkerke R Square 是 Cox & Snell R Square 的调整值，这两个值越大，说明模型的整体拟合性越好。综合以上分析，选择模型 1 作为南京市郊农户农地流转意愿模型。

表 10 - 2　南京市郊农户农地流转意愿模型整体检验

step	—2 Log likelihood	Cox & Snell R Square	Nagelkerke R Square
1	18. 376	0. 616	0. 846
2	18. 399	0. 616	0. 846
3	56. 789	0. 208	0. 286
4	56. 886	0. 207	0. 284
5	57. 019	0. 205	0. 281
6	57. 155	0. 203	0. 278
7	57. 874	0. 192	0. 263
8	58. 740	0. 179	0. 245
9	59. 799	0. 162	0. 222
10	61. 003	0. 143	0. 196
11	64. 061	0. 092	0. 126
12	39. 277	0. 431	0. 591

表 10 - 3　南京市郊农户农地流转意愿模型进入回归方程的变量

Variables	B	S·E·	Wald	Df	Sig·	Exp（B）
Step 1(a)D	−1. 427	2. 734	3. 712	1	0. 054	0. 009
R_s	−13. 044	6129. 196	0. 000	1	0. 998	0. 000
lg A_g	22. 459	14. 169	2. 512	1	0. 113	5. 310
G_e	−1. 427	2. 344	0. 370	1	0. 543	0. 240
lg E	−1. 999	2. 355	0. 721	1	0. 396	0. 136
E_g	9. 717	5. 423	3. 211	1	0. 073	16602. 506
P_l	−32. 857	8582. 890	0. 000	1	0. 997	0. 000
lg A_i	−5. 213	3. 778	1. 904	1	0. 168	0. 005

续　表

Variables	B	S·E·	Wald	Df	Sig·	Exp(B)
P_n	7.899	5.016	2.480	1	0.115	2695.477
F_s	0.214	0.382	0.314	1	0.575	1.239
M_d	−1.218	2.015	0.365	1	0.546	0.296
Constant	−9.573	6129.242	0.000	1	0.999	0.000

至此,可以建立南京市郊农户农地流转意愿的 Logistic 回归方程:

$$P = \text{Exp}(-9.573 - 4.765\lg D - 13.044 R_s + 22.459\lg A_g - 1.427 G_e - 1.999\lg E + 9.717 E_g - 32.857 P_1 - 5.213\lg A_i - 1.218 M_d + 7.899 P_n + 0.214 F_s - 1.218 M_d)/[1 + \text{Exp}(-9.573 - 4.765\lg D - 13.044 R_s + 22.459\lg A_g - 1.427 G_e - x1.999\lg E + 9.717 E_g - 32.857 P_1 - 5.213\lg A_i - 1.218 M_d + 7.899 P_n + 0.214 F_s - 1.218 M_d)]$$

同样的方法,经过比较和检验,也可以建立其他区域的农户农地流转意愿的 Logistic 回归方程,最后综合长三角地区 4 市 7 镇 10 村 319 个样本点实地数据,建立长江三角洲地区农户农地流转参与意愿的回归方程:

$$P = \text{Exp}(-2.919 + 0.466\lg D + 0.136 R_s - 0.548\lg A_g + 0.011 G_e + 0.902\lg E + 0.388 E_g 1.866 P_1 + 0.321 G + 0.805\lg A_i - 0.982 M_d + 1.336 P_n - 1.000 F_s)/[1 + \text{Exp}(-2.919 + 0.466\lg D + 0.136 R_s - 0.584\lg A_g + 0.011 G_e + 0.902\lg E + 0.388 E_g - 1.866 P_1 + 0.321 G + 0.805\lg A_i - 0.982 M_d + 1.336 P_n - 1.000 F_s)]$$

基于总模型,诸因子对农户参与农地流转的意愿的贡献率由大到小排序为:非农就业率、家庭最高受教育水平、单位面积农业纯收益、农产品运输距离、家庭恩格尔系数、区域经济发展水平、户口所在地、受访者性别年龄、流转的主导因素、粮食安全保障率、企业排污。其中不乏一些反映长三角地区农地和农地市场特点的现象。结果可见表 10-4。

表 10-4　诸因子对农户参与土地流转意愿的影响

排序	呈正向因子	作　用
1	非农业就业率(P_n)	使农民对土地的依赖程度得到弱化
2	家庭受教育程度(E)	提高了对农地流转的认知度和接受度
3	亩均收益(A_i)	收益越高越想参与农地流转以获得更多的土地
4	农产品的运输距离(D)	农产品的运输距离直接影响到农业收益的高低

排序	呈正向因子	作　用
5	恩格尔系数(E_g)	恩格尔系数高降低了农户对农地的依赖性
6	区域经济发展水平(G)	经济发达地区农户对农地的依赖性弱于经济不发达地区
7	户口(R_s)	集体归属感和农地使用权的安全性都使得农户对参与农地流转的积极性得到提升
8	性别(G_e)	性别影响到农地流转的接受度与认知度,女性参与愿望高于男性
9	年龄(A_g)	经验和体力精力的差异,造成农户对农地流转的接受程度的差异有组织和大范围的带有强制
10	政府行为(M_d1)	带有强制色彩的政府行为,较市场引导型的农地流转使农户带有更强的抵触心理
11	粮食安全保障率(F_s)	农地保有量如果不能满足最低粮食保障标准,会在农户心理上产生恐慌,从而造成农户对农地流转的拒绝
12	企业排污(P_1)	影响农地的产出能力,即使农户因污染而欲流出土地,由于条件的限制也没相应的需求

（2）区域比较分析

由于区域经济发展的差异性,各地影响因子的排序也有不同。按照诸因子贡献率由大到小排序,影响 4 市农户农地流转参与意愿的因子主要有非农就业率、单位面积农业纯收益、家庭最高受教育水平、恩格尔系数、性别、年龄、粮食安全保障率、农产品的运输距离、户口所在地等(表 10 - 5)。区域模型分析结果反映出以下具有区域差异性的特征:

① 南京与泰州的人均耕地面积在维系必要的生活保障基础上,还可以有参与流转的可能,而上海与扬州的人均耕地面积不足以刺激农户参与农地流转。南京与泰州的人均耕地状况要优于上海和扬州。

② 上海与南京的农户在食品消费占家庭消费比例高的情况下,更希望以更多的农地产出作为补充,而泰州与扬州没有表现出这种特点。这从一个侧面反映了上海与南京两地农户对农地的态度与泰州与扬州不同,上海与南京的经济发展水平较高,物价相对较高,消费支出也高,这就使得这两地的农户在食品消费高时,希望能有更多的农地所带来的更多的农地产出来弥补,而泰州和扬州相对物价水平和消费都要低一些,所以在农户食品消费高时,对家庭收入压力变化不是

太大,并没有表现出高的借助农地流转弥补高食品消费的愿望。

表 10 - 5 调查区域农户农地流转参与意愿正向影响因子作用排序比较

调查区域	P_n	A_i	E	E_g	G_e	D	A_g	R_s	F_s
上海	1	2	3	4	5				
南京	3			2			1		4
泰州	4	1	3			2		5	6
扬州	1	4			3	2			

③ 模型表现出上海与南京外地人口参与农地流转的积极性高与本地人口的参与积极性。这从一个侧面反映了经济发展水平对人口流动方向的刺激,以及这两地农村政府对外地人口的容忍度和政策优惠度。

④ 一个最为特殊的现象是南京的农户亩均收益对参与农地流转的积极性是负向刺激,其他三个地区和总模型都表现出是正向刺激,这说明了南京农户对农地的依赖程度较弱。

以上分析看出,这种区域差异的产生同当地的经济发展水平、消费水平、教育水平、思想观念等诸多因素有关。虽然各地在影响因子的排序上有所差异,但也具有一些共同特征:非农就业率是唯一共同的正向刺激因子,在经济发展的不同地区,解决农业人口的非农就业问题都对活跃和完善农地市场具有很大的促进作用;而主导因素和排污却是共同的负向刺激因子,无论主观意向如何,都抑制了农户参与农地流转的意愿,尤其是政府主导型农地流转是有组织和大范围的带有强制色彩的行为,往往是不顾农户家庭人均耕地占有量的实际情况的被迫性流出,违背了市场引导型流转的自觉自愿互利的原则,给农户心理和正常农业生产生活带来了极大的负面影响,从而导致农户普遍带有强烈的抵触心理,直接影响了农户参与农地流转的主动性和积极性。

三、对策建议

长江三角洲地区人地矛盾是个不争的事实,提高农地市场化配置水平,是促进长江三角洲地区经济快速发展、农村社会稳定的重要保障。根据以上的分析,长江三角洲地区农户参与农地流转的意愿是受到多种因素制约和影响的,为提高农户参与农地流转的积极性,科学合理地促进农地市场发育,有必要采取和加强以下几方面的措施:

一是规范政府行为,提高执政能力,倡导市场引导型流转,避免简单粗暴的强制行为。对农地的管理,更多的应该规范政府的行政行为,保障农地承包权,提高农地使用权的安全性,切实维护农户的合法权益,科学合理地发展市场引导型流转,建立和谐的农村社会,使广大农民能够安居乐业,促进农业发展。其中有很重要的三点:公益性事业的合理征地;理性创办开发区,尽可能地控制开发区的规模;重视管理开发区中的企业排污。

二是大力提高非农就业率,创造更多的就业机会。活跃农地市场,促进农地流转的一个很重要的方面就是给农户创造更多的非农就业机会,提高非农就业率。这是上海、南京、泰州和扬州4市农户农地流转意愿模型中唯一表现出来的一个共有正向因子,也是长江三角洲总体模型中表现出来的一项正向因子。促进长三角各地区的农地市场的建立和完善,就要想办法解决农村人口非农就业,这个结果也给长期以来有效解决农村剩余劳动力必要性的定性分析提供了必要的定量解释和支持。今后,随着定量分析的增加,人们对农村剩余劳动力的理解也会越来越趋于理性和全面。

三是扩大农户受教育途径,提高受教育水平;优化户籍管理,鼓励人口流动。总模型分析表明,农户的受教育水平和户籍管理政策,都对农户理性农地流转行为产生极大的影响。因此,大力发展农村教育,提高农户的受教育水平,灵活掌握外籍人口的农地使用政策,允许外地人口在当地流入土地,享受当地居民同样的税收、缴费待遇等,对促进农地流转市场的良性发展意义重大。

四是适当提高粮价水平,活跃农地市场;建立农村社会保障,免除农户后顾之忧。适当提高粮食价格水平,可以提高亩均收益水平,从而有效刺激农户农地流转行为的发生,活跃农地市场。同时要建立和发展农村的社会保障体系,弱化农户对农地的依赖程度,提高农户参与农地流转的积极性,为农地流转建立良好的大环境。

第十一章　农户收入对农地流转行为影响

第一节　农户收入对农地流转影响的理论分析

为了探讨农户农地流转决策的影响机理,构建农地流转回归模型,本节在借鉴其他相关学科的农户行为理论、土地资源配置理论以及行为地理理论等相关理论的基础之上,探讨了农地流转的决策机理及其影响因素,并构建了理论模型。

一、农户农地流转决策机理

农户农地流转行为是农户理性行为的一种,主观来说,农户追求经济、社会等效益的最大化必然会对所承包的农地进行合理的配置,包括放弃使用或者优化农地的开发利用;而客观上经济水平的提高、城市化的发展、产业结构的调整以及农业规模化经营需求等方面也是农户农地流转决策的动力源。与此同时,由行为地理理论可知,在农地流转决策过程中,农户的行为决策必然会受到多个方面的影响,包括客观的经济社会条件和主观方面的心理、偏好等因素。

由图 11-1 可以清楚地看到,农户农地流转行为决策的动力以及具体的影响因素,农户的主观愿望和社会存在的客观条件必然会使得农地流转现象的产生。而同时,具体实际的农户农地流转情况又将受到诸如家庭人口、就业、受教育状况等等具体因素的影响,而农地流转情况反过来又会对这些因素产生影响,即产生相互影响,这样循环往复,不断演进。

二、农户收入对农地流转的影响因素分析

从社会、经济、自然资源等各方面来看,对农户农地流转行为的影响因素很多,不同的分析方法得出的结论也存在差异。本研究总结前人的成果,综合考虑

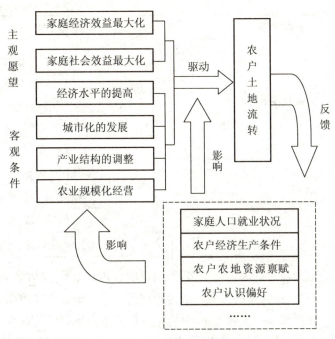

图 11-1　农户农地流转决策机理图

因素的合理性与可行性、研究区域实际情况、调查情况等方面,将影响农户农地流转行为的因素概括为农户家庭特征、农户经济特征、农户农业资源禀赋以及其他因素特征(如表 11-1)。

表 11-1　农地流转行为影响因素

影响方面	影响因素
农户家庭特征	户主年龄
	户主受教育年限
	家庭人口数
	劳动力数量
农户经济特征	非农收入比重
	农业收入
	农业补贴收入
	家庭财产情况

续　表

影响方面	影响因素
农业资源禀赋	承包农地面积
	地块分布
	距县城距离
	距集镇距离
	机械化水平
其他因素特征	农地制度因素
	农业新技术普及
	农业信息获取
	农村信贷情况

　　影响农户农地流转的因素有很多，影响程度也各有差异，学者多从多因素的角度建立数学模型，探讨所有因素对农地流转的影响。随着研究的深入，不少学者单独从某一角度或某一方面入手，研究某一因素对农地流转的影响，譬如吴永红从农地制度的变迁入手研究其对农户的行为影响；有学者针对农地流转中流转主体的角色差异，研究其对农地流转的影响[361]等。总的看来，绝大部分研究是从多角度进行的，针对某一角度或某一方面的研究较少，同时，从某一角度或某一方面的研究仍然需要以多角度为基础，在此基础之上才能进行单因素的分析。

　　由于本节研究选择的研究区域包括三个层次，分别是经济发达地区上海市奉贤区，经济水平中等发达地区江苏省宝应县，以及不发达地区安徽省阜南县。所研究区域的不同表现为农户收入水平的差异，从而对农户行为产生不同的影响。本研究正是基于这样的思想，先从多因素角度分析农户农地流转行为的影响因素，以及其影响程度，然后提取收入这一因素，进行空间层面上的横向比较，探讨收入与农地流转之间的深层次关系。

　　农户收入水平主要包括农户农业收入、非农收入以及农户的其他收入等方面。农户收入水平的变化成因可以概括为很多方面，主要包括家庭生命周期、家庭资产水平与结构、区域差异、制度成因以及效率估计与评价[362]，因此，收入水平的差异往往伴随着农户就业情况、区域教育发展、产业构成等的差异。

　　农户收入水平对农地流转的影响可以概括为两个方面，直接影响和间接影响。直接影响是由于农户收入的差异，往往伴随着农户的就业行为差异，农地对农户的作用可能逐渐强化或弱化，出现恋土或者离土情结，从而影响农户的农地流转行为;间接影响是由于收入的差异,影响农户的教育、就业等方面,甚至影响到农户的认识水平,从而进一步影响农户农地流转行为。

第二节 农户收入对农地流转影响的分析模型

基于前面的分析,采用二项 Logistic 回归模型,将影响因素作为自变量,将农地流转情况作为因变量代入模型中,使用 SPSS 统计软件,计算各变量系数,从而构建 Logistic 函数模型,探讨农户收入情况对农地流转的影响。

一、变量选择

1. 因变量

将农户农地流转行为表现作为因变量,考虑到这是一个定性描述概念,无法直接构建数学模型,因此必须对这一因变量做一定的处理和设定。调研发现,农户农地流转行为表现为发生流转和没有发生流转两种情况,而发生流转行为又可以划分为农地流出行为、农地流入行为以及既流入又流出行为,所以,农地流转行为表现相当于有四种情况。另外,根据所调查的数据整理结果发现,既存在流出行为又存在流入行为的被调查农户情况相当少,完全可以忽略不计,但又不能将其简单地归为流入或流出某一方,因此,将此类农户从样本中剔除。通过上述的简单分析,农户流转行为可以归纳为无农地流转行为、农地流入行为以及农地流出行为三种,为名义型分类变量,设为 Y。

2. 自变量

将影响农户农地流转行为的一系列因素作为自变量(如表 11-1)。农户家庭特征方面选取了农户家庭人口数、农户家庭劳动力人数、户主年龄以及户主的受教育年限四个因素;农户经济特征方面主要包括农户非农收入,农户农业收入,农业补贴收入以及家庭存款数量;农业资源禀赋方面主要包括承包农地面积,每亩承包农地的地块距离家的步行时间,家庭距县城和集镇距离以及机械化水平等因素;其他因素特征主要包括 1980 年以来家庭农地调整次数,是否采用新技术,是否关注农业信息,是否有信贷以及信贷的难易程度。

农户家庭人口数是指被调查农户家庭的人口总数,由此可知其是一个连续型变量,令其为 X_1,取值为非负。

农户家庭劳动力人数是指被调查农户家庭成员中在正常情况下具有劳动能力的人,由于调查中,很多家庭成员中有一部分是正处于受教育年龄的学生,这部分成员不作为劳动力。劳动力人口数也是一个连续型变量,令其为 X_2,取值为非负。

户主年龄是指被调查农户的一家之主的年龄,可知其也是一个连续型变量,设为 X_3,取值为非负。

户主的受教育年限主要是用其反映出户主的教育程度,其中户主文盲时,其受教育年限就为 0。可知这也是一个连续型变量,设为 X_4,取值为非负。

农户非农收入是指农户从事非农业生产所获得的年总收入,它反映了农户的非农经营情况。由于农户是否愿意从事农业生产,往往是通过比较收益情况决定的,因此非农收入这一方面,我们设定用非农收入占农户总收入的比重作为解释变量 X_5。

农户农业收入是指农户单纯从事农业生产所获得的年总收入,取年总收入而不取纯收入是因为在调查时发现,有一小部分农户因家庭经营水平、自然条件等原因,导致农业收入较低,扣除劳动力、生产资料等成本之后,所得的纯收入小于零,而不利于数据的分析和模型构建。因此,本书将农户农业收入统一定义为年总收入,不考虑成本,利于分析的展开,同时也不会影响农模型构建。农户农业收入也是一个连续型变量,设为 X_6,取值为非负。

农业补贴收入主要指国家和集体对从事农业生产的农户的货币补贴,研究中对这一部分的处理是既不作为非农收入部分,也不作为农业性收入,而是单独提取出来。农业补贴收入是一个连续型变量,设为 X_7,取值为非负。

家庭存款数量反映一个家庭的富裕程度,在实际调研过程中,家庭存款数量无法直接获得具体数值,因此设计问卷时,将家庭数量划分为 9 个不同的区间,对这 9 个区间赋以 1 到 9。由这样的定义可知家庭存款数量是一个定距型变量或者叫次序型分类变量,设为 X_8,取值为 $[1,9]$ 的整数。

农地承包面积是指农户承包的农用地总面积,对于农用地承包面积为 0 的样本已经剔除。农地承包面积为连续型变量,设为 X_9,取值为非负。

每亩地块距离家庭的步行时间是描述家庭成员到农地从事农业生产所花费的时间,设为 X_{10},取值为非负。

家庭距县城和集镇距离能够是基于距离、区位差异给家庭带来的就业机会、农产品市场化程度差异的考虑,故将其列入影响因素。分别设为 X_{11} 和 X_{12},取值都为非负。

机械化水平往往能够反映农户农业生产力、生产经营效率,对农户的农业经营行为影响较大,而由于机械化水平是一个定性描述的因素,不能直接进行定量分析,因此在研究中,统一选取农户在 2005 年家庭是否使用了拖拉机翻耕,是否使用了机械播种以及是否使用了机械收割三个方面,分别赋以 0 或 1,并将每户的这三个方面的赋值相加求和,所得数值作为表征家庭机械化水平的量化。可知,农户机械化水平有 4 个赋值,分别是 0、1、2、3,分别代表机械化水平低、一般、较高、很高四个程度,可知这也是一个次序型分类变量,设为 X_{13}。

在其他因素特征中,1980 年以来农户家庭农地调整次数往往反映该调查点的农地制度稳定性程度,对农户的农业生产、投入积极性都有影响,可知这也是一个连续型变量,设为 X_{14},取值为非负。

另外,是否采用新技术和是否关注农业信息都为二分类变量,取值为 0 或 1,设为 X_{15} 和 X_{16}。

家庭是否有信贷往往能够体现出家庭从事非农生产或者其他事务的情况,但是调查发现,大部分家庭信贷还是用于教育、医疗、建房等家庭消费,只有小部分用于投资。故也将其作为一个影响因素,且为二分类变量,设为 X_{17},取值为 0 或 1,0 表示没有,1 表示有。

信贷的难易程度,是基于是否能够取得信贷往往影响到农户从事其他非农生产与经营的意愿,因此将其纳入到影响因素中,且为二分类变量,设为 X_{18},取值为 0 或 1,0 表示难,1 表示容易。

二、Logistic 回归模型

利用多元回归方法分析变量之间的关系或进行预测时的一个基本要求是因变量是连续定距型变量。而在本研究中,农地流转情况分为未流转、农地流入、农地流出三种情况,明显不是连续定距型变量,而却可以看为三个 0/1 二值品质型变量。研究发现,当因变量为 0/1 二值型变量时,构建一般的多元线性回归模型会出现以下几个问题:一是残差不再满足 $E(\varepsilon) = 0$ 且 $Var(\varepsilon) = \delta^2$ 的假设条件;二是残差不再服从正态分布;三是因变量的取值区间受限制。在这种情况下,通常应采用 Logistic 回归[363]:

$$LogitP = \beta_0 + \beta_i x_i$$

第三节　农户收入对农地流转影响的实证研究

一、农户收入对农地流转影响研究区域

本研究采取问卷调查的方法,选择了长江三角洲地区的上海市奉贤区和扬州

市宝应县,以及安徽省阜阳市阜南县三个经济社会发展水平不同的地区作为研究区域,调查地区分布如下图红色圆点所示(如图 11－2)。

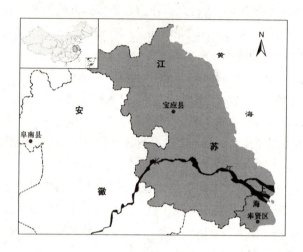

图 11－2　调查区域分布示意图

1. 奉贤区调查情况

为了使得调查样本全面,覆盖面广,我们在奉贤区主要选择了金汇镇、南桥镇、青村镇三个不同的乡镇的梅园村、沈陆村和元通村三个行政村开展调查,其中金汇镇和南桥镇两个乡镇更接近上海市中心城区,城市交通相对比青村镇更加便利。整个调查获得问卷 221 份,去除 1 份无效问卷,共计获得 220 户农户信息,其中梅园村 90 份,沈陆村 82 份,元通村 48 份(如表 11－2)。

表 11－2　奉贤区调查户情况

流转　村名	流出户	流入户	既流入又流出户	非流转户	合计
梅园村	35	1	0	54	90
沈陆村	59	0	0	23	82
元通村	7	1	0	40	48
合计	101	2	0	117	220

调查发现(如图 11－3),奉贤区的农地流转情况比较频繁,调查的流转户比例占被调查总户数的 47％左右,其中绝大部分流转户是将农地流出,农地流入户所占比重相当低。分析其中原因,一方面奉贤区地处上海,社会经济水平发达,农户非农就业机会多,社会福利保障好,农业比较效益低下,因此不少农户选择农地流

出;另一方面,上海地区有很多来自全国各地的其他地区的农业经营者来上海承包农地,从事农业生产。因此,奉贤区当地农户农地流入现象非常少见,绝大部分农地流出给那些从事农业生产的外地经营户。

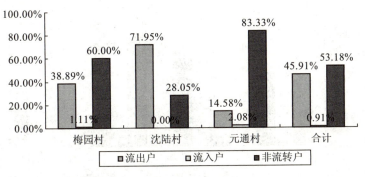

图 11 - 3　上海市奉贤区流转情况

可以看出,沈陆村农地流出户所占比重最大,非流转户所占比例最小;元通村流出户所占比重最小,非流转户所占比重最大;梅园村介于两者之间。而对于流转的农户中,流入农地的农户因其绝对数量太少,占农地流转农户的比例基本接近于0,因此不具有说服力,不作讨论。

2. 宝应县调查情况

在宝应县选择了望直港镇、射阳湖镇、范水镇三个乡镇的北河村、西联村、新荡村三个行政村为调查点。其中,在宝应县的《宝应县城市总体规划(2010—2030)》中,对三个乡镇已经有了定位,望直港镇定位为依托耿耿工业园拓展,适度与经济开发区空间整合,而射阳湖镇主要定位在经济开发区,范水镇定位在县城次中心。此次调查共收集问卷208份,去除10份无效问卷,共获得有效问卷198份。其中北河村67份,四联村61份,新荡村70份(如表11-3)。

表 11 - 3　宝应县调查户情况

流转 村名	流出户	流入户	既流入又流出户	非流转户	合计
北河村	31	1	0	35	67
四联村	5	16	1	41	61
新荡村	65	4	2	3	70
合计	101	21	3	79	198

调查发现,宝应县的农地流转总体情况比奉贤区更频繁,调查的流转户达到

119户,比例占被调查总户数的60%左右,就其原因,可能是由于上海地区经济水平相对发达,农地流转产生较早,发展到现在,已经达到一个比较稳定的状态,流转情况相对较少。

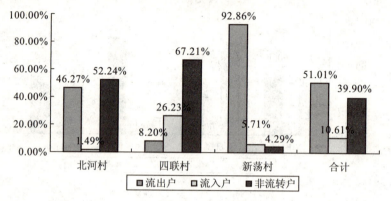

图11-4 宝应县农地流转情况

调查发现,由于所调查的宝应县的三个行政村经济发展水平、地理区位等各方面的差异,致使三村的农地流转情况差异也比较大。可以看出,新荡村农户的非流转户较少,绝大部分农户选择农地流转,而且在这些农户中,农地流出行为比较频繁。相反,四联村的非流转农户比重较大,选择流转的农户较少,而且在这其中,四联村农户的农地流入行为比较频繁。北河村所表现出来的情况,基本介于上面两村之间。

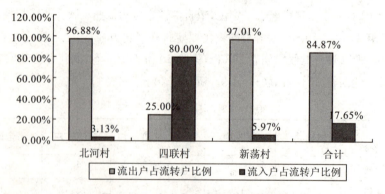

图11-5 宝应县农地流出流入情况

宝应县的农户农地流转情况比奉贤区要多。而在有农地流转的农户中,宝应县农地流入户占流转户比重达到了17.65%,明显高于奉贤区的接近0的流入比例,而流出户占流转户数的比重比奉贤区要低。这反映出了,处于经济水平中等发达地区,农地流转现象比经济发达地区要活跃,并且在就业机会较少、社会保障水平一般的情况下,农户恋土情结浓于经济发达地区,并且该地区农户往往选择规模化农业经营,提高农业效益。

3. 阜南县调查情况

在阜南县选择了方集镇、黄岗镇和王化镇的三个乡镇的范庄村、鞠郢村和万沟村三个行政村作为调查点。其中根据阜南县的《阜南县县城总体规划(2009—2030)》,方集镇的定位是南部城镇经济协作区,王化镇和黄岗镇处于中部城镇经济协作区。此次调查共收集问卷 275 份,去除无效问卷 9 份,共计获得有效问卷 266 份。其中,范庄村 83 份,鞠郢村 94 份,万沟村 89 份。

表 11-4　阜南县调查户情况

村名＼流转	流出户	流入户	既流入又流出户	非流转户	合计
范庄村	5	16	0	62	83
鞠郢村	10	20	0	64	94
万沟村	8	8	0	73	89
合计	23	44	0	199	266

调查发现,阜南县三个调查村的农户农地流转情况不尽相同,而与其他两个调查点相比,又表现出一定相似性。范庄村调查的 83 户中,有 62 户没有发生流转,有 21 户家庭发生流转,且在流转户中流入户有 16 户,流出户 5 户;在鞠郢村的 94 户中,有 64 户没有发生农地流转,其余 30 户发生了农地流转,而且在流转户中,流入户达到 20 户,流出户 10 户;在万沟村的 89 户中,有 73 户没有发生农地流转,其余 16 户发生了农地流转,而且在流转户中,流入户数和流出户数相同,都为 8 户。

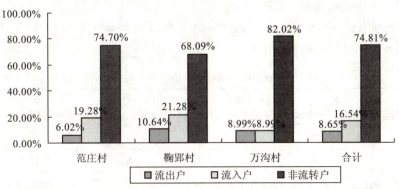

图 11-6　阜南县农地流转情况

调查发现,三个村的农地流转情况不尽相同,但又呈现出一定的相似性。三个村的非流转农户比重都比较高,其中最高的是万沟村,达到了82%左右,说明该地区的农地流转水平相对较低。另外,农地流出情况相对较少,最少的是范庄村,农地流出户仅占调查户数的6%左右;农地流入情况比流出情况普遍,三个村的农地流入水平都不低于流出水平。总体上看,调查的阜南县农户中,流转农户数较少,仅占调查农户数的25%左右,另外,流入户比流出户要多出近一倍。

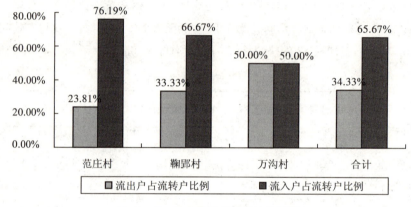

图 11-7 阜南县农地流出流入情况

总体来看,阜南县的农户农地流转情况比奉贤区和宝应县都要少,就其原因,阜南县地处经济不发达地区,社会经济发展水平较低、地区产业发展水平相对较弱、非农就业机会较少、社会福利保障水平较低,因此,农户表现出了较浓的恋土情结。另外,在流转户中,流出户比例明显低于流入户比例,也说明农户依赖农地强于前两个地区。

二、农户收入与农地流转关系的描述统计分析

1. 农户收入与农地流转总体情况分析

将所有调查点的所有农户数据整合在一起,并按照奉贤区、宝应县、阜南县三个地方进行整理计算(如表 11-5)。

表 11-5 调研地区农户收入情况

收入 地区	平均非农收入 (元)	平均农业补贴 (元)	平均农业收入 (元)
奉贤区	47753.32	556.68	6956.28
宝应县	40932.81	350.36	7476.09
阜南县	26421.55	280.54	6752.55

可以看出，非农收入和农业补贴方面，奉贤区比其他两个地区明显都要高，因为奉贤区地处我国经济发达的上海市，农户的非农收入相对较高也符合地区社会经济差异，宝应县农户平均非农收入高于阜南县也是符合我们的感性认识的。而农业收入这一方面，宝应县比较高，且奉贤区与阜南县的农户农业平均收入相差不大。作为发达地区的奉贤区农户在农业方面的收益明显小于中等发达地区的宝应县，地区发展阶段差异所表现出来产业类型差异，致使发达地区的农业发展水平反而比中等发达地区水平要低，这也符合我们的客观认识。作为发展相对落后的阜南县，其农业发展水平发展相对落后于另外两个地区也符合一般认识。

表 11－6 调研地区农地流转情况

流转地区	流入比例	流出比例	未流转比例
奉贤区	0.91%	45.91%	53.18%
宝应县	9.23%	50.26%	40.51%
阜南县	16.54%	8.65%	74.81%

可以看出，农地流入比例从奉贤区到宝应县，再到阜南县，是一个递增的趋势；而流出比例表现为奉贤和宝应两地较高，阜南较低；未流转比例表现为阜南县较高，而其他两个地区较低。

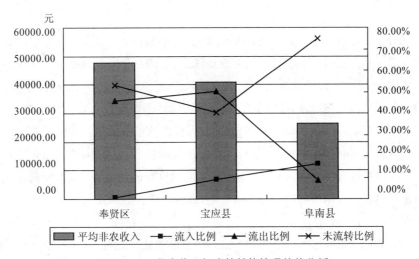

图 11－8 非农收入与流转总体情况趋势分析

由图 11－8 可知，调查区域农户的平均非农收入与农户的农地流出比例趋势基本一致，说明非农收入越高，农户农地流出现象往往比较频繁。而农地流入情况和未流转情况与非农收入表现出相反的趋势,说明非农收入越低,农户倾向于选择农地流入,或者保持现有状态,农地不发生流转。

　　农业补贴收入表现出来的地区差异与非农收入的表现趋势基本一致,这似乎不能解释为什么奉贤区农业补贴如此高,其农地流转现象却比农业补贴收入低的阜南县要频繁。其实不难看出,对于比较高的平均非农收入来说,只有几百块钱的补贴收入不会对经济发达地区的农户产生太大的吸引力,他们似乎更愿意把注意力集中在比较效益更高的其他非农经营。

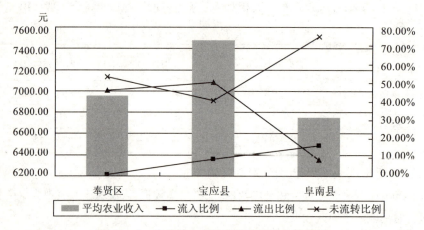

图 11-9　农业收入与流转总体情况趋势分析

　　在分析农业收入与农地流转的影响关系时,有这样的一般认识,即农户的农户农业收入越高,选择农业生产,选择农地流入,保持农业生产的可能性越大。然而由图 11-9 可知,总体情况与我们的一般认识并不一致,具体表现为农户的农业收入与农地流转情况表现出的趋势不明显;而对于农业收入较高的宝应县,相反却表现出了较高的农地流出比例;农业收入较低的阜南县却表现出了农地流入行为。这种情况有两种解释,一是总体情况所反映的数量关系不够准确,所表现出来的结论有待进一步考证;二是如果总体情况反映的情况真实,那么农户农业收入水平对农户农地流转行为不具有影响,或者说两者的相互关系并不是一般的认识那样。

　　以上种种分析只是基于总体样本的一个概略描述与分析,其间的相互关系必须利用每一个样本数据进行统计学的相关分析。

　　2. 农户收入与农地流转相关性分析

　　社会科学的数量研究中经常会出现对品质变量进行分析,研究两个或多个品质型变量之间的相关关系。分析品质型变量之间的关系通常从编制两变量的交叉列表入手,并通过对列联表的进一步研究探究变量间的联系。

由于在上面的研究中已经将农地流转情况设计为一个名义变量,且其取值为1、2、3,对应流转情况为无流转、农地流出以及农地流入。因此,在研究收入与农地流转的影响关系时采用对应分析的方法。同时,还必须对农户收入情况进行重新设定,将其从连续型变量转变为品质型变量。具体方法是,依据调研所形成的数据结果,分别设定非农收入为1～11的品质变量,其中1代表10000元以下,2代表10000～20000元,以此类推,11为100000元以上;设定农业补贴收入为1～11的品质变量,其中1代表100元以下,2代表100～200元,以此类推,11为1000元以上;设定农业收入为1～11的品质变量,其中1代表1000元以下,2代表1000～2000元,以此类推,11为10000元以上。

按上述分析,农地流转情况为3分类品质变量,分类值在1～3之间;非农收入为11分类品质变量,分类值在1～11之间;农业补贴收入为11分类品质变量,分类值在1～11之间;农业收入为11分类品质变量,分类值在1～11之间。

(1) 非农收入与农地流转相关性分析

运用 SPSS 软件中的对应分析(Analyze→Data Reduction→Correspondence)功能,首先对农地流转情况和非农收入进行数据分析,得到结果如表11-7。

表11-7　农户非农收入与农地流转情况对应分析结果

非农收入水平	流　转　情　况			
	无流转	农地流入	农地流出	比重
10000 以下	0.342	0.406	0.221	0.308
10000～20000	0.129	0.172	0.135	0.135
20000～30000	0.142	0.094	0.108	0.126
30000～40000	0.099	0.109	0.113	0.104
40000～50000	0.068	0.125	0.144	0.098
50000～60000	0.068	0.047	0.081	0.070
60000～70000	0.030	0.000	0.068	0.040
70000～80000	0.035	0.000	0.027	0.029
80000～90000	0.018	0.016	0.018	0.018
90000～100000	0.020	0.000	0.027	0.021
100000 以上	0.048	0.031	0.059	0.050
边缘频数	1.000	1.000	1.000	

  表 11-7 显示了不同农户对应的农地流转情况在列向上的频数百分比。可以看出,无流转以及农地流入情况主要集中在非农收入水平相对较低部分,而农地流出情况主要集中分布规律不明显,相比较来看主要集中在收入水平中等的部分。

表 11-8 农户非农收入与农地流转情况对应分析结果

特征根编号	异常值	特征根值	卡方观测值	概率	贡献率		置信度异常值	
					贡献率	累计	标准偏差	相关性 2
1	0.191	0.036			0.723	0.723	0.038	-.141
2	0.118	0.014			0.277	1.000	0.030	
Total		0.050	34.299	0.024	1.000	1.000		

a. 20 自由度

  表 11-8 是对应分析的核心结果。其中表的第 4 列和第 5 列是对交叉列联表作卡方检验的卡方观测值(34.299)和相应的概率 p 值(0.024)。当显著性水平 α 为 0.05,由于概率 p 值小于显著性水平,所以拒绝零假设,认为行变量和列变量有显著相关关系。

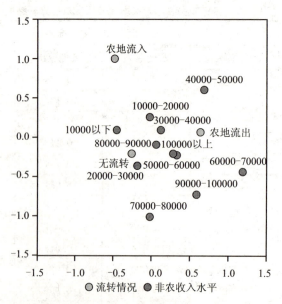

图 11-10 非农收入与流转情况对应分析图形结果

借助图 11 - 10 可分析农户非农收入与农地流转情况各类间的倾向性。可以看出,农地流出户较多的集中在非农收入较高的农户类型;无流转主要集中非农收入一般或较低的农户类型,也集中了非农收入较高的农户;而农地流入由于样本量少,集中分布不明显,不过比较看来,非农收入较低的农户类型更接近于农地流入情况。

（2）补贴收入与农地流转相关性分析

运用 SPSS 软件中的对应分析,对农地流转情况和农业补贴收入进行数据分析,得到结果如表 11 - 9。

表 11 - 9　农户补贴收入与农地流转情况对应分析结果

补贴收入水平（元）	流　转　情　况			
	无流转	农地流入	农地流出	比重
100 以下	0.208	0.219	0.428	0.280
100~200	0.195	0.203	0.099	0.164
200~300	0.192	0.094	0.108	0.156
300~400	0.142	0.125	0.113	0.131
400~500	0.081	0.109	0.077	0.082
500~600	0.078	0.062	0.054	0.069
600~700	0.041	0.109	0.036	0.046
700~800	0.010	0.016	0.014	0.012
800~900	0.010	0.016	0.014	0.012
900~1000	0.018	0.016	0.005	0.013
1000 以上	0.025	0.031	0.054	0.035
边缘频数	1.000	1.000	1.000	

表 11 - 9 显示了不同农户对应的农地流转情况在列向上的频数百分比。可以看出,随着农业补贴收入水平的不断提高,无流转和农地流入情况却在减少,而农地流出表现出与我们认识一致的趋势,即减少。因此,初步认为农业补贴收入影响农户农地流转行为的构想不成立,取而代之的是相反的关系,即农地流转行为影响了农户的农业补贴收入。此时,需要将表 11 - 9 转置然后加以分析无流转农户的农业补贴收入表现出的规律不明显,可以认为是无流转户农地规模无甚变化,导致补贴收入也是随机性的不会有一定的规律,且认为补贴收入受农户自身的农地承包面积的影响;农地流入户也没有表现出很明显的趋势;而农地流出与

补贴收入表现出了相对明显的趋势,即当农户选择农地流出时,农户的农业补贴收入呈现下降趋势。

表 11-10　农地流转情况与农户补贴收入对应分析结果

特征根编号	异常值	特征根值	卡方观测值	概率值	贡献率		置信度异常值	
					贡献率	累计	标准偏差	相关性 2
1	0.264	0.069			0.825	0.825	0.038	0.027
2	0.121	0.015			0.175	1.000	0.047	
Total		0.084	57.367	0.000	1.000	1.000		

表 11-10 中第 4 列和第 5 列为卡方观测值和相应的概率 p 值(0.000),由于 p 值小于显著性水平 α(设 α 为 0.05),因此认为行变量与列变量有显著的相关关系。

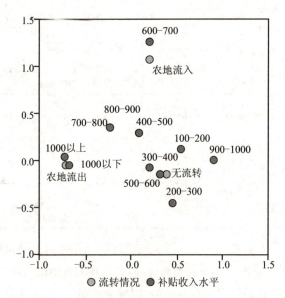

图 11-11　流转情况与补贴收入对应分析图形结果

通过图 11-11 验证了上述的推断,农地流出户除去部分一些农业补贴收入的极端值,大部分的农业补贴收入较低。可以认为,农地流转情况影响了农业补贴收入,这也符合我们的一般认识,当农户选择农地流出时,农户的承包农地会有减少的趋势,而农业补贴收入自然会受到影响而变少。

（3）农业收入与农地流转相关性分析

运用 SPSS 软件中的对应分析，对农业收入和农地流转情况进行数据分析，得到结果如表 11-11。

表 11-11　农户农业收入与农地流转情况对应分析结果

农业收入水平（元）	流 转 情 况			
	无流转	农地流入	农地流出	边缘频数
1000 以下	0.161	0.000	0.839	1.000
1000～2000	0.517	0.067	0.417	1.000
2000～3000	0.731	0.000	0.269	1.000
3000～4000	0.591	0.022	0.387	1.000
4000～5000	0.662	0.068	0.270	1.000
5000～6000	0.639	0.131	0.230	1.000
6000～7000	0.776	0.034	0.190	1.000
7000～8000	0.541	0.297	0.162	1.000
8000～9000	0.786	0.143	0.071	1.000
9000～10000	0.708	0.167	0.125	1.000
10000 以上	0.568	0.296	0.136	1.000
比重	0.580	0.094	0.326	

从表 11-11 可以看出，农户农业收入水平的提高，农地流入行为表现出增多的趋势，而流出行为表现出减少的趋势。

三、农户收入对农地流转影响的区域差异研究

1. 农户收入对农地流出的影响分析

在前面的讨论中，将农户农地流转情况变量分为了无流转、农地流出以及农地流入。而针对接下来要讨论的影响回归分析，将涉及 Logistic 模型。由于流转情况变量本质上可以分为无流转和有流转两类，而对于有流转则又可以分为流入和流出两种，因此，这里不能使用多项 Logistic 模型进行回归分析，而应该使用二项 Logistic 模型进行分析。

可以说二项 Logistic 回归模型是多项 Logistic 回归分析的特殊情况。在一般利用多元回归分析方法分析变量之间关系或进行预测时的一个基本要求是，被解释变量应是连续定距型变量。然而，实际应用中这种要求未必都能够得到较好的满足，尤其是在社会学科中，被解释变量往往是一个二分类的品质型变量，取值为

0 或 1，这个时候将无法采用一般的多元线性回归模型建模，通常应采用 Logistic 回归。

首先构建被解释变量为是否流出的 Logistic 模型，由于农户农地流转行为表现出了农户从事农业生产的意愿，如果农户发生农地流出行为，那么他表现出的是不再从事农业生产的意愿，相反，不发生农地流出行为则反映出农户从事农业生产的意愿。因此，在这个模型中，被解释变量为农户是否发生农地流出行为，可知是一个二分类变量，区别上面的设置，将其设为 y_1，值为 0 或 1，0 代表不发生农地流出行为，1 代表发生农地流出行为。

在选择解释变量时，首先基于上面的讨论，农业补贴收入往往是受到农地流转的影响，因此在解释变量中剔除农业补贴收入这一变量。对于收入情况，由于农户是否愿意从事农业生产，往往是通过比较收益情况决定的，因此非农收入这一方面，我们设定用非农收入占农户总收入的比重作为解释变量 X_5；设定农业收入为 1~11 的定距型变量 X_6，其中 1 代表 1000 元以下，2 代表 1000~2000 元，以此类推，11 为 10000 元以上。其余的解释变量于上文中的设定一致，分别为农户家庭人口数 X_1，农户家庭劳动力人数 X_2，户主年龄 X_3，户主的受教育年限 X_4，家庭存款数量 X_8，农地承包面积 X_9，每亩地块距离家庭的步行时间 X_{10}，家庭距县城和集镇距离 X_{11} 和 X_{12}，农户家庭农地调整次数 X_{14}。机械化水平是分非定距型品质变量，取值为 [0,4] 的整数，因此对其设定 3 个虚拟变量，分别为 X_{13}、X_{19}、X_{20}；是否采用新技术和是否关注农业信息 X_{15} 和 X_{16}，家庭是否有信贷 X_{17}，信贷的难易程度 X_{18} 都是取值为 0/1 的二分类品质虚拟变量（如表 11-12）。

表 11-12　回归分析变量

变量	名　　称	类　　型	取值
y_1	是否发生农地流出	因变量/二分类	0/1
X_1	农户家庭人口数	自变量/连续型	$[1,\infty]$ 的整数
X_2	农户家庭劳动力人数	自变量/连续型	$[0,\infty]$ 的整数
X_3	户主年龄	自变量/连续型	$[0,\infty]$ 的整数
X_4	户主的受教育年限	自变量/连续型	$[0,\infty]$
X_5	非农收入比重	自变量/连续型	$[0,1]$
X_6	农业收入水平	自变量/定距型	$[1,11]$ 的整数
X_7	家庭存款数量	自变量/定距型	$[1,9]$ 的整数

变量	名　称	类　型	取值
X_8	农地承包面积	自变量/连续型	$[0,\infty]$
X_9	每亩地块距离家庭的步行时间	自变量/连续型	$[0,\infty]$
X_{10}	家庭距县城距离	自变量/连续型	$[0,\infty]$
X_{11}	家庭距集镇距离	自变量/连续型	$[0,\infty]$
X_{12}	农户家庭农地调整次数	自变量/连续型	$[0,\infty]$的整数
X_{13}	机械化水平低	自变量/二分类虚拟变量	0/1
X_{14}	机械化水平一般	自变量/二分类虚拟变量	0/1
X_{15}	机械化水平较高	自变量/二分类虚拟变量	0/1
X_{16}	是否采用新技术	自变量/二分类虚拟变量	0/1
X_{17}	是否关注农业信息	自变量/二分类虚拟变量	0/1
X_{18}	家庭是否有信贷	自变量/二分类虚拟变量	0/1

（1）奉贤区农户收入对农地流出的影响分析

利用 SPSS 软件，首先对奉贤区进行 Logistic 回归分析，将是否发生流出作为因变量以及上面讨论的其他自变量都引入到模型中，解释变量的筛选采用基于极大似然估计的逐步筛选策略，得出 Logistic 回归方程：

$$LogitP_{y_i} = 0.413 + 0.43X_5 - 0.23X_6$$

由上式可知，在奉贤区调查的农户，非农收入的比重增加 1 个单位使 $LogitP_{y_i}$ 平均增长 0.43 个单位，而农业收入水平每增长 1 个单位，$LogitP_{y_i}$ 降低 0.23 个单位。因此分析的结论是：农业收入水平和非农收入所占比重对农地流出行为都有一定的影响，且农业收入水平越高，农地流出行为发生的概率越低，而非农收入所占比重越高，农地流出行为发生的概率越高。另外可以看出，之前将所有可能涉及的因素都引入到模型中，这些因素对奉贤地区农户农地流出行为影响并不显著，可知在这一地区，收入情况才是农户行为决策的重要影响因素。

（2）宝应县农户收入对农地流出的影响分析

同样利用 SPSS 软件，对宝应县进行 Logistic 回归分析，将是否发生流出作为因变量以及上面讨论的其他自变量都引入到模型中，解释变量的筛选也采用基于极大似然估计的逐步筛选策略（Forward：LR）。得出 Logistic 回归方程：

$$LogitP_{y_1} = 4.298 - 0.68X_{12} - 0.426X_6 - 0.124X_{10} - 0.243X_{14} - 0.165X_8$$
$$+ 2.728X_5$$

可以看出，在宝应县的调查中，农户农业收入每增加一个单位，$LogitP_{y_1}$ 将减少 0.165 个单位，而非农收入比重每增加一个 1 个单位，$LogitP_{y_1}$ 将增加 2.728 个单位。因此分析的结论是：农业收入水平和非农收入所占比重对农地流出行为都有一定的影响，且农业收入水平越高，农地流出行为发生的概率越低，而非农收入所占比重越高，农地流出行为发生的概率越高。另外可以看出，在宝应县的调查中，除了农业收入和非农收入比重这两个影响因素之外，还有家庭距集镇距离、每亩地块距离家庭的步行时间、农户家庭农地调整次数、家庭存款数量等影响因素。

(3) 阜南县农户收入对农地流出的影响分析

同样利用 SPSS 软件，对阜南县进行 Logistic 回归分析，将是否发生流出作为因变量以及上面讨论的其他自变量都引入到模型中，得出 Logistic 回归方程：

$$LogitP_{y_1} = -2.065 + 0.503X_9 - 0.725X_6 + 2.731X_{13} + 0.174X_{14}$$

可以看出，在对阜南县的调查中，农户的农业收入每增加 1 个单位，$LogitP_{y_1}$ 将减少 0.725 个单位，而非农收入比重对其影响不显著。由此可以得出，在阜南地区农业收入水平对农地流出行为影响较大，当农业收入提高时，往往使得农户发生农地流出行为的概率降低。另外，除了农业收入水平以外，还存在着其他，如机械化水平等因素对农地流出行为产生影响。

2. 农户收入对农地流入的影响分析

类似于基于农地流出的回归分析，首先还是构建被解释变量为是否流入的 Logistic 模型，由于农户农地流转行为表现出了农户从事农业生产的意愿，如果农户发生农地流入行为，那么他表现出的是继续从事农业生产并扩大农业生产规模的意愿，相反，不发生农地流入或保持农地现状行为则往往反映出农户不愿扩大农业生产或者甚至不愿再在农业上追加投入的意愿。因此，在这个模型中，被解释变量为农户是否发生农地流入行为，可知是一个二分类变量，为区别于上面的设置和农地流出变量，这里将其设为 y_2，值为 0 或 1，0 代表不发生农地流入行为，1 代表发生农地流入行为。解释变量的选取与上面的分析一致，仍选用与上一致的待分析变量，这里不再赘述。

另外，由于在对奉贤区农户进行调查时，存在农地流入行为的农户仅仅只有 2 个样本，样本数量太少，进行回归分析的结果不准确，也没有意义，故在此对奉贤区农户农地流入行为不作分析。也可以这么认为，在经济发达地区，除非是从事农业生产专业户，一般情况下农户基本不会出现农地流入行为。

（1）宝应县农户收入对农地流入的影响分析

利用 SPSS 软件，首先对宝应县进行 Logistic 回归分析，将是否发生流入作为因变量以及上面讨论的其他自变量都引入到模型中，解释变量的筛选采用基于极大似然估计的逐步筛选策略（Forward：LR）。得到 Logistic 回归方程：

$$LogitP_{y_2} = -14.651 + 0.176X_{11} + 0.664X_6 + 0.199X_{10} - 2.632X_5 + 2.207X_{16}$$
$$+ 1.637X_{18}$$

可以看出，在对宝应县的调查中，农户的农业收入每增加 1 个单位，$LogitP$ 将增加 0.664 个单位，而非农收入比重每增加一个单位，$LogitP_{y_2}$ 将降低 2.632 个单位。由此可以得出，在宝应地区农业收入水平对农地流入行为影响较大，当农业收入提高时，往往使得农户发生农地流入行为发生的概率提高；而农户的非农收入情况对其影响也比较大，即当农户非农收入所占比重提高时，农户农地流入行为发生的概率将会降低。另外，除了这两个因素以外，还存在着其他，如家庭距离县城距离等因素对农地流入行为产生影响。

（2）阜南县农户收入对农地流入的影响分析

同样利用 SPSS 软件，对阜南县农户调查情况整理后的数据进行 Logistic 回归分析，将是否发生流入作为因变量以及上面讨论的其他自变量都引入到模型中，解释变量的筛选仍然采用基于极大似然估计的逐步筛选策略（Forward：LR）。得到 Logistic 回归方程：

$$LogitP_{y_2} = -3.662 - 0.868X_9 + 0.806X_6 + 1.141X_{15} + 0.881X_{16} - 1.173X_{18}$$

可以看出，在对阜南县的调查中，农户的农业收入每增加 1 个单位，$LogitP_{y_2}$ 将增加 0.806 个单位。可以得出，类似于宝应县，在阜南地区农业收入水平对农地流入行为影响较大，当农业收入提高时，往往使得农户发生农地流入行为发生的概率提高；而农户的非农收入情况对其影响不显著。另外，除了农业收入水平因素以外，还存在着其他，如农地承包面积等因素对农地流入行为产生影响。

3. 农户收入对农地流转行为影响差异分析

（1）农户收入对农地流出行为的影响差异分析

由前面的分析可知，不同地区农户收入情况对农地流出行为的影响差异比较大，在发达地区，如奉贤区，农户的农地流出行为往往受农户的非农收入水平影响比较大；而在中等发达地区，如宝应县，农户的农业收入水平以及非农收入比重对农户的农地流出行为影响都比较大，但是同时，除了收入情况以外，中等发达地区的农户也重视其他方面的因素对其农地流出行为的决策；另外，在不发达地区，如阜南县，农户的收入情况中只有农业收入水平对农户的农地流出行为影响较大，非农收入比重水平对其农地流出行为影响已经不显著了,取而代之的是其他的一些涉及农业生产和农地制度方面因素(如表 11 - 13)。

表 11 - 13　农地流出行为各影响因素系数比较

	X_5	X_6	X_8	X_9	X_{10}	X_{12}	X_{13}	X_{14}
奉贤区	0.43	−0.23	—	—	—	—	—	—
宝应县	2.728	−0.426	−0.165	—	−0.124	−0.68	—	−0.243
阜南县	—	−0.725	—	0.503	—	—	2.731	0.174

由表 11 - 13 可以直观地看出 X_5 和 X_6 系数变化,由于奉贤地处经济发达的上海,农户的非农收入比重占农户的收入的比重较大,农业收入只是一个很小的部分,并不是家庭的主要经营活动,这样就使得这两者对农地流出行为影响程度较小,尤其农业收入水平在三个地区中对农户农地流出行为影响最小,而非农收入比重的影响又高于阜南地区,却低于宝应地区,具体表现为非农收入比重对农地流出行为产生正向影响,农业收入水平产生负向影响。在经济发展水平中等发达地区宝应县,由于其正处在城市化快速发展时期,非农比较收益又是农户极其关注的,非农收入比重对农户家庭经营就业行为影响较大,同时,由于中等发达地区的农社会保障水平又不如发达地区,非农就业机会相比发达地区要少,因此,农户又比较重视农业生产,农业收入水平又对农地流出行为产生了比较大的影响,具体表现为非农收入水平对农地流出行为产生正向影响,农业收入水平产生负向影响。对于不发达地区阜南县,非农收入比重已经不再对农户农地流出行为产生显著的影响了,这是因为该地区的农户的收入来源主要还是依赖于农地,非农经营行为不是农户的主要经营行为,而且农业收入水平对农户农地流出行为的影响程度比其他相对发达地区都要高,表现为农业收入水平的提高将降低农户农地流出行为发生的概率。

从整体来看,非农收入水平在三个地区总体表现为对农户农地流出行为产生正向的影响;而农业收入水平对农户农地流出行为产生负向的影响,且随着地区经济发展水平的提高,影响程度下降。在经济较发达地区,非农收入水平对农户农地流出行为的影响程度往往要高于农业收入对农户农地流出行为的影响程度;在经济不发达地区,农业收入水平往往比非农收入水平对农户农地流出行为的影响程度要大。

(2) 农户收入对农地流入行为的影响差异分析

由前面的分析可知,在经济社会发展水平发达的奉贤区的农户农地流入行为极少,可以忽略不计,但是这从另一个方面说明,在该调查地区除非是农业生产专业户,一般情形下没有什么影响因素能够使得农户家庭发生农地流入行为;在经济社会发展水平中等发达的宝应县,情况则有所不同,分析发现,农户农业收入水平对农地流入行为产生了一定的影响,且为正向影响,即农户农业收入的提高将会促进农户发生农地流入行为,而由代表非农收入情况的非农收入所占比重所反映出来的情况知道,非农收入所占比重对农地流入行为的发生产生负向的影响,即非农收入的提高,减少了农户农地流入行为;而在经济社会发展水平相对不发达的阜南县,农业收入对农户农地流入行为也产生了比较显著的影响,且为正向影响,而非农收入水平对农户农地流入行为影响不大。具体如表 11-14 所示。

表 11-14　农地流入行为各影响因素系数比较

	X_5	X_6	X_9	X_{10}	X_{11}	X_{15}	X_{16}	X_{18}
奉贤区	—	—	—	—	—	—	—	—
宝应县	-2.632	0.664	—	0.199	0.176	—	2.207	1.637
阜南县	—	0.806	-0.868	—	—	1.141	0.881	-1.173

通过上表的比较分析,可知经济社会发展水平发达地区在一般情况下农户农地流入行为比较少,收入、资源禀赋等因素往往不会对家庭农地流入行为产生影响;而在经济社会发展水平中等发达地区,农户的农业收入水平和非农收入水平都会对农户的农地流入行为产生一定的影响,总体是农业收入水平表现为正向的影响,非农收入水平表现为负向的影响;同样在经济不发达地区,农户农业收入水平也会对农地流入行为产生正向的影响,而且影响程度更高,不同的是非农收入水平对农地流入行为的影响并不显著。

第十二章　非农就业、性别、土地产权
与农户土地流转

有不少因素影响到农户的土地流转决策，本章主要从实证研究的角度分析劳动力市场发育、土地产权以及性别差异对于农户土地流转的影响。

第一节　劳动力市场发育对农地流转的影响

随着中国土地市场的发展，农村土地市场不断健全，农村土地流转迅速发展，对于土地流转的研究也不断增加。当前对于农村微观主体流转的研究主要着眼于农村土地流转机制及成因[364]；也有一些研究建立农地流转的计量模型，从农地流转的类型、农产品商品化率、农户受教育水平、农业产业结构等因素出发分析农村土地流转的影响因素；此外还有关于农村土地流转与土地利用变化之间关系的研究，这些研究分析了土地利用变化与农地流转率之间的作用机理[365]；还有相关研究成果，从理论上揭示了非农就业对于农地流转的影响[366]。国外学者研究了农业生产周期、家庭、人口增长等因素与土地流转的关系，并且进行了关于土地流转与土地权利保障之间的研究[367]，为研究非农就业与农地流转的相互关系提供了方法借鉴。近期对中国江西省的农地租赁市场与农村非农就业的研究还表明，非农就业的发展有利于促进区域发展，但由于户籍制度、社会保障等方面的原因，却不利于土地租赁市场的发展[368]。从国内外相关研究成果可以看出，农村劳动力市场发育与农地流转之间存在密切关系，但农村劳动力流转如何影响农地流转以及在多大程度上影响农地流转还需要进一步揭示。为此，本节拟从农村非农就业的角度对农村土地流转的影响机理进行分析，找出它们之间的定量关系，从而为制定农地流转对策提供依据。

一、影响机理及模型选择

1. 农村劳动力市场发育对农地流转影响的作用机理

农业生产的过程也是自然资源、社会经济资源配置的过程,其中农业劳动力要素和农业土地要素之间的配比关系也随着农业技术进步以及经济社会发展不断调整。伴随着中国沿海地区工业化、城市化的快速发展,农业与非农产业之间劳动生产率的差距也正在日益增大。由于农民外出打工与进行农业生产之间较大的比较利益差,并且伴随着劳动力市场的发育,许多农民纷纷进城或者直接在镇上的自办企业务工,所以家庭从事农业生产的人数减少,投入农业生产的时间也减少,以致一部分农户的土地有剩余。为了不让土地撂荒而同时能获得土地收益,农民自然而然地选择将自有土地以各种方式流转出去。

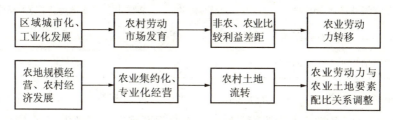

图 12-1　区域城市化、工业化发展与农村土地流转

2. 模型选择

为了揭示农村非农就业对于农地流转的影响程度,笔者依据多元线性回归方法建立农户流转行为决策模型。模型结构如下:

$$Y=bX+\varepsilon \tag{1}$$

式中,Y 表示 n 阶因变量观测值向量,即 $Y=\{y_1,y_2,\cdots,y_n\}$;X 表示 $n\times(k+1)$ 阶解释变量观测值矩阵,即 $X=\{1,x_{11},x_{12},\cdots,x_{1n};1,x_{22},\cdots,x_{2n};\cdots;1,x_{k1},\cdots,x_{kn}\}$;$\varepsilon$ 表示 n 阶随机项向量,即 $\varepsilon=\{\varepsilon_1,\varepsilon_2,\cdots,\varepsilon_n\}$;$b$ 表示 $(k+1)$ 阶总体回归参数向量,即 $b=\{b_0,b_1,\cdots,b_n\}$。

依据农村劳动力转移与农地流转的内在关系,运用 Delphi 方法选取自变量和因变量。农村土地流出率(oratio)作为因变量,土地流出率=流出土地面积/土地总面积,自变量见表 12-1。

表 12 - 1 自变量及其性质表

自变量	自变量的性质	备 注
农户家庭成员最高受教育水平（edu）	虚拟变量	小学以下＝2，小学＝5，初中＝8，高中＝11，高中以上＝14。
农户家庭恩格尔系数（eng）	连续变量	家庭食品消费支出/家庭总支出
居住地离县城（镇）集市距离（dis1）	连续变量	——
居住地离等级公路的距离（dis2）	连续变量	——
农户家庭一年外出打工时间（time）	连续变量	以月为单位
农户打工收入（income）	连续变量	——
农户非农就业率（wratio）	连续变量	家庭非农打工人数/家庭总人数
农户农业生产成本（cost）	连续变量	——
农户粮食销售收入（proval）	连续变量	——

edu（农户受教育水平）：农户的文化程度一方面直接影响从事非农打工的能力，另一方面也影响家庭的决策。因为受教育程度难以直接量化，一个家庭中每个人的受教育水平不同，这里以家庭最高受教育水平为准进行量化。eng（恩格尔系数）：恩格尔系数反映了一个家庭的支出水平，这种支出水平从侧面反映了家庭的富裕程度进而反映家庭从事非农打工意愿的强弱，潜在影响土地流转的可能性。dis1（离县城/镇集市距离）：反映了农户家离集市的距离，离集市越近，其农产品销售越容易，卖到好价钱的可能性越大，从而影响农户农业生产的积极性，最终对土地流转产生影响。dis2（离等级公路的距离）：反映农户离等级公路的距离，离等级公路越近，说明农户家庭的交通越便利，这个变量与 dis1 可能存在共线性，在模型模拟的过程中选择拟合度较好的变量。time（农户家庭一年外出打工的时间）：该变量反映农户非农活动的时间，由于农户非农活动的时间与农户农业活动的时间存在此消彼长的关系，因此该变量可能对农地流转产生影响。income（农户打工收入）：工业化、城市化的冲击导致部分农村劳动力转移，非农收入在农户家庭中占的比例越来越高。非农收入越高，农户对农业的依赖程度越小，农户流转的可能性越大。wratio（农户家庭非农打工人数占家庭总人口的比率）：家庭非农就业率越高，对土地投入的时间和精力就越少，从而农地流转的可能性就越大，流出更多土地的可能性也会增加。cost（农户农业生产成本）：农业生产成本

与农户的生产决策行为密切相关。农业生产成本越高,农民进行农业生产的积极性就越低,从而选择其他方式增加家庭收入,产生土地流转的需求。proval(农户粮食销售收入):粮食销售收入是农户家庭收入的一个重要组成部分,因此粮食销售收入越高,农户对于粮食生产的依赖性越强,农户选择外出打工的可能性越小,从而影响农地流转的可能性。

二、研究区域及问卷分析

1. 研究区域概况

江苏省扬州市宝应县位于东经 $119°07'43''\sim119°42'51''$,北纬 $33°02'46''\sim33°24'55''$,地处江苏省中部,夹于江淮之间,京杭大运河纵贯南北。县域总面积 $1467.48\ km^2$,耕地面积 76.44 千 hm^2,水田 70.33 千 hm^2。属黄淮冲积平原,以京杭运河为界,分成东西两部分,西高东低。境内多数地区在海拔两米左右,属里下河江苏浅洼平原区。该县农业生产主要以传统种植业和养殖业为主,是全国优质粮棉生产基地县,也是全国水产品生产重点县。宝应县辖 14 个镇和 1 个省级开发区。截至 2004 年年末,全县总人口为 91.99 万,地区生产总值为 81.98 亿,人均地区生产总值为 8907 元,第一、二、三产业结构比例为 25∶40∶35。由于农村非农产业发展较快,农业劳动力转移也较多,主要从事工业、建筑业、交通运输业以及服务业,由此也带来农地转移与集中。

2. 研究方法

采用农户问卷调查的方法,依据距离县城的远近,选择了宝应县三新村、鲁垛村两村为样本村,一共调查了 120 户农户,均为有效问卷。其中发生了农地流转包括流入和流出的农户达到 60 份,占总调研问卷的 50%,其中有 40 户农户的土地属于土地流出,占 2/3。由于本节旨在分析区域农村劳动力市场发育对土地流转的影响,这里的流转是指农户因为外出打工或从事个体经营等非农活动而导致的土地流出,所以剔除发生农地流入的农户后本次研究可用的问卷为 40 份,后面的研究主要是针对这 40 份问卷的数据展开的。

3. 问卷基本情况分析

为了全面研究非农就业对农地流转的影响,问卷调查的内容涉及区域区位条件、区域经济发展水平、农户家庭受教育水平、家庭收入情况、家庭劳动力状况、农业经营成本与产值情况、农地流转的情况等(如表 12-2)。

表 12-2　样本村区位条件、社会经济发展及农户基本情况

自变量	三新村	鲁垛村
调查流转农户(户)	33	27
距集镇距离(km)	58.7	44.67
距等级公路距离(km)	2.9	8.9
农户家庭农业生产平均成本(元/hm²)	10710	11921
农户家庭农产品销售收入(元/hm²)	15867	14149
劳动力非农就业率(%)	40.7	35.8
农户人均现有农用地面积(hm²)	0.0787	0.1373
农户非农劳动力人均收入(元)	6309.77	6537.88

三、模型运算及结果分析

1. 模型运算

运用 SPSS 软件中的回归分析工具,对问卷调查所获得的数据进行模型计算,计算时采用了逐步回归的方法,对进入方程的变量进行筛选和剔除,最终获得了如下的模型分析结果:

$$Y = -1.33 + 0.076\text{edu} + 0.052\text{time} - 0.149\ln \text{proval} + 0.125\ln \text{income} + 0.1626\text{wratio} \quad (R^2\text{adj} = 0.692, F = 7.5, \text{Sig}(f) < 0.001)$$

2. 模型结果分析

根据模型得出的回归方程对自变量与因变量的关系进行分析:(1) 农地流转率与农户受教育水平正相关。农户受教育水平每提高一个等级,农地流转率就提高 7.6%,这说明农户的受教育水平是对农地流转影响较大的一个因素。农户受教育水平越高,说明他们外出打工的能力越强,土地流转的需求越大,从而流转的土地越多。(2) 农地流转率的高低与农户从事非农打工的时间正相关。农民从事非农打工的时间越长,则农地流转率越高。具体说来,就是农民外出非农打工的时间每增加一个月,那么流转率将提高 5.2%。(3) 农地流转率与农户农产品销售收入呈负相关。这表明从事农业生产获得的收益越大,农民从事农业生产的积极性就越高,从而选择外出打工来增加家庭收入的意愿就越小,其流转的土地越少。(4) 农地流转率与农户从事非农打工的收入正相关。比较利益的存在促使农户选择外出打工,经济利益是他们外出务工的直接动力。他们非农打工的收入越高,他们选择非农打工的机率也就越大,从而需要将自家的土地流转出去的可能性就越大,即农地流转率越高。(5) 农地流转率与家庭非农就业率正相关。

从模型中可以看出,非农打工比例是对农地流转率影响最大的一个因素。其影响系数达到了 0.1626,即农户家庭的非农就业率提高 1%,农村土地流转率将提高 16.26%。这是因为家庭中从事非农打工的人数越多,从事农业生产的劳动力就相对不足,从而产生了将土地流转出去的需要,促使了农村土地流转。

四、小结及政策建议

农民非农打工活动对于农村土地流转有着极其重要的推动作用,其中家庭非农就业率是对农地流转影响最大的因素。由于农村土地流转对于农业的专业化和集约化经营起到了积极作用,所以研究农村土地流转的机理对于农村经济的发展甚至是整个社会的发展是十分必要的。为了推动农村土地流转,促进农村经济发展,可以从如下方面着手:(1) 提高农民的受教育水平。农民的受教育程度越高,他们外出打工的能力越强,土地流转的需求越大。要提高农民的受教育水平,国家及当地政府应当给予适当的优惠,制定相应的优惠政策鼓励农村小孩上学,并且给予农村教育一定的补贴。(2) 培育区域劳动力市场,为农民外出务工创造条件。发展农村集体的自办企业,可以一定程度上吸引部分农村劳动力就业。同时当地政府通过与有关单位建立劳务输出联系,为农民提供就业信息,拓宽农民的就业渠道,从而推动劳动力就业,促进农村经济繁荣。此外,政府还可以对农村劳动力进行适当培训,为他们从事非农打工提供一定的技术帮助。(3) 建立并逐步健全农村社会保障体系。虽然农民可以选择从事非农打工的方式来增加自己的收入,把自家的土地流转出去,但是,土地在一定程度上作为农民生活的保障,在农民心中的影响力仍然不可忽视。从长期来看,要促进农村土地流转,必须建立农村社会保障制度,让农民在没有土地作为生活保障的情况下,也有由社会提供的保障来妥善解决生活问题。(4) 建立健全农村土地流转机制,规范土地流转程序,制定合理的土地流转补偿机制,积极推动农村土地流转,从而为农村专业化和规模化经营提供可能条件。

第二节　性别对农地流转的影响

农村妇女土地权益是农村妇女地位与权利的重要体现。虽然从我国法律上来看,男女的土地权益是平等的,但事实上,根据全国妇联的调查,在无地的人群中,妇女占了 70%,而其中的 20% 从未得到过土地。此外,44% 的妇女结婚时失去了土地,7% 的妇女离婚时失去了土地,57% 的妇女在土地重新调整时失去了土地。[369]农地分配中的性别平等问题业已成为农村社会经济运行以及土地制度改革中的重要问题。[370]而农地流转是土地再分配的过程,在这一过程中,土地决策权益具有决定性作用。为了解妇女在这一过程中能否行使决策权,在问卷调查的基础上,对此进行了初步的分析与研究。

一、模型构建

Logistic 模型适用于因变量为两分变量的分析,是分析个体决策行为的理想模型。利用 Logistic 模型,分析农村妇女土地权益与农地流转意愿的相关关系,从而得到影响农村妇女土地权益的主要因素及各因素的贡献量。因变量是农地流转中的妇女地位。根据问卷结果,若农地流转以妇女拥有平等地位取值为 1;反之因变量取值为 0。用 SPSS/Win 的 Logistic 模块可以建立模型:

$$P = \frac{\mathrm{Exp}(\beta_0 + \beta_1 x_1 + \cdots + \beta_m x_m)}{1 + \mathrm{Exp}(\beta_0 + \beta_1 x_1 + \cdots + \beta_m x_m)} \tag{1}$$

其中,P 是妇女参与农地流转的概率;x_i 是妇女参与农地流转的诸多因素;β_0 是常数项,与 x_i 无关;β_0,β_1,β_2 是回归系数,它表示诸因素 x_i 对 P 的贡献量。

二、问卷调查及模型运行

问卷调查以农户家庭为单位,调查时间范围为 2003 年 5 月至 2004 年 5 月。问卷主要内容涉及家庭就业结构、受教育水平、现有土地的类型及其比例,2003 年农业生产类型及产量、产值,农业经营成本,收入状况,距 2003 年最近的一次农用地流转情况(包括各种流转形式的农地流入与流出)及流转的主要原因、妇女地位调查等。调查选取江苏省里下河区的泰州市兴化县为调查区域,选取 3 个村(薛庄村、南蒋村和周蛮村)为调查点,随机选取农户进行问卷调查。调查问卷总数 87 份,均为有效问卷。依据农村土地市场运行机制,并结合 Delphi 方法,选择 7 个自变量(如表 12 - 3)。

表 12 - 3　农村妇女土地流转决策权的影响因素

变量	变量说明	变量取值和公式	变量类型
R_w	非农就业率	(非农生产人口＋兼业人口(按非农工作月数折算成非农生产人口))/总劳动力数	实值
R_{fw}	妇女非农就业率	(妇女非农生产人口＋家庭妇女兼业月数总和/12)/妇女总劳力数	实值
A_{fi}	妇女耕地占家庭耕地比例	妇女拥有土地/家庭总土地 * 100%	实值
E_f	家庭农妇受教育最高水平	1＝小学及以下,2＝初中,3＝高中,4＝大学虚拟	实值

变量	变量说明	变量取值和公式	变量类型
A_i	土地流入率	流入土地面积/现有土地面积*100%	实值
P_{out}	土地流出率	土地流出面积/原有土地面积	实值
P_{in}	单位面积农业纯收入	农业纯收入/农用地面积	—

三、结果分析及建议

为区分妇女在土地流入、流出中的决策权差异,对农地流入和流出分别建立模型对比分析(表 12 - 4 和表 12 - 5)。模型运行结果表明,A_{fi}、E_f、R_w、A_i、P_{out}、P_{in} 通过检验。具体结果如下:

(1)妇女受教育水平与家庭土地流转率成反比。农村妇女教育水平每提高 1,则农地流转水平反而下降 1/2。因此,妇女受教育水平高的家庭更偏重于将土地作为基本保障。

(2)家庭非农就业率对妇女在家庭中的地位的影响非常显著。家庭人口每增加 1 个非农人口,则妇女在家庭土地流转中的决策权就会增加近 1 倍。调查样本村中,平均从事非农劳动率达 53%,而妇女从事非农就业率为 12%。可见,在农村家庭中,大部分是男性从事非农生产,家里的耕地基本上是由妇女来管理。因而,在农地的流转上,妇女更有发言权。

(3)妇女在土地流入方面的决策权大于流出方面的决策权。模型运行结果表明,土地流入越多,则妇女决策权越大;土地流出越多,则妇女决策权越小。

(4)单位土地面积收益越高,妇女的决策权就越大。这与妇女是农业生产的主体力量是一致的。但是,模型运行结果则表明,妇女拥有的土地面积越多,其决策权反而越小。

表 12 - 4　农村妇女决策权对农地流入响应模型

变　量	说明系数	Wald 检验值	Wald 系数显著性概率	比数比
妇女耕地占家庭耕地比例(A_{fi})	−7.560	10.331	0.001	0.001
妇女受最高教育水平(E_f)	−0.621	4.909	0.023	0.537
土地流入率(P_{in})	0.378	4.976	0.024	1.459
家庭非农就业率(R_w)	4.60	5.780	0.016	99.505
单位面积农业纯收入(A_i)	0.001	5.395	0.020	1.001

表 12 - 5　农村妇女决策权对农地流出响应模型

变量说明	系数	Wald 检验值	Wald 系数显著性概率	比数比
妇女耕地占家庭耕地比例(A_{fi})	-7.724	10.812	0.001	0.001
妇女受最高教育水平(E_f)	-0.587	5.334	0.025	0.556
土地流出率(P_{out})	-0.645	6.562	0.011	0.525
家庭非农就业率(R_w)	4.506	5.527	0.019	90.582
单位面积农业纯收入(A_i)	0.001	4.909	0.027	1.001

　　农村妇女土地权利的保障是资源贫乏型社会如何公平分配土地等财产资源的经济权益问题。[371]为此,可以从以下几个方面加强保护农村妇女土地权益:

　　一是逐步摒弃传统的家庭财产观点,建立农户家庭内部财产登记制度,从而用社会性别视角看农村妇女土地承包问题,充分考虑现实社会性别利益关系,使政策在实施过程中不损害妇女权益,将个人权利从家庭中剥离出来。

　　二是增强妇女参与社会、经济、政治生活的意识和能力,从而使妇女重新走向社会。这不仅对于保护农村妇女的土地权利具有重要意义,而且对于整个社会生产力的发展、社会的文明和进步都有重要意义[372]。

　　三是进一步完善相关法律制度。《妇女权益保护法》明确规定,妇女的地权在结婚、离婚后受到保障,但并没有规定这种保障的办法。[373]这就要求明确有关法律规定,以克服农村习惯做法,确实保护妇女土地权益。

第三节　产权对农地流转的影响

　　1978 年改革开放以来,中国农村土地制度发生了很大变化,农地生产效率的提高使束缚在土地上的农村劳动力能够释放出来,同时中国非农产业的发展为农村劳动力提供了非农就业机会。尽管城市化与工业化的发展导致非农就业机会增加,但农民在获得非农就业机会时大多不愿意彻底放弃自己持有的土地,进而农地的流转大多采取了土地租赁的形式,此外,"事实上,国际经验表明,土地买卖市场对有效的资源配置的作用有限。因此,农民在很大程度上依靠土地租赁市场来实现资源的有效配置。"改革开放以来各地自发形成了千差万别的农地制度,不同的农地制度对应着不同的农地产权,对农地流转产生不同的影响。国内外学者对农地租赁给予了热情地关注,从不同的方面对这一问题进行了讨论,[374-376]但是从产权角度入手对不同产权要素与农户农地租赁意愿之间关系的定量分析则少有报道。本节的目的在于探讨不同的农地产权状况对农户土地租赁的影响及其影响程度。

一、理论逻辑

随着国家经济的发展,被束缚在土地上的农民逐渐有机会走出祖祖辈辈居住的村落,以追求更大的经济效益和更为美好的生活。农民面对经济发展带来的多样性选择需要做出决策:选择非农就业机会还是继续农业耕作。在这个决策过程中,确定家庭耕作农地的面积是农户的重要内容。正如有关研究所指出的那样:中国农村土地所承担的生存保障功能已经重于生产功能。因此,中国农村土地流转大多采取了租赁的形式(本节所指的农地租赁包括农地的租入与租出行为)。农民或者农户之所以做出租赁的决策,其背后的经济原因是农地租赁前后收入的对比。这可以从农民土地租赁的成本效益及其保留收益等因素来考虑。据此,可以设定农户(或者农民)土地租赁决策意愿函数,其函数可以用下式表示:

$$D(R) = P(I - C > R)$$

中,$D(R)$ 为农户土地租赁决策函数;I 为土地租赁的收入,包括土地租入与租出的收入;C 为土地租赁的成本,包括土地租入与租出的成本;R 为农户的保留收入。

将农户土地租赁的决策函数用一个概率分布函数表示,把农户是否租赁土地看作一个随机过程,当 $I - C - R > 0$ 时,农户将做出租赁的决策,否则就不租赁。对于租出土地的农户来说,R 是自己经营土地的期望收入,而对于租入土地的农户来说,用农户租赁土地经营的机会成本来表示,则是不租赁土地而外出就业的期望收入。无论是租出还是租入土地,在特定的区域内 R 都是比较确定的。但是,在不同的地方,土地产权状况是不一样的,土地产权状况的不同,将影响土地租赁的收入与土地租赁的成本,也就是说不同的土地产权状况会有不同的土地租赁净收益。农户土地租赁的净收益可以用下式表示:

$$NI = f(X, N)$$

式中,NI 为农户土地租赁的净收益;X 为土地产权状况;N 为影响土地租赁的非土地产权因素。

本节意在讨论农地产权与农地租赁的关系,而各个地方的土地产权状况千差万别,农民租赁土地的收益取决于当地的土地产权状况和其他因素,比如农户的家庭特征等。为探寻农地产权状况对土地租赁决策的影响,我们将土地产权状况以及农户的家庭特征作为自变量,将农户是否愿意租赁土地的意愿作为因变量进行定性与计量分析。

二、数据来源及样本情况

研究涉及三个地区:江西省上饶市的上饶县、赣州市的兴国县、鹰潭市的余江县。兴国县位于江西省中南部,赣州地区北部,土地总面积 3215 km^2,其中山地 2240 km^2,耕地 316 km^2,形成"七山一水一分田,一分道路和庄园"的自然风貌,兴国的水土流失问题曾经受到国内外广泛关注。上饶县位于江西省东北部,上饶县境南有武夷山横亘,北有怀玉山盘踞,中为信江断陷盆地,明显地构成南北高、中部低的马鞍状地形,信江盆地地表较为平坦,倾向河床,海拔多在100 m以下,在盆地与丘陵、山地的过渡地带,低丘岗地遍布,是上饶县的主要农耕区,全县土地面积 2241 km^2,全县现有耕地 3.13 万公顷,水田占 88%。余江县地处江西省东北部,属信江、白塔河中下游,土地总面积 937 km^2,其中林地面积 425 km^2,耕地 232 km^2,水域 90 km^2,属亚热带湿润季风气候,年平均降水量 1757.9 mm。

本次调查实际抽取了 318 个农户进行问卷调查,其中在兴国县调查了 99 户,在上饶县调查了 112 户,在余江县调查了 107 户。农户对于是否拥有土地使用权、转包权等一系列有关产权问题的回答,其肯定与否定回答见表 12-6。

表 12-6 农地产权要素限制

调查项	农户回答					
	没有	比重	有	比重	合计	比重
使用权	1	0.30%	304	99.70%	305	100.00%
在行政村内转包的权利	23	7.50%	282	92.50%	305	100.00%
转包出行政村的权利	138	45.20%	167	54.80%	305	100.00%
继承权	164	53.80%	141	46.20%	305	100.00%
抵押权	257	84.30%	48	15.70%	305	100.00%
出让/出卖权	299	99.00%	3	1.00%	302	100.00%

三、农地产权与农户土地租赁意愿的计量模型

分析所涉及的因变量是农户的意愿,这是一种定性的变量,其取值有两个,即愿意与不愿意,是个两分变量。在进行定量分析时,一般是设置一个虚拟变量来表示这个定性的因变量。微观主体的意愿主要受到个体自身特征以及社会经济特征的影响,在分析这些特征对个体意愿的影响时,由于因变量是个虚拟的两分变量,因此,传统的回归模型由于其赖以成立的前提假设无法满足而无法用于对这类现象加以模型化并予以解释。所幸,根据实际研究的需要而不断对多元线性

回归进行改造和发展导致了一种新的分析方法——Logistic 回归的产生。Logistic 模型是广义线性模型中的一种,在分析微观个体的意愿及其影响因素的研究领域中广泛应用并发挥了重要作用。Logistic 模型适用于因变量为两分变量的情况,同时,自变量可以是全部定性变量、定量变量,也可以是定性与定量变量混合,即定性与定量变量可以单独出现也可以同时出现在 Logistic 模型中。

最初 Logistic 函数用来模拟人口增长过程并预测人口数量,后被引入对微观个体的意愿分析领域。Logistic 概率函数被定义为:$P = \dfrac{1}{1 + \exp[1 - (a + bx)]}$,为了能让更多的变量进入解释变量中,可以将多元线性组合引入 Logistic 概率函数中。$b_0 + b_1 x_1 + b_2 x_2 + b_3 x_3 + \cdots + b_n x_n$ 引入 Logistic 概率函数后,Logistic 概率函数形式为:$P = \dfrac{1}{1 + \exp(-\sum\limits_1^n b_i x_i)}$,令 $z = b_0 + b_1 x_1 + b_2 x_2 + b_3 x_3 + \cdots + b_n x_n$,并右边分子分母同乘以 $\exp(z)$,则 $P = \dfrac{\exp(z)}{1 + \exp(z)}$,这是 Logistic 概率函数的常用形式。

农户愿意租赁土地的概率 $p = p(Y=1)$,农户不愿意租赁土地的概率 $= 1 - P = 1 - P(Y=1)$。

在 Logistic 回归分析时,通常进行 P 的 Logit 变换,即 $\mathrm{Logit} P = \ln\left(\dfrac{p}{1-p}\right)$。

经过 Logit 变换后 $\mathrm{Logit} P = \ln\left(\dfrac{p}{1-p}\right) = b_0 + b_1 x_1 + b_2 x_2 + b_3 x_3 + \cdots + b_n x_n$,这样就得到了概率的函数与自变量之间的线性表达式。

本节主要分析土地产权状况对农地租赁的影响,其中因变量为农户的土地租赁意愿,若农户土地租赁的收入大于其保留收入,则愿意租赁土地,此时,因变量取值为 1;若农户判断土地租赁的收入小于其保留收入,则不愿意租赁土地,此时,因变量取值为 0。土地租赁的净收益函数为 $NI = f(X, N) = f($农地产权状况非土地产权因素$) = f($土地使用权,在行政村内转包的权利,转包出行政村的权利,继承权,抵押权,出卖/出让权,土地收益权的完整程度,承包土地被调整的次数;农户家庭目前拥有的土地数量,农户家庭人口数量,农户非农收入农户土地租赁市场参与经验$)$。模型中土地使用权、在行政村内转包的权利、转包出行政村的权利、继承权、抵押权、出卖/出让权的有无表示土地产权内容的完整程度,土地收益权的完整程度用每亩土地的税收来代表,承包土地被调整的次数则用来反映土地产权的稳定程度。其中抵押权情况还在一定程度上说明农地经营的金融支持程度。农户的家庭特征中用农户目前拥有的土地数量以及家庭人口数量表示农户土地资源丰度与相对丰度。经过对调查数据的分析,发现土地使用权这一变量的值都是1,也就是说在被访农户中,所有农户都拥有土地使用权;而对出让/出卖土地使用权的回答则都是没有,即该变量值都为0。因此,在 Logistic 回归分析时未将这两个变量引入回归模型。在 Logistic 回归分析中,用了每亩耕地税费产值比来测度农户承包土地的收益权的完整性,用非农收入占总收入比来测度农户家庭收入对非农产业的依赖程度;此外,在模型中还引入了过去有无土地租赁行为这一虚拟变量来反应农户参与土地租赁市场的经验。

本节分析所涉及的相关变量的说明如表12-7。

表12-7 分析中的相关变量

	N	Ninimum	Maximum	Mean	Std, Deviation	备注
过去20年土地调查整次数	263	0.00	20.00	3.360	2.617	连续变量
土地使用权	303	0.00	1.00			虚拟变量
在行政村内转包土地的权利	297	0.00	1.00			虚拟变量
转包土地出行行政村的权利	285	0.00	1.00			虚拟变量
土地继承权	283	0.00	1.00			虚拟变量
土地抵押权	284	0.00	1.00			虚拟变量
出让/出卖土地使用权	312	0.70	26.00	4.223	3.161	虚拟变量
耕地面积	310	1.00	20.00	5.020	2.342	连续变量
家庭总人口	306		4.30	0.215	0.295	连续变量
每亩税费产值比	312	0.00	1.03	0.544	0.354	连续变量
非农收入占总收入比	316	0.00	1.00			连续变量
过去有无土地租赁行为	307	0.00	1.00			虚拟变量
当前的情况下租赁土地愿意						虚拟变量

四、农地产权与农户土地租赁意愿计量模型运行结果分析

应用 Logistic 多元回归对调查数据建模型,建模采用了以下几种方式:

(1)租入租出复合模型。把具有租入或者租出意愿的都视同具有土地租赁意愿,因变量赋值为1,否则赋值为0;用全部样本数据进行回归,参数估计结果见表12-8中租入、租出复合模型。

(2)租入意愿模型。因变量赋值规则为:当农户愿意租入土地时,因变量赋值为1;当农户意愿为其他时,因变量赋值为0。对全部样本和三个县的数据分别建模。

(3)租出意愿模型。因变量赋值规则为:当农户愿意租出土地时,因变量赋值为

1;当农户意愿为其他时,因变量赋值为 0。对全部样本和三个县的数据分别建模。

　　根据表 12-6 对各个产权要素回答情况的频率统计分析,在模型参数估计时,去除了土地使用权和出让/出卖土地使用权这两个因素,由于在估计租出意愿模型参数时,上饶县农户没有愿意租出的情况,未对其进行估计。采用以上方式处理后得到的结果见表 12-8。

　　从表 12-8 可以知道,模型中各个变量对土地租赁意愿的影响程度不同而且差别较大,而且各个自变量对因变量的作用方向不同,并且不同的区域有不同的表现。

　　1. 农地产权内容完整性对农地租赁意愿的影响

　　在行政村内转包土地的权利、转包土地出行政村的权利、继承权、抵押权对土地租赁意愿都有一定的影响。其中抵押权利和在行政村内转包的权利对租赁意愿的影响程度较大,且作用方向与理论预期一致。与在行政村内转包土地的权利相比较,转包土地出行政村的权利对土地租赁意愿的影响要小得多,这与当地土地市场范围较小,农地流转主要局限于行政村内,行政村外人员较少参与村内土地市场有关。因此,农地流转权受到限制的不同对农地租赁有着重要的影响;另外联系中国农民的乡土人情观念可以发现,村内转包和村外转包是两个不同的土地流转市场,在这两个市场中农户的土地产权实现程度是不一样的:转包出村外的土地产权的实现程度要比村内转包高。这说明,对土地处置权利的限制影响到农户土地产权的可实现程度,农户根据土地产权的可实现程度确定自己的土地租赁意愿。从租入意愿模型来看,不同的模型都表明,在村内转包的权利要比转出村外的权利更为重要,这可能在于研究区域内的农地租赁市场主要是村内市场,而村外市场不发达。从复合模型和租出模型全部样本的回归结果看,抵押权的Wald 检验值最大,说明该自变量重要程度最大,并且其回归系数也比较大,其作用方向为正向。农地抵押权与农地金融相关,这说明,土地经营的金融支持以及土地产权本身是否容许利用农地获得金融支持对土地租赁意愿有着极为重要的意义。在被调查的 316 个农户中,有 283 个农户回答了这一问题,其中 47 户回答有抵押权利,占 16.6%。但是笔者对于调查结果所反映的土地抵押权的情况持谨慎态度。与其他权利类型相比较,土地继承权的作用不明显,继承权的重要性不如抵押权和转包权,这表明当地农民对农地继承权并未予以高度关注。从这些分析可以看出,土地金融支持和放宽对土地处置的限制对于提高农户土地流转意愿具有重要的意义,尤其是正式或者非正式制度对土地流转的限制直接与农户的土地租赁意愿相关。

表 12-8 模型参数估计结果

租入、租出复合模型	租入意愿模型				租出意愿模型			
	全部样本	兴国	上饶	余江	全部样本	兴国	上饶	余江
在行政村内转包土地的权利	1.764	20.643	18.029	10.887	525.194	-0.561	-1.582	-1.183
转包土地出行政村的权利	0.349	0.099	1.308	0.803	268.535	0.795	0.675	-13.445
土地继承权	0.056	0.301	0.852	19.686	75.433	-0.324	0.367	1.402
土地抵押权	1.533*	0.882		C.744	21.866	1.711*		17.549
每亩税费产值比	1.429	0.072	-0.186	-7.708	390.871	1.395*	0.704	-0.518
家庭总人口	-0.149*	-0.268*	-0.267	-0.272	-60.384	0.101	-0.182	0.217
耕地面积	0.265*	0.380*	0.310	C.365	65.028	-0.157	0.453	-0.711
非农收入占总收入比	-0.514	-0.486	-0.216	7.541*	-720.011	-0.386	-0.708	2.260
过去有无土地租赁行为	0.603	0.360	1.381	-18.666	-206.811	0.468	-19.870	6.170
土地调整次数	0.135*	0.211*	0.160*	-0.098	184.922	-0.158	-0.091	0.139
常数项	-1.247*	-23.396	-21.059	-37.455	-981.458	-2.205*	-0.772	-19.242

注：* 表示在10%显著水平上检验显著。

　2. 农地收益权的完整程度对农地租赁意愿的影响

　　收益权是土地产权的实质所在,土地产权对产权人的意义关键在于拥有的土地产权能否带来预期的收益,不能在经济上实现的产权是毫无意义的,而且产权在实现其经济回报时受到的限制程度以及产权的经济回报的分享份额的不同导致产权价值的不同。因此,土地产权所带来的收益的排他程度对农地转让与租赁必定至关重要。"农村改革使得农民具有了完整的剩余索取权,但其他权利却不是完整的"。从理论角度来说,农地收益权的排他性越强,土地租赁中可以由出租人和承租人约定分配农地经营收益的空间就越大,农地租赁意愿就会更强烈。对比复合模型、租入与租出模型可以发现,在兴国县和上饶县,收益权越完整,土地租入的意愿就越强烈,而全部样本和兴国县的样本的租出模型估计结果也同样表明了这一点,可见,土地收益权是土地产权束中的核心要素。

　3. 农地产权稳定性对农地租赁意愿的影响

　　在 Logistic 回归分析中,我们用了农户承包土地在过去 20 年内被调整的次数来反应农地产权的稳定程度。在复合模型中,土地调整次数这一变量的 Wald 检验值较大,仅次于耕地面积和抵押权两个变量,而且系数检验在 5% 水平上为显著。这说明,农地产权稳定性与农地租赁意愿之间的确存在稳定的关系。如果在土地产权交易中(包括土地调整)实行买卖不破除租赁的话,土地产权稳定性对土地租赁应该不会有影响。但是,中国农村土地租赁实行长期租赁的并不多见。农户之间的土地租赁大多为短期租赁。从租入模型的回归结果看,除上饶县外,土地产权稳定程度与土地租入意愿之间存在反向变动的关系,也就是说,土地产权越不稳定,土地租入意愿就越强烈,反之,土地产权稳定将会降低土地租赁的愿望。而全部租出模型的回归结果则表明,土地产权稳定性越好,农户土地租出的意愿就越强烈。这说明,土地产权稳定性与对农户租出土地与租入土地意愿的作用是不同的,各自模型的参数估计结果表明,土地产权稳定性对农户土地租入和租出意愿作用方向刚好相反。这与经验逻辑存在差异,可以从资源禀赋、非农就业市场发育和土地产权安排差异等几个方面来解释:在研究区域,人均耕地资源比较少并且土地耕种比较收益低,耕种收益在农户总收入中比重比较低,由于中国实行的是集体所有制下的土地承包经营的土地产权制度,土地产权的稳定可以保障农户有稳定的基本口粮来源,在非农就业具有更高的收益的时候,土地产权的稳定性使得农户的土地租入意愿降低;同样,这也可以说明土地产权稳定性与农户土地租出意愿之间的关系,即农户不能放弃耕种(正式或者非正式制度约束导致)的情况下,非农就业相对高的收益诱导农户劳动力配置向非农部门倾斜,稳定土地产权就会提高农户租出自己承包的土地的意愿。

4. 农户家庭特征对农地租赁意愿的影响

农户家庭特征用了家庭总人口、家庭目前拥有的耕地面积、非农收入占总收入的比重、过去是否参与过土地租赁市场这几个变量来反应。在复合模型中的这几个变量中,农户家庭拥有的耕地面积对土地租赁意愿的影响最为重要,参数检验显著。土地面积与土地租赁意愿的作用是正向的。一般来说,在一定范围内,增加农地经营面积对家庭的边际效应在增加,随着家庭耕种的土地面积的增加,土地对家庭的边际效用将会降低。由于被调查区域的人均或者劳动力平均土地较少,因此,土地面积的增加对农户家庭来说有正的效应,而且土地面积的增加会带来一定的规模效应,在家庭土地经营规模较小的情况下,拥有较多农地面积的农户会有更为强烈的土地租赁意愿。在租入模型中,非农收入占总收入比这一变量只有上饶县的系数检验是显著,而且与其他模型的符号不同,表明在上饶县非农收入比例的提高会提高农户土地租赁意愿,而兴国县和余江县则相反。这可能是由于人均占有土地资源与农户劳动力配置之间的替代效应和收入效应相互作用的结果[377]。从复合模型看,家庭总人口对土地租赁意愿的作用是负向的,这可能是由于规模较大的家庭更为偏好外出打工以及其他非农工作所导致。而从租入模型看,人口与租入意愿之间是负相关,这是由于土地承包是按照人口来分配的,租出模型则是正相关的。农户是否曾经参与土地租赁市场总体上是会提高农户的土地租赁意愿。

农地产权状况的不同对农户的农地租赁意愿的确有着影响,但是农地产权的流动性、稳定性以及农地收益权的完整性均对农地租赁意愿的作用方向与影响程度不同。本节的分析表明保证农地产权的自由流动、保证农地收益权的完整对促进农地租赁有着重要作用。因此,在难以通过农地转让市场来调整农地资源配置时,通过完善农村土地产权制度充分有力地保障农户的农地产权中收益权不受任意分割、农地流转权利不受限制,可以促进农户之间通过农地租赁形式实现土地资源在农户之间流转,进而实现农地资源合理有效的配置,提高土地利用效率以及可持续利用稀缺的农地资源。当前中国农村土地产权制度的建设应当充分重视对土地产权的自由流转和剩余索取权的保障从而降低农地流转的交易费用,提高农户农地流转的收益。

第十三章　农户土地流转的影响

本章主要对农户土地流转的影响加以分析,主要是分析土地流转对于农产品商品化以及农户土地流转的福利效果。

第一节　区域农户土地流转的农产品商品化响应

在工业化、城市化的推动下,伴随着农村剩余劳动力逐步向城镇转移,国家政策对农村土地承包权逐步放松,农业产业结构调整循序推进以及家庭联产承包责任制本身的体制性障碍导致的土地细碎化等问题的凸显,基于微观经济主体的农地流转行为在广大农村已经普遍存在。在这种形势下,农地流转不仅对促进农业产业结构调整、加快农村劳动力转移、增加农民收入这些较为宏观的因素起到积极作用,其对于农村土地利用变化、农产品贸易以及贫困人口和妇女占有土地能力也产生了深刻影响。而农地流转对于农产品贸易变化也具有一定影响。

一、农户土地流转的农产品商品化响应机理

农村经济稳定增长、城市化迅速发展、农业产业结构调整以及农业集约化规模化需求等宏观环境因素直接激励了农户,导致他们产生土地市场化流转的需求。这种需求一旦转化为农地流转行为,农地的集中经营便成为可能。即家庭拥有农地面积较小且家庭成员倾向于非农就业的农户愿意将其农地流出,而具有丰富从农经验和种田技能的种田能手则愿意流入农地,从而使得农地流向农业生产效率更高的农户。随着农地经营的相对集中,农地利用的模式也相应发生变化,农地利用的变化主要体现在三个方面:农地利用结构变化、农地利用方式变化以及农地利用程度的变化。农用地是生产农产品的基本生产要素,农用地利用各方面的变化都会对农产品结构及产量产生影响,比如,规模化生产将大幅度提高农

产品的产量,或者刺激农户引入经济价值较高的农作物。这种影响进一步改变了农户家庭农产品的销售规模。因为,就农户而言,其生产的农产品大致分为三部分,即口粮、饲料粮和销售用粮,只有当粮食产量大于口粮需求时,农户家庭才有余粮用于销售。当然也存在例外的情况,比如,农户为了获得现金收入,也有可能农产品产量小于口粮需求时仍然出售粮食;另外,当农户口粮需求得到保证后,农户种植作物种类的选择项目增加,农产品的种类也将增加。至此,农产品的商品化程度也相应发生变化,这就表示农户的农产品销售收入会大幅度提高。这一结果对农户的农地流转行为产生反馈作用,从而推动农地流转更深入的发展。依据前面的分析,农产品商品化的响应机理如图 13-1。

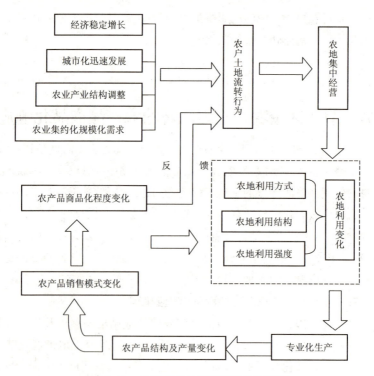

图 13-1　农产品商品化程度响应机理图

二、影响农产品商品化程度的驱动因素

农户进行农地流转的活动隶属于农户经济行为决策束,而农产品商品化程度是农户销售行为产生的一种结果。在对农户经济行为进行分析的时候已经提到,农户的任何经济抉择都是在理性选择的基础上进行的,因此对这两种行为的分析以及对农产品商品化程度是如何响应农户的农地流转行为的分析都应该从理性

经济人的角度出发,由内因激化和外因促进两个方面多个层次展开。而接下来的分析正是基于这样的理念进行的。这里按照外因和内因的分类将影响因子划分为如图 13-2 所示的六个类别。

图 13-2　影响农产品商品化程度的影响因素

各层次的影响因子可以归纳如表 13-1 所示。

表 13-1　农产品商品化影响因子

内因	农户家庭情况	家庭组成结构
		家庭成员年龄
		受教育程度
		就业情况
	农户家庭收益	农户农业收入
		农户非农收入
		农户纯收入
		收入构成
	农地流转决策	农地流向
		流转前后土地收益变化
		农地流转规模
外因	农村市场机制	农户家庭与集市的距离
		农产品价格主导因素
	农业相关政策	土地分配制度
		农作物种植制度
	其他相关因素	特种生产行为
		借贷行为
		土地污染现状

从表 13-1 可知,农户的经济行为是基于理性的抉择产生的,其行为决策受

内在因素和外界因素的共同影响。而农户农地流转活动隶属于农户经济行为决策束,农产品商品化程度是农户销售行为产生的一种结果。因此,农户作为理性经济人,其"是否流转？是流入还是流出？"的决策是由内因激化和外因促进两个方面催生的,同时对农产品商品化程度的变化产生深刻影响。

三、农产品商品化响应模型

农户农地流转过程与农产品商品化响应具有系统的复杂性、因素的多关联性、区域差异性等特征。因此,通过设计《区域农地流转农户调查问卷》,采用参与性评价方法(Participatory Rural Appraisal),根据农户家庭农产品商品化响应的因子分析,建立压力(Pressure)-状态(State)-响应(Response)概念模型(PSR)指标体系(表 13-2),对农产商品化响应农户农地流入的过程进行实证研究。其中,压力指标为农地流入对农产品商品化产生的压力;状态指标是指农户家庭及其他基本状况;响应指标农产品商品化现状及可能产生的变化。

表 13-2　农户农地流入行为的农产品商品化响应概念模型的指标体系

压力	状态	响应
流入土地成本(万元/年)(X_1)	家庭农业生产总成本(万元/年)(X_8)	
流入土地收益(万元/年)(X_2)	家庭农业总收益(万元/年)(X_9)	
流入土地总面积(亩)(X_3)	块均农用地面积(亩/块)(X_{10})	
粮食作物种植面积占土地总面积的比例(%)(X_4)	人均耕地面积(亩/人)(X_{11})	农产品销售收入
特种农产品用地比(%)(X_5)	非农时间比(%)(X_{12})	
被污染农地比例(%)(X_6)	初中及以上学历人员比例(%)(X_{13})	
离镇集市的距离(里)(X_7)	非农收入比(%)(X_{14})	
	户主年龄(岁)(X_{15})	

根据上面构建的农户农地流入的农产品商品化响应 PSR 评价指标体系,结合问卷调查的数据对指标体系进行筛选,这里借助 SPSS 工具,在对调查数据进行整理和预处理的基础上,建立多元回归模型,对模型作出检验分析,证明其可行性,并利用模型对未来土地流转和农产品商品化关系的发展做出预测。通过分析可以判断压力指标、状态指标与响应指标之间存在着线性相关关系,因此,可将模型的基本形式确定如下:

$$Y = B_0 + X_1 + B_2 X_2 + \cdots + B_k X_k + \varepsilon$$

式中,Y 为可观察的随机变量;$X_1, X_2, \cdots, X_k$ 为可观察的一般变量;$B_0, B_1, B_2, \cdots, B_k$ 为待定模型参数,其中 B_0 是截距;ε:为不可观测的随机误差。

以表 13-2 中的农产品销售收入为因变量,压力和状态指标中的全部变量为自变量,各变量的描述及性质说明如表 13-3 所示。需要说明的是,对于农产品商品化程度进行测度最合适的变量应该选择农产品商品化率,即农产品销售收入与农产品全部产值的比例。但是,在典型变量的相关分析中可以发现,农产品商品化率与农地流入率的相关性不太理想,主要原因可能在于在回归模型中选取了较多的自变量,而农产品商品化率的变动幅度却非常小,同时调查统计的过程中忽略了某些农产品的产值,导致计算结果无法贴近实际。因此,这里选择农产品销售收入为因变量,其大小同样可以表征农产品商品化的程度,以减少模型估计中产生的误差。

表 13-3　变量定义及说明

变量类型	变量名	变量说明	变量性质
因变量	Y	销售农产品获得的收入(万元)	连续变量
自变量	X_1	农户为流入土地所支付的成本(万元/年)	连续变量
	X_2	流入的土地所产生的收益(万元/年)	连续变量
	X_3	流入土地总面积(亩)	连续变量
	X_4	粮食作物种植面积占农户拥有农用地总面积的比例(%)	连续变量
	X_5	种(养殖)特种农产品用地占农用地总面积比例(%)	连续变量
	X_6	被污染农地占农用地总面积的比例(%)	连续变量
	X_7	农户居住地离镇集市的距离(里)	连续变量
	X_8	家庭农业生产总成本(万元/年)	连续变量
	X_9	农户家庭从事农业生产的全部纯收入(万元/年)	连续变量
	X_{10}	农户拥有每块农用地的平均面积(亩/块)	连续变量
	X_{11}	农户家庭人均拥有耕地面积(亩/人)	连续变量
	X_{12}	从事非农业劳动时间占总劳动时间的比例(%)	连续变量
	X_{13}	农户家庭中初中及以上学历人员所占比例(%)	连续变量
	X_{14}	家庭非农收入占总收入的比例(%)	连续变量
	X_{15}	户主年龄(岁)	连续变量

应用 SPSS 软件中的多元线性回归分析工具对调研所获取的 119 份流入户数据进行模型计算,计算中采用了 Enter 法,将所有自变量纳入方程。观察回归结果的统计检验,发现方程的拟合优度较高($R = 0.936$,$R^2 = 0.877$,调和 $R^2 = 0.863$),方程总体线性检验显著性值(0.000)通过了回归总体线性显著性检验,但 X_{13}、X_{14}、X_{15} 三个自变量的 t 检验没有通过参数显著性检验。这说明初中及以上

学历人员比例(％)(X_{13})、非农收入比(％)(X_{14})、户主年龄(岁)(X_{15})三个变量在总体模型中对农产品商品化的影响非常小。因此,将这三个变量剔除,剩余变量依然全部纳入回归方程,最终获得了以下的样本回归方:

$$Y = 1.554 + 4.339X_1 + 0.761X_2 - 0.079X_3 - 2.695X_4 + 0.270X_5 - 4.414X_6 - 0.087X_7 + 0.185X_8 + 0.187X_9 - 0.082X_{10} + 0.434X_{11} + 1.497X_{12}$$

模型的回归分析结果见表13-4。

表13-4 样本模型的回归分析结果

方程中的变量及常数项	非标准化系数	标准化系数	T检验值	T检验显著性值
常数项	1.554		3.090	0.003
家庭农业生产总成本 X_8	0.185	0.178	2.652	0.009
农业收益 X_9	0.187	0.199	3.257	0.002
流入土地成本 X_1	4.339	0.388	5.918	0.000
流入土地收入 X_2	0.761	0.660	12.186	0.000
块均农用地面积 X_{10}	−0.082	−0.101	−2.147	0.034
人均耕地面积 X_{11}	0.434	0.444	6.327	0.000
发展特种农产品的农用地比例 X_5	0.270	0.063	1.690	0.094
被污染农地面积占农地总面积比例 X_6	−4.414	−0.101	−2.261	0.026
粮食作物种植面积占土地总面积的比例 X_4	−2.695	−0.233	−5.326	0.000
非农时间占总时间的比率 X_{12}	1.497	0.141	3.638	0.000
离镇集市的距离 X_7	−0.087	−0.104	−2.876	0.005
流入土地总面积 X_3	−0.079	−0.307	−3.484	0.001
R	0.936	R^2		0.877
调和 R^2	0.863	F检验显著性值(P值)		0.000

从模型的 T、F 检验来看,模型具有较高的可信度。根据模型运行结果并比较各变量的标准化系数绝对值的大小,可以得出与农产品销售收入呈正相关的7个指标的相关性程度分别为:流入土地收入＞人均耕地面积＞流入土地成本＞农业收益＞农业生产总成本＞非农时间占总时间的比例＞发展特种农产品农用地比例家庭;与其他5个指标呈负相关关系,相关性排序依次为:流入土地总面积＞粮食作物种植面积占土地总面积的比例＞离镇集市的距离＞被污染农地面积占

农地总面积的比例＞块均农用地面积。

另外,比较所有变量对因变量的影响,其重要性排序为:流入土地收入＞人均耕地面积＞流入土地成本＞流入土地总面积＞粮食作物种植面积占土地总面积的比例＞农业收益＞农业生产总成本＞非农时间占总时间的比例＞离镇集市的距离＞被污染农地面积占农地总面积的比例＝块均农用地面积＞发展特种农产品的农用地比例。

可以发现,能够表征农户农地流转行为的变量流入土地收入、流入土地成本、流入土地总面积、粮食作物种植面积占土地总面积的比例等变量对因变量的影响都具有非常重要的影响。这就说明,农产品的商品化与农户的农地流入决策有着非常紧密的联系。

四、基于农户土地流出的响应模型

对于流出户,同样依据农产品商品化对农户农地流出行为的响应机理,建立压力(Pressure)-状态(State)-响应(Response)概念模型(PSR)指标体系(表13-5),对农产品商品化响应农户农地流出行为的过程进行实证研究。其中,压力指标指农户农地流出行为决策对农产品商品化产生的压力;状态指标是指农户家庭及其他基本状况;响应指标是农产品商品化现状及可能产生的变化。

表 13-5　农户农地流出行为的农产品商品化响应概念模型指标体系

压　力	状　态	响　应
土地流出前收益(万元/年)(X_1) 粮食作物种植面积占土地总面积的比例(%)(X_2) 农地流出率(%)(X_3)	家庭农业生产总成本(万元/年)(X_4) 家庭消费占总收入的比例(%)(X_5) 家庭农业总收益(万元/年)(X_6) 块均农用地面积(亩/块)(X_7) 非农收入比(%)(X_8) 初中及以上学历人员比例(%)(X_9) 家庭总人口(人)(X_{10})	农产品销售收入

依据上述指标体系,结合214份流出户调查问卷,同样建立压力指标、状态指标与响应指标之间的线性回归模型。

在运用 SPSS 统计软件中的多元线性回归模型对调查的所有流入户样本进行估计时,发现有几个变量无法通过参数的 t 检验,因此在方法上改用 Stepwise 实现逐步回归,结果理论指标体系中有 6 个指标通过检验进入模型,其回归方程表达式为:

$$Y = 0.841 - 0.267X_2 - 0.312X_3 + 1.228X_4 - 0.037X_5 + 0.301X_6 - 0.514X_8$$

模型的回归分析结果见表 13－6。

表 13－6　样本模型的回归分析结果

方程中的变量及常数项		非标准化系数	标准化系数	T 检验值	T 检验显著性值
常数项		0.841		8.017	0.000
家庭农业生产总成本 X_4		1.228	0.763	24.343	0.000
非农收入比 X_8		－0.514	－0.155	－5.238	0.000
农业收益 X_6		0.301	0.121	3.842	0.000
农户家庭消费占总收入的比例 X_5		－0.037	－0.069	－2.789	0.006
粮食作物种植面积占农地总面积比例 X_2		－0.267	－0.135	－3.966	0.000
土地流出率 X_3		－0.312	－0.108	－2.809	0.005
R	0.757	R^2		0.573	
调和 R^2	0.535	F 检验显著性值		0.000	

从模型的 T、F 检验来看,方程的整体拟合程度一般,但各变量参数的 t 检验较为显著。其中,家庭农业生产总成本、农业收益均对农产品销售收入产生正向影响,而非农业收入比、农户家庭消费占总收入的比例、粮食作物种植面积占农地总面积的比例和土地流出率与农产品销售收入呈负相关关系。

根据非标准化系数绝对值的大小比较所有变量对因变量的影响,其重要性排序为:农业生产总成本＞非农收入占总收入的比例＞粮食作物种植面积占土地总面积的比例＞农业收益＞土地流出率＞家庭农业收益。其中,能够表征农户农地流出行为的变量粮食作物种植面积占土地总面积的比例和土地流出率等对因变量的变化有显著影响,这就说明,农产品的商品化与农户的农地流出决策也有着非常紧密的联系。

农户家庭的农地流转决策已经对农村的社会经济产生了一系列深远影响,其影响的领域有土地利用变化方面的,有农产品贸易方面的,也有人文演变方面的。农户的经济行为是基于理性的抉择产生的,其行为决策受内在因素和外界因素的共同影响。而农户农地流转活动隶属于农户经济行为决策束,农产品商品化程度是农户销售行为产生的一种结果。因此,农户作为理性经济人,其“是否流转? 是流入还是流出?”的决策是由内因激化和外因促进两个方面催生的,同时对农产品商品化程度的变化产生深刻影响;农户流转农地的行为有流入和流出两个方向,且两种方向的驱动因素也存在着较大差异。对于农地流入户而言,受从农意愿、非农就业压力、提高家庭收入需求或其他因素的驱动产生流入土地的行为。

第二节　农户农地流转的福利经济效果分析

　　农民是具有理性行为的"经济人",他们有着追求自身利益最大化的行为动机[378]。基于这个假设,农户农地流转行为不仅是谋求家庭未来经济利益最大化,而且也会考虑劳动力就业方式。对农地流转的影响因素研究较多,如从农户微观环境、农户特征、劳动力市场发育等方面对农地流转行为进行研究。[379—381]然而从农地流转行为对农户家庭福利效果影响研究相对较少,为此,本节在2006年对江苏省常熟市、如东县和铜山县农户问卷调查的基础上,通过构建农户模型,就农户农地流转行为对福利经济效果进行了实证分析。

一、土地流转行为对农户福利效果的影响:一般分析

　　农户作为农地流转过程中的微观经济活动决策主体,收入最大化、就业合理化就成为农地流转过程中农户渴望实现的目标[382]。在自愿流转的决策下,土地流转的福利效果表现在:一方面土地流出方摆脱了农业土地的长期束缚,剩余劳动力可以长期实行非农就业,非农就业较农业生产有更高的比较利益而增加家庭收入,并且土地转出也能获得稳定的土地租金。另一方面,土地转入方能从事产

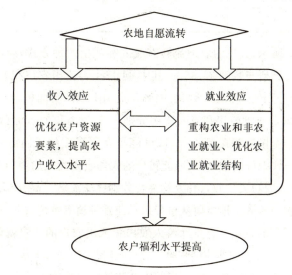

图13-2　农户农地流转的福利经济效果关系

业化经营或专业化经营,扩大了规模经济效益,使得原先从事简单的农业耕作向更高层面的农业生产递进,由此也能获得较好的经济效益。从理论上来讲,农地流入使得农户家庭内部分工重新组合,农户通过农地流转继续从事农业生产,实现农业就业。这些可以从下面所示的农地流转的福利效果关系图(图13-2)中明显看出。

二、数据来源与基本事实

本研究所使用的数据来源于2006年8月对分属苏南、苏中和苏北的常熟市、如东县和铜山县三县(市)的329户农户所做的调查。常熟市选择了沙家浜、辛庄镇和梅李镇,如东选择了洋口镇和掘港镇,铜山选择了郑集、单集和汉王3个乡镇。其中调查常熟市87户,如东136户,铜山104户。本次调查数据覆盖了农户农业生产、非农就业、消费、收入、农地流转等多个方面,提供了农户经济、福利与农地流转等方面的详细数据。

表13-7 农户农地流转情况

	流转土地户数(户)	流转户数所占比例(%)	户均流转土地面积(亩)	户均土地面积(亩)	流转土地比例(%)
土地流出	44	13.37	0.282	4.612	6.12
土地流入	36	10.94	0.742	4.612	16.09
土地流转	77	23.40	1.029	4.612	22.32

如表13-7所示,农户的农地流转有流入和流出两种方式,涉及农地流转农户为78户,占总调研户数的23.40%,其中44户土地流出农户和36户土地流入农户,所占比例分别为13.37%和10.94%。户均土地流转面积为1.029亩,占户均面积的22.32%,土地流出和流入比例分别为6.12%和16.09%。可见调查区域农户农地流转范围和程度都不大,这可能是有深层次的原因对农地流转有影响。但从表13-8中可以看出,土地流转户的人均收入和人均消费都要高于非流转户,如土地流入农户人均收入和人均消费分别比非流转户高5407元和412元,这主要是因为农户流入土地主要从事养殖和苗圃种植等特色农业,这样可获得比种植传统作物更高的收益。有土地流入农户和流出农户的非农就业水平分别为34.52%和43.2%,分别比非流转户低7.73%和高0.95%,土地流转在一定程度上改善了农户就业结构。这些数据说明土地流转能带来收入效应和就业效应,提高了农户福利水平。但对于土地流转在多大程度上增加农户福利效果,下面的实

证部分将加以分析。

表 13-8　农地流转福利经济效果

	非流转农户	有土地流入农户	有土地流出农户
年人均消费(万元)	0.6381	0.6793	0.6851
	(0.6297)	(0.378)	(0.449)
年人均收入(万元)	0.6635	1.2042	0.7268
	(0.743)	(0.84824)	(0.7842)
非农就业率(%)	42.25	34.52	43.2
	(0.271)	(0.3452)	(0.249)

注:表中的数值为平均值,括号内为方差。

三、农户农地流转的福利经济效果实证分析

1. 计量模型与变量选择

本节研究的是农户农地流转的福利经济效果,因变量福利经济指标都是大于等于 0 的变量,对于这类受限的数据,用 Tobit 模型进行估计[383]。所对应农地流转福利效果的 Tobit 模型为:

$$\overset{*}{y}_i = \alpha + \beta X_i + \varepsilon_i$$

在式中,$\overset{*}{y}_i$ 为潜变量,ε_i 为参差项,X_i 为农户影响因素,α 为常数项,β 为回归系数向量。其中被观察数据 y 与 $\overset{*}{y}_i$ 之间的关系为:$y_i = \begin{cases} 0, 若 \overset{*}{y}_i \leqslant 0 \\ \overset{*}{y}_i, 若 \overset{*}{y}_i > 0 \end{cases}$,$y_i$ 代表农户的福利状况,X_i 代表农户的农地流转数量和其他影响农户福利水平的解释变量。对于农户福利的衡量有多种指标,我们在这里选家庭年人均收入、人均消费和非农就业率来代农户。人均收入是指农户年内从事各种行业生产营收入,包括农业收入、非农就业收入以及非劳收入;消费是指整个农户全年各种实物性和非实物的消费;非农就业率以农户劳动力为计算依据,包括在读的学生等未从事农业活动的成员,具体为从事非农活动的劳动力与家庭总劳动力的比重。如前面理论分析,农户农地自愿流转行为被认为是基于收入最大化、就业合理化的理性决策,这个指标能够较好地反映土地流转的经济影响,以土地流入量(lafl)、土地流出量(lapo)表示。其他影响农户福利的解释变量包括农户平均受教育水平(aved)、家庭总财富(fort)、女性比例(fera)、农户特殊历(有为 1,否则为 0)(expe)、距县城距离(di),为了控制农户所在地域的影响,将县城作为虚拟变量 D1、D2 纳入模型,分别代表如东县和常熟市。

2. 计量模型估计

通过对农地流转的福利经济效果的模型估计农户土地流转行为对家庭年人均收入和年人均消费的影响是正的,并且部分估计值在1％的统计水平显著。农户土地流入每增加10％,家庭年人均收入将增加0.6％,年人均消费将增加0.16％。农户流出土地每增加10％,将引起0.14％的人均年收入和0.15％的人均年消费的增加。这可以看出作为精明农户,在流转土地的决策中,土地流转与否与未来家庭收入的增加是有很大的关系,收入的增加对消费起着直接和间接的效应。在表13-9中,土地流入对农业就业率呈负相关性,土地流出对非农就业率呈正相关性,这说明了农户土地流转行为是从家庭成员之间的就业分工,考虑了成员的合理就业。从地域虚拟变量的结果可以看出,所有估计中都在1％的水平上正显著,并且估计系数相当,这说明在不同地区农地流转对农户福利效果的影响虽然有细微差别,但影响基本上趋同。

表 13-9　农户农地流转的福利效果估计量

解释变量	人均收入(元)	人均年消费(元)	非农就业率(％)	解释变量	人均收入(元)	人均年消费(元)	非农就业率(％)
lafl	10.060***	0.016	−0.014	lapo	0.014	0.015	0.039
	(4.269)	(1.290)	(−1.53)		(0.277)	(0.381)	(1.414)
aved	0.046***	0.037***	0.053***	aved	0.042***	0.033***	0.054***
	(3.520)	(3.283)	(6.397)		(2.892)	(2.920)	(6.503)
fera	0.087	0.367**	0.265*	fera	0.109	0.389**	0.189
	(0.405)	(2.014)	(1.958)		(0.459)	(2.082)	(1.404)
expe	0.248*	0.632***	0.074	expe	0.249	0.452***	0.0514
	(1.766)	(5.274)	(0.847)		(1.577)	(3.634)	(0.581)
fort	0.001	−0.0001	0.004	fort	0.001	0.0003	0.0004
	(0.784)	(−0.134)	(0.476)		(0.571)	(0.235)	(0.554)
codi	−0.001	0.001	−0.005***	codi	0.001	0.001	−0.005***
	(−0.163)	(−0.133)	(−3.071)		(0.233)	(0.529)	(−2.707)
D1	0.447***	0.227***	0.213***	D1	0.469***	0.278***	0.259***
	(4.607)	(2.745)	(3.432)		(4.353)	(3.265)	(4.194)

续　表

解释变量	人均收入（元）	人均年消费（元）	非农就业率（%）	解释变量	人均收入（元）	人均年消费（元）	非农就业率（%）
D2	0.408***	0.260***	0.391***	D2	0.571***	0.293***	(4.194)
	(3.843)	(2.876)	(5.816)		(4.886)	(3.176)	(5.896)
N	329	329	329	N	329	329	329
Log likelihood	−262.528	−227.010	−158.995	Log likelihood	−289.565	−227.202	−203.819
S.E.值	0.672	0.584	0.356	S.E.值	0.743	0.585	0.453

注：* 表示在10%显著性水平上显著，** 表示在5%显著性水平上显著；*** 表示在1%显著性水平上显著。括号内为Z统计量。

从13-10看出，农户流转土地能增加家庭人均年收入和人均年消费，家庭每流入1亩土地，人均年收入和人均年消费将分别增加583元和139元，非农就业率将减少0.79%；农户每流出1亩土地，人均年收入和人均年消费将分别增加360元和344元，非农就业率将增加5.84%。这说明农户农地流转行为能增加农户家庭收入和消费，改善家庭就业结构，提高了农户福利水平，这也验证了理论分析和统计分析的结果。

表 13-10　农地流转福利经济效果的边际影响

	土地流入情况				土地流出情况			
	土地流入	人均消费（万元）	人均年收入（万元）	非农就业结构（%）	土地流入	人均消费（万元）	人均年收入（万元）	非农就业结构
均值	0.7468	0.6466	0.7254	42.25	0.2822	0.6466	0.7254	42.2
方差	3.174	0.5888	0.7795	0.271	0.9377	0.5888	0.7795	0.27
边际影响值		0.0139	0.0583	−0.79		0.0344	0.0360	5.84

注：边际影响值＝估计系数×因变量均值÷土地转入（出）平均值。* 在10%显著性水平上显著，** 在5%显著性水平上显著；*** 在1%显著性水平上显著。

本节对农地流转行为对家庭人均年收入、人均年消费和非农就业率的影响进行了计量分析。研究结果表明，不论是农地流入还是流出，都能够提高农户的收入水平，并通过直接或间接的效应促进农户的消费。按照模型估计，农户每流入1亩土地，人均年收入和人均年消费将分别增加583元和139元；农户每流出1亩土地，人均年收入和人均年消费将分别增加360元和344元。同时，农地流转行为也能改善家庭就业结构,农户每流入 1 亩土地,非农就业率就降低 0.79%;农户每流出 1 亩土地,非农就业率就提高 5.84%。

本节对完善农地流转市场的重要启示是:首先,一个完善的农地流转市场对于提高农户的福利水平具有非常重要的意义。应当建立完善的农村土地市场体系,更好地实现土地、资本、技术和劳动力的有效组合,提高土地资源的配置效率和农民收入。其次,我国农地流转市场范围和程度都不大,说明农地流转还有深层次的原因对其影响。因此,建立和完善农村社会保障、转移剩余劳动力等是亟待解决的问题。

参考文献

[1] Newby, H., Bell, C., Sanders, P. and Rose, D. Farmers' attitudes to conservation[J]. Countryside Recreation Review, 1977, 2: 23 – 30.

[2] Westmacott, R. and Worthington, T. Agricultural Landscapes: A Second Look – CCP 168. Cheltenham: Countryside Commission, 1984.

[3] Brotherton. I. Farmer participation in voluntary land diversion schemes: some observation from theory. [J]. Journal of Rural Studies, 1989, 5 (3): 299 –304.

[4] Brotherton. I. What limits participation in ESAs? [J] Journal of Environmental Management, 1991, 32(3): 241 – 249.

[5] Saunders,C. Single-tier system with farms partly outside the ESA-the case of the Pennine Dales [J]. In: Incentives for countryside management: the case of Environmentally Sensitive Areas. M. Whitby(ED.). CABI. Wallingford, 1994:41 – 60.

[6] Moss, J. A baseline assessment for a new ESA-the case of the Mourne Mountains and Slieve Croob[J]. IN: Incentives for countryside management: the case of Environmentally Sensitive Areas. M Whitby (ED.). CABI. Wallingford, 1994:153 – 178.

[7] Lemon, M. and Park, J. Elicitation of farming agendas in a complex environment[J]. Journal of Rural Studies, 1993, 9: 405 – 410.

[8] Potter, C. Processes of countryside change in lowland England[J]. Journal of Rural Studies, 1986, 2, 187 – 195.

[9] Gasson, R. and Potter, C. Conservationthrough land diversion: a survey of farmers' attitudes [J]. Journal of Agricultural Economics, 1988, 39:

340 -351.

[10] J. D. C. Beedell, T. Rehman. Explaining farmers' conservation behaviour: Why do farmers behave the way they do? [J] Journal of Environmental Management, 1999, 57, 165 - 176.

[11] Zainab Mbaga-Semgalawe, Henk Folmer. Household adoption behaviour of improved soil conservation: the case of the North Pare and West Usambara Mountains of Tanzania. Land Use Policy, 2000,17(4):321 - 336.

[12] 陈大夫. 美国的西部开发与"退饼还林、退耕还草、农田休耕"[J]. 林业工作研究,2000(7).

[13] 国家林业局退耕还林赴美培训团. 美国林业发展对我国退耕还林的启示[J]. 中国林业,2003,2(A):39 - 41.

[14] 张骅,陈谦. 我国水土保持发展战略思考[J]. 南水北调与水利科技,2003(2):37 - 40.

[15] 熊明彪,雷孝章,曹叔尤. 浅谈四川水土保持生态环境建设[J]. 水土保持学报, 2003(5):67 - 70.

[16] 袁春明,郎南军,温绍龙,等. 云南省水土流失概况及其防治对策[J]. 水土保持通报,2003(2):60 - 63.

[17] 杨录. 张掖市水土流失成因分析及治理对策探讨[J].水利水电科技进展, 2000(6):9 - 11.

[18] 陈全龙,郭兴顺. 退耕还林(草)应该正确处理"被子"和"票子"的关系[J]. 林业经济,2000(5):25 - 28.

[19] 李保玉. 2000 年退耕还林政策试点工程成效显著[J]. 防护林科技, 2002(2):73 - 75.

[20] 胡建忠. 大通县退耕还林还草工程实施两年来的问卷调查分析[J]. 林业资源管理,2002(5):9 - 13.

[21] 关景芬,谢晨,于英,等. 关注农户利益、巩固退耕还林工程的伟大成果[J]. 林业工作研究,2003(2):1 - 17.

[22] 张国明,姜大峪.关于四川、云南省退耕还林(草)试点示范情况的调查报告[J]. 林业工作研究,2000(9):1 - 13.

[23] 杨海娟,尹怀庭,刘兴昌. 黄土高原丘陵沟壑区农户水土保持行为研究[J]. 水土保持通报,2001,2(21): 75 - 78.

[24] 巨荣良. 农户农业投入的行为特征及对策[J]. 经济问题,1995(7):17 - 18.

［25］杨旭东,李敏,杨晓勤. 试论退耕还林的经济理论基础［J］. 北京林业大学学报(社会科学版),2002,1(4)：19 - 22.

［26］温仲明,杨勤科,焦峰,等. 基于农户参与的退耕还林(草)动态研究——以安塞县大南沟流域为例［J］. 干旱地区农业研究,2002(2)：90 - 94.

［27］杨才敏,张明山西省水土保持治理大户探析［J］. 山西水土保持科技,2002(3)：31 - 34.

［28］张新生,姚毅臣. 赣江流域水土保持重点治理成效与做法［J］. 中国水土保持,2003(2)：9 - 10.

［29］左停,周圣坤,钟兵仿. 退耕还林工程政策实施过程分析［J］. 林业经济.

［30］李平,李秀彬,刘学军. 我国现阶段土地利用变化驱动力的宏观分析［J］. 地理研究,2001,20(2)：129 - 138.

［31］李世东. 中外退耕还林还草之比较及其启示［J］. 世界林业研究,2002,15(2)：22 - 27.

［32］Pichón F J. Settler households and land-use patterns in the Amazon frontier: Farm-level evidence from Ecuador［J］. World Development,1997,25(1)：67 - 91.

［33］Overmars K P, Verburg P H. Multilevel modelling of land use from field to village level in the Philippines［J］. Agricultural Systems, 2006, 89(2/3)：435 -456,22.

［34］Evans T P, Manire A, Castro F D, et al. A dynamic model of household decision-making and parcel level landcover change in the eastern Amazon［J］. Ecological Modelling,2001,143(1 - 2)：95 - 113.

［35］Barbieri A, Bilsborrow R, Pan W. Farm Household Lifecycles and Land Use in the Ecuadorian Amazon［J］. Population and Environment, 2005, 27(1)：1 -27.

［36］Mertens B, Sunderlin W D, NdoyeEric O, et al. Impact of macroeconomic change on deforestation in South Cameroon：Integration of household survey and remotely-sensed data［J］. World Development,2000,28(6)：983 - 999.

［37］Fujisaka S, Bell W, Thomas N, et al. Slash-and-burn agriculture, conversion to pasture, and deforestation in two Brazilian Amazoncolonies［J］. Agriculture, Ecosystems & Environment,1996,59(1 - 2)：115 - 130.

［38］Shriar A J. Food security and land use deforestation in northern Guatemala

[J]. Food Policy,2002,27(4):395 - 414.

[39] Amacher G S, Hyde W F, Kanel K R. Household fuelwood demand and supply in Nepal's Terai and Mid-hills: choice betweencash outlays and labor opportunityp[J]. World Development,1996,24(11):1725 - 1736.

[40] Godoy R, O'neill K, Groff S. Household determinants of deforestation by Amerindians in Honduras[J]. World Development,1997, 25(6):977 - 987.

[41] Gerald S, StefanoP. Agricultural intensification, local labor markets, and deforestation in the Philippines[J]. Environment & DevelopmentEconomics, 2004,9(2):241 - 266.

[42] Evans T P, Kelley H. Multi-scale analysis of a household level agent-based model of landcover change[J]. Journal of EnvironmentalManagement,2004, 72(1/2):57 - 72.

[43] Jagger P, Pender J. The role of trees for sustainable management of less-favored lands: the case of eucalyptus inEthiopia [J]. Forest Policy & Economics,2003,5(1):83 - 95.

[44] 钟太洋,黄贤金,翟文侠,等. 政策性地权安排对土地利用变化的影响研究 [J].南京大学学报(自然科学版),2005, 41(4):435 - 444.

[45] 钟太洋,黄贤金,翟文侠. "退耕还林"政策驱动下的农户土地转用决策及其 土地利用变化影响研究[J].亚热带水土保持,2006,18 (3):8 - 11.

[46] Zbinden S, Lee D R. Paying for environmental services: An analysis of participation in Costa Rica's PSA Program [J]. World Development,2005, 33(2):255 - 272.

[47] Simmons C S. Forest management practices in the Bayano region of Panama: Cultural variations[J]. WorldDevelopment,1997,25(6): 989 - 1000.

[48] Mottet A, Ladet S, CoquéN, et al. Agricultural land-use change and its drivers in mountain landscapes: A case study in the Pyrenees [J]. Agriculture, Ecosystems & Environment,2006,114(2 - 4):296 - 310.

[49] Tasser E, Walde J, Tappeiner U, et al. Land-use changes and natural reforestation in the Eastern Central Alps[J]. Agriculture, Ecosystems & Environment,2007,118(1 - 4):115 - 129.

[50] Rudel T K, Coomes O T, Moran Emilio, et al. Forest transitions: towards a global understanding of land use change [J]. Global Environmental Change

Part A,2005,15(1):23 - 31.

[51] Gellrich M,Baur P,Koch B,et al. Agricultural land abandonment and natural forest re-growth in the Swiss mountains:A spatially explicit economic analysis[J]. Agriculture, Ecosystems&Environment, 2007, 118 (1 - 4): 93 -108.

[52] Xiao J,Shen Y,Ge J,et al. Evaluating urban expansion and land use change in Shijiazhuang,China,by using GIS and remote sensing [J]. Landscape and Urban Planning,2006,75(1 - 2):69 - 80.

[53] Romero H,Ihl M,Rivera A. Rapid urban growth,land-use changes and air pollution in Santiago,Chile[J]. Atmospheric Environment,1999,33(24 - 25): 4039 - 4047.

[54] 方鹏,黄贤金,陈志刚,等. 区域农村土地市场发育的农户行为响应与农业土地利用变化——以江苏省苏州市、南京市、扬州市村庄及农户调查为例[J]. 自然资源学报,2003,18(3):319 - 325.

[55] 张丽君,黄贤金,钟太洋,等. 区域农户农地流转行为对土地利用变化的影响——以江苏省兴化市为例[J]. 资源科学,2005,27(5):40 - 45.

[56] Tan S,Heerink N,Qu F. Land fragmentation and its driving forces in China [J]. Land Use Policy,2006,23(3):272 - 285.

[57] Niroula G S,Thapa G B. Impacts and causes of land fragmentation, and lessons learned from land consolidation in South Asia[J]. Land Use Policy, 2005,22(4):358 - 372.

[58] Dijk T V. Scenarios of Central European land fragmentation[J]. Land Use Policy,2003,20(2):149 - 158.

[59] Pan W K Y,Walsh S J,BilsborrowR E. Farm-level models of spatial patterns of land use and land cover dynamics in the Ecuadorian Amazon [J]. Agriculture,Ecosystems & Environment,2004,101(2 - 3):117 - 134.

[60] 李秀彬. 土地利用变化的解释[J]. 地理科学进展,2002,21(3):195 - 203.

[61] Tanrivermis H. Agricultural land use change and sustainable use of land resources in the Mediterranean Region of Turkey[J]. Journal of Arid Environments,2003, 54(3):553 - 564.

[62] Mottet A,Ladet S,CoquéN,et al. Agricultural land-use change and its drivers in mountain landscapes:A case study in the Pyrenees [J]. Agriculture,

Ecosystems & Environment,2006,114(2 - 4):296 - 310.

[63] Wood E C, Tappan G G, Hadj A. Understanding the drivers of agricultural land use change in south-central Senegal [J]. Journal of Arid Environments, 2004,59(3):565 - 582.

[64] Soini E. Land use change patterns and livelihood dynamics on the slopes of Mt. Kilimanjaro,Tanzania[J]. Agricultural Systems,2005,85(3):306 - 323.

[65] Kristensen S P. Multivariate analysis of landscape changes and farm characteristics in a study area in central Jutland, Denmark[J]. Ecological Modelling,2003,168(3):303 - 318.

[66] Brown S, Shrestha B. Market-driven land-use dynamics in the middle mountains of Nepal[J]. Journal of Environmental Management,2000,59(3):217 - 225.

[67] Angelsen A. Agricultural expansion and deforestation modelling the impact of population, market forces and property rights[J]. Journal of Development Economics,1999,58(1):185 - 218.

[68] Rasul Golam, Thapa Gopal B, Zoebisch Michael A. Determinants of land-use changes in the Chittagong Hill Tracts of Bangladesh[J]. Applied Geography, 2004,24(3):217 - 240.

[69] 王鹏,黄贤金,张兆干,等.生态脆弱地区农业产业结构调整与农户土地利用变化研究——以江西省上饶县为例[J]. 南京大学学报(自然科学版),2003, 39(6):814 - 821.

[70] 韩书成,谢永生,郝明德,等.不同类型农户土地投入行为差异研究[J].水土保持研究,2005,12(5):83 - 85,161.

[71] Ransom J K,Paudyal K,Adhikari K. Adoption of improved maize varieties in the hills of Nepal[J]. Agricultural Economics,2003,29(3):299 - 305.

[72] Jager A D, Kariuku I, Matiri F M, et al. Monitoring nutrient flows and economic performance in African farming systems(NUTMON):IV. Linking nutrient balances and economic performance in three districts in Kenya[J]. Agriculture,Ecosystems & Environment,1998,71(1 - 3):81 - 92.

[73] Wopereis M C S,Tamélokpo A,Ezui K,et al. Mineral fertilizer management of maize on farmer fields differing in organicinputs in the West African savanna[J]. Field Crops Research,2006,96(2 - 3):355 - 362.

[74] Shapiro B I,Sanders J H. Fertilizer use in semiarid West Africa profitability

and supporting policy[J]. Agricultural Systems,1998,56(4):467－482.

[75] Overmars K P,Verburg P H. Analysis of land use drivers at the watershed and household level:Linking twoparadigms at the Philippine forest fringe[J]. International Journal of Geographical Information Science,2005,19(2): 125－152.

[76] Shriar A J. Food security and land use deforestation in northern Guatemala [J]. Food Policy,2002,27(4):395－414.

[77] Odihi J. Deforestation in afforestation priority zone in Sudano-Sahelian Nigeria [J]. Applied Geography,2003,23(4): 227－259.

[78] 赖存理.农村劳动力流动及其对土地利用的影响:以浙江为例的分析[J].浙江学刊,2000(5):81－85.

[79] 胡苏云,王振.农村劳动力的外出就业及其对农户的影响——安徽省霍山县与山东省牟平县的比较分析[J].中国农村经济,2004(1):34－40.

[80] 邢安刚.种植业结构调整中的农户行为研究[D].武汉:华中农业大学,2005.

[81] Mulley B G,UnruhJon D. The role of off-farm employment in tropical forest conservation: labor, migration, and smallholder attitudes toward land in western Uganda[J]. Journal of Environmental Management, 2004,71(3): 193－205.

[82] Gellrich M, Zimmermann N E. Investigating the regional-scale pattern of agricultural land abandonment in the Swiss mountains:A spatial statistical modelling approach[J]. Landscape and Urban Planning,2007,79(1):65－76.

[83] Coxhead I,Shively G,Shuai X. Development policies,resource constraints,and agricultural expansion on the Philippine land frontier[J]. Environment and Development Economics,2002,7(3):341－363.

[84] Fisher Monica, Shively Gerald. Can income programs reduce tropical forest pressure_Income shocks and forest use in Malawi[J]. World Development, 2005,33(7):1115－1128.

[85] Alix-Garcia J,Janvry A D,Sadoulet E. A tale of two communities:Explaining deforestation in Mexico[J]. World Development,2005,33(2):219－235.

[86] Adesina A A,Mbila D,Nkamleu G B. Econometric analysis of the determinants of adoption of alley farming by farmers in the forest zone of southwest Cameroon[J]. Agriculture, Ecosystems & Environment,2000,80(3): 255－265.

[87] Mahapatra K, Kant S. Tropical deforestation: a multinomial logistic model and some country-specific policy prescriptions[J]. Forest Policy and Economics, 2005,7(1):1 - 24.

[88] Thapa K K, Bilsborrow R E, Murphy Laura. Deforestation, land use, and women's agricultural activities in the Ecuadorian Amazon [J]. World Development,1996,24(8):1317 - 1332.

[89] Korka Ourania C. Modelling farmers'land use decisions[J]. Applied Economics Letters,2002,9(7):453 - 457.

[90] 宋乃平. 农牧交错带农牧户土地利用选择机制及其环境效应[D]. 北京:中国农业大学,2004.

[91] Wu J, Adams R M, Kling C L, et al. From microlevel decision to space change: an assessment of agricultural conserve [J]. American Journal of Agricultural Economics,2004,86(1):26 - 41.

[92] Staal S J,Baltenweck I,Waithaka M M,et al. Location and uptake integrated household and GIS analysis of technology adoption and land use, with application to smallholder dairy farms in Kenya[J]. Agricultural Economics, 2002,27(3):295 - 315.

[93] Müller D,Zeller M. Land use dynamics in the central highlands of Vietnam: a spatial model combining village survey data with satellite imagery interpretation[J]. Agricultural Economics,2002,27(3):333 - 354.

[94] Swinton S M. Capturing household-level spatial influence in agricultural management using random effects regression [J]. Agricultural Economics, 2002,27(3):371 - 381.

[95] Pan W K Y, Bilsborrow R E. The use of a multilevel statistical model to analyze factors influencing land use: a study of the Ecuadorian Amazon[J]. Global & Planetary Change,2005,47(2 - 4):232 - 252.

[96] Geoghegan J, Villar S C, Klepeis P, et al. Modeling tropical deforestation in the southern Yucatán peninsular region: comparing survey and satellite data [J]. Agriculture, Ecosystems & Environment,2001,85(1 - 3):25 - 46.

[97] Angelsen A. Agricultural expansion and deforestation modelling the impact of population, market forces and property rights[J]. Journal of Development Economics,1999,58(1):185 - 218.

[98] Evans T P, Kelley H. Multi-scale analysis of a household level agent-based model of landcover change[J]. Journal of EnvironmentalManagement, 2004, 72(1/2):57 - 72.

[99] Annetts J E, Audsley E, Mayr T, et al. Modelling the spatial distribution of agricultural land use at the regional scale [J]. Agriculture, Ecosystems & Environment, 2003, 95(2 - 3):465 - 479.

[100] Bacon P J, Cain J D, Howard D C. Belief network models of land manager decisions and land use change [J]. Journal of Environmental Management, 2002, 65(1):1 - 23.

[101] Duffy S B, Corson M S, Grant W E. Simulating land-use decisions in the La Amistad Biosphere Reserve buffer zone in Costa Rica and Panama[J]. Ecological Modelling, 2001, 140(1 - 2):9 - 29.

[102] Kaoneka A R S, Solberg B. Analysis of deforestation and economically sustainable farming systems under pressure of population growth and income constraints at the village level in Tanzania [J]. Agriculture, Ecosystems & Environment, 1997, 62(1):59 - 70.

[103] Angelsen A. Playing games in the forest: state-local conflicts of land appropriation. Land Economics, 2001, 77(2): 285 - 299.

[104] 魏卓. 北京山区农村劳动力转移对土地利用影响的实证研究 [D]. 北京：中国农业大学, 2005:17 - 39.

[105] Parks P J. Explaining irrational land use: Risk aversion and marginal agricultural land[J]. Journal of Environmental Economics & Management, 1995, 28(1): 34 -47.

[106] 蔡基宏. 基于农户模型的农民耕作行为分析[D]. 福州：福建师范大学, 2005.

[107] 胡豹. 农业结构调整中农户决策行为研究[D]. 杭州：浙江大学, 2004.

[108] 郝仕龙, 李壁成, 于强. PRA 和 GIS 在小尺度土地利用变化研究中的应用[J]. 自然资源学报, 2005, 20(2):309 - 315.

[109] Abizaid C, Coomes O T. Land use and forest fallowing dynamics in seasonally dry tropical forests of the southern Yucatán Peninsula, Mexico[J]. Land Use Policy, 2004, 21(1):71 - 84.

[110] 赵杰, 赵士洞. 参与性评估法在小尺度区域土地利用变化研究中的应

用——以科尔沁沙地尧勒甸子村为例[J]. 资源科学,2003,25(5):52－57.

[111] Sankhayan P L, Gurung N, Sitaula B K, et al. Factors determining intercropping by rubber smallholders in Sri Lanka: a logit analysis[J]. Agriculture, Ecosystems & Environment,2003,94(1):105－116.

[112] Ghosh N. Reducing dependence on chemical fertilizers and its financial implications for farmers in India[J]. Ecological Economics,2004,49(2): 149－162.

[113] Reij C, Tappan G, Belemvire A. Changing land management practices and vegetation on the Central Plateau of Burkina Faso(1968－2002)[J]. Journal of Arid Environments,2005,63(3):642－659.

[114] 周伟,曾云英,钟祥浩. 西藏农牧区农户土地决策与土地覆被变化研究[J]. 地域研究与开发,2006,25(3):85－89.

[115] Swinton S M. Capturing household-level spatial influence in agricultural management using random effects regression [J]. Agricultural Economics, 2002,27(3):371－381.

[116] Rudel T K, Coomes O T, Moran Emilio, et al. Forest transitions: towards a global understanding of land use change [J]. Global Environmental Change Part A,2005,15(1):23－31.

[117] 蔡运龙. 土地利用土地覆被变化研究寻求新的综合途径[J]. 地理研究, 2001,20(6):643－650.

[118] Overmars K P, Verburg P H. Analysis of land use drivers at the watershed and household level: Linking two paradigms at the Philippine forest fringe [J]. International Journal of Geographical Information Science,2005,19(2): 125－152.

[119] 侯微. 略论农地内部流转制度生成的动力机制及意义[J]. 辽宁师范大学学报(社会科学版),2010,33(3):13－16.

[120] 李嵩益. 现代农业需要完善农地使用权流转制度[J]. 社科纵横,2010,25: 109－110.

[121] 何美然. 非正式制度对农地流转制度创新的影响分析[J]. 前沿,2010,14: 152－154.

[122] 张艺. 浅析中国农地使用权无偿流转问题[J]. 中国集体经济,2010,1:8.

[123] 谢瑾岚. 城市边缘区耕地非农流转的驱动因素及保护对策[J]. 农业现代化

研究,2005,26(5):382-385.

[124] 杨昊,李涛.我国农地流转制约因素解析[J].中国国土资源经济,2009,12:7-9.

[125] 杨德才.论我国农村土地流转模式及其选择[J].当代经济研究,2005,12:49-52.

[126] 陈烨弘.辽宁省农地流转模式研究[J].广东土地科学,2010,9(2):9-14.

[127] 朱岩.浙江嘉兴农地流转试点存在的问题及对策探讨[J].华中农业大学学报(社会科学版),2010,4:81-85.

[128] 黎霆.试析当前农地流转中股份合作形式的萌芽[J].农村经济,2010,6:72-74.

[129] 苏永鹏.完善农地承包经营权制度的法律思考[J].四川理工学院学报(社会科学版),2010,25(3):37-40.

[130] 胡初枝,黄贤金,张力军.农户农地流转的福利经济效果分析——基于农户调查的分析[J].经济问题探索,2008,1:184-186.

[131] 张丽君,黄贤金,钟太洋,等.区域农户农地流转行为对土地利用变化的影响——以江苏省兴化市为例[J].资源科学,2005,27(6):40-45.

[132] 钱忠好.农村土地承包经营权产权缺失与市场流转困境:理论与政策分析[J].管理世界,2002(6):35-45.

[133] 高海,欧阳仁根.农地承包经营权权利属性的跨越与流转障碍的克服——以民法用益物权向经济法权利的跨越为路径[J].南京农业大学学报(社会科学版),2010,10(2):59-65.

[134] 张燕,熊玉双,盛璐.三元结构视角下的农地流转利益机制探析[J].现代农业化研究,2009,30(6):696-699.

[135] 安乐.公平与效率视角下的农村土地流转制度研究——基于"成都模式"[D].兰州:兰州大学,2010,5.

[136] 贾雪池.转轨时期中俄农地产权制度比较研究[D].哈尔滨:东北林业大学,2006,6.

[137] 李维莉.简析国外农地流转制度及启示[J].长三角,2009,3(16):22-23.

[138] 衣爱东.农村土地流转制度研究[D].大庆:黑龙江八一农垦大学,2006,4:5.

[139] Klaus Deiningera, Songqing Jin, Hari K. Nagarajan. Efficiency and equity impacts of rural land rental restrictions: Evidence from India [J]. European

Economic Review,2008(52):892-918.

[140] J. Jäger. Land Rent Theory [J]. International Encyclopedia of Human Geography,2009(7):112-117.

[141] Anna Burger. Land valuation and land rents in Hungry [J]. Land Use Policy,1998,15(3):191-201.

[142] Stephen R. Boucher, Bradfordl. Barham and Michale R. Carter. The impact of "Market-Friendly" reforms on credit and land markets in Honduras and Nicaragua [J]. World Development. 2005,33(1),107-128.

[143] Tesfaye Teklu, Adugna Lemi. Factors affecting entry and intensity in informal rental land markets in Southern Ethiopian highlands [J]. Agricultural Economics, 2004,30:117-128.

[144] 赵小风,黄贤金,陈逸等. 城市土地集约利用研究进展[J]. 自然资源学报, 2010,25(9):1-18.

[145] 华彦玲,余文学. 制度分析层面的农地流转研究综述[J]. 农业经济,2007,2: 3-6.

[146] 李继刚. 中国农地制度变迁[J]. 经济地理,2010,30(4):652-656.

[147] 李志刚. 我国农地流转制度与农业产业集群发展互动机理及政策选择[J]. 农村经济,2010,4:48-51.

[148] 邢姝媛,张文秀,李启宇. 当前农地流转中的制约因素分析——基于成都市 温江、新都等6县(市、区)的调查[J]. 农村经济,2004,12:21-23.

[149] 黄意,黄贤金. 农地流转中的妇女决策行为影响因素分析——以江苏省泰 州市农村调查为例[J]. 中国土地科学,2005,19(6):12-15.

[150] 王晓峰,刘兆胜,陈烨弘,等. 辽宁省农地流转的模式对比分析[J]. 国土资 源,2010,4:44-46.

[151] 刘飞飞. 基于农地流转的政府角色定位及行为模式探究[J]. 安徽农学通 报,2010,16(13):9-13.

[152] 蔡继明. 论中国农地制度改革[J]. 山东农业大学学报(社会科学版),2005, 3:1-8.

[153] 史清华. 农户经济活动及行为研究[M]. 北京:中国农业出版社,2001 第 1版.

[154] David J. Drozd, Bruce B. Johnson. Dynamics of a rural land market experiencing farmland conversion to acreages: the case of Saunders County,

Nebraska [J]. Land Econmics,2004,80(2),294 -311.

[155] Vikas Rawal. Agrarian reform and land markets: a study of land transactions in two villages of West Bengal, 1977 - 1995 [J]. Economic Development and Cultural Change,2001:611 - 630.

[156] John L. Pender, John M. Kerr, The effects of Land sales restrictions: evidence from south India [J]. Agricultural Economics,Vo21,1999: 279 -294.

[157] Sanzidur Rahman. Determines of agricultural land rental market transaction in Bangladesh[J] . Land Use Policy, 2010,27(3):957 - 964.

[158] Liesbet Vranken ,Johan Swinnen. Land rental markets in transition: Theory and evidence from Hungary [J]. World Development, 2006, 34 (3): 481 -500.

[159] Georgeta Vidica. Assessing land reallocation decisions during transition in Romania[J]. Land Use Policy,2009, 26(4):1080 - 1089.

[160] Zvil Lerman. Natalya Shagaida. Land policies and agricultural land markets in Russia[J]. Land Use Policy,2007, 24(1):14 - 23.

[161] 史清华,贾生华.农户家庭农地流转及形成根源——以东部沿海苏鲁浙三省为例[J].中国经济问题,2003(5): 41 - 54.

[162] 钟涨宝,汪萍.农地流转过程中的农户行为分析——湖北、浙江等地的农户问卷调查[J].中国农村观察,2003(6):55 - 64.

[163] 张文秀,李冬梅,邢殊媛,等.农户土地流转行为的影响因素分析.重庆大学学报(社会科学版),2005,11(1):14 - 17.

[164] Ziping Wu, Minquan LIU,John Davis. Land consolidation and productivity in Chinese household crop production [J]. China Economic Review,2005, (26),28 - 49.

[165] Michal R. Carter, Yang Yao. Effect of land transfer rights [J]. Agricultural Economics Association, 2002,84(3):702 - 715.

[166] [美]罗伯特·考特,托马斯·尤伦.法和经济学[M].张军,等译.上海:上海三联书店、上海人民出版社,1995.

[167] Raleigh Barlowe. Land Resource Economics: The Economics of Real Estate [M]. Prentice-Hall, 1986.

[168] 韩乾.土地资源经济学[M].台湾:沧海书局,2001.

[169] 刘东生. 行政征用制度初探[J]. 行政法学研究,2000(2):28-32.

[170] 杨解君,顾冶青. 宪法构架下征收征用制度之整合——关于建构我国公益收用制度的行政法学思考[J]. 法商研究,2004(5):39-48.

[171] 李累. 略论我国宪法财产征用制度的缺陷[J]. 中山大学学报,2002(2):8.

[172] 林纪东. 行政法[M]. 台湾:三民书局,1993:407.

[173] 沈卫中. 我国行政征用制度的缺陷与完善——兼谈我国的土地征用制度[J]. 兰州学刊,2002(3)

[174] 董佩林. 试论我国现行的行政征用制度[J]. 法学论坛,2001(5):12-19.

[175] 郑传坤,唐忠民. 完善公益征收征用法律制度的思考[J]. 政法论坛(中国政法大学学报),2005(3):133-140.

[176] 严金明. 土地立法与《土地管理法》修订探讨[J]. 中国土地科学,2004(2):9-13.

[177] 朱东恺,施国庆. 城市建设征地和拆迁中的利益关系分析[J]. 城市发展研究,2004(3):23-26.

[178] 邓大才. 农地征用制度:多方利益的博弈与抉择[J]. 中国国情国力,2004(3):32-34.

[179] 钱忠好,曲福田. 中国土地征用制度:反思与改革[J]. 中国土地科学,2004(5):5-11.

[180] 杨春禧. 论土地征用中利益差序格局之制度重构. 中国农村研究网,2004.

[181] 沈飞,朱道林,毕继业. 政府制度性寻租实证研究——以中国土地征用制度为例[J]. 中国土地科学,2004(8):3-8.

[182] 邹卫中. 农地征用中的利益分配与利益博弈[J]. 内蒙古社会科学,2005(1):121-124.

[183] 范辉,董捷. 征地中安置补偿标准不合理的产权经济学分析[J]. 农村经济,2004(10):27-29.

[184] 董德坤,朱道林,王霞. 农地非农化的外部性分析[J]. 经济问题,2004(4):55-57.

[185] 钱忠好. 土地征用:均衡与非均衡——对现行中国土地征用制度的经济分析[J]. 管理世界,2004(50):50-59.

[186] 黄祖辉,汪晖. 非公共利益性质的征地行为与土地发展权补偿[J]. 经济研究,2002(5):66-72.

[187] 黄贤金,濮励杰,周峰,等. 长江三角洲地区耕地总量动态平衡政策目标实

现的可能性分析[J].自然资源学报,2002(6):670-676.

[188] 蒋三省,刘守英.土地资本化与农村工业化[J].经济学,2004(10):211-228.

[189] 周其仁.农地产权与征地制度——中国城市化面临的重大选择[J].经济学,2004(10):193-210.

[190] 李元.中国城市化进程中的征地制度改革[J].中国土地,2005(12):4-6.

[191] 陈利根,陈会广.土地征用制度改革与创新:一个经济学的分析框架[J].中国农村观察,2003(6):40-47.

[192] 张磊,付殿洪.军事征用补偿的经济学分析[J].军事经济研究,2005(2):53-55.

[193] 张曙光.征地拆迁案的法律经济分析我国行政征用制度的缺陷与完善——兼谈我国的土地征用制度[J].中国土地,2004(5):12-16.

[194] 闵一峰,吴晓洁,黄贤金,许蕾.城市房屋拆迁制度创新的法经济学分析[J].中国房地产,2005(1):12-14.

[195] 吴晓洁,黄贤金,张晓玲.征地主体行为的法经济学分析[J].中国土地科学,2005(4):29-33.

[196] [美]詹姆斯·斯科特,著.农民的道义经济学:东南亚的反抗与生存[M].程立显,刘建,等译.译林出版社,2001.

[197] James C. Scott, Weapons of the Weak: Everyday Forms of Peasant Resistance, Yale University Press, 1985.

[198] James C. Scott, Domination and the Arts of Resistance: Hidden Transcripts, Yale University Press, 1990.

[199] 李连江,欧博文.当代中国农民的依法抗争[M]//九七效应.吴国光,主编.香港:太平洋世纪研究所,1997.

[200] 于建嵘.利益、权威和秩序——对村民对抗基层政府的群体性事件的分析[J].中国农村观察,2000(4):70-76.

[201] 郭正林.当代中国农民的集体维权行动.中国农村研究网 http://www.ccrs.org.cn/.

[202] 于建嵘.当前农民维权活动的一个解释框架[J].社会学研究,2004(2):49-55.

[203] 刘永湘,杨明洪.中国农民集体所有土地发展权的压抑与抗争[J].中国农村经济,2003(6):16-24.

[204] 高洪涛."上访"行为的经济分析[J].中共青岛市委党校青岛行政学院学报,2003(6):48-50.

[205] 应星.大河移民上访的故事[M].上海:三联书店,2001.

[206] 郑卫东.透视集体上访事件中的村民与村干部[J].青年研究,2004(3):19-25.

[207] 刘杨,黄贤金,张晓玲,吴晓洁.失地农民的维权行为分析——以江苏铁本事件征地案件为例[J].中国土地科学,2006(1):16-20.

[208] 濮励杰,周峰,彭补拙.长江三角洲地区县域耕地变化驱动要素研究[J].南京大学学报(自然科学),2002,38(6):779-785.

[209] 谭淑豪,曲福田,黄贤金.市场经济环境下不同类型农户土地利用行为差异及土地保护政策分析[J].南京农业大学学报,2001,24(2):110-114.

[210] 王鹏,田亚平,张兆干,等.湘南红壤丘陵区农户经济行为对土地退化的影响[J].长江流域资源与环境,2002,11(4):370-375.

[211] 赣州农业经济信息中心.赣州地理气候[EB/OL]. http://gz.jxagriec.gov.cn/dfgk/default.asp,2003-12-05.

[212] 刘承芳,张林秀,樊盛根.农户农业生产性影响因素研究——对江苏省六个县市的实证分析[J].中国农村观察,2002,4:34-42.

[213] 张秀林,徐小明.农户生产在不同政策环境下行为研究[J].农业技术经济,1996,(4):27-32.

[214] 陈佑启,唐华俊.我国农户土地利用行为可持续性的影响因素分析[J].中国软科学,1998,(9):93-96.

[215] 马鸿运,等.中国农户经济行为研究[M].上海:上海人民出版社,1993.

[216] 邹震,黄贤金,章波,等.江西红壤区农户水土保持行为机理研究——以兴国县为例[J].南京大学学报(自然科学版),2004,40(3):370-377.

[217] 江西省余江县重点小流域治理规划(1998-2002)[Z],江西省余江县水土保持委员会办公室,1998.

[218] 潘剑君,张桃林,赵其国.应用遥感技术研究余江县土壤侵蚀时空演变[J].土壤侵蚀与水土保持学报,1999,12(4):61-62.

[219] Munasinghe, M., 1996, Environmental impacts of macroeconomic and sectoral policies. Washington, D. C. :World Bank.

[220] Van den Bergh, J. van der Straaten(eds). Economy and ecosystems in change - Analytical and historial perspectives [M]. Cheltenham, U. K. :

Edward Elgar,1997.

[221] 上饶县土地志编纂委员会.上饶县土地志[Z].北京:中共中央党校出版社,1993.

[222] 人民网.我国累计完成退耕还林近亿亩[EB/OL].www.people..com.cn.2003-01-22.

[223] 卢现祥.西方新制度经济学[M].北京:中国发展出版社,1996.

[224] 先开炳,王从耕,郝永成.参与式方法在退耕还林规划中的应用[J].四川林业科技,2001(4):41-45.

[225] Nature Conservancy Council (NCC). A review of Environmentally Sensitive Areas[R]. Peterborough:Nature Conservancy Council,1991.

[226] 陈嵩.用 DEA 法评价高校办学效益的研究[J].预测,2000,1:77-79.

[227] 陈绪敖.退耕还林中农民收入增长:问题与对策[J].安康师专学报,2003(15):4-6.

[228] 黄秉维,郑度,赵名茶,等,现代自然地理[M].北京:科学出版社,2000.

[229] 江西省水利厅江西省第三次土壤侵蚀遥感调查编制组.土壤侵蚀现状和动态变化分析报告,2001,4.

[230] 何圆球.红壤低丘区降雨特点及季节性干旱的发生与防治[A]//红壤生态系统研究(第六集)[C].北京:中国科学出版社,1998.

[231] 周昌涵,主编.我国南方典型水土流失的防治对策[M].武汉:华中科技大学出版社,1998.

[232] 袁东海,张如良,等.不同农作措施红壤坡耕地水土流失特征的研究[J].水土保持学报,2001,15(4):66-69.

[233] 黄贤金,曲福田.我国经济政策改革与水土流失问题研究[J].中国农村经济,2000(8):78-80.

[234] 黄贤金,方鹏,周建春,等.农村土地市场运行机制研究[M].北京:中国大地出版社,2003.

[235] Cole J D, Johnson B. Soil conservation practices on leased land:A two-state study[J]. Journal of Soil and Water conservation. 2002,57(2):100-105.

[236] Ervin D E, Mill J W. Agricultural land markets and soil erosion:policy relevance and conceptual issues[J]. American Journal of Agricultural Economics,1985,67(5):938-952.

[237] McConnell K E. An economic model of soil conservation[J]. American

Journal of Agricultural Economics，1983，65(1)：83－89.

[238] King D A，Sinden J A. Influence of soil conservation on farm land values [J]. Land Economics，1988，64(3)：242－256.

[239] Gould B W，Saupe W E，Klemme R M. Conservation tillage：the role of farm and operator characteristics and the perception of soil erosion[J]. Land Economics,1989，65(2)：167－182.

[240] Hertzler G，Ibanez-Meier C A，Jolly R W. User costs of soil erosion and their effect on agricultural land prices：costate variables and capitalized hamiltonians［J］. American Journal of Agricultural Economics，1985，67(5)：948－953.

[241] Gardner K，Barrows R. The impact of soil conservation investments on land prices ［J］. American Journal of Agricultural Economics，1985，67 (5)：943－948.

[242] Pender J L，Kerr J M. Determinants of farmers' indigenous soil and water conservation investments in semi-arid India ［J］. Agricultural Economics. 1998,19(1－2)：113－125.

[243] Fidele B，Thomas R. Farm productivity in Rwanda effects of farm size，erosion，and soil conservation investments[J]. Agricultural Economics. 1996,15(2)：127－136.

[244] Douglas A，Dean L. Contract choice in modern agriculture：cash rent versus cropshare[J]. Journal of Law and Economics，1992，35(2)：397－426.

[245] Soule M J，Tegene A，Wiebe K D. Land tenure and the adoption of conservation practices［J］. American Journal of Agricultural Economics. 2000，82(4)：993－1005.

[246] Besley T. Property rights and investment incentives：theory and evidence from Ghana[J]. Journal of Political Economy，1995，103(5)：903－937.

[247] 姚洋. 中国农地制度：一个分析框架[J]. 中国社会科学，2000(2)：54－65.

[248] 姚洋. 中国农村土地制度安排与农业绩效[J]. 中国农村观察，1998(6)：1－10.

[249] 俞海，黄季焜，Scott Rozell，等. 地权稳定性、土地流转与农地资源持续利用[J]. 经济研究，2003(9)：82－91.

[250] 李周，包晓斌. 我国水土流失治理机制研究[J]. 中国农村经济，2002(12)：

9 - 18.

[251] Ervin C A, Ervin D E. Factors Affecting the Use of Soil Conservation Practices: Hypotheses, Evidence, and Policy Implications [J]. Land Economics, 1982, 58(3): 277 - 292.

[252] 马恒运. 在外饮食、畜产品需求和食品消费方式变化研究[D]. 北京:中国农业科学院,2000.

[253] Dong Xiao-Yuan. Two-tier land tenure system and sustained economic growth in post - 1978 rural China [J]. World Development, 1996, 24(5): 915 - 928.

[254] 屈艳芳,郭敏. 农户投资行为实证研究[J]. 上海经济研究,2002(4):17 -27.

[255] 黄贤金,方鹏. 我国农村土地流转的形成机理、运行方式及制度规范研究[J]. 江苏社会科学, 2002,(2):48 - 54.

[256] 姚洋. 非农就业结构与土地租赁市场的发育[J]. 中国农村观察,1999(2): 16 - 22.

[257] Lee L K. The impact of landownership factors on soil conservation[J]. American Journal of Agricultural Economics, 1980, 62(5):1070 - 1076.

[258] 钟太洋,黄贤金. 农地产权制度安排与农户水土保持行为响应[J]. 中国水土保持科学,2004,(3):49 - 53.

[259] Gould B W, Saupe W E, Klemme R M. Conservation tillage: the role of farm and operator characteristics and the perception of soil erosion[J]. Land Economics,1989, 65(2):167 - 182.

[260] Lynne G D, Rola L R. Improving attitude-behavior prediction models with economic variables: farmer actions toward soil conservation[J]. Journal of Social Psychology,1988, 128(1):19 - 18.

[261] 江西省农村经济信息中心兴国分中心. 地方概况[EB/OL]. http://xgx. jxagriec. gov. cn/,2004 - 07 - 18.

[262] 张晓平. 农村土地可持续利用的农户行为分析[J]. 河南大学学报(自然科学版),1999,29(4):61 - 64.

[263] 何凌云,黄季焜. 土地使用权的稳定性与肥料使用——广东省实证研究[J]. 中国农村观察,2001,(5):42 - 48.

[264] Ervin Christine A, Ervin David E. Factors affecting the use of soil conservation practices: hypotheses, evidence, and policy implications[J]. Land Economics,

1982,58:277 - 292.

[265] Lynne Gary D, Rola Leandro R. Improving attitude-behavior prediction models with economic variables: farmer actions toward soil conservation [J]. Journal of Social Psychology, 1988,128:19 - 18.

[266] Seitz Wesley D, Swanson Earl R. Economics of soil conservation from the farmer's perspective [J]. American Journal of Agricultural Economics, 1980,62 (5):1084 - 1088.

[267] 何蒲明,魏君英. 试论农户经营行为对农业可持续发展的影响[J]. 农业技术经济,2003 (2):24 - 27.

[268] Rozelle Scott, de Brauw Alan, Huang Jikun, Zhang Linxiu, Zhang Yigang. China's rural labor markets [J]. ChinaBusiness Review, 2002, 29 (2): 18 -24.

[269] Huffman Wallace E. Interactions between farm and non-farm labor markets [J]. American Journal of Agricultural Economics, 1977, 59 (5): 1054 -1061.

[270] Sumner, Daniel A. The Off 2Farm Labor Supply of farmers[J]. American Journal of Agricultural Economics, 1982,64 (3):499 - 459.

[271] Young Douglas L. Risk Preferences of agricultural producers: their use in extension and research [J]. AmericanJournal of Agricultural Economics, 1979,61(5):1063 - 1070.

[272] Simpson Wayne, Kapitany Marilyn. The off-farm workbehavior of farm operators[J]. American Journal of Agricultural Economics, 1983,65 (4): 801 - 805.

[273] Kramer, Randall A, McSweeny, William T, Stavros, Robert W. Soil conservation with uncertain revenues and input supplies [J]. American Journal of Agricultural Economics, 1983,65 (4):694 - 702.

[274] Ervin Christine A, Ervin David E. Factors affecting the use of soil conservation practices: hypotheses, evidence, and policy implications[J]. Land Economics, 1982,58(3):277 - 292.

[275] Barlowe R. Land Resource: The Economics of Real Estate[M]. Englewood Cliffs, NJ: Prentice-Hall, Inc. , 1978.

[276] Lynne G D, Rola L R. Improving Attitude-Behavior Prediction Models with

Economic Variables: Farmer Actions Toward Soil Conservation[J]. Journal of Social Psychology,1988, 128(1):19 - 18.

[277] Lee L K. The Impact of Landownership Factors on Soil Conservation[J]. American Journal of Agricultural Economics, 1980, 62(5):1070 - 1076.

[278] Connell M C, Kenneth E. An Economic Model of Soil Conservation[J]. American Journal of Agricultural Economics, 1983, 65(1): 83 - 89.

[279] 俞海,黄季焜,Rozelle S,等.地权稳定性、土地流转与农地资源持续利用[J].经济研究.2003(9):82 - 91.

[280] 陈江龙,曲福田,陈会广,等. 土地登记与土地可持续利用——以农地为例[J]. 中国人口.资源与环境,2003,13(5):46 - 51.

[281] Besley T. Property rights and investment incentives: Theory and evidence from Ghana[J]. Journal of Political Economy, 1995, 103(5):903 - 937.

[282] 诸培新,曲福田.土地持续利用中的农户决策行为研究[J].中国农村经济,1999(3): 32 - 35,40.

[283] R.科斯,A.阿尔钦,D.诺斯,等.财产权利与制度变迁——产权学派与新制度学派译文集[C].上海:上海人民出版社,1994.

[284] 姚洋.农地制度与农业绩效的实证研究[J].中国农村观察,1998(6):1 - 10.

[285] 陈洁,罗丹. 剩余索取权:农民增收问题的起点[J]. 学习与探索,2000(4):40 - 44.

[286] Barzel Y. Economic Analysis of Property Rights[M]. Cambridge, MA: Press of the university of Cambridge,1991.

[287] 田传浩,贾生华. 地权稳定性、农地市场与农业绩效[EB/OL]. http://www.tdzl.cn/21lw/21lw64.htm.

[288] Bergevoet R. H. M. , Ondersteijn C. J. M. & Saatkamp H. W. , et al. Entrepreurial behavior of dutch dairy farmers under a milk quota system: goals,objectives and attitudes[J]. Agricultural Systems, 2004(80).

[289] Ajzen, I. & Madden, J. T. , Prediction of goal-related behavior: attitudes, intentions, and perceived behavioral control[J]. Journal of Experimental Psychology, 1986(22):11 - 39.

[290] 刘书楷.土地经济学[M].北京:中国矿业大学出版社,1993.

[291] Rozelle Scott, de Brauw Alan, Huang Jikun, et al. China's rural labor markets[J]. China Business Review, 2002,29(2):18 - 24.

[292] Huffman Wallace E. Interactions between farm and non-farm labor markets [J]. American Journal of Agricultural E-conomics, 1977, 59 (5): 1054 -1061.

[293] Azhar R. A. Education and Technical Efficiency during the Green Revolution in Pakistan[J]. Economic Development and Cultural Change, 1991(29):650 - 665.

[294] 彭代彦. 农业生产要素配置和农产品供给的计量分析[M]. 武汉:华中科技大学出版社,2003.

[295] 杜文星,黄贤金. 区域农户农地流转意愿差异及其驱动力研究——以上海市、南京市、泰州市、扬州市农户调查为例[J]. 资源科学,2005,27(6):90 -94.

[296] 王爱民. 土地产权制度与土地投入方式关系研究——兼谈土地整理的制度经济学背景[J]. 兰州学刊,2007(11):55 - 57.

[297] 甘红,刘彦随,王大伟. 土地利用类型转换的人文驱动因子模拟分析[J]. 资源科学,2004,26(2):88 - 93.

[398] 李宪文,周灵霞. 农业土地利用变化及原因、效应分析[J]. 农村生态环境,2002,18(4):5 - 9.

[299] 毕宝德. 土地经济学[M]. 北京:中国人民大学出版社,2003.

[300] 徐艳. 大城市郊区农用土地利用变化与土地持续利用研究——以北京市平谷区为例[D]. 中国农业大学学位论文,2003,6.

[301] P. J. Ericksen and K. McSweeney, et al. Assessing linkages and sustainable land management for hillside agroecosystems in Central Honduras: analysis of intermediate and catchment scale indicators. Agriculture, Ecosystems and Environment 2002(91):295 - 311.

[302] 车裕斌. 中国农地流转机制研究[D]. 华中农业大学博士学位论文,2004,5.

[303] 李燕琼,范高林. 四川农村土地使用权流转的现状、问题与对策[J]. 农业经济问题,2002,(12):35 - 38.

[304] 我国农村土地市场建设与发展研究[EB/OL]. http://www. lgy. cn/tdzl/hxj. htm.

[305] 葛全胜,赵名茶,郑景云. 20 世纪中国土地利用变化研究[J]. 地理学报,2000,55(6):698 - 706.

[306] 谭永忠,吴次芳,牟永铭. 20 世纪 90 年代浙江省耕地非农化过程分析[J].

地理科学,2004,24(1):14-19.

[307] 韦素琼,陈健飞.福建晋江农村城镇化进程中的土地利用变化分析[J].资源科学, 2004, 26(4): 111-118.

[308] 李团胜.陕西省土地利用动态变化分析[J].地理研究,2004,23(2):157-164.

[309] 孔祥斌,张凤荣,齐伟.基于农户利用目标的集约化农区土地利用驱动机制分析——以河北省曲周县为例[J].地理科学进展,2004,23(3):50-57.

[310] 黄贤金,方鹏,周建春.农村土地市场运行机制研究[M].北京:中国大地出版社,2003.

[311] 张雷,陈文言.地区经济发展与土地利用转换——以长江干流地区为例[J].资源科学,2004,26(1):2-8.

[312] 李秀彬.中国近20年来耕地面积的变化及其政策启示[J].自然资源学报,1999,14(4):329-333.

[313] Peasant emigration and land-use change at the watershed level: A GIS-based approach in Central Mexico.

[314] Newburn, David Allen. Spatial economic models of land use change and conservation targeting strategies [D]. Berkeley: University of California, 2002.

[315] De Pinto, Alessandro. A dynamic model of land use change with spatially explicit data (Panama) [D]. University of Illinois at Urbana-Champaign. 2004.

[316] Verburg Peter H, Overmars Koen P, Witte Nol. Accessibility and land-use patterns at the forest fringe in the northeastern part of the Philippines[J]. The Geographical Journal, 2004,170(3).

[317] Does poverty constrain deforestation? Econometric evidence from Peru.

[318] Pichón F J. Settler households and land-use patterns in the Amazon frontier:Farm-level evidence from Ecuador[J]. World Development. 1997, 25(1): 67-91.

[319] Evans Tom P, Manire Aaron, Castro Fabio de, et al. A dynamic model of household decision-making and parcel level landcover change in the eastern Amazon[J]. Ecological Modelling, 2001, 143(1-2):95-113.

[320] Shriar Avrum J. Food security and land use deforestation in northern

Guatemala[J]. Food Policy，2002，27(4)：395－414.

[321] 钟太洋，黄贤金，马其芳. 区域兼业农户水土保持行为特征及决策模型研究[J]. 水土保持通报，2005，25(6)：96－100.

[322] Godoy R，O'neill K，Groff S. Household Determinants of Deforestation by Amerindians in Honduras［J］. World Development，1997，25（6）：977－987.

[323] Maikhuri R K，Nautiyal S，Rao K S. Conservation policy-people conflicts：a case study from Nanda Devi Biosphere Reserve（a World Heritage Site），India[J]. Forest Policy and Economics，2001，2(3－4)：355－365.

[324] Rudel Thomas K，Coomes Oliver T，Moran Emilio，et al. Forest transitions：towards a global understanding of land use change[J]. Global Environmental Change Part A，2005，Vol 15，(1)：23－31.

[325] Eija Soini. Land use change patterns and livelihood dynamics on the slopes of Mt. Kilimanjaro，Tanzania[J]. Agricultural Systems，2005，85(3)：306－323.

[326] Rudel Thomas K，Bates Diane，Machinguiashi Rafael. A Tropical Forest Transition? Agricultural Change，Out-migration，and Secondary Forests in the Ecuadorian Amazon［J］. Annals of the Association of American Geographers，2002，92(1)：87－102.

[327] Taylor Matthew J，Moran-Taylor Michelle J，Ruiz Debra Rodman. Land，ethnic，and gender change：Transnational migration and its effects on Guatemalan lives and landscapes[J]. Geoforum，2006，37(1)：41－61.

[328] 郭志刚. 社会统计分析方法——SPSS 软件应用[M]. 北京：中国人民大学出版社，1999：202.

[329] Menard S. 1995 Applied Logistic regressiony analysis Sage，London.

[330] 人民网. 江苏省铜山县县域概况[EB/OL]. http://www. jsts. gov. cn/news_con. asp? strID=20.

[331] 如东热线. 地理气候[EB/OL]. http://www. rudong. org. cn/gaik/dili. asp.

[332] 常熟政府网. 自然地理[EB/OL]. http://www. changshu. gov. cn/content/csgl/csgk/zrdl/.

[333] 王济川，郭志刚. 回归模型——方法与应用[M]. 北京：高等教育出版

社,2001.

[334] Cho S H, Newman D H. Spatial Analysis of Rural Land Development[J]. Forest Policy and Economics, 2005, 7(5):732 - 744.

[335] Braimoh A K, Onishi T. Spatial Determinants of Urban Land Use Change in Lagos, Nigeria[J]. Land Use Policy, 2007, 24(2):502 - 515.

[336] Castella J C, Manh P H, Kam S P, et al. Analysis of Village Accessibility and Its Impact on Land Use Dynamics in a Mountainous Province of Northern Vietnam[J]. Applied Geography,2005,25(4): 308 - 326.

[337] Rounsevell M D A, Annetts J E, Audsley E, et al. Modelling the Spatial Distribution of Agricultural Land Use at the Regional Scale [J]. Agriculture, Ecosystems & Environment, 2003, 95 (2 - 3): 465 - 479.

[338] Verburg P H, Overmars K P, Witte N. Accessibility and Land-use Patterns at the Forest Fringe in the Northeastern Part of the Philippines[J]. The Geographical Journal, 2004,170(3): 238 - 255.

[339] Pan W K Y, Walsh S J, Bilsborrow R E, et al. Farm-level Models of Spatial Patterns of Land Use and Land Cover Dynamics in the Ecuadorian Amazon[J]. Agriculture, Ecosystems & Environment, 2004,101(2 - 3): 117 - 134.

[340] 周伟,曾云英,钟祥浩.西藏农牧区农户土地决策与土地覆被变化研究[J].地域研究与开发,2006,25(3):85 - 89.

[341] Entwisle B, Rindfuss R R, Walsh S J, et al. Population Growth and Its Spatial Distribution as Factors in the Deforestation of Nang Rong, Thailand [J]. Geoforum, 2008, 39(2): 879 - 897.

[342] Pindyck R S, Rubinfeld D L. 计量经济模型与经济预测(第四版)[M]. 钱小军,译. 北京:机械工业出版社,1999:202.

[343] Jeffrey M Wooldridge. 计量经济学导论:现代观点[M]. 费剑平,林相森,译. 北京:中国人民大学出版社,2003.

[344] 孙军,李志业,等.农村税费改革对农村土地承包制度影响的研究[J],农业经济,2005(9):16 -18.

[345] 杨皋伶,刘定祥. 免征农业税对农用土地的影响[J]. 中国农学通报,2005, 21(10):457 - 459.

[346] 蒋中一.数理经济学的基本方法[M].北京:商务印书馆,2003:949 - 954.

[347] 翟文侠. 区域退耕还林政策实施的农户水土保持行为响应研究——以江西省丰城市为例[D]. 南京：南京大学，2004.

[348] 马其芳，邓良基，董贤金. 盆固山区土地利用变化及其驱动因素分析——以四川省雅安市为例[J]. 南京大学学报（自然科学），2005，41(3)：265 - 277.

[349] 黄贤金，王静，濮励杰，等. 欧洲土地用途管制的不同方式[J]. 南京大学学报（自然科学），2003，39(3)：411 - 422.

[350] 江苏年鉴杂志社. 江苏年鉴[Z]. 南京：江苏年鉴杂志社，2000.

[351] 李长风. 经济计量学[M]. 上海：上海财经大学出版社，1996.

[352] 曲福田，陈海秋，杨学成. 经济发达地区农村土地 30 年使用权政策的调查研究[J]. 农业经济问题，2001(4)：17 - 25.

[353] 刘红梅，王克强. 浙江省农村土地市场实证研究[J]. 中国农村经济，2001(2)：33 - 37.

[354] Elizabeth Brabec, Chip Smith. Agricultural land fragmentation: the spatial effects of three land protection strategies in the eastern United States[J]. Landscape and Urban Planning, 2002, (58): 255 - 268.

[355] 钟涨宝，汪萍. 农地流转过程中的农户行为分析[J]. 中国农村观察，2003(6)：55 - 64.

[356] James Kai-sing Kung. Off-farm labor markets and the emergence of land rental markets in rural China [J]. Journal of Comparative Economics, 2002, (30): 395 - 414.

[357] 方鹏，黄贤金，曲福田，等. 区域农地市场运行模式及其机制分析[J]. 南京农业大学学报（自然科学版），2004，27(1)：111 - 116.

[358] Huang Xian-jin, Nico Heerink. Ruerd Ruben, Qu Futian. Rural land markets during economic reform in mainland China [A]. In: Aad VanTiburg, Henk A. J Moll, Arie Kuyvenhoven eds. Agricultural Markets Beyond Liberalization[C]. Massachusetts: Kluwwer Academic Publishers, 2000. 95 - 114.

[359] James Kai-sing Kung. Common property rights and land reallocations in Rural China: Evidence from a village survey [J]. World Development, 2000, 28(4): 701 - 719.

[360] Tesfaye Teklu, Adugna Lemi. Factors affecting entry and intensity in informal rental land markets in Southern Ethiopian highlands [J].

Agricultural Economics,2004,30:117-128.

[361] 黄意,黄贤金.农地流转中的妇女决策行为影响因素分析——以江苏省泰州市农村调查为例[J].中国土地科学,2005,19(6):12-15.

[362] 张建杰.农户收入机构变动:成因及合理性[M].北京:中国农业出版社,2005.

[363] 薛薇.SPSS统计分析方法及应用[M].北京:电子工业出版社,2009.

[364] 姚洋.非农就业结构与土地租赁市场的发育[J].中国农村观察,1999(2):16-22.

[365] 杜文星,黄贤金,方鹏.基于农地流转市场分析的区域土地利用变化研究——以上海市、南京市、泰州市农户调查为例[J].中国土地科学,2005,19(6):3-7.

[366] 贺振华.农户兼业及其对农村土地流转的影响——一个分析框架[J].农业经济导刊,2006(8):36-41.

[367] Thomas J. Miceli. The economics of land transfer and title insurance[J]. The journal of Real Estate Finance and Economics,1995,10(1):81-88.

[368] Feng Shuyi. Land rental market and off-farm employment-rural households in Jiangxi Province, P. R. China[D]. Wageningen University,2006.

[369] 凌霄,杜柯.女人的诉说:给我土地[J].中国改革(农村版),2003(3):4-6.

[370] 朱玲.农地分配中的性别平等问题[J].经济研究,2000(9):34-38.

[371] 全国妇联权益部.土地承包与妇女权益[J].中国妇运,2000,(3):10-11.

[372] 王景新.中国农村妇女土地权利——意义、现状、趋势[J].中国农村经济,2003(6):25-31.

[373] 张忠根,吴珊瑚.农村婚迁妇女的土地承包权及其保护[J].农村经济,2002(8):13-15.

[374] 田传浩,贾生华.农地制度、地权稳定性与农地使用权市场发育:理论与来自苏浙鲁的经验[J].经济研究,2004(1):112-119.

[375] Omar Ismail,Yusof Aminah Md. Indigenous land rights and dunamics of the land market inKuala Lumpur, Malaysia[J]. Habitat International,2002,26(4):507-521.

[376] Dujon Veronica. Communal Property and Land Markets:Agriculture Development Policy in St. Lucia[J]. World Development, 1997,25(9):1529-1540.

[377] 王春华,姚洋.农地配置与农村劳动力外出[J].农村·社会·经济,2001,

53(1):23-31.

[378] 西奥多·W·舒尔茨. 改造传统农业[M]. 北京:商务印书馆,2003.

[379] Klaus D., Edurdo Z, Isabel L. Determinants and Impacts of Rural LandMarketActivity: Evidence from Nicaragua. World Development, 2003(31):1385-1404

[380] LiesbetVranken, Johan Swinnen. Land Rental Markets in Transition: Theory and Evidence from Hungary. World Development, 2006 (34): 481-500.

[381] 张杰,詹培民. 农村土地流转与劳动力转移的关联分析——以重庆市为例[J]. 涪陵师范学院学报,2005,21(3):85-90.

[382] 张文秀. 农户土地流转行为的影响因素分析[J]. 重庆大学学报(社会科学版),2005,11(1):14-17.

[383] 伍德里奇·J.M. 计量经济学导论:现代观点[M]. 北京:中国人民大学出版社,2006.

索　引